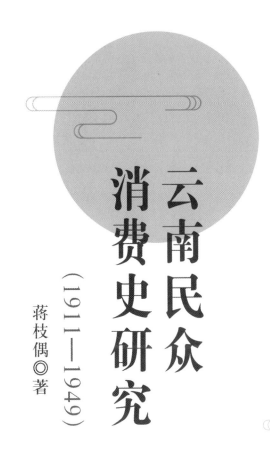

云南民众消费史研究

（1911—1949）

蒋枝偶◎著

中国社会科学出版社

图书在版编目（CIP）数据

云南民众消费史研究：1911-1949／蒋枝偶著.—北京：中国社会科学
出版社，2018.11
ISBN 978-7-5203-3201-9

Ⅰ.①云… Ⅱ.①蒋… Ⅲ.①消费—经济史—研究—云南—
1911-1949 Ⅳ.①F129.6

中国版本图书馆 CIP 数据核字（2018）第 214868 号

出　版　人	赵剑英
责任编辑	李炳青
责任校对	王佳玉
责任印制	李寡寡

出　　　版	中国社会科学出版社
社　　　址	北京鼓楼西大街甲 158 号
邮　　　编	100720
网　　　址	http://www.csspw.cn
发　行　部	010-84083685
门　市　部	010-84029450
经　　　销	新华书店及其他书店

印　　　刷	北京明恒达印务有限公司
装　　　订	廊坊市广阳区广增装订厂
版　　　次	2018 年 11 月第 1 版
印　　　次	2018 年 11 月第 1 次印刷

开　　　本	710×1000　1/16
印　　　张	19.75
插　　　页	2
字　　　数	315 千字
定　　　价	85.00 元

凡购买中国社会科学出版社图书，如有质量问题请与本社营销中心联系调换
电话：010-84083683

目　录

上　篇

下 篇

导　论

一　研究的缘起及意义

马克思说："人从出现在地球舞台上的第一天起，每天都要消费，不管在他开始生产以前和在生产期间都是一样。"[①] 足见人类的消费活动与人类的产生相伴而来，人必须要消费，才能生存和发展，消费的重要性不言而喻。但是对于人类如此重要的消费活动却往往被历史遗忘，翻阅历史典籍文献，赫然触目的大多是重大的历史事件或叱咤风云的政治人物，极少发现老百姓生活的场景。而事实上那些常被忽略的日常消费生活，那些容易成为配角的普通民众，才是我们感性地了解当时社会百态的理想通道，这是一种平凡、真实的历史，是构成那个时代的主基调，也是与我们现在的日常生活息息相关的。

关于这一点，其实早在 20 世纪 20 年代末法国的两位史学家马克·布洛赫和吕西安·费弗尔就已深刻地认识到了，在他们创办的《经济与社会史年鉴》杂志中，他们主张"从下往上看的历史"。这种主张获得了很多学者的肯定，英国历史学家希尔顿就说："如果从底层往上看，而不是从上面去看社会，我们就可能获得对整个社会或国家较为确切的图景。"[②] 普通大众以及他们的生活成为广大学者关注的焦点，这在一定程度上改变了现代史学的发展方向。这种史学趋势也直接影响中国史学的发展方向，逐渐出现眼光向下，关注普通民众的倾向。王家范认为，当前我们的研究就是要"迅速将透视的焦点从国家上层移向社会下

[①]《马克思恩格斯文集》第 5 卷，人民出版社 2009 年版，第 196 页。

[②] 庞卓恒：《让马克思主义史学弘扬于国际史坛——访英国著名马克思主义史学家希尔顿》，《史学理论》1987 年第 3 期。

层，下力气研究芸芸众生，透过他们日常普通的物质生活、精神生活和心理世界，展示千百万人的众生相，由下而上的展开对中国社会深层结构的揭露"。① 冯尔康在其《开展社会史的研究》一文中也谈到只有对普通大众进行研究才能真正建立科学的史学、立体的史学、形象化的史学。为了真切感受已经过去了的民国（1911—1949）的气息和脉搏，触摸它的真相，本书也紧随"眼光向下"的历史研究趋势，全书的焦点不放在重大的政治、文化和军事问题上，而是关注民众的生活场域——日常消费，通过对民国时期云南民众的日常消费生活及其水准作一实证性分析，为大家提供尽量接近原貌的画面，从历史的角度深化人们对于民国年间普通民众日常消费问题的认识，让那个年代栩栩如生地展示在世人面前。尽管是从最细微的日常消费生活入手，角度很小，但却希望可以折射出一个社会的基本情况及变化，可以浓缩一个地域、一个时期的社会整体印象。

选择民国时期云南民众的消费问题进行研究除了能让我们了解真实之民国云南社会以外，还有助于完善区域消费经济史的研究。当今的学者过多地把目光投向经济相对发达的江南、沿海一带，对边疆民众的日常消费涉及较少，研究相对薄弱。由于中国地域辽阔，受历史以及自然地理等因素的影响，各地发展千差万别，各地民众的消费生活自然也存在差异，这就要求我们在研究民国时期中国民众消费问题时，不能也不应该忽视对各个区域史的考察与探究。云南，虽地处西南一隅，但却是中国社会不可或缺的部分，然而迄今为止对民国年间云南民众的消费问题进行专题研究的成果尚付诸阙如，这不能不说是一大遗憾。因而，对民国时期云南民众的消费状况进行探讨，将有助于深化整个中国消费经济史的研究宽度和深度，同时，拓宽近代云南经济史的研究范围，在某种程度上可以弥补现研究阶段的疏漏和缺失。

考察民国时期云南民众的消费问题对当今也大有裨益。我们知道，历史是现实的镜子，忘却历史的消费生活，也就失去了现实消费的参照。在现代经济的剧烈变动中，人们的消费生活也发生了急剧的变化，出现各种混乱和矛盾现象，要理解现实必须超越现实，因而探究民国时

---

① 王家范：《从难切入，在"变"字上做文章》，《历史研究》1993 年第 2 期。

期云南民众的消费，能给今天人们的消费提供有益的历史经验。

二　消费的界定

消费这个词的界定比较复杂，因其有一个动态发展演变的过程。消费（consumption）一词的首次出现可以追溯到 14 世纪，含有浪费、用尽、耗费、毁坏甚至暴殄天物的意思，反正都表示超过了恰到好处或恰如其分地占有和使用的范围，带有鲜明的贬义。这是消费一词产生之初的含义，18 世纪中期以后，它的贬义开始消退，成为一个与生产相对的中性概念，在资产阶级政治经济学中，它是与生产、交换、分配相关的一种经济形式。20 世纪初，随着商品经济的进一步发展，消费就有了购买、占有并使用物品的意思。20 世纪中期，消费又多了一层含义，在购买商品时，有时又指消费满足的需要和渴望超出了基本的、生物的范围。现如今的人们在热烈谈论消费的时候，某种意义上说的是那些建立在丰厚财力基础上的具有更多象征意义和符号的消费。可见，消费的意义和内涵是动态的，随着社会历史的发展进程而发生不断的变化，并在不同的历史阶段所指有所侧重。

本书如何界定消费呢？综合以上种种，并结合很多学者的研究及民国年间云南民众的现实状况，最终我们可以把消费理解为是人们消耗、享受和享用消费资料或劳务以满足生活和生产需要的过程，该过程具有一定的意义，能够导致一定的快乐、满足、失望或挫折等体验。它包括生产性消费和生活性消费两类，但因一切生产性消费都是为了满足人们的生活需要，所以通常所讲的消费最终是指生活消费，本书所探讨的也就是这种生活消费。一般而言，这种生活消费具有两个特征：一是自然性，即指人们通过各种消费资料和劳务的消费来满足自己心理和生理的需要，如对衣物的消费是为了防御寒冷，对食物的消费是为了解除饥饿，对娱乐活动的消费是为了放松身心，这些都反映了自然属性；二是社会性，是指消费事实上也是人们之间发生一定关系的社会过程，人们的消费不可能脱离社会而孤立、独自地进行。人们越来越重视消费，不仅是因为消费具有自然性，还因为它的社会性。

三　研究综述

对有关历史上中国民众消费的研究，在 20 世纪 80 年代以前，由于长期存在重生产、轻消费的倾向，导致关于生产的研究成果连篇累牍，但关于消费的研究成果却寥若晨星，专家学者涉足很少。到了 90 年代，随着国家、政府对人们物质文化生活的重视，消费的研究被提升到了一个重要的地位，关于消费史的研究出现了新局面，历史学界对于民众的日常消费史的研究也日渐活跃，一些学者从新的角度出发，运用新的方法，提出新的见解，取得了不少成果。

（一）以整体为视角考察民众的消费生活

立足整体在全国范围内对各个时代进行宏观分析和研究的成果不少。如果以朝代来划分的话，专著中唐代有张雁南的《唐代消费经济研究》，他在书中对唐代民众的消费生活进行了全方面的分析。[①] 宋代则有何辉的《宋代消费史：消费与一个王朝的盛衰》，对两宋的消费状况及影响消费的诸因素进行了探讨，并总结了消费与王朝盛衰的关系。[②] 还有魏华仙的《宋代四类物品的生产和消费研究》，通过对肉类、水果、纸张、花卉的生产、流通、消费的探讨来反映宋代民众的生活水平。[③] 就明代而言，主要是巫仁恕的《品味奢华：晚明的消费社会与士大夫》，此书通过具体的实证研究，探讨了晚明的社会消费与士大夫的消费文化，虽然书中更多的是倾向于社会文化史研究的角度，但此书对上层社会消费的具体类别如饮食、服饰、娱乐等方面进行了细致的研究，而且对奢侈消费等亦有颇具新意的分析。[④] 冯尔康、常建华的《清人社会生活》一书则对清代全国范围内的社会消费生活作了系统的描述，他们认为在清代人的消费构成中，以"吃食消费最大，居室、婚丧开支也不小，其余的是量力而行。各个社会层次的人消费水准相差悬殊，劳动群众多是低消费，而达官贵人富商大贾则是高消费"，[⑤] 相当

---

① 张雁南：《唐代消费经济研究》，齐鲁书社 2009 年版。
② 何辉：《宋代消费史：消费与一个王朝的盛衰》，中华书局 2010 年版。
③ 魏华仙：《宋代四类物品的生产和消费研究》，四川科学技术出版社 2006 年版。
④ 巫仁恕：《品味奢华：晚明的消费社会与士大夫》，中华书局 2008 年版。
⑤ 冯尔康、常建华：《清人社会生活》，天津人民出版社 1990 年版，第 317 页。

详细地分析了清人的消费状况。近代描写消费方面的力作当属张东刚的《消费需求的变动与近代中日经济增长》，此书从经济学的角度对当时中国国民消费需求进行了非常详细的统计和估算，同时分析了民众消费需求变动趋势和特点，对消费总需求变动的宏观经济效应等做了多角度的论证，而且还与同时期的日本民众的消费需求进行了比较。① 这种宏观的分析和比较对于我们认识近代中国居民消费的整体状况相当有益。

从论文方面看，首推胡一雅的《中国封建社会各阶级等级的消费》，此文站在全局的角度对整个封建社会各阶级等级消费量的差别、消费结构、消费对社会发展的影响作了分析，时间和空间跨度很大，立论很宏观。② 温乐平的《秦汉时期生活消费的特点及其影响》是以秦汉时期为对象考察当时人们的生活消费，认为此时期人们的消费水平贫富悬殊、奢侈消费日渐严重，同时商品性消费的比重增加。③ 吴晓亮的《略论宋代城市消费》考察宋代城市消费，认为宋代城市消费与前代的差别就在于个人消费的行为很多是经由市场这一重要环节之后才最终完成。④ 以近代或民国为视角的有王玉茹、李进霞的《近代中国农民生活水平分析》和《20 世纪二三十年代中国农民的消费结构分析》，前一篇是对近代中国农民的生活水平进行全面分析，力求揭示这一时期中国农民消费的全貌，⑤ 后一篇关注的重点是 20 世纪二三十年代中国农民的消费结构，同时涉及消费的来源、消费的营养结构、消费与收入的关系。⑥ 潘桂仙也有两篇论文：《20 世纪二三十年代中国农民生活状况的探讨——以收入、支出、债务为例》和《二十世纪二三十年代农民生活贫困的原因探析》，前一篇是从农民家庭的收入水平、支出状况及负债程度等方面折射农户消费生活水平的低下，⑦ 后一篇是对造成此时期中

---

① 张东刚：《消费需求的变动与近代中日经济增长》，人民出版社 2001 年版。

② 胡一雅：《中国封建社会各阶级等级的消费》，《中国史研究》1991 年第 4 期。

③ 温乐平：《秦汉时期生活消费的特点及其影响》，《中国经济史研究》2006 年第 2 期。

④ 吴晓亮：《略论宋代城市消费》，《思想战线》1999 年第 5 期。

⑤ 王玉茹、李进霞：《近代中国农民生活水平分析》，《南开经济研究》2008 年第 1 期。

⑥ 王玉茹、李进霞：《20 世纪二三十年代中国农民的消费结构分析》，《中国经济史研究》2007 年第 3 期。

⑦ 潘桂仙：《20 世纪二三十年代中国农民生活状况的探讨——以收入、支出、债务为例》，《湖北社会科学》2009 年第 5 期。

国农民消费水平低的原因进行多维度多角度的分析。① 关永强的《近代中国农村收入分配与消费差异研究》，是从基尼系数和恩格尔系数入手反映农村民众的消费状态。② 诸如此类的文章还有很多，可见以整体、以全国为着眼点宏观探讨民众消费生活的力作呈方兴未艾之势。

（二）以区域为视角考察民众的消费生活

在区域研究方面，以江南消费史研究的成果最为丰富，尤其明清时期江南民众的消费成为学界关注的重中之重，出现了许多高质量的论文。如王家范的论文《明清江南消费风气与消费结构描述——明清江南消费经济探测之一》很有启迪作用，他把整个消费行为分为饮食肴馔、住宅园林、衣着服饰、婚丧寿诞、文化娱乐、科举官场等九类，分别作了具体考察，并得出结论：明清江南存在着突出的高消费现象，同时也伴随着大量的低消费。③ 另外他在《明清江南消费性质与消费效果解析——明清江南消费经济探测之二》中以量化的方式考察了明清时期江南城乡各阶层居民的消费状况，同时对消费模式进行了解析和全面评价。④ 方行的《清代江南农民的消费》对研究江南消费问题具有较大的参考价值，同样受到了学界的高度关注。作者根据地方史和笔记材料，用具体的事例和数据，对清代江南农民的温饱型消费结构进行了全面分析。⑤ 马学强的《清代江南物价与居民生活：对上海地区的考察》从物价影响消费的角度出发，试图通过勾勒清代上海地区物价的基本情况和走势来分析居民日常生活的变化。⑥ 在一批专题论文相继出现的同时，相关著作也相继问世。如黄敬斌的《民生与家计：清初至民国时期江南居民的消费》运用切实可信的资料，用实证研究的方法展示江南居民的

---

① 潘桂仙：《二十世纪二三十年代农民生活贫困的原因探析》，《社科纵横》2009 年第 6 期。

② 关永强：《近代中国农村收入分配与消费差异研究》，《安徽史学》2009 年第 4 期。

③ 王家范：《明清江南消费风气与消费结构描述——明清江南消费经济探测之一》，《华东师范大学学报》（哲学社会科学版）1988 年第 2 期。

④ 王家范：《明清江南消费性质与消费效果解析——明清江南消费经济探测之二》，《上海社会科学院学术季刊》1988 年第 2 期。

⑤ 方行：《清代江南农民的消费》，《中国经济史研究》1996 年第 3 期。

⑥ 马学强：《清代江南物价与居民生活：对上海地区的考察》，《社会科学》2003 年第 11 期。

日常消费，包括服饰、食品、住房、节庆、婚丧等方面的开支，尽可能地进行量化分析，全方面展示江南民众的消费实态。① 宋立中的专著《闲雅与浮华——明清江南日常生活与消费文化》则分别从婚姻礼俗与社会变迁、休闲生活与雅俗冲突、消费服务与消费文化三个方面探讨学界关注的明清时期的婚礼消费、娱乐消费、节日消费、时尚消费，最终揭示明清江南的社会变迁及其历史走向。② 另外，在许多研究乡村社会和城市社会的著作中也可见江南民众日常消费的影子，如汪效驷在《江南乡村社会的近代转型——基于陈翰笙无锡调查的研究》中就对转型时期的乡村生活进行了审视，并量化分析了农家的生活消费水平。③ 正是由于众多学者的关注，使得江南这一区域喜获丰收。

对华北地区此问题关注较早的当属傅建成，他在《二十世纪上半期华北农村家庭生活费用分配结构分析》一文中通过家庭生活费用分配结构及人们实际物质生活享受程度的对比，得出该时空下农村家庭物质生活极度贫困化的结论。④ 此后，乔志强、张平完成了《近代华北农家消费水平和消费结构分析》，他们认为近代华北农家消费水平低，消费结构扭曲，并在低水平的生产—低层次的消费—低水平的生产的恶性循环中越陷越深。⑤ 徐浩在《清代华北农民生活消费的考察》中探讨了清代华北农民的以衣食为主的物质生活消费，以及包括文化教育和婚丧嫁娶在内的社会文化消费。⑥ 侯建新的《民国年间冀中农民生活及消费水平研究》则对民国时期特别是三四十年代冀中地区农民的日常生活及其水

---

① 黄敬斌：《民生与家计：清初至民国时期江南居民的消费》，复旦大学出版社2009年版。

② 宋立中：《闲雅与浮华——明清江南日常生活与消费文化》，中国社会科学出版社2010年版。

③ 汪效驷：《江南乡村社会的近代转型——基于陈翰笙无锡调查的研究》，安徽师范大学出版社2010年版，第196页。

④ 傅建成：《二十世纪上半期华北农村家庭生活费用分配结构分析》，《中国农史》1994年第3期。

⑤ 乔志强、张平：《近代华北农家消费水平和消费结构分析》，《山西大学学报》（哲学社会科学版）1994年第2期。

⑥ 徐浩：《清代华北农民生活消费的考察》，《中国社会经济史研究》1999年第1期。

准作了分析。① 夏明方在《发展的幻象——近代华北农村农户收入状况与农民生活水平辨析》中分析了当地农户的消费水平情况。② 袁钰的《华北农民生活消费的历史考察（1895—1936）》认为此阶段华北农民生活消费比之以前确实发生了一些变化，但农民的生活水平并没有明显提高。③ 除此之外，在一些介绍华北农村及社会变迁的书中也可以找到描写当地民众消费状况的内容，如郑起东的《转型期的华北农村社会》一书中第四章就专门讲述农户的消费结构和生活方式的演变。④ 朱汉国、王印焕的《华北农村的社会问题（1928 至 1937）》和侯建新的《农民、市场与社会变迁——冀中 11 村透视并与英国乡村比较》都对华北民众的消费有所涉及。朱汉国、王印焕认为二三十年代华北农村民众的生活比较紧迫，一般农户均尽其可能地将绝大部分开支限制在维持基本生活的必须消费范围内。⑤ 侯建新专门在专著中单列一章用以分析农民的日常生活与消费，他通过具体的数据分析出清苑农民消费水平属于绝对贫困型。⑥ 足见学界在华北民众消费领域的研究日臻成熟。

对华南地区的消费生活进行研究的主要是暨南大学的蒋建国，他的专著《广州消费文化与社会变迁（1800—1911）》从消费文化史的角度探究晚清广州社会变迁的基本脉络，书中还详细探讨了物价、收入与消费水平的基本状况。⑦ 陈伟明则对清代澳门社会生活消费做了专题研究，他在《清代澳门社会生活消费研究（1644—1911）》中对清代澳门居民的生活消费水平、消费类型、消费时尚、消费结构及消费特色作了细致的分析，并就清代澳门居民的生活消费与社会发展之间的关系作了

---

① 侯建新：《民国年间冀中农民生活及消费水平研究》，《天津师大学报》（社会科学版）2000 年第 3 期。

② 夏明方：《发展的幻象——近代华北农村农户收入状况与农民生活水平辨析》，《近代史研究》2002 年第 2 期。

③ 袁钰：《华北农民生活消费的历史考察（1895—1936）》，《生产力研究》2000 年第 5 期。

④ 郑起东：《转型期的华北农村社会》，上海书店出版社 2004 年版。

⑤ 朱汉国、王印焕：《华北农村的社会问题（1928 至 1937）》，北京师范大学出版社 2004 年版，第 26 页。

⑥ 侯建新：《农民、市场与社会变迁——冀中 11 村透视并与英国乡村比较》，社会科学文献出版社 2002 年版，第 207 页。

⑦ 蒋建国：《广州消费文化与社会变迁（1800—1911）》，广东人民出版社 2006 年版。

深入的探讨，从而展现了清代澳门社会生活消费的发生、运作和发展的运行机制。①

针对其他区域的研究也不乏其文，如对西南的研究主要有谯珊的《抗日战争时期成都市民消费生活水平研究》、汪辉秀的《抗战初期川东南农家生活消费述评》等，② 对东北地区的研究主要有王广义的《近代中国东北乡村社会研究》等。③ 相对江南、华北等地而言，其他区域的研究力度明显偏弱。

（三）以变迁为视角考察民众的消费生活

历史蹒跚地迈入近代社会，在内外因素的冲击下，社会开始由传统期步入转型期，整个社会发生了深刻的变迁。这种变迁已经引起了当代学者的关注，并出现了一系列成果。消费是社会变迁的主要内容，研究社会变迁必然牵涉人们的日常消费生活，很多成果对此都有所反映。如严昌洪的《20 世纪中国社会生活变迁史》、李长莉的《晚清上海社会的变迁：生活与伦理的近代化》、刘泱泱的《近代湖南社会变迁》等都以民众的日常消费生活为切入点反映整个社会变迁。④ 何一民主编的《近代中国城市发展与社会变迁（1840—1949）》一书也对消费生活变迁进行了深入探讨，其中生活消费观念、消费方式、消费水平是其研究的重要内容。⑤ 另外还有陈旭麓的《近代中国社会的新陈代谢》、乐正的《近代上海人社会心态（1860—1910）》、刘志琴的《近代中国社会生活与观念变迁》、乔志强的《近代华北农村社会变迁》、李学昌的《20 世纪南汇农村社会变迁》等，⑥ 都对民众的消费变迁有所阐述。在这一研

① 陈伟明：《清代澳门社会生活消费研究（1644—1911）》，广东人民出版社 2009 年版。
② 谯珊：《抗日战争时期成都市民消费生活水平研究》，《社会科学研究》2003 年第 3 期；汪辉秀：《抗战初期川东南农家生活消费述评》，《达县师范高等专科学校学报》（社会科学版）2006 年第 1 期。
③ 王广义：《近代中国东北乡村社会研究》，光明日报出版社 2010 年版。
④ 严昌洪：《20 世纪中国社会生活变迁史》，人民出版社 2007 年版；李长莉：《晚清上海社会的变迁：生活与伦理的近代化》，天津人民出版社 2002 年版；刘泱泱：《近代湖南社会变迁》，湖南人民出版社 1998 年版。
⑤ 何一民：《近代中国城市发展与社会变迁（1840—1949）》，科学出版社 2004 年版。
⑥ 陈旭麓：《近代中国社会的新陈代谢》，上海社会科学院出版社 2005 年版；乐正：《近代上海人社会心态（1860—1910）》，上海人民出版社 1991 年版；刘志琴：《近代中国社会生活与观念变迁》，中国社会科学出版社 2001 年版；乔志强：《近代华北农村社会变迁》，人民出版社 1998 年版；李学昌：《20 世纪南汇农村社会变迁》，华东师范大学出版社 2001 年版。

究领域，还出现了一些高质量的论文，如朱英的《近代中国商业发展与消费习俗变迁》把商业发展与消费习俗变迁放在一起来探讨，[①] 谯珊的《近代城市消费生活变迁的原因及其特点》则认为在近代，城市民众的传统衣、食、住、行消费格局发生了很多变化，消费生活进一步走向大众化、平民化，消费水平逐步走向分层与多元。[②] 诸如此类，都是关于消费变迁的力作。

（四）以风尚为视角考察民众的消费生活

社会风尚与社会消费息息相关，社会风尚可以说是社会消费的风向标，直接影响着社会消费的结构和整体的消费内容。因而，许多学者在考察社会风尚时，事实上就是以老百姓日常消费的变化来作为表象。其中孙燕京的专著《晚清社会风尚研究》是这方面的翘楚，她就是以衣食住行等生存消费为物质载体，以娱乐、交往、消闲、婚丧嫁娶等精神或发展消费为表现形式，全面论证晚清风尚经历了从"扬"到"洋"再到"新"的过程。[③] 另外还出现了许多以朝代为观察点研究风尚和民众消费生活的论文。如陈志伟在《北朝社会风尚诸问题研究》中具体讲到了北朝民众的日常消费生活，[④] 韩志远在《关于元代社会风尚的几个问题》中试图以物质消费生活的变化反映元代社会风尚的转变。[⑤] 朱瑞熙在《宋代社会风尚概述》中详细阐述了宋代人们在消费物质生活如衣服、饮食、房屋、卫生保健等方面发生的变化。[⑥] 刘和惠在《论晚明社会风尚》中认为浮靡奢侈是晚明社会风尚的主要特点，并在日常消费生活中处处体现出来。[⑦] 胡大泽的《论辛亥革命前后社会风尚的急剧变化》、胡维革的《对民初社会风尚变化的考察与反思》、王晓曼的《从清末民初着装风格透视当时社会风尚》、邓娟的《试论民国时期社会风尚的变化及其特点》等则是反映近代社会物质消费生活与社会风尚

---

① 朱英：《近代中国商业发展与消费习俗变迁》，《江苏社会科学》2000 年第 1 期。

② 谯珊：《近代城市消费生活变迁的原因及其特点》，《中华文化论坛》（成都）2001 年第 2 期。

③ 孙燕京：《晚清社会风尚研究》，中国人民大学出版社 2002 年版。

④ 陈志伟：《北朝社会风尚诸问题研究》，博士学位论文，吉林大学，2009 年。

⑤ 韩志远：《关于元代社会风尚的几个问题》，《社会学研究》1991 年第 3 期。

⑥ 朱瑞熙：《宋代社会风尚概述》，《抚州师专学报》1991 年第 1 期。

⑦ 刘和惠：《论晚明社会风尚》，《安徽史学》1990 年第 3 期。

的成果。① 至于各时期各地区社会风尚的变化及其原因的研究更是数不胜数，北京、上海、青岛、武汉、南京等东部沿海地区有学者研究，风气晚开的内陆地区如四川、山西、陕西等地同样也受到学者的关注，具体而言，有张敏的《试论晚清上海服饰风尚与社会变迁》、罗玲的《民国时期南京的社会风尚》、张笃勤的《汉口商业发展与社会风尚演化》、赵先明等的《试述民国四川社会风尚变化的特点》等，② 这里不一一赘述。

综上所述，近几十年，史学界众多学者的筚路蓝缕之功值得称道，正是他们孜孜不倦的研究，使得有关民众社会生活及消费的成果层出不穷，就上述的著作和论文而言，其取得的成果大体可以概括为以下几点。

第一，研究面广，既有从全国角度整体把握，也有从局部入手探讨，既有追溯到汉唐时期，也有从近代入手研究。不仅对不同时代、不同地区、不同领域人们的日常消费，诸如衣、食、住、行、娱乐、婚丧、教育、医疗等都有讨论，而且对民众的消费水平、消费结构、消费文化等多方面也有所论及，研究面相当广，较为全面地反映了人们的消费状况，体现了消费生活史的视野和思路，为我们更全面地认识历史的丰富内涵奠定了良好的基础。

第二，不局限于对现象的描述，对消费的量化也开始关注和重视，并进行了许多有益的探索。一些学者在透析民众的日常消费生活时就尝试采用了计量学等研究方法，以此反映民众的物质生活和消费水平，刻画总体消费的轮廓。

第三，思维跳出旧框，不满足于局部而扩大到全局，往往采用比较的方法观察民众的消费状况，让大家更加全面地把握某区域民众的消费

---

① 胡大泽：《论辛亥革命前后社会风尚的急剧变化》，《重庆教育学院学报》2006 年第 5 期；胡维革：《对民初社会风尚变化的考察与反思》，《学习与探索》1990 年第 4 期；王晓曼：《从清末民初着装风格透视当时社会风尚》，《艺术科技》2012 年第 4 期；邓娟：《试论民国时期社会风尚的变化及其特点》，《今日南国》（理论创新版）2008 年第 9 期。

② 张敏：《试论晚清上海服饰风尚与社会变迁》，《史林》1999 年第 1 期；罗玲：《民国时期南京的社会风尚》，《民国档案》1997 年第 3 期；张笃勤：《汉口商业发展与社会风尚演化》，《中南财经大学学报》1988 年第 4 期；赵先明、冯静、陆铭宁、邱梅：《试述民国四川社会风尚变化的特点》，《西昌学院学报》（人文社会科学版）2005 年第 2 期。

生活在全国处于什么地位,以及与同时期其他国家相比处于一种什么状态。

消费史领域的成果颇丰,但仔细分析,还是存在一些不足和有待填补的空白,可以做进一步的探讨。如研究区域不平衡,过多关注江南、华北、东南沿海等地,对边疆民众日常消费的研究颇为薄弱;仅局限于静态的描述,没有进行动态考察的成果仍不少;一些专著和论文的理论深度和学术张力还可进一步加强……这些都说明该领域仍具有很大的研究空间。

关于民国年间云南民众消费生活的研究,迄今为止未见有人做过专门系统的研究,相关的论文也是寥寥无几,仅车辚、谢溶等写过几篇关于此方面的文章,而且大多关注的是省会昆明的消费生活。如车辚的《清末民初昆明的城市消费变迁》就是以1910年滇越铁路通车为界,把清末民初昆明城市居民的消费分成两个阶段分别进行探讨。[①] 谢溶的《清末民初昆明的社会生活》详细描述了清末民初昆明人的生活,并通过论证认为昆明在当时已经成了典型的半殖民地半封建社会的消费城市。[②] 另外还有何斯民的《试论抗日战争对昆明地区社会文化的影响》对抗战时期昆明的衣食住行娱乐等日常消费作了一定的描述。[③] 李丽华的《抗战时期的物价与教授生活——以昆明为例》则论述了抗战物价上涨,大学教授们的日常消费生活也因物价的变动而发生了波动这一事实。[④] 除此之外,尚未发现其他的研究成果,可见,专门描写云南民众消费生活的文章比较缺乏。

可以说,长期以来,对于民国云南民众消费这一领域,云南的史学研究工作者们关注不够,未能真正纳入云南近代史研究的视野,导致这方面的论文较少,专著没有,这不能不说是一大遗憾。但值得庆幸的

---

① 车辚:《清末民初昆明的城市消费变迁》,《云南民族大学学报》(哲学社会科学版)2007年第1期。

② 谢溶:《清末民初昆明的社会生活》,《河南机电高等专科学校学报》2009年第1期。

③ 何斯民:《试论抗日战争对昆明地区社会文化的影响》,《云南师范大学学报》2007年第4期。

④ 李丽华:《抗战时期的物价与教授生活——以昆明为例》,《作家杂志》2007年第12期。

是，如今云南学术界在各个领域的研究成果硕果累累，如果我们细致地深入挖掘，还是可以在其他领域的著作中寻找到描写民众消费生活的部分片段或精彩瞬间，如谢本书、李江主编的《近代昆明城市史》就是一部探讨近代昆明城市变迁及其近代化历程的力作，在作者对政治、文化、工商业等的分析和反思中，能够看到社会变革中昆明城市居民的消费情况。① 云南省经济研究所李珪主编的《云南近代经济史》是一部相当出色的描写云南经济的著作，结构严谨，资料翔实，书中也注意到了云南民众的日常消费生活。② 另外马曜的《云南简史》、董孟雄的《云南近代地方经济史研究》等对此都有所涉及。这些老学者均具有深厚的学术功底，对史料的把握和熟稔程度非一般人可比，所以，他们对民国时期云南民众日常消费生活虽只是稍有所涉及，但事实上却表现出了较高的水准。云南中青年学者的专著中同样不乏精彩的力作，在他们研究云南不同领域的专著中，同样可以找到关于民众日常消费生活的某些片段。如周智生在专著《商人与近代中国西南边疆社会——以滇西北为中心》中就专列一章研究商人与地方社会生活，认为商人在社会消费观念的变迁中发挥了重要作用。③ 罗群的《近代云南商人与商人资本》也对云南商人的消费生活有所涉及。④ 盛美真在《近代云南社会风尚变迁研究》中还通过普通民众在衣食住行、婚丧嫁娶等方面的变化来论证近代云南社会风尚发生了很大的改变。⑤ 除此之外，还有一大批青年博士和硕士在写毕业论文时把近代云南纳入自己的研究视野，其中对教育、卫生、金融、商业等各个方面都有涉及。如马廷中的《云南民国时期民族教育》从五个方面对云南民国时期的民族教育进行了综合研究。⑥ 薄井由的《清末民初云南商业地理初探——以东亚同文书院大旅行调查报告为中心的研究》主要通过东亚同文书院大旅行调查报告的材料来反映清

---

① 谢本书、李江主编：《近代昆明城市史》，云南大学出版社 1997 年版。
② 李珪：《云南近代经济史》，云南民族出版社 1995 年版。
③ 周智生：《商人与近代中国西南边疆社会——以滇西北为中心》，中国社会科学出版社 2006 年版。
④ 罗群：《近代云南商人与商人资本》，云南大学出版社 2004 年版。
⑤ 盛美真：《近代云南社会风尚变迁研究》，中国社会科学出版社 2011 年版。
⑥ 马廷中：《云南民国时期民族教育》，博士学位论文，中央民族大学，2004 年。

末民初云南商业地理的某些特征。[①] 周俊利的《1912 年—1945 年云南
地区卫生事业管理研究》对民国云南地区卫生事业管理产生、发展的社
会背景进行分析论证。[②] 还有马平的《龙云主政时期的云南地方经济政
策》[③]、谭敏的《从滇越铁路看云南的铁路通道经济》[④] 等论文都为我们
更为全面、清晰地把握民国时期整个云南民众消费生活所处的时代背景
提供了参考。

四　研究设计与总体框架

(一) 研究设计

消费问题涉及的因素广泛而复杂,包括民众经济生活、社会生活和
文化生活的诸多方面。同时,不同社会阶层、社会集团在消费方面的表
现亦各具特点。另外,在日常消费中,除了衣食住行、婚丧、娱乐、教
育、文化之外,还有不少人有赌博和吸食鸦片等不良消费,这对于一个
家庭来说,是十分惊人的消费。除此之外,随着社会的发展进步,民众
的消费无论是从项目、水平还是从模式来说都要发生一定的变化,不同
的消费模式和水平反映的社会地位和发展水平也是千差万别。因此,对
云南民众的消费问题进行探讨是一个相当复杂的过程,勾画出民国时期
云南民众消费的整体面貌难度之大可想而知。同时我们知道,分散而零
碎的日常消费生活资料如果没有一定的理论支撑,往往会导致研究的碎
片化,因此借鉴理论显得相当重要。除此之外还要注重写作的方法,才
能更好地反映那个过去了的时代的整体面貌。为此,本书的撰写在具体
行文时拟采取的方法和遵循的思路如下:

第一,借鉴消费经济学上的概念、范畴、理论和方法。

本书对消费资料、消费差异、消费时尚、消费观念、家庭消费的研
究都是建立在消费经济学的理论基础之上,对于消费水平和消费结构的

---

① 薄井由:《清末民初云南商业地理初探——以东亚同文书院大旅行调查报告为中心的
研究》,博士学位论文,复旦大学,2003 年。
② 周俊利:《1912 年—1945 年云南地区卫生事业管理研究》,硕士学位论文,云南师范
大学,2006 年。
③ 马平:《龙云主政时期的云南地方经济政策》,硕士学位论文,云南大学,2002 年。
④ 谭敏:《从滇越铁路看云南的铁路通道经济》,硕士学位论文,云南大学,2003 年。

辨析就更离不开消费经济学的内容。虽然本书采用了消费经济学的理论，但在使用过程中，没有生搬硬套相关的理论，而是将其与历史资料有机结合，防止论述断裂现象的发生，对某些理论阐述甚至在进行必要的修正后才运用到研究中。

第二，定性分析与定量分析相结合。

定性分析是传统史学经常采用的方式，定量分析则在计量史学悄然兴起以后被大量使用。定性分析在史料宏富、证据确凿的情况下使用断无疑义，定量分析则可以在史无明文的情况下，通过对资料的爬梳和汇总，进行数量和概率的统计，以便找出某种契合实际的规律性的东西，避免感性认识造成的误差，可以说，这种方法使用得当，比一般描述性的分析、笼统的定性更具有实证性与说服力，更容易接近事物的原貌。经济现象是质和量的统一，研究消费问题，使用定性分析与定量分析相结合的方法最适合，本书尽量将两者相结合，以求定性分析更深刻，定量分析更准确，增强解释力。

第三，分阶层探讨的原则。

每个个体以不同的形态，不平等、不均衡地散布在社会统一体的各个位置上，最终形成了不同的社会阶层和社会群体，阶层与阶层间、群体与群体间的消费自然存在着一定的差异，必然参差不齐，此起彼落，这事实上也是社会资源和消费机会在不同消费群体和阶层中分配的结果。因此，本书在写作时，特别注意分阶层这一原则，尽量做到把握每个阶层的特点，不仅仅局限于泛泛而谈，只有这样全方面、全角度地详细探究才能更为准确地把握住民国时期云南民众的整体消费生活实景，做出相对客观的结论。

（二）总体框架

本书由导论、上篇、下篇、结语组成。

导论部分主要就研究缘起及意义、研究设计、总体框架作一概述，对近 20 年来对历史上消费问题的研究状况加以综述和评述，作为本书进行论述的立足点。

上篇包括第一、二、三章。人们的消费，总要以一定的消费资料或劳务为对象，前三章主要介绍各种消费资料的基本状况。其中衣食住是最基本的生存性物质消费资料，除此之外一般家庭还要有娱乐、教育、医疗消费等支出，特别是处于人生重要关口，体现社会伦理色彩的婚丧嫁娶仪式的消费支出更是不容小觑，同时社会上还存在一定数量的迷信和三毒（鸦片烟、赌博、狎妓）消费，这也需要我们关注。

下篇包括第四、五、六章。如果说上篇是基础，是铺垫，那么下篇就是在此之上的发挥与分析，是更深层次的探讨与揭示。

第四章对民国年间云南民众的消费结构和消费水平进行了测算，这是本书的重点和难点。难在何处？云南地域广阔，人口众多，职业分工门类也多，到底怎样才能真正反映出民国时期云南民众的整体消费状况？笔者经过认真思考和爬梳，确定了以下程序：一是确定研究对象。锁定农村自耕农和半自耕农家庭为消费的基本单位，以此考察整个云南的消费状况。二是具体分析消费情况。对禄村五户家庭的日常消费生活及其水准作一实证性分析，另外以玉村的消费资料和《云南省五县农村经济之研究》中的数据来佐证结论。三是多指标、多方面地考察消费水平和消费结构。四是视野放大，比较分析云南普通民众的消费状况在全国处于什么位置。

第五章研究探讨阶层间消费差异的问题。人类社会的构成是一个复合体，具有许多不同的社会阶层和社会群体，除占据绝大多数、庞大的中间阶层外，还有由大官僚、军阀、地主、富商等组成的社会上层和尚未解决温饱问题的无地农民以及城镇贫民组成的社会下层，他们的生活消费水平如何？彼此有什么差异？原因何在？本章主要解决这些问题。

第六章着重关注消费变迁。民国年间，中国社会发生着或隐或显的变化，民众的消费也必然会发生和传统不一样的变化，因而分析这一变化的具体内容及特点，并详细探讨促使消费变迁的动力因素也相当必要。

结语部分主要是对民国年间整个云南民众的消费生活做总结。

总之，本书立足于民国年间丰富的史料及当前的学术研究成果，着重对民国时期云南民众的消费生活进行系统分析。在叙述中，力求结合中国整体状况和相关资料，以透视、比较、辨析等形式，进行深层次的剖析。鉴于笔者的能力有限，这样的框架比较难驾驭，时时有力不从心之感，因而书中难免存在这样或那样的偏颇，谨请各位专家和读者批评斧正。

上　篇

第一章　云南民众的基本物质消费

19 世纪的一代哲人马克思曾说："人从出现在地球舞台上的第一天起，每天都要消费"①，"人们为了能够'创造历史'，必须能够生活"②，他将消费或生活视为人类的第一历史活动，中国古代思想家也提出过"百姓日用即道"的观点，足见消费在人类生活中的重要性。在人类消费的多种多样物质中，重中之重当属衣、食、住的消费，这是人类社会赖以生存的前提和基础。只有最基本的衣、食、住得到维护和满足，人类才有可能进一步发展。

第一节　食物消费

民以食为天，古往今来，食物消费都排在首位，它是生存的第一要义，是人们最基本的消费需求，也是维持生命延续最低的消费需求。因此，我们首先探讨食物消费，本节分主食、副食、杂项三大类对民国时期云南民众的食物消费做系统的考察和分析。

一　主食消费

（一）粮食种类、产量

云南地域辽阔，情况复杂，地处印度板块与亚欧板块的交界处，两大板块的挤压、抬升，形成了云南复杂的地貌和地形。俗谚说云南整体地形是"九分山和原，一分坝和水"，以山地高原为主，境内谷深山

---

① 《马克思恩格斯文集》第 5 卷，人民出版社 2009 年版，第 196 页。
② 《马克思恩格斯选集》第 1 卷，人民出版社 2012 年版，第 158 页。

高、山岭盘结、沟壑纵横，只有少量适合种植谷物的坝子星罗棋布地分布在广阔的高原上。可以说，这样的地形地貌不利于谷类的耕作，导致粮食供应量比较少，人们不得不利用每一寸有限的土地，实行精耕细作，甚至坡地、山地也要尽可能地用来种植杂粮。如姚安县境内的肥沃之田种植稻谷，"另外一些坡地、山地及贫瘠之地则种植黍、玉蜀黍、高粱"。[1] 盐丰县（今属大姚县）幅员窄狭，多崇山峻岭，因而"所有高原、平原，概行种植"。[2] 其他各县莫不如此，特别是滇东如昭通各县，土地贫瘠居全省之首，水田较少，居民只能多种杂粮以满足对食物的需要，使得这一带的居民大都"以玉蜀黍为主要食粮。其他高粱、麦、荞、豆类皆为一般生活所需，而马铃薯尤为农产大宗"。[3] 人们大量食用苞谷、洋芋等杂粮来弥补稻谷之不足。

同时，为了增收增产，人们还根据农作物的生长时段在同块土地上安插不同的作物，图1—1为农作物生长周期情况：

作物	1月	2月	3月	4月	5月	6月	7月	8月	9月	10月	11月	12月
稻子					■	■	■	■	■			
麦子	■	■	■	■								
玉米			■	■	■	■	■	■				
高粱			■	■	■	■	■	■				
豆子	■	■	■	■						■	■	■
芋头			■	■	■	■	■					

图1—1　农作物生长周期

资料来源：［美］科尼利尔斯・奥斯古德：《旧中国的农村生活——对云南高峣的社区研究》，何国强译，国际炎黄文化出版社2007年版，第143页。

稻子和小麦的生长时间段岔开，同时稻子和豆子的时间段也完全不

---

① 杨成彪：《楚雄彝族自治州旧方志全书・姚安卷上》，云南人民出版社2005年版，第914页。

② 杨成彪：《楚雄彝族自治州旧方志全书・大姚卷下》，云南人民出版社2005年版，第1149页。

③ 《昭通旧志汇编》编辑委员会：《昭通旧志汇编》四，云南人民出版社2006年版，第1457页。

一样，如果条件允许，完全可以在同一块土地上根据作物生长周期来安排不同的种植模式。这种模式在云南的很多区域内得到实施，如镇南县（今南华县）"凡滨河之田，皆秋季种稻，春季种豆麦"，① 费孝通也在《云南三村》中提到禄村的主要农作物是水稻和蚕豆两种，人们充分利用时间差轮番耕种，"夏天时节，在禄村背后山上一望，遍地差不多全是青青的水稻，一直青到四围的山脚。秋收之后，不久就换上了绿油油的一片蚕豆"，② 昆明郊区大普吉村也是如此，"田中只有上季与下季（本地俗称上发与下发），上发全为稻谷，下发则豆麦各半"，"土中上发为玉蜀黍、荞与大豆随之。下发为菜子"③。可见，根据作物的生长时间在同一块土地上种植不同作物也是解决土地不足的有效手段之一。

为了尽可能地提高粮食产量，人们充分利用了山地和坡地，同时根据作物的生长周期来安插不同的作物，这样的一个状况导致了云南境内粮食作物种类繁多。大概而言，有稻谷、小麦、大麦、荞麦、高粱、玉蜀黍等，所有粮食作物中，又以谷类居多，1935 年国府主计处的调查表充分反映了这一点。

表 1—1　　　　　　　　　　云南全省主要农产品估计

种类	亩数（亩）	产量（斤）
稻	13652000	3771787000
小麦	4443000	616299000
高粱	718000	77509000
粟	143000	89037000
大豆	2671000	346204000
玉蜀黍	3888000	582571000
大麦	2047000	218184000
荞麦	538000	75910000

① 杨成彪：《楚雄彝族自治州旧方志全书·南华卷》，云南人民出版社 2005 年版，第 619 页。

② 费孝通、张之毅：《云南三村》，社会科学文献出版社 2006 年版，第 16 页。

③ 李文海：《民国时期社会调查丛编·乡村社会卷》，福建教育出版社 2005 年版，第 410 页。

续表

种类	亩数（亩）	产量（斤）
豌豆	272000	39458000
马铃薯	390000	442046000
山薯	241000	340704000
其他之类	1630000	302308000

资料来源：云南省志编纂委员会：《续云南通志长编》下，云南省科学技术情报研究所印刷厂1985年版，第253页。

表1—1显示云南全省主要农产品主要是稻、小麦、大麦、荞麦、高粱、玉蜀黍、大豆、豌豆、马铃薯等。从产量可看出民国时期云南民众的主食结构还是以稻谷为主，稻谷的产量最丰，为3771787000斤，居于首位，远超其他粮食作物，这充分说明了稻谷在云南是最重要的主粮。另外还可以从水稻品种的繁多反映出稻谷在云南的重要性，据赖才澄在《大普吉农村社会实况及其问题》中的记载："如水稻一种，即有大白谷、小白谷、半节芒、荔枝红、荔枝黄、麻早、小黑谷、憨青、米掉谷、大糯、胭脂糯谷、冷水米掉谷、红米掉、大灰掉、大灰谷……"[1]从品种和产量都可看出稻谷在云南主粮结构中居于首位。稻谷以下是小麦，为616299000斤，然后是玉蜀黍，为582571000斤，再次是马铃薯，为442046000斤，山薯为340704000斤，这些都属于旱地作物，是人们充分利用山地、坡地的结果，特别是苞谷、马铃薯、山薯对土壤的要求不高，见缝插针即可成活，这些作物的大量种植从根本上保障了人们对粮食的需求。

（二）粮食消费量的估计

关于粮食消费量，有许多的专家学者对此进行过研究，方行、李伯重、王家范、吴建华等都对明清时期江南家庭的粮食消费量做过探讨，他们的成果为我们了解当时人们的粮食消费量提供了参考。关于近代人均粮食消费量的估计则以费孝通和黄敬斌等人的研究较为令人信服。费

---

[1] 李文海：《民国时期社会调查丛编·乡村社会卷》，福建教育出版社2005年版，第420页。

孝通在《江村经济——中国农民的生活》中估计了不同年龄和性别的人每年消费稻米的数量，"50 岁以上的老年男子为 9 蒲式耳，40 岁以上的老年妇女为 7.5 蒲式耳，成年男子为 12 蒲式耳，成年妇女为 9 蒲式耳，10 岁以上的儿童为 4.5 蒲式耳。对一个有一名老年妇女、两个成人和一个儿童的普通家庭而言，所需米的总量为 33 蒲式耳"[①]。这里的蒲式耳为英国量制，一蒲式耳 = 36.37 公升，则人均年消费的大米数量约为 300 公升，折合旧制约为 2.90 石。黄敬斌在《民生与家计：清初至民国时期江南居民的消费》中提到了民国时期的一些调查资料：中国经济统计研究所统计出吴兴的年人均消费米数量为 2.36 石、无锡为 2.45 石、嘉兴为 3.11 石；卜凯调查统计出嘉兴的人均消费稻米数量为 1.77 石，德清为 1.78 石，常熟为 1.78 石，武进为 2.38 石。根据以上数据并在考虑多种因素后，黄敬斌得出了一个结论："在正常年景下，按人平均每年的大米消费量应在 2.3—2.7 石之间，平均可估计为 2.5 石左右。由一对成年夫妇、二至三名老幼亲属组成的典型家庭，每年消费的稻米总量约在 10—14 石之间。"[②]

云南省的状况如何？要做具体分析。一般而言，民国时期云南民众以日食两餐居多，如滇中的嵩明县"平时早晚两餐"；[③] 宜良县"平时一日两餐，早餐午前八时，晚餐午后三时"；[④] 滇西的楚雄县"城市居民甚少劳作，一日两餐"；大姚县"每日两餐"；[⑤] 滇南的西畴县"普通早晚二餐"；马关县"平时一日两餐"；[⑥] 就是处于边区的缅宁县也是"居家日食二餐"。[⑦] 可见，云南民众以日食两餐为主，上午一餐，下午一餐，尽管有的地方是早、中、晚三餐，但为数较少。这里还有一个特殊情况需说明：云南民众普遍日食两餐，可一旦到农忙季节，为了保证

---

① 费孝通：《江村经济——中国农民的生活》，商务印书馆 2005 年版，第 116—117 页。
② 黄敬斌：《民生与家计：清初至民国时期江南居民的消费》，复旦大学出版社 2009 年版，第 65 页。
③ 李景泰、杨思诚：(民国)《嵩明县志》卷十九，1945 年铅印本，第 264 页。
④ 《宜良县风俗调查报告书》，1932 年，云南省档案馆馆藏，卷宗号：11 - 8 - 114。
⑤ 《楚雄县风俗调查》《大姚县风俗调查》，1932 年，云南省档案馆馆藏，卷宗号：11 - 8 - 123。
⑥ 《马关县风俗调查报告书》，1932 年，云南省档案馆馆藏，卷宗号：11 - 8 - 114。
⑦ 丘廷和：(民国)《缅宁县志稿》卷十七，1945 年稿本，第 14 页。

有足够的体力干活，必须吃三餐。三月至五月、七月至九月就属农忙时节，需要比平日多吃一餐，如宜良县"农忙之际，则一日三餐"；① 马关县"农忙之际，则一日三餐，早餐午前六时，午餐正午十二时，晚餐午后五时"；② 缅宁县"若有工作则加饷午"；③ 禄丰县"在农忙期间，劳动者常吃三顿"。④

　　因而，计算云南民众的需米量，以两餐为宜，同时还应考虑农忙时的加餐。按照这个原则，费孝通曾计算过禄丰县禄村的人均需米量，见表1—2。

表1—2　　　　　　　　　　　　　　**每人需米数目**

每顿饭每个成人	最多 2.8 公两	最少 2.5 公两
每日普通吃两顿	5.6 公两	5.0 公两
每年 365 日计算	204.4 公斤	182.5 公斤
	或 340 市斤	304 市斤
	或 2.38 公石	2.04 公石
每年每个成人需米	平均 2.21 公石	

资料来源：费孝通、张之毅：《云南三村》，社会科学文献出版社 2006 年版，第 58 页。

　　这是日常生活期间每个成人的需米量，一日两顿，则每年每个成人需米在 304 市斤和 340 市斤之间，平均 2.21 公石。但是到了农忙时期，为了保证有足够的体力来干农活，必须吃三顿，费先生又在书中假定了一个成年人在农忙期中有一半日子在做工，则还要加一百顿，综合各方考虑，最后得出禄村每年每个成人需米约为 2.5 公石，大约为 357市斤。

　　易门县易村的大致情况如何？易村有句谚语：不饥不饱三担谷，不咸不淡九斤盐。这是指一个壮丁一年需吃谷和盐的数量。依当地容量标准，谷担比米担为小，1 担谷可碾 2 斗 2 升米，3 担谷合 6 斗 6 升米，

---

① 《宜良县风俗调查报告书》，1932 年，云南省档案馆藏，卷宗号：11 - 8 - 114。
② 《马关县风俗调查纲要》，1932 年，云南省档案馆藏，卷宗号：11 - 8 - 114。
③ 丘廷和：(民国)《缅宁县志稿》卷十七，1945 年稿本，第 14 页。
④ 费孝通、张之毅：《云南三村》，社会科学文献出版社 2006 年版，第 58 页。

每升米重 5 市斤，故共计 330 市斤。这个数目和禄村的估计每人一年所需在 304—340 市斤相同，易村的需米量刚好和这个数据相符。另外，张之毅还考虑到了农忙期间下田做工的加餐问题，最后折算出每个壮丁一年应有米 375 市斤，[①] 折合 2.57 公石。

玉溪玉村又如何？张之毅说："按人口大小平均一人一年约需 303 斤米。"[②] 这里不是一个成年男人的用量，而是整个村庄不管年龄阶段的平均量。如果单指成年男子，则每年"需食米 410 市斤"[③]，折合 2.81 公石，这个估量稍大于禄村和易村。

数据存在差异，原因多样，但不能排除调查和计算中可能存在误差和标准不一致的问题。另外，度量衡的换算也是一个大问题，众所周知，度量衡制在实际使用中相当混乱，虽然有官方标准，但不同地方实际使用的标准千差万别，如对于升的标准各地就很不统一，缅宁县"食米每升约重六斤"，姚安县"米每升重七斤"，[④] 开远县"米每升三斤八两"，[⑤] 不一而足，如《续云南通志长编》一书所言："本省官厅出纳，虽仍以营造库平制为计量之标准，然各市县属民用度量衡器具之形式、器量，不特县与县异、区与区别，且一乡一邑之中，东邻与西邻不同，此业与彼业亦异。"[⑥] 其纷乱程度可见一斑，因此，要对民国年间各地实际使用的度量衡标准有完全的了解，非常困难，只能是大概、相近，很难达到完全准确。

黄敬斌和中国经济统计研究所，还有民国时期的学者对江南粮食需用量的统计都是以石为单位，这个单位和费孝通、张之毅对云南粮食需用量使用公石来估算是否一样，还是存在一定的换算关系？由于当时度量衡标准混乱，加之笔者自身学识和所见资料的限制不得而知，但据满铁 1939 年在常熟的实地调查，当地的 1 石白米的重量约为 160 市斤，

---

①　费孝通、张之毅：《云南三村》，社会科学文献出版社 2006 年版，第 249 页。

②　同上书，第 358 页。

③　同上书，第 359 页。

④　《姚安县风俗调查》，1932 年，云南省档案馆馆藏，卷宗号：11 - 8 - 121。

⑤　《开远县风俗调查》，1934 年，云南省档案馆馆藏，卷宗号：11 - 8 - 125。

⑥　云南省志编纂委员会：《续云南通志长编》下册，云南省科学技术情报研究所印刷厂 1985 年版，第 540 页。

如果是按旧制来算，则 1 旧制石约合 140 旧斤。[①] 关于云南方面，1942年，赖才澄在《大普吉农村社会实况及其问题》中记载："1 公石 = 140旧斤 = 10 公斗"，[②] 这里的 1 公石和常熟等地的 1 旧制石一致，而且根据换算，费先生的 1 公石大概也有 140 旧斤，因而，可以大致推断出费孝通记载的 1 公石可能和江南 1 石的量一致。

综上可看出，费孝通、张之毅的估计数量与黄敬斌在考虑了多种因素后得出的数据相差不大，因此，我们姑且就以 2.5 公石作为民国时期云南一个成人的需米量。

尽管估算出了一个成人的需米量，但实际上并不是每个人随时都有白米吃，这与云南的地形地貌有直接的关系。据国府统计局报告显示，全省的可耕地面积仅为 27125000 亩，占云南全省总面积的 4% 左右，在如此有限的可耕地中又有 60% 的是坡地及梯田，可供栽种水稻的耕地资源十分紧张。以 1936 年稻谷的产量为例，当年收获稻谷 3771787000 斤，而全省却有 1200 万左右的人口，如果每人每日都吃米，按费孝通的估计量则共需米 4284000000 斤。这个量远大于稻谷的产量，加之把谷脱壳成米有所损耗外，还有留谷种及其他用途等，缺口相当大，绝不可能做到所有人每天都有稻米吃。从地域范围来看，一般而言，滇南、滇中、滇西一些土地肥沃适合种植水稻之地食米者居多，不适合种植水稻的多山多坡之地则只能以吃杂粮为主，即使是滇中靠近省会昆明的地方也同样如此，如路南（今石林）"是一个贫瘠的山城，水田仅占少数，当然农产品的米便变成珠子了，而大豆，玉蜀黍，山薯，麦都是优美的食料"，[③] 嵩明县"山居者耕种山地，大都以荞、包谷为恒粮"。[④] 张肖梅在《云南经济》中也提到了广通、镇南、宣威、师宗、易门等县的一些山区，"盖均以杂粮为补助食品也"。[⑤] 而对于滇

---

① 黄敬斌：《民生与家计：清初至民国时期江南居民的消费》，复旦大学出版社 2009 年版，第 49 页。

② 李文海：《民国时期社会调查丛编·乡村社会卷》，福建教育出版社 2005 年版，第 405页。

③ 王稼句：《昆明梦忆》，百花文艺出版社 2003 年版，第 77 页。

④ 李景泰、杨思诚：(民国)《嵩明县志》卷十九，1945 年铅印本，第 264 页。

⑤ 张肖梅：《云南经济》，中国国民经济研究所 1942 年版，第 K41 页。

东北、滇西北等地而言，情况更不容乐观，如昭通只能以洋芋、红薯、玉米为主，迪庆只能以青稞为主食。可见，在一些土地贫瘠地区，由于稻谷的短缺，当地民众不得不想尽一切办法，甚至改变食物结构用粗粮杂粮来维持生存，因而适合山地生长的高粱、粟、大豆、大麦、荞麦、豌豆、洋芋被广泛食用。

从人群来划分，一般而言，城市民众和乡村富有者食米居多，贫民和山民以杂粮居多。正如《粤滇线云贵段经济调查总报告书》中所说的那样："除少数富庶人家及城市居民终年食米外，其余多以玉蜀黍为正粮，不足则补以豆麦荞子洋芋等。"① 各县风俗调查表也很好地反映了这一状况：顺宁县（今凤庆县）"城居者多食米，贫困者多以玉麦杂粮代饭"；② 绥江县"城市军学工商食米居多数，四乡农民概食包谷"；③ 嵩明县"贫户米麦无多者，歉时多以马铃薯充养馐"。④ 奥斯古德观察到高峣村民也是如此："富者以大米为主，贫者以小麦为主，小麦价格便宜。"⑤

由此可见，对于像云南这样一个山地面积极多的省份来说，稻谷的产量远远不能满足其人口的日常需要，在这种情况下，杂粮的种植如小麦、玉米、荞麦、洋芋、山薯等就显得相当重要，特别是玉米和洋芋的广泛耕种意义显著，玉米和洋芋都属高产作物，性喜沙土，耐涝耐旱，特别适宜山区种植，因而逐渐取代了低产的山地传统粮食作物，如燕麦等，成为偏僻山区民众的日常主粮。可以说，正是由于杂粮、粗粮的广泛种植，使得云南的粮食种植结构发生了一定的变化，原本紧张的口粮在一定程度上得以缓解。

二　副食消费

（一）蔬菜的种类和一般状况

《尔雅·释天》中记载："谷不熟为饥，蔬不熟为馑。"足见蔬菜

---

① 铁道部财务司调查科：《粤滇线云贵段经济调查总报告书》，1932 年版，第 106 页。
② 《顺宁县风俗调查概要》，1932 年，云南省档案馆馆藏，卷宗号：11 - 8 - 123。
③ 《绥江县风俗调查》，1932 年，云南省档案馆馆藏，卷宗号：11 - 8 - 124。
④ 李景泰、杨思诚：(民国)《嵩明县志》卷十九，1945 年铅印本，第 264 页。
⑤ ［美］科尼利尔斯·奥斯古德：《旧中国的农村生活——对云南高峣的社区研究》，何国强译，国际炎黄文化出版社 2007 年版，第 147 页。

在人们的日常生活中与粮食同样重要。蔬菜是人体所需矿物质和多种维生素的主要来源，因此，食用一定量的蔬菜能够有效地抵抗疾病，同时保证和增进机体健康，人们大量食用蔬菜，很大原因取决于此。但对于民国年间的云南民众而言，还有更重要的因素在内：蔬菜品种丰富、产量甚多是其一；主食和肉类缺乏是其二。

云南全省气候温和，霜期较短，适合种植各种蔬菜，因而四季不断，每个季节都有不同的新鲜蔬菜上市。蔬菜品种相当繁多，主要包括食用野菜和各类人工栽培的青菜如白菜、菠菜、苦菜、韭菜等以及植物块根如莲藕、萝卜等，蕈菌类的各类蘑菇也属此列。

根据《续云南通志长编》的记载，云南人工栽培的蔬菜种类多样，如有萝卜、芜菁、牛蒡、慈菇、莲藕、葱头、甘薯、马铃薯、黑芋、百合、甘蓝、芹菜、莴苣、菠菜、茼蒿、韭菜、芥菜、青菜等。而且，每一种类下又分好几个品种，如南瓜就有大南瓜、牛心瓜、象鼻瓜、象腿瓜、灯笼瓜、花皮瓜、黑皮瓜、癞皮金瓜、牛心金瓜、癞皮柿饼瓜、滑皮瓜、金瓜等品种，茄分长茄、羊角茄、圆茄三个品种，番椒分灯笼辣、纽子辣、铁壳辣、菜辣四个品种。[①] 另外，我们还发现《续云南通志长编》记载的蔬菜品种中有马铃薯和豆类，看来马铃薯不仅是主食，而且也可以成为一道菜摆上人们的餐桌，云南人对马铃薯情有独钟，豆类也同样如此，不仅承担一部分主食的功能，同时也是一种很重要的蔬菜。

除了种植的蔬菜外，云南还出产大量的野生菌，这也是人们日常喜食之物。云南草茂林深，立夏时节，一阵透雨过后，在滇南、滇西、滇中的松林里，各种可食用菌类纷纷破土而出，如牛肝菌、白参、青头菌、干巴菌、鸡枞、柳菌、北风菌、树菌、羊肚菌、黑木耳、虎掌菌、松毛菌、云彩菌、羊腮菌、刷帚菌、草皮菌等，有三四十种之多。它们的味道都极好，其中以鸡枞为最，质细丝白、清香鲜甜，无论炸、炒、煮、腌都十分美味，檀萃的《滇海虞衡志》记载："菌蕈之类，无所不

---

① 云南省志编纂委员会：《续云南通志长编》下册，云南省科学技术情报研究所印刷厂1985年版，第258—262页。

有，而鸡枞之名独闻于天下。"①

　　云南田野山间野菜也不少，草芽、马蹄菜、蕨菜、竹笋、竹荪、折耳根、香椿、山药、野芹菜、荠菜等随处可见。尤其是蕨菜，漫山遍野皆是，"春时蕨拳出土服嫩，人多摘作蔬食"，② 而且蕨菜的地下茎因富含淀粉，也被人们做成蕨粉吃掉。陆地有野菜，河涧同样不乏可食用之植物，譬如苍山中和峰山顶高河，出产颇负盛名的野菜——高河菜，其茎碧叶紫，盛夏成熟，摘来用开水一烫再加调料一拌，味道极美。甚至连生长在澜沧江边石头上的绿色藻类植物青苔，用香油炸制后也是美味。

　　在菜肴方面，还有一种特殊的副食——豆腐。豆腐的营养十分丰富，表1—3 充分地反映了这一点。

表1—3　　　　　　　　　　　　豆制品营养成分　　　　　　　　　　单位:%

名称	蛋白质	脂肪	糖	铁
豆腐皮	58.41	22.4	1.7	0.55
豆腐干	48.18	19.3	0.13	0.73
鲜豆腐	11.94	8.2	0.62	0.17

　　资料来源：云南省石屏县志编纂委员会：《石屏县志》，云南人民出版社1990年版，第192页。

　　豆腐是中国古代最为独特的饮食发明之一，它的营养相当丰富，不仅含有糖和铁，更为重要的是含有高蛋白质和脂肪，这对于平常饮食以粗粮和蔬菜及腌菜为主的人们来说意义重大，它弥补了人们食物结构中动物蛋白不足的缺陷，对于食肉不多的民国年间云南民众来说，人体必需的蛋白质和脂肪的摄取绝大部分靠豆腐来完成。可见，豆腐的发明，开创了一条利用大豆中的植物蛋白质和脂肪的新途径。豆腐不仅营养好，而且味美，可制成豆腐皮、豆腐干、鲜豆腐等，还可制成包浆豆

____

　　① 方国瑜：《云南史料丛刊》卷十一，云南大学出版社2001年版，第225页。
　　② 《昭通旧志汇编》编辑委员会：《昭通旧志汇编》六，云南人民出版社2006年版，第1695、1697页。

腐、豆浆、臭豆腐等，无论如何制作，味道都极好，因而广受民众的欢迎。

（二）荤食的种类与一般状况

云南之自然环境，极适宜于发展牧畜业，《云南经济》就说："滇省除西北高寒，南部接近热带，其气候过高过低，于畜牧不甚相宜外，其余各地均适合。"① 因而，在云南农村，广大农民在种植之余大多饲养家禽家畜，养殖业与农业紧密相连。就民众豢养牲畜的品种而言，计有水牛、黄牛、山羊、绵羊、猪、马、骡、鸡、鸭、鹅等，中央农业实验所1938年统计了云南全省豢养牲畜量："全省水牛为523229头，黄牛为484236头，马426862匹，山羊642916头，绵羊184206头，猪2917665头。"② 看上去数量不少，但以上数据并不是云南民众的消耗肉食量，只是养殖量。黄牛、水牛的豢养目的并不是拿来宰杀供人食用，而主要是用于驮运和犁田，如高峣村的"水牛和黄牛是重要的役畜，用来拖曳犁耙，也拉车"。③ 赖才澄在《大普吉农村社会实况及其问题》中也说："牛类中，水牛饲养的数量极多，这里水牛的饲养并不是用来提供肉食，而是用于农业生产。"④ 与牛一样，马也是供驮运之用，因而这些大型牲口宰杀量极小。再看绵羊，因其有取其毛之重要功能，宰杀的概率也不大。对于普遍养殖的鸡、鸭、鹅等的禽类而言，虽然是人们餐桌上比较常见的肉类，但是，农户养鸡、鸭、鹅的目的，主要也是为了卖蛋或家禽以补贴家用，其经济功能远大于满足口腹之欲的功能，正同《民国镇南县志》所说："农家无不养鸡，可向市卖鸡，卵亦可卖之。"⑤ 又如昆明近郊的大普吉村共有120家农户，平均每家有鸡4只，

① 张肖梅：《云南经济》，中国国民经济研究所1942年版，第K113页。

② 同上。

③ ［美］科尼尔尔斯·奥斯古德：《旧中国的农村生活——对云南高峣的社区研究》，何国强译，国际炎黄文化出版社2007年版，第143页。

④ 李文海：《民国时期社会调查丛编·乡村社会卷》，福建教育出版社2005年版，第416页。

⑤ 杨成彪：《楚雄彝族自治州旧方志全书·南华卷》，云南人民出版社2005年版，第621页。

主要也是"用作在必要时或迫切时的售卖品"。[①] 为此，吃鸡肉也要慎重，仅仅在"新年和某些特别的节气，可能会杀一只家禽。村民很少吃母鸡，母鸡主要是养来生蛋的"。[②] 据此分析，只有山羊、猪的养殖才是民众日常消费肉类的主要来源，但整体来说，山羊的饲养数量并不多，猪的数目远大于山羊，可见在人们的日常肉食消费中，以猪肉最为重要和常见。

因为猪方便饲养，大多数农村都以此为副业，如禄村"最普通的副业是养猪。除了很少例外，可说每家都养两三头猪"。[③] 从史料可看出养猪在农村中十分常见，既然每家都养猪，那么民众应该经常都有猪肉吃才对，但事实上并非如此。因为养猪成本并不低，养不好还会亏本，因此在农村中吃猪肉是奢侈的事情。费孝通在《云南三村》中详细计算了养一头猪所需的成本，1938 年买一头小猪需要二元五角，"一年中要吃四担米糠，每担十元，共四十元；四担豆糠，每担六元，共二十四元；五斗碎米，每担三十元，共十五元；加起来一共花了八十一元五角"。[④] 一头一岁的猪可以出八十斤到一百斤肉，如果卖得好可以得八十元，事实上，养猪的成本大于卖猪的收益，一般连花去的本钱都不一定收得回，但为什么农村中还这么大力提倡养猪呢？有两个最主要的原因：一则是因为养猪的饲料用不着买，都是农产品中的副产和废弃物；二则是农户养猪均以积肥为目的，卖猪的所得刚够饲料成本，实际上盈余的是猪的排泄物——粪尿，这是农田的上好肥料，俗语"养猪不赚钱，回头看看田"，说的就是这个道理，因此农家养猪一般一户养两头至三头，很少有养得多的。

正因养猪的成本高，因而每天吃猪肉不可能，《粤滇线云贵段经济调查总报告书》中说，云南民众"食事极其简单，食肉次数极少"。[⑤]

------

① 李文海：《民国时期社会调查丛编·乡村社会卷》，福建教育出版社 2005 年版，第 417 页。

② ［美］科尼利尔斯·奥斯古德：《旧中国的农村生活——对云南高峣的社区研究》，何国强译，国际炎黄文化出版社 2007 年版，第 147 页。

③ 费孝通、张之毅：《云南三村》，社会科学文献出版社 2006 年版，第 56 页。

④ 同上。

⑤ 铁道部财务司调查科：《粤滇线云贵段经济调查总报告书》，1932 年版，第 72 页。

只能初一、十五，婚嫁丧葬等场合才有可能吃到肉，再就是逢年过节，宴客或其他一些活动期间或农忙时节才有肉吃。就算是省会昆明城里的民众也只能是"一般家庭平常只吃小菜，不吃肉，每月初二、十六两日吃肉打'牙祭'"。[①] 至于其他各地食肉次数更少，"一般乡镇人民，每年食肉次数，惟于新年及令节稍有点缀"。[②] 美国人类学家奥斯古德这样描绘滇池边上的高峣村民："随着新年的脚步一天天临近，人们加紧考虑其他方面的需要。有能力负担的家庭，自然要杀一口猪，要留些鲜肉腌起来"，"平常村民很少吃新鲜畜肉、禽类，尽管他们很喜欢吃……要待到节日喜庆。小康之家，比如李富家，有时会杀一头猪，但他们时刻感觉到必须把肉卖掉，换些钱回来。"[③] 到了新年人们才开始考虑其他方面的需要，其中就有吃肉的需要，足见平日吃肉数量的有限，就是殷实的小康之家杀一口猪过年，还要腌一部分，卖大部分。可见，尽管每家都自己养猪，但因成本高昂，在讲究节俭的社会里，人们还是尽量减少食肉的数量，一般人无故不吃肉。

在云南普通民众的饮食结构中，肉食占的比例一直很低，从集市卖肉业的萧条也可看出端倪，《粤滇线云贵段经济调查总报告书》中记载了在云南的很多城镇和乡村只有在场期才会有肉卖，平日民众很难买到肉，比如宣威的一些集市，"逢市期始有肉市，而市不过一二头，有时尚售不尽，正二月间则全无市者"。[④] 足见猪肉并不是随时都有的吃。这一点不只是云南，中国其他地方同样如此，如江村民众平时也很少吃肉，只是"在农忙期间，饭食较为丰富。他们吃鱼、吃肉。但平时不经常吃肉食"。[⑤] 河北省也一样，"除一年三节（指春节、中秋节和端午节）外，平时食肉者颇少"。[⑥]

再来看鱼类的消费，云南虽有一些江河和高原湖泊，但水面不广，

① 云南省档案馆：《清末民初的云南社会》，云南人民出版社2005年版，第70页。
② 铁道部财务司调查科：《粤滇线云贵段经济调查总报告书》，1932年版，第108页。
③ ［美］科尼利尔斯·奥斯古德：《旧中国的农村生活——对云南高峣的社区研究》，何国强译，国际炎黄文化出版社2007年版，第303、147页。
④ 王钧国、缪果章：（民国）《宣威县志稿》卷七，1934年铅印本，第10页。
⑤ 费孝通：《江村经济——中国农民的生活》，商务印书馆2005年版，第118页。
⑥ 聂晓静：《20世纪30年代冀中农民物质生活状况研究——以清苑县4村为例》，硕士学位论文，河北师范大学，2009年，第9页。

而且只搞野生捕捞，没有人工养殖，水产品的产量相当有限。1935 年省建设厅统计，"滇省共有三十九县产鱼，主要产鱼湖泊为滇池、洱海、抚仙湖及中涎泽等，共有渔户 4050 余户，每年可产鱼 275 万斤，价值滇新币 36 万余元"。① 以此为基数计算，每年人均才 0.25 斤左右，十分有限。1947 年，政府又做了一番统计，产量更少，四大渔区（滇池区、抚仙湖区、洱海区、异龙湖区）的总产量只有 57.5 万斤，② 以全省人口平均，每人不到 0.1 斤，量实在太小，因而从全省范围来看，甚至可以忽略荤菜类鱼类的消费。

另外，云南多山，林树密茂，是动物的王国，生息于其间的飞禽走兽很多，如野兔、野猪、鹿、山鸡、刺猪、岩羊、野牛、狗熊、穿山甲等动物及各种鸟类也能供人食用。很多百姓习惯于打猎，经常能捕捉一些野生动物，偶尔可以用野味来改善伙食。如高峣的有些男子喜欢在特定的时节打猎，他们捕猎的方式多种多样，有时能打到麂子、狐狸、野兔、豺狗、野鸡、野猪等。③ 外地到云南的旅行者也有此经历，蒋云峰在《旅行杂志》中就记录了他们在大理洱海狩猎的情形，"各获野鸽无算，而松鼠，布谷，子规，杜鹃之无辜殃及者，亦不可胜数。野鸽颇肥美，香脆可口，为夜饭佐餐品。"④ 英国人戴维斯在 19 世纪末来到云南，在大理、陆良、安宁、景谷等地也打到很多的野鹅和野鸭、灰鹤、鹬。除了这些野生动物，有时虫类也可以成为人们餐桌上的荤菜，少数民族特别爱吃虫，比如德宏的阿佤人，"善吃竹蛆、红毛虫、扫把虫、冬瓜虫、柴火虫、曼登树虫、芭蕉虫、槟榔虫、飞蚂蚁等等"，⑤ 江应梁在《摆彝的生活文化》中也曾列出了摆彝人的特殊食品：棕色蛆、沙蛆、酸蚂蚁、竹蛆、蜂蛹、蚂蚁蛋、花蜘蛛。⑥

总而言之，云南民众的肉食消费十分缺乏，尤其是鱼类，尽管野生动

---

① 张肖梅：《云南经济》，中国国民经济研究所 1942 年版，第 K113 页。

② 《民国 36 年云南省鱼获物产量报告表》，1947 年，云南省档案馆馆藏，卷宗号：77 - 14 - 3145。

③ [美] 科尼尔斯·奥斯古德：《旧中国的农村生活——对云南高峣的社区研究》，何国强译，国际炎黄文化出版社 2007 年版，第 146 页。

④ 王稼句：《昆明梦忆》，百花文艺出版社 2003 年版，第 165 页。

⑤ 郭之瑗：《滇味琐谈》，云南人民出版社 1998 年版，第 108 页。

⑥ 江应梁：《摆彝的生活文化》，中华书局 1950 年版，第 170 页。

物和虫类品种丰富，能够弥补人们摄入肉类的不足，但十分有限，仅仅偶尔调节口味而已，何况这类东西集中在少数民族地区，普通民众的餐桌上很少有这些替代品。因而，整体上云南民众的肉类消费令人担忧。

三　杂项消费

（一）盐

云南产盐多为井盐，主要有黑盐井、安宁井、阿陋井、元永井、琅井，以及迤西一带的乔后井、白盐井、喇鸡井、云龙井，丽江井和迤南一带的按板井、磨黑井、香元井、石膏井等。这些盐井产盐量有多有少，质量有高有低，产盐质量最好的数石膏井和黑盐井，其他的质量一般，最差的是琅井盐，盐味苦而且涩，难以入口。在产量上，云南盐井中以元永井最丰，乔后井、白盐井、磨黑井紧跟其后。尽管云南本土产井盐，但由于开采技术落后和盐井本身品质的问题，所产之盐并不能够完全满足云南人民的需要，因而还需从外省输入，外省之盐一部分来自广东的粤盐，还有很多是四川的川盐。迤东一带平时就食用川盐，滇南的文山，广南一带则食用粤盐，居云南西北的中甸和维西一带，因偏远荒寒，冬春常大雪封山，交通断绝，滇盐转动困难，而此地接壤川藏，民国初年以来一直食用由川藏输入之砂盐。

盐，民众日常消费生活必不可少的一项内容，弹性需求小，每天都要有一定的量才能满足人体的需要。易村有句谚语说：不饥不饱三担谷，不咸不淡九斤盐，这是指一个成年男人一年需吃谷和盐的数目。以一人一年需九斤计算，五口之家因有老幼减去一些大约算 40 斤为合适，也即每个月需要 3 斤多盐。这是一个家庭所需食盐数量，那么在民国年间是不是所有的家庭都消费得起呢？我们先来看盐价，比如说昭通县，不产盐，主要食川盐，县内操其业者有十几家，见表1—4。

表 1—4　　　　　　　　　　　历年盐价

年份	盐每斤价	年份	盐每斤价
民国元年至二年	二角五六	十二年至十三年	五角上下
民国三年至五年	三角七八	十四年至十七年	六角四五

年份	盐每斤价	年份	盐每斤价
民国六年至十一年	四角三四	十八年	七角二三

资料来源：《昭通旧志汇编》编辑委员会：《昭通旧志汇编》一，云南人民出版社 2006 年版，第 377 页。

表1—4 非常明显地显示出盐价在逐年上涨，由最初的二角五六上涨到七角二三，翻了好几倍。这不是昭通一地的现象，其他各地皆然，盐价呈直线上升的趋势，如此的盐价对月收入只有几元、十几元的普通家庭来说是不小的支出。因此，食盐虽为人们生活必需品，但由于其高昂的价位，导致许多贫困农户不得不缩减用量，许多乡村人家，将盐视为肉，把盐买回家后，并不弄成粉末，而是将盐块放在碗中，和上水，加上辣椒做菜，稍有咸味便取出，珍藏起来，甚至有全年只有节日及收获期才吃盐的。抗战时期，万物腾贵，盐价更是一路飙升，避而不食之人日趋增加，《云南省五县农村经济之研究》记载了昆明、马龙、曲靖、沾益、宣威五县农民多行淡食，"当地食盐太贵，人民有力购食者，占绝对少数"。[1] 特别是偏远的少数民族地区，购买食盐者更少，张肖梅在《云南经济》中说："一部分夷族，深居山峰，生活简易，经济贫困，对于食盐之购买力殊低。"[2] 方国瑜在滇西边区考察时也观察到了这一现象，"价昂而土人贫于资，得盐不易，故多淡食"。[3] 日常消费生活必不可少的盐在困顿的经济收入面前也显得是那样的无能为力，一些家庭只能望盐兴叹。

（二）酒

饮酒对人体有一定的作用，能够解乏，此外，酒还可做药用，治疗疾病，但这都还不是人们饮酒的主要因素，最主要的是酒可以作用于人的精神，可以调节、刺激人的情绪，这就使得酒虽不是人们饮食生活之必需品，但从产生的那天起，便与人们的生活结下了不解之缘，渗透到了人们的人际交往、生老病死、岁时节庆、婚丧嫁娶等社会生活的各个

---

① 萧铮：《民国二十年代中国大陆土地问题资料》五十二，美国中文资料中心、台湾成文出版社 1977 年版，第 26601 页。

② 张肖梅：《云南经济》，中国国民经济研究所 1942 年版，第 J91 页。

③ 方国瑜：《滇西边区考察记》，国立云南大学西南文化研究室 1943 年版，第 29 页。

方面。

云南人十分喜欢饮酒，如昆明城区的饮酒者就颇多，"性喜酒而尤以一般劳动者为甚，有无酒不可终日之势"，① 其他各地无不有好酒之徒，少数民族更是尤其好酒，江应樑在《摆彝的生活文化》中就记载："凡边民皆嗜酒，摆彝也不例外，男子不论早晚两餐，多喜饮酒少许，遇有宴会，必痛饮尽醉而后快，且饮酒不限于吃饭时，凡跳舞、歌唱、游乐，必皆以酒随身，边饮边乐。"② 云南人不仅喜饮酒，而且酒的度数颇高，《旅滇指南》中就记载昆明城中所卖的酒如"重升花露比天津白玫瑰力量尤猛，省垣象眼街之何姓麦酒味颇香烈"，③ 这些烈酒，本省人入口欣然，他省人则不敢入喉下咽，而车里等地酿的酒，酒精成分更是高达 70% 以上，"非有相当酒量，难进三杯，而摆彝多能饮至十杯不醉"④。可见，云南不仅饮酒人数众多，而且都有好酒量。

饮酒人多，自然出产的酒也多，酒坊、酿酒户颇多，如滇南的建水县在 1927 年仅东坝区田军营一村就有专业酿酒户 3 家，年产白酒 28.5吨，到了 20 世纪 30 年代以后，蒙自和弥勒县城酿酒坊均各有 30 多家。⑤ 文山丘北产腻脚酒比较出名，1940 年丘北县腻脚村酿酒户就有 13户，年产量 200 吨左右。⑥ 滇西的鹤庆县更是早在 1913 年全县就有 58个酿酒户，年产白酒 12.4 吨。⑦ 酿酒业的繁荣带动了酒行的兴旺，在省城昆明规模较大的就有藏珍酒局、茂春酒社、和记酒庄、天香酒房、云轩酒局、华山酒号等几十家。⑧ 酒的产量颇丰，酒行生意兴隆等都从一个侧面反映了民国年间云南民众好饮酒的这一事实。

（三）茶

一般而言，茶在人们的生活中发挥着双重功效，一是作为解渴健身

① 铁道部财务司调查科：《粤滇线云贵段经济调查总报告书》，1932 年版，第 75 页。
② 江应樑：《摆彝的生活文化》，中华书局 1950 年版，第 169 页。
③ 云南省教育会：《旅滇指南·工商业》，1923 年版，第 12—13 页。
④ 江应樑：《摆彝的生活文化》，中华书局 1950 年版，第 169 页。
⑤ 红河哈尼族彝族自治州轻工纺织工业局：《红河哈尼族彝族自治州轻工业志》，云南民族出版社 1993 年版，第 169、118 页。
⑥ 文山壮族苗族自治州地方志编纂委员会：《文山壮族苗族自治州志》第二卷，云南人民出版社 2002 年版，第 400 页。
⑦ 李珪：《云南近代经济史》，云南民族出版社 1995 年版，第 290 页。
⑧ 云南省教育会：《旅滇指南·工商业》，1923 年版，第 12—13 页。

的饮料满足人们生理上的物质需求；二是被赋予满足人们心理上的愉悦的内涵，并起着调节人的情绪的作用，因而饮茶也成为人们最通常的消费行为。

云南是茶叶的故乡，茶种类繁多，不仅有绿茶，红茶也极为出名，其中的普洱茶更是因其平和醇正、耐泡而享誉全国，许多人都以喝此茶为享受，阮福《普洱茶记》中有"普洱茶名遍天下，味最酽，京师尤重之"的记载。

云南产普洱茶的地方颇多，《云南经济》中记载："计有昆明、宜良、路南、广南、大关、彝良、绥江、镇雄、盐津、大理、保山、昌宁、顺宁、蒙化、云县、缅宁、双江、景东、景谷、澜沧、镇沅、墨江、元江、镇越、江城、佛海、车里、南峤、镇康、宁江设治局等三十县局。"[①] 以上是关于普洱茶的大概情况，除此之外，云南还有一些地方也生产少量的其他种类的茶叶，如姚州产雀舌茶，大理产雪茶，这种雪茶"色白如卷竹叶，性温和，味清甜略含苦味"，味道很好，以至于"两三天后，还觉津津有味"，[②] 这些都属于品质比较优良的茶叶。茶叶生产的兴盛必然带出一批饮茶人，在云南，饮茶是相当普遍的一种消费行为，各个阶层皆有喜饮之人，人们不仅在自家备有茶叶自泡自饮，享受那份恬静，更多的是特地到人声鼎沸的茶馆一边喝茶一边听戏或找人聊天，彻底地放松身心。

（四）烟

这里的烟指烟草，非鸦片。中国烟草种植始于明代，由吕宋传入，后各省多种之，云南全省几无一郡一邑不出产烟叶，滇中男子极喜吸烟，而且尤以乡间男子为甚，《粤滇线云贵段经济调查总报告书》就说云南"农夫一般嗜好，多喜吸菸草及菸丝等"，[③] 菸就是烟，少数民族特别是"摆夷男子几乎人人有此嗜好"。[④] 走在乡村，随处可见携带烟杆者，如顺宁的"男妇老幼，几于人执一杆，随身佩之，可见其普遍

---

①　张肖梅：《云南经济》，中国国民经济研究所 1942 年版，第 A68 页。
②　王稼句：《昆明梦忆》，百花文艺出版社 2003 年版，第 165 页。
③　铁道部财务司调查科：《粤滇线云贵段经济调查总报告书》，1932 年版，第 72 页。
④　江应樑：《摆彝的生活文化》，中华书局 1950 年版，第 169 页。

也"。① 高峣村则无论贫富，"男子上衣或者背心口袋里无一例外地装着旱烟和火柴。有的人会在烟杆上拴一根细链子，连着上衣纽扣。更为经常的是把烟杆随时捏在手里，不然就放在口袋里。"② 在云南，除用烟杆吸食外，还有一种比较独特的吸烟工具——烟筒。英国人戴维斯就发现很多云南人用烟筒吸烟，他描述道："烟筒都很长，有个烟嘴可装够吸几口的烟丝。"③ 来滇的胡嘉也对这种特殊的吸烟工具感兴趣，"云南人吸烟，都用长约一尺七八寸口径约一寸二三分的竹筒或黄杨木筒，中间装水，烟放在筒的下部约三分之一的地方所嵌入的一个小竹管上"。④ 1939 年 7 月版的《旅游杂志》也对此有所记载："那竹筒有二寸来的直径，在这粗筒下半截插着一枝上竖的小管，管端是个铲形的铜嘴，就是装烟丝的地方，粗筒内灌着一截水，吸者就对着粗筒的上端吸，和铜质的水烟袋有相同的功效。"⑤ 事实上，这种烟筒之所以被当时来滇的文人和旅游者称奇，就是因其比较独特，大概其他省份没有此物件，因而被详细地记录下来。

吸烟人众，种植烟叶的自然也多。全省所产烟丝，每年应该有二三千万斤，整个人口才 1200 万，人均一年至少 2 斤，足见这个量不少。民国年间除了烟丝大量盛行，纸卷香烟也进入云南市场，渐渐地挤占了部分原来云南民众吸的刀切烟丝和叶子烟市场。民国年间进入云南的卷烟品牌主要有红金牌、鸳鸯牌、喜鹊牌、小大英、老刀牌、船牌，等等，各种牌子的卷烟在云南竞争激烈，为了增加销量，每种牌子的香烟还大打促销战。但整体来说，纸卷香烟仅在城市比较畅销，因其贵于烟丝，在广大农村销路不广，只有富裕户偶尔备之待客而已。

以上是对民国年间云南民众的主食、副食、盐、酒、茶、烟等饮食消费的介绍和分析。在云南由于地形地貌的影响加之社会生产力水平低

① 方国瑜：《滇西边区考察记》，国立云南大学西南文化研究室 1943 年版，第 28 页。

② ［美］科尼利尔斯·奥斯古德：《旧中国的农村生活——对云南高峣的社区研究》，何国强译，国际炎黄文化出版社 2007 年版，第 197 页。

③ ［英］戴维斯：《云南：联结印度和扬子江的锁链》，李安泰译，云南教育出版社 2000 年版，第 162 页。

④ 胡嘉：《滇越游记》，商务印书馆 1939 年版，第 13 页。

⑤ 王稼句：《昆明梦忆》，百花文艺出版社 2003 年版，第 52 页。

使得稻谷的产量远远不能满足其人口的日常需要，民众只能想尽一切办法来改变食物结构，用粗粮杂粮维持生存；平时民众所食佐菜大部分为蔬菜，肉类因为养猪成本高，所食十分有限，甚至可以用缺乏来形容；盐的消费量也不高；嗜好消费如烟、酒、茶在日常饮食开支中占有一定比例。可以说，民国年间云南民众虽然有一定的嗜好消费，但整体上饮食消费还比较简朴。

第二节　服饰消费

"人生在世，吃穿二字"，这是老百姓常说的话，虽然稍嫌片面，但对于民国年间的云南普通民众来说，除了吃饱喝足，日常消费生活中最重要的事情，的的确确就是穿衣。这里的衣是泛指，也就是服饰，具体包括衣服和装饰品两类。衣服指一切能够蔽体的东西，包括上衣、鞋袜、裙子等，它们能够御寒保暖护体，防止身体损伤，是日常生活消费的必要组成部分。装饰品指身上的装饰物件，如妇女的珠宝首饰，它们主要起装饰、美化生活之功效，同时也是一个人身份和社会地位的象征。

一　服装消费的质料

（一）绸缎

一般来说，绸缎等丝织物的穿着主体绝大部分是富商、达官贵人等，"富者服缎呢袍褂"。[①] 对于普通民众来说，穿绸缎质料的极少，如邓川县"衣绸缎者颇少"、[②] 马龙县"最少穿洋布绸缎之人"、[③] 凤仪县"若绫罗绸缎所衣者不过百分之一耳"。[④] 普通民众绝大多数只有"于宴会之际，有用花缎者，亦有用花绸者，种类不一"。[⑤] 正因穿着绸缎服

---

① 李景泰、杨思诚：（民国）《嵩明县志》卷十九，1945 年铅印本，第 264 页。
② 《邓川县风俗调查》，1934 年，云南省档案馆藏，卷宗号：11 - 8 - 126。
③ 《马龙县风俗概要》，1932 年，云南省档案馆藏，卷宗号：11 - 8 - 121。
④ 《凤仪县风俗调查》，1932 年，云南省档案馆藏，卷宗号：11 - 8 - 124。
⑤ 杨成彪：《楚雄彝族自治州旧方志全书·楚雄卷上》，云南人民出版社 2005 年版，第 1380 页。

装的人数有限,因而经营绸缎的商家也不算太多,主要集中在城市特别是省会昆明,《旅滇指南》详细记载了昆明的绸缎铺大体有锦文昌、恒裕源、张永和、裕盛和、瑞兴盛、万丰绸缎庄、瑞丰号、德新祥、元庆祥、裕盛号、福庆号、泰记、瑞丰隆、裕元号等 32 家,① 远少于经营棉布的商家,由此可见绸缎不是民国年间云南民众的主要服装面料。

(二) 棉布

棉布可以说是云南民众最常用的衣料。《云南民政概况》对云南省民众的服饰作了说明:"服饰俭朴,平居多服粗布。"② (注:粗布或称土布,棉布的一种,是农家用棉纱织制而成)穿粗布或土布衣裳的人十分常见,史料记载比比皆是,如滇中的易门县"服饰多用棉布",呈贡县"男女衣服多以粗布为常",泸西县"粗布衣服",通海县"喜着布衣"③,滇南的建水、西畴等县"所用衣服男女多用自行织染之青蓝土布",滇西的邓川县"多用土布为宜",永平县"普通服饰用棉布",缅宁县(今临沧)"男女衣着概以土布为之",④ 滇东的马龙县"衣着最为朴质,常服曲靖所织土布"⑤,宣威县"衣服多用粗布"。⑥ 可以说,棉布是民国年间云南民众的主要衣着材质。棉布的品种多样,除了农家自织的土布、粗布外,还有机织棉布和外来洋布。机织棉布属本省民族纺织工业所生产,外来洋布源于外省或外国,这些机织棉布和外来洋布因细密光滑、鲜艳美观普遍受到城市居民的喜欢,但不耐穿,因而在乡村,人们还是喜欢结实耐用的土布。

棉布是云南民众服饰的主流,还表现在销售量和经营此业的商家的数量上。以昆明为例,1935 年门市零售棉布量为 416000 丈,

① 云南省教育会:《旅滇指南·工商业》,1923 年版,第 13 页。
② 丁兆冠:《云南民政概况》,云南省民政厅 1936 年版,第 2 页。
③ 《易门县风俗调查纲要》《呈贡县风俗调查表》《泸西县风俗调查纲要》《通海县风俗调查表》,1932 年,云南省档案馆馆藏,卷宗号:11-8-121。
④ 《西畴县风俗调查纲要》《邓川县风俗调查》《永平县风俗调查》《缅宁县风俗调查》,1932 年,云南省档案馆馆藏,卷宗号:11-8-123。
⑤ 《马龙县风俗概要》,1932 年,云南省档案馆馆藏,卷宗号:11-8-121。
⑥ 王钧国、缪果章:(民国)《宣威县志稿》卷八,1934 年铅印本,第 36 页。

绸缎 34000 丈，毛呢 20000 丈，① 三者相比较，棉布超出许多，绸缎和毛呢仅仅是个零头。需求大，经营此业的商号自然也就多，仅昆明就有天宝隆、慎记、德丰裕、源丰利、裕源丰、万福祥、祥顺号、义森号、安祥、庆源隆、元昌利、鸿泰号、福盛隆、宝泰祥、德兴祥、鸿盛祥、兴盛祥、福和昌等 137 家，② 远多于从事绸缎生意的 32 家。

（三）皮毛

皮毛在云南也有市场，特别是少数民族对它情有独钟，如一些史料记载："羊皮，夷人四季服之。"③ 正因有需求，所以在民国元年以后皮毛业得到一定的发展，如昆明由民国初年的 30 余户发展到 1928 年的 70 多户和 1932 年的 80 多户，400 余人，20 年间扩大了两倍多。除昆明外，丽江、昭通的毛皮加工也较盛，丽江 1912 年开设有"裕恒公"等五六家作坊，主要以西藏、青海出产的羔羊皮为原料，制作皮袍、领褂（背心），年产 1000 余件。1916 年又开设了"福兴号狐皮店"，主要加工猞猁皮、狐皮，以狐颌下毛皮制成的名为"狐嗉"者最名贵，但这种名贵的毛皮一般只有社会上层才敢问津，普通民众更青睐物美价廉的牛皮马夹和麂皮马褂，如牛皮马夹"是用土产软革制成的，虽没有茄克那么美观，想来倒很能御寒……每件售价不过十块钱"，④ 极受欢迎。麂皮马褂同样如此，"做工虽然不太精巧，但穿在身上很是柔软暖和，而且耐用，起码可以用二三十年之久。所以一般常年在外，奔走忙生计的劳力人家，都喜欢到山货店来选购。那时候，在大街上一走，随处可见穿麂皮马褂的人，可见麂皮的需求量之大"。⑤

（四）麻料

麻，主要是少数民族的衣着来源，他们自种、自织、自穿。许多边

---

① 昆明市政府秘书处：《中华民国二十四年度昆明市市政统计》，新新石印馆 1936 年版，第 23 页。
② 云南省教育会：《旅滇指南·工商业》，1923 年版，第 15—18 页。
③ 杨成彪：《楚雄彝族自治州旧方志全书·姚安卷上》，云南人民出版社 2005 年版，第 560 页。
④ 王稼句：《昆明梦忆》，百花文艺出版社 2003 年版，第 52 页。
⑤ 林泉：《重返老昆明》上，云南美术出版社 2003 年版，第 220 页。

远少数民族之地不宜养蚕，也不适合种植棉花，只能以麻布作为衣服的原材料，如姚州"麻布，夷有织以自衣"，[①] 镇南县"山村之麻，凡夷民山居，多种麻，织麻布自用"。[②] 但整体而言，麻布的产量相当有限，如红河州在 1941—1944 年种麻面积仅 1266 亩，只能供部分少数民族家庭自用。

此外，葛布和苎布也用作乡间百姓的衣料，还有毛呢、哔叽等在城市中也有出现，但销量不多，可以忽略不计。

二　服装消费的款式以及衣着习惯

民国年间普通民众衣着的式样、习惯，尚有丰富的资料以资参证，不少来滇的文人以各种形式为我们呈现出云南民众服装的款式以及衣着习惯，特别是人类学者做出了巨大贡献，奥斯古德便是其中之一，他用很大的篇幅描述高峣村民的衣饰，而且还分了三个级别来体现差异，相当详细，重现了当年的生活场景，勾画出了当时云南乡村服饰的整体面貌。

按照奥斯古德的描绘，贫困家庭之男子的衣物样式非常简单，经常"上身是一件土布衣，长及臀部，对襟线钉纽扣；下身是一条摆裆裤，两条裤管宽松肥大，裤腰用一条布带打蝴蝶形活结固定"。[③] 这一群体很少在外衣上罩背心，如果下雨，则会披上短蓑衣，既保暖又防雨。整体来看，奥斯古德认为他们穿得十分寒酸。

农村中的普通户和家境宽裕户中的男子在服装式样上与贫困男子如出一辙，区别不大，都是摆裆裤、对襟衫，只不过有时普通户还"时兴穿前襟不对称，左襟搭到右边，腋下有一排纽扣的衣服"，富裕户"还兴穿一件右边钉了一行圆纽扣的长衫"。[④] 事实上，乡村男子服饰区别

---

① 杨成彪：《楚雄彝族自治州旧方志全书·姚安卷上》，云南人民出版社 2005 年版，第560 页。

② 杨成彪：《楚雄彝族自治州旧方志全书·南华卷》，云南人民出版社 2005 年版，第 620页。

③ ［美］科尼利尔斯·奥斯古德：《旧中国的农村生活——对云南高峣的社区研究》，何国强译，国际炎黄文化出版社 2007 年版，第 190 页。

④ 同上书，第 191 页。

最大的表现在面料和缝纫做工上：一方面，面料是判断服装好坏的重要尺度。贫困男子由于财力的有限只能购买本村市场售卖的普通土布，家境还可以的家庭则要到昆明市区购买质地优于土布的机织棉布，而富有男子则用城市中出售的丝线、羊毛和高级棉布做衣服；另一方面，服饰的缝纫方式有所不同。贫困家庭男子的服饰大多是靠家庭妇女的双手来完成，全家老少的日常衣物都由她们一针一线地缝制，夏短衣、冬棉服、大褂、小袄都是如此完成。但是，不管手工缝制得多用心，仍不如机器缝制得精细和均匀，因而，有条件的家庭"很少用手工缝纫，而是请裁缝用机器车衣"，① 家庭富裕的更是如此，甚至直接到昆明找裁缝做。

　　妇女的服饰样式比男子稍复杂，男子一般不穿内衣，但女子内衣、外衣、背心皆有，穿戴齐全。奥斯古德这样描述高峣村妇女的服饰："她们穿一件内衣，对襟叠合处用一排扣子联结，顶上的两边纽扣合拢，正好位于喉咙下方，一边扣子斜向右腋，再垂直向下。内衣上面罩一件上衣，上衣和内衣式样相同，对襟也是右下斜。再穿一件无袖背心。"有的青年妇女还会在衣服前面系一条围腰，式样可以简单，一小块布缝上带子即可扎在腰上，也可以找块大点的布做成围裙，上沿固定在衣领纽扣处。至于裤子，则和男人的摆裆裤相仿，也是用布带系住裤腰，只不过她们更为讲究，多数在裤脚绣了花边。除此以外，她们皆用一块蓝布帕做头盖。这是乡村妇女的普遍装束，贫困家庭如此，富裕家庭也是如此，整个乡村各个阶层妇女的服装款式差别不大，如果说有区别，那么可能表现在精致程度上，富裕阶级妇女的服饰更为精细一些，衣服上面普遍有做工精细的刺绣，奥斯古德曾看到家境尚好的姊妹淘，"四个人的裤脚都用将近 8 厘米宽的绣花布带包边"。② 另外，和男子一样，家庭宽裕的妇女更追求质地好的布料。

　　从奥斯古德对 20 世纪 30—40 年代乡村男女村民服饰的描述来看，不管是贫困家庭还是富裕家庭，人们的服装款式都相当单调，区别不

　　① ［美］科尼利尔斯·奥斯古德：《旧中国的农村生活——对云南高峣的社区研究》，何国强译，国际炎黄文化出版社 2007 年版，第 191 页。

　　② 同上书，第 190—191 页。

大。事实上这种情况并不只存在于高峣一地，全省各地皆然，滇西如镇康县"民间之一般普通衣服，多尚短衣，不着长衫，妇女长短皆着，外着半节围腰，头戴包巾"，① 这里的短衣是相对长衫来说，实际上就是奥斯古德所描绘的对襟布衣，滇南如景东县"男子则不分城乡多穿短衣"，② 滇中如昆明、嵩明、陆良等地也是"大抵男子普通多着平襟短衫，腰束青蓝色布带，衣长衫马褂者不多见"。③ 衣着样式简朴而单调是全省的普遍状况，造成这种状况的原因多种多样，但有一点不能忽视，即这种服饰相当实用，短和俭朴有利于劳作，不管是做家务，还是插秧、收割、除草，都相当方便。事实上这些衣着款式早在明清时就广泛存在，因其实用和简洁，受到了乡村民众的欢迎，一直到民国，仍大有市场，并在民国社会风气变迁的大潮之下保持着原有风貌，即使是昆明市郊的居民在服饰上仍固守着陈旧和单调的式样，足以证明乡村基层社会日常消费生活结构的稳固性。

乡村虽如此稳定，城市则变化极大。20 世纪 30 年代，旅行家向尚从上海出发，经过广东、桂林、贵州诸省，在 8 月份来到昆明，映入他眼帘的是："公务人员一律着长衫戴呢帽，商人亦着长衫戴瓜皮小帽，劳工则着短衫戴竹帽……妇女不论老少，大多着旗袍革履。"④ 各地县城的情形与昆明相仿，如滇南的景东县城"公务人员多穿长衫"，⑤ 滇中的盐兴县城（今属禄丰县）"农工商人多着短衣，士人始服长衫"，⑥ 滇西的顺宁县城（今凤庆县）"凡公务人员皆穿长裳，学生则穿学生装，普通人商人多穿普通短衣。女人之衣短于长裳，长皆齐踝，现在女学生有穿旗袍者"。⑦ 可见，当时城市的服饰远比乡村丰富，长衫、短衫、学生装、中山装、旗袍等不一而足。城市中不仅服饰款式多样，而且不同的款式对应不同的社会群体，这就使得服饰不仅仅作为一种御寒

① 纳汝珍、蒋世芳：（民国）《镇康县志初稿》第四册，1936 年稿本，第 26 页。
② 《景东县风俗纲要》，1932 年，云南省档案馆馆藏，卷宗号：11 - 8 - 123。
③ 铁道部财务司调查科：《粤滇线云贵段经济调查总报告书》，1932 年版，第 105 页。
④ 向尚：《西南旅行杂写》，中华书局 1939 年版，第 196 页。
⑤ 《景东县风俗纲要》，1932 年，云南省档案馆馆藏，卷宗号：11 - 8 - 123。
⑥ 《盐兴县风俗调查表》，1935 年，云南省档案馆馆藏，卷宗号：11 - 8 - 126。
⑦ 《顺宁县风俗调查》，1935 年，云南省档案馆馆藏，卷宗号：11 - 8 - 126。

保暖的物品出现在城市民众的社会生活之中，更多的是具有了一种彰显个人身份、个人职业和社会地位的作用，充分体现了服饰的社会功能。

一般情况下，社会上层、文人、家境富裕者普遍都穿长衫、西装、中山装。他们尤爱长衫，为何长衫如此受到青睐？原因就在于长衫代表着高雅和文化，而且非常朴实和实用，因而蓝布长衫就成为民国年间大部分文人和上层人士喜欢的服饰，以表他们的脱俗和高雅。《旅行杂志》就曾记载过游昆明黑龙潭的两位文人，他们的特征就是穿长衫："两个穿长衫的先生站在桥的一旁，对着石碑，高声朗诵'寒潭千古冷，玉骨一堆香'的名句。"① 似乎穿长衫就是和文化、高雅联系在一起，以至于不是这个阶层中的人，比如极个别家境还不错的农民为了表示自己的与众不同，也会偶尔穿起长衫，如费孝通描述的一位禄村农民"穿得整整齐齐，而且时常披着长袍"，② 但这种情况甚少，"农夫服之者千不一见"，③ 因为他们极有可能招致群体内其他成员的讥笑。

除了长衫外，社会上层、文人、家境富裕者阶层还流行中山装。民国时期规定的男子正式的礼服为中山装，中山装属短衣长裤的形制，5粒扣，小翻领，背有背缝，上下两个贴袋，穿起来收腰挺胸，舒适自然。正因这种服饰既是礼服，又穿着舒适，显得有品位，因此深受城市中上层群体的欢迎，很多裁缝店就此看到商机，都学做中山装，就连大理城也"有缝中山服的成衣店一家"。④ 另外，当时也出现了西装，西装款式从国外引进，在 20 世纪初特别是民国初年已经流行开来，与之配套的衬衣、领带、洋帽、皮鞋也跟着兴盛。在云南各地，特别是昆明，西装也是男子十分喜欢的服饰，但是与其他沿海城市如上海相比并不普遍，最主要的原因是价格太贵，除上流社会外普通百姓不敢问津，《旅游杂志》有记载："西装以广帮及安南人制作为佳，惟价较贵"，"一套西装的手工要在三十元上下，一套最起码的衣服也得六七十元。最可怕的是两三个礼拜不一定能够做得成功"。⑤ 由于在服装店制作西

---

① 王稼句：《昆明梦忆》，百花文艺出版社 2003 年版，第 155 页。
② 费孝通、张之毅：《云南三村》，社会科学文献出版社 2006 年版，第 42 页。
③ 铁道部财务司调查科：《粤滇线云贵段经济调查总报告书》，1932 年版，第 72 页。
④ 李道生：《云南社会大观》，上海书店出版社 2000 年版，第 18 页。
⑤ 王稼句：《昆明梦忆》，百花文艺出版社 2003 年版，第 52 页。

装价格太贵,所以西装流行的范围有限,仅限于社会上层。

学生一般穿学生装。民国时期,尊重人才、尊重知识之风较盛,别人一看你是读书人,一般都很尊重你,从哪里看出此人是不是读书人呢?着长衫和学生装最能体现学生身份,特别是学生装,一般只有学生才穿。当年谢彬从上海来到昆明,在商店和大街上就经常看到穿学生装的学生,觉得十分精神。中小学的男学生装类似中山装,学生装前襟5个扣子表示立法、司法、行政、考试、监察五权分立的五权宪法,前面的四个口袋代表礼、义、廉、耻的国之四维,袖口3个扣子表示民族、民权、民生的三民主义,这样的设计用心良苦,让一套简单的学生装蕴含了爱国爱党的大道理。和中小学生的不同,大学生的服装多种多样,似无统一模式,西装、中山装和长衫都有。

至于城市中的普通民众在绝大部分的时间里穿短衫,但有时也会穿一些特殊款式的服饰,但短衫是他们的主要打扮。社会底层民众无论在哪种情况下都穿短衫,如拉车、运货的工人,他们不分家里家外一律穿短衫,这有利于劳作和日常生活,他们要养家糊口,能够吃饱穿暖已属万幸,还讲究什么款式。

城市妇女的服饰除传统的款式外,还出现了一个新款式,就是旗袍。旗袍能展现女性的自然体态,同时省工省料,一件可抵衣、裤、裙,又能与西式的高跟鞋、长筒袜配套,因而20世纪20年代初逐渐在都市中流行开来,省会昆明妇女无论老少都极喜欢,就连地州也有时尚女性着旗袍,如昭通县"间有穿旗袍者,其长与足齐,颜色先弃红绿而尚青蓝,渐变而为灰白",[1] 顺宁县"现在女学生有穿旗袍者",[2] 缅宁县"近来就学女子剪发放足身着旗袍装束",[3] 盐兴县"间有服旗袍者"。[4] 可见,旗袍已逐渐成为城市妇女所钟爱的服饰。

综上所述,和乡村的单调相比,城市服饰明显丰富而多彩,不仅款式多样,而且比较时尚,同时,城市居民不仅很好地运用了服饰的保暖

---

① 《昭通旧志汇编》编辑委员会:《昭通旧志汇编》一,云南人民出版社2006年版,第394页。

② 《顺宁县风俗调查》,1935年,云南省档案馆藏,卷宗号:11-8-126。

③ 《缅宁县风俗调查》,1932年,云南省档案馆藏,卷宗号:11-8-123。

④ 《盐兴县风俗调查表》,1935年,云南省档案馆藏,卷宗号:11-8-126。

护体功能，更重要的是他们比较完美地诠释了服饰展示身份的社会功能，因而，不同阶级的服饰有很大的区别。

三　服饰消费的其他方面

（一）帽

戴帽有两层用意，一是为了防日晒或保暖，二是起装饰作用。民国年间云南流行黑色瓜皮帽，又称"六合帽""六瓣便帽"，形制像半个西瓜，瓜皮帽用布帛缝合成软胎，还可以折叠纳于怀中，十分方便，因而比较流行，特别是在乡村，无论家境如何，都喜欢这种帽子。如在高峣村，普通人家男子"若要戴帽，通常戴一顶黑色瓜皮毡帽，顶上缝了一颗布纽扣"，[①]足见黑色瓜皮毡帽是普通村民最常见的款式，就连乡村富裕户也戴黑色瓜皮帽，只是材质更好，一般采用丝质料来做。另外，草帽和斗笠在乡村中也十分常见。

城市中帽子款式远比乡村丰富，瓜皮帽、草帽、呢帽皆有，而且由于西装的流行，引起帽的变化，与服装配套而流行的圆顶宽檐礼帽、白帆布圆形阔边遮阳帽、鸭舌帽也可经常看到。城市中从事此业的商号不少，如在昆明当时比较出名的大致有30家，多种款式、不同材质的帽子都可在此买到，为了追求时尚，他们出售的帽子样式还"多仿京沪"，[②]深受民众的欢迎。足见城市中帽子的种类和款式远多于乡村。

（二）鞋

鞋具有保护脚的作用，既可保暖又可防止脚受伤，更有利于行走，和衣服一样，是必备的。如此重要的一项消费品，民国时期在云南竟然有部分乡村民众不具备，有人经常打赤脚，即使穿鞋也仅限于草鞋，穿布鞋的人很少。奥斯古德就观察到乡村中的贫困户中"有一半男子穿草鞋，一半男子打赤脚。结绊布鞋是一种奢侈品，在家才穿，很少穿上街，尤其是冬天"，贫困户如此尚可理解，但普通户也

---

① ［美］科尼利尔斯·奥斯古德：《旧中国的农村生活——对云南高峣的社区研究》，何国强译，国际炎黄文化出版社2007年版，第190页。

② 云南省教育会：《旅滇指南·工商业》，1923年版，第24页。

同样如此，"穿草鞋、打赤脚和穿结绊布鞋的人数和下等阶级的人数比例相当"。① 如此看来，整个乡村中只有富裕户才总穿着鞋。女子和男子相差无几，贫困和普通农户中的女子经常打赤脚，如果穿鞋子也和男子无异，"不是草鞋，就是结绊布鞋"，只有富裕阶层的妇女"由于无须下地干活，她们当中没有一个人打赤脚，这一点是上等阶级突出的特点"。②

城市则不然，打赤脚的绝少，大家基本都有鞋穿，市场上出售鞋子的种类颇多，有草鞋、布鞋、皮鞋、高跟鞋、绸缎鞋、小脚弓鞋、胶底鞋等，能满足不同人群的需要。经营制作鞋子的商号作坊也多，如1936 年在昆明的制鞋业有 102 户，从业人员 140 人，多为前店后作坊的个体手工业者，雇工少则 3 人，最多则有 20 人。当时在昆明经营靴鞋的比较出名的就有联升斋、万顺斋、华盛店、象乾鞋庄等 35 家，出售各式鞋子。③ 足见在城市中鞋子的需求量较大。

（三）袜

袜子的消费在乡村中可有可无，绝大多数的村民打赤脚、穿草鞋，自然不用穿袜子，就是穿布鞋，也不一定穿袜子。在乡村穿袜子的主体是富人，以穿布袜居多，西式长袜稀少，特别是妇女，"虽然她们买得起城里人穿的西式长袜，但由于她们小时候裹脚把脚形扭曲了，很少人穿这种长袜子"。④

在城市中，袜子的销量较大，绝大多数的市民都穿袜子，大多数穿的是一针一线缝制的土短袜，样式虽然土气，但坚实，不易坏。市面上也有机制棉袜也称为洋袜出售，差不多是五个铜板一双，比较贵，没有土袜结实，但因为样子比较漂亮，因而购买者仍不少。原本城市中袜子的种类基本是短袜，少有高过膝盖的长筒袜，但到了民国年间出现了一个新现象，即妇女们纷纷穿起了长筒袜，认为它与旗袍极为搭配，配穿

①　［美］科尼尔斯·奥斯古德：《旧中国的农村生活——对云南高峣的社区研究》，何国强译，国际炎黄文化出版社 2007 年版，第 190—191 页。

②　同上书，第 191—192 页。

③　云南省教育会：《旅滇指南·工商业》，1923 年版，第 32—33 页。

④　［美］科尼尔斯·奥斯古德：《旧中国的农村生活——对云南高峣的社区研究》，何国强译，国际炎黄文化出版社 2007 年版，第 192 页。

其他女装，也很合适，所以流行开来。看来，在城市中不管是长裤还是短裤，洋袜还是土袜，都有广阔的销路，与乡村截然不同。

（四）饰品

饰品也是衣饰消费的一个重要组成部分，云南妇女较为喜欢佩戴各式首饰。相对而言，当时的银价比较低廉，因而民国时期云南普通妇女最少也有一两件银首饰，金玉因价昂，使用者少。如大关县民众"首饰仍尚银器"，马龙县"妇女首饰亦只用古朴银器，用金玉首饰者绝少"，① 邓川县"妇女首饰以银质为本位，不尚金玉珠宝"，缅宁县"头饰以耳环最普遍，质料多用银，贵金属者甚少"，② 曲靖县"妇女饰品多银器"，③ 元江县"饰多银质"，④ 邓川县"女子之饰品多用银，金珠罕有用者"，⑤ 马关县"妇女簪耳镯戒等饰，多以银制"。⑥ 总之，首饰用银相当普遍，民众不仅用银制作耳环、手镯、戒指、簪子，有的甚至还"把手压的银箔装饰在宝宝帽上，不仅如此，村民还把其他式样的银饰缝在年青妇女系的布带子外面，年青妇女也使用钉了银纽扣的围裙"，有的"即使戴草帽，都会在帽子上缝一枚银饰品，在上衣、长衫上缝银纽扣就别提了。殷实之家的姑娘穿的布鞋通常也要钉银纽扣"。⑦ 可见，银首饰广泛存在于民众的日常消费生活中。当然，需要强调一点：对于普通家庭来说，一些比较重要的银首饰，如手镯等，可能大多是在婚娶的过程之中作为彩礼或嫁妆而得，不属于日常服饰消费的组成部分，只有富有人家，特别是官宦绅商家庭，妇女的首饰才会形制多样，价值不菲，而且她们首饰的消费并不局限于婚娶的时候，更日常化一些，首饰的材质也不只是银器而已，金质和玉也占很大比重，如缅宁县使用金玉

---

① 《大关县风俗概要》《马龙县风俗概要》，1932 年，云南省档案馆馆藏，卷宗号：11 - 8 - 121。

② 《邓川县风俗调查》《缅宁县风俗调查》，1932 年，云南省档案馆馆藏，卷宗号：11 - 8 - 123。

③ 《曲靖县风俗调查》，1932 年，云南省档案馆馆藏，卷宗号：11 - 8 - 124。

④ 《元江县风俗调查》，1933 年，云南省档案馆馆藏，卷宗号：11 - 8 - 125。

⑤ 《邓川县风俗调查》，1934 年，云南省档案馆馆藏，卷宗号：11 - 8 - 126。

⑥ 《马关县风俗调查纲要》，1932 年，云南省档案馆馆藏，卷宗号：11 - 8 - 114。

⑦ ［美］科尼利尔斯·奥斯古德：《旧中国的农村生活——对云南高峣的社区研究》，何国强译，国际炎黄文化出版社 2007 年版，第 196 页。

者仅限于"少数丰余家之妇女而已"，姚安县只有上层阶级妇女才"戴玉镯金银镯耳环戒指。"[①] 此即不同家庭在首饰消费上的区别。

第三节　居住消费

房屋也是人类日常生活中最基本的生存条件之一，它是人类赖以生存、发展和繁衍的物质空间，"人生过半之光阴亦消磨于是"，因此住宅对于普通民众来说不可缺少，犹如人体的骨架一样，是家庭的主要物质支撑，架构起了家庭的各种功能，成为家庭消费生活中很重要的一个组成部分。

居住消费包括的内容广泛，不仅包括住宅，还包括卫生设施，家具和其他室内陈设、燃料等方面。

一　建筑的材质和类型

云南地域辽阔，民族众多，自然环境不同，住宅的形式、结构、材料也不尽相同，大部分是利用现成的材料，就地取材建筑房屋。比如说许多屋顶材料多用茅草，茅草为野生，易于获取，且不费财力，故很适合乡民建房。同时许多乡民无力烧造或购买砖，就用土筑墙，土和茅草一样，只需费些力气，即在模子里填入湿泥，用力塞严实，然后抹平滑土坯的表面即可，简单方便。除此之外，也有将竹子剖开，弄成陶瓦的模样盖屋，也因其附近多竹的缘故。墙壁的材料五花八门，除土坯外，还有采用竹子、木板、芦苇、砖头等，至于椽梁、门窗等的用材，也不太一致。不同的地方采用的材质不同，以就地取材，以花费最少的精力和财力为原则。

尽管材质多样，但整体而言，各地房屋还是以茅房和瓦房为主，如永平县"旧式草瓦房"，顺宁县"有瓦屋有茅屋"，西畴县"县属人民居室有瓦屋茅屋之别"。[②] 展眼望去，整个云南几乎都是瓦屋和草屋。

---

① 《缅宁县风俗调查》《姚安县风俗调查》，1932年，云南省档案馆馆藏，卷宗号：11-8-123。

② 《永平县风俗调查》《顺宁县风俗调查概要》《西畴县风俗调查纲要》，1932年，云南省档案馆馆藏，卷宗号：11-8-123。

关于瓦屋和草屋的比例，没有明确的记载，不同的地方比例不同，有的县瓦房多些，有些县草房多些，如嵩明县就是瓦房多，据《嵩明县志》记载："居室分瓦房草房两种，而以瓦房为最多，草房只间有之而已"；① 大姚县也是瓦房多，"乡间瓦屋高矮不一，而瓦屋有十之六七，茅庐有十之三四"；② 易门县也如此，"以瓦房居多，茅屋少数"；③ 而镇康县则是草屋居多，"瓦屋颇少"；④《粤滇线云贵段经济调查总报告书》也记载师宗、罗平等地"房屋以草房为多，小部分系瓦房"。⑤ 可见，不同地区瓦房和草房所占比例不同。另外，有些地方还存在土掌房，屋顶用土坯来打造，如陆良县"居室分三种，一是瓦房，二是草房，三是土房"，⑥ 元江县"草房瓦房土房三种"。⑦ 尽管有土掌房，但数量很少，瓦房和草房才是主导。

　　瓦房和草房是云南各地的主要建筑形式，不同地方两者之间的比例不同，有的以瓦房为主，有的以草房为主，即使在同一区域范围内，也有差别。一般而言，城市以瓦房为主，乡村以草房为主，城市和乡村形成一定差异。《粤滇线云贵经济调查总报告书》就说云南房屋的整体印象是"城市屋顶多盖瓦，乡村房舍，则多用草"。⑧ 省会城市昆明不用说是"以瓦房为多"，⑨ 其他各地同样如此。如滇中的泸西县"城内高瓦屋一半，平瓦屋一半，乡间平土屋茅草屋居多数"，易门县城"以瓦房居多，茅屋土掌房少数"，⑩ 师宗县"城市多旧式瓦屋。近来间有建筑者，虽稍高大，然亦不多置。穷户乡村多倭小草房，间有瓦屋，亦甚

① 李景泰、杨思诚：（民国）《嵩明县志》卷十九，1945 年铅印本，第 265 页。
② 《大姚县风俗调查》，1932 年，云南省档案馆馆藏，卷宗号：11 - 8 -123。
③ 《易门县风俗调查纲要》，1932 年，云南省档案馆馆藏，卷宗号：11 - 8 -121。
④ 纳汝珍、蒋世芳：（民国）《镇康县志初稿》第四册，1936 年稿本，第 27 页。
⑤ 铁道部财务司调查科：《粤滇线云贵段经济调查总报告书》，1932 年版，第 72 页。
⑥ 《陆良县风俗调查》，1932 年，云南省档案馆馆藏，卷宗号：11 - 8 -123。
⑦ 《元江县风俗调查》，1932 年，云南省档案馆馆藏，卷宗号：11 - 8 -124。
⑧ 铁道部财务司调查科：《粤滇线云贵段经济调查总报告书》，1932 年版，第 109 页。
⑨ 丁兆冠：《云南民政概况》，云南省民政厅 1936 年版，第 2 页。
⑩ 《泸西县风俗调查纲要》《易门县风俗调查纲要》，1932 年，云南省档案馆馆藏，卷宗号：11 - 8 -121。

窄小且少"，① 罗平县"城镇多瓦屋楼房，亦只一层，乡间多系草房"，②滇西的剑川县城"瓦房占十之九，茅屋极少"，蒙化县"县属人民多建瓦屋，居住乡村间多营茅屋而居者"，③ 保山县"在通商市会纯系瓦屋，铺面俗尚洁好，在边远乡处所茅屋居多"，绥江县"城市街场普通瓦房居多，乡间草房居多"，④ 滇南的马关县"乡村多茅舍，城市为瓦屋"。⑤可见，城市多瓦房、乡村多茅房是一种很普遍的现象。

　　费孝通先生曾称旧中国为"乡土中国"，很大一部分原因在于中国绝大多部的老百姓主要依靠土地为生，同时他们在建造房屋、院墙时广泛使用泥土。广大农村，尽管屋顶有瓦和茅草的区别，但墙壁区别不大，绝大部分用土坯垒制而成，云南乡村就很典型，《粤滇线云贵段经济调查总报告书》就报告昆明、嵩明、陆良、师宗、罗平五县乡村"以土砖为壁"，⑥ "屋之墙壁，多用泥砖，用火烧砖者甚少"，⑦ 这里泥砖和土砖是同一回事，即土坯，走进村落就会发现，土坯墙的建筑物占了绝大部分，鳞次栉比，乡土情调一览无遗。土坯房用土坯垒墙，制作和取材容易，但不耐久，日久失修，禁不住雨水的淋刷，因此在乡村中，倒了的墙，塌了的院门，下陷的屋顶，几乎随处可见，虽然乡村中总盖新房，但总是呈现出一幅破败的景象，原因在此，这也就不难理解张之毅一到玉村，"一进村子南边的寨门，沿着南边的主要村道走去"，就看到"两旁多是残破不完整的蜗居"，⑧ 乡土中国名副其实。

　　尽管土坯是乡村修建房屋的主要材质，但仍有一些农户盖房时会使用一部分砖，通常是在墙的两表面用砖，当中填土，只有极少数的乡村富户才能住上真正的砖瓦房。用砖头砌墙面在乡村中不普遍，奥斯古德

　　① 《师宗县风俗调查》，1932年，云南省档案馆馆藏，卷宗号：11-8-123。

　　② 《罗平县风俗调查》，1933年，云南省档案馆馆藏，卷宗号：11-8-125。

　　③ 《剑川县风俗调查纲要》《蒙化县风俗调查》，1932年，云南省档案馆馆藏，卷宗号：11-8-123。

　　④ 《绥江县风俗调查》，1932年，云南省档案馆馆藏，卷宗号：11-8-124。

　　⑤ 《马关县风俗调查纲要》，1932年，云南省档案馆馆藏，卷宗号：11-8-114。

　　⑥ 铁道部财务司调查科：《粤滇线云贵段经济调查总报告书》，1932年版，第72页。

　　⑦ 同上书，第108页。

　　⑧ 费孝通、张之毅：《云南三村》，社会科学文献出版社2006年版，第412页。

在高峣村就发现："只有在极少数的情形下，才用坚固耐用的火砖代替普通土坯，学校正面的墙壁和某些富户房子柱廊那面的山墙便属于此类情形。"① 城镇用砖稍多，如缅宁县城富有人家用砖瓦砌屋，"中上等人家之住所多属此类"，② 作为云南省政治、经济、文化中心的昆明，会集了全省高官政要、富商大贾，资财丰厚的他们修建房屋普遍都会采用结实耐用的砖、瓦、石等建筑材料，建筑精致，巍峨壮观，因此，砖在城市中采用较广。

二 建筑的样式和规模

各地房屋的布局以街巷为主，一两条主要街道旁分出几条小街，同时又有更小的巷子从小街中延伸出去。街道两旁或是铺面或是矗立着几尺高的土墙，房屋有的没有院落直接展现在眼前，有的隔一段就会有个院门，随即进入小院。这种布局，不仅乡村如此，有时就连一些城镇也很相仿，进入院门，展现出来的房屋式样和数量以及内部结构却不甚相同，平层、两层、三层不一而足；三间四耳、三间两耳、三间一耳或其他的格局各有特点，这都是根据各地的自然环境、经济发展水平以及各个家庭的具体状况等因素而定。其中家庭的收入状况对房屋的影响最大，贫困家庭和富裕家庭的建筑存在较大差异。贫困家庭完全就是用土和茅草混合在一起修成低矮的茅草屋，根本谈不上存在什么样式和格调，不仅房间数目少，而且空气不流通、光线不充足，相当卑狭殊甚，仅堪蔽风雨而已。张之毅就曾经访问过这种房屋，"瞧着门洞内黑黝黝一间房，四周不开窗户，单靠门洞进光"，③ 相当简陋。普通人家的住宅比贫困家庭要合理一些，绝大多数有一个院子，另外还有几间卧室、有厨房、有堂屋等，但还是比较单一。富裕户的房屋则比较宽松，两层楼，有院子，有天井，并有一定的装饰。奥斯古德在他的书中专门画了乡村三个阶级的房屋平面图：

---

① ［美］科尼利尔斯·奥斯古德：《旧中国的农村生活——对云南高峣的社区研究》，何国强译，国际炎黄文化出版社 2007 年版，第 91 页。
② 《缅宁县风俗调查》，1932 年，云南省档案馆馆藏，卷宗号：11 - 8 - 123。
③ 费孝通、张之毅：《云南三村》，社会科学文献出版社 2006 年版，第 413 页。

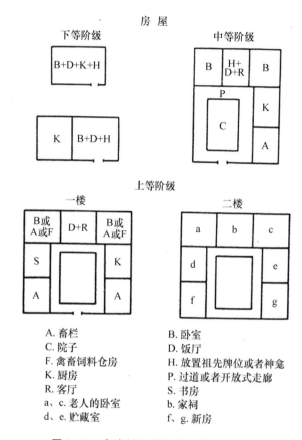

房 屋

A.畜栏   B.卧室
C.院子   D.饭厅
F.禽畜饲料仓房   H.放置祖先牌位或者神龛
K.厨房   P.过道或者开放式走廊
R.客厅   S.书房
a、c.老人的卧室 b.家祠
d、e.贮藏室   f、g.新房

图 1—2 高峣村三个阶级所居房屋平面

资料来源:〔美〕科尼利尔斯·奥斯古德:《旧中国的农村生活——对云南高峣的社区研究》,何国强译,国际炎黄文化出版社 2007 年版,第 97 页。

乡村中不同家庭的房屋式样和结构不同,房间数量亦有别。表 1—5 是 1930—1936 年清苑县 11 村各阶层农民住房变化统计,以此与奥斯古德所描绘的云南乡村住房进行比较。

表 1—5   1930—1936 年清苑县 11 村各阶层农民住房变化统计   单位:间

阶层	1930 年		1936 年		两年户平均房屋数
	房屋	户均	房屋	户均	
地主	1064	15.19	997	13.85	14.52

续表

阶层	1930 年		1936 年		两年户平均房屋数
	房屋	户均	房屋	户均	
富农	1796	10.63	1704	9.85	10.24
中农	4202	5.66	4857	5.36	5.51
贫农	3207	3.50	2994	3.24	3.37
雇农	371	2.30	304	2.30	2.30
合计	10640	5.08	10856	4.85	4.97

资料来源：聂晓静：《20 世纪 30 年代冀中农民物质生活状况研究——以清苑县 4 村为例》，硕士学位论文，河北师范大学，2009 年，第 8 页。

清苑县 11 村各阶层农民在 1930 年的住房平均为每户 5.08 间，和中农阶层的住房数量最接近。到 1936 年，清苑县 11 村各阶层农民的住房数量下降到 4.85 间，减少了 0.23 间，但整体相差不大。尽管高崾村的房屋数据是 1938 年的状况，但因乡村整体变化不大，因而仍具可比性。高崾村共 104 户，从奥斯古德描绘的房屋样式图可看出，下层阶级只有 1 至 2 间房，中等阶级围有院子，有一个天井，共有 3 间正房，2 间厢房，共 5 间房。上等阶层的标准居所比中等阶层的复杂，有围院，带天井，两层楼，屋宇还带有家祠等专用房间，从图纸的描绘可知上下两楼共有 14 间房。1930—1936 年清苑县 11 村各阶层农民住房变化统计表相当详细，把农民分为 5 个阶层，地主、富农、中农、贫农、雇农，而奥斯古德把高崾村民分为三个阶级，上等阶级、中等阶级和下等阶级，虽然划分不同，但仍然可以粗略对应，地主对应上等阶层，中农对应中等阶级，雇农对应下等阶级，两相比较，两地相差并不大，也就是半间或一间的差异。换一种方式来比较，以清苑县 11 村的地主和富农对应高崾村的上等阶级，贫农和雇农对应下等阶级，虽稍有出入，但相差也不远。由此可以得出：从住房方面看，全国乡村大体一致，出入不多，相差不大。

就全国各地的房间数量而言，普通乡村民众的房间在 5 间左右，云南同样如此，这种房屋规模在云南乡村就是表现为三间二耳的结构，如沈从文抗战时期租住在桃园村的房子就属这种结构，"正厅三间，'堂屋'居中……'堂屋'是一家人吃饭，会客、休闲的地方"，旁边还有两间房，"一间作厨房，一间是藏书室"。① 这就是云南乡村普通民众的房屋格局，看得出来这种结构的房屋一般都带有院子，屋顶用茅草覆盖或用瓦片覆盖，院墙及房墙全部用土坯或夯土筑成，一般为正方形或纵长方形布局，正房三间，中间为吃饭和接待客人的堂屋，两侧为卧室和厨房或做别的用途。城市中普通民众的房屋和乡村普通户区分不大，但数量稍多两间，一般表现为三间四耳的格局，如《老昆明风情录》作者杨树群居住过的房屋就属这种三间四耳的结构，他在书中描述道："主房三间……房屋两厢的四间耳房，一厢为两套间的书房，另一厢则单独划出一间作为厨房，房屋中央有长方形的天井。"② 此即云南乡村和城市中普通民众的房屋结构，一般乡村表现为三间两耳的格局，城市为三间四耳的样式，家庭财力稍弱则修为三间一耳，不管如何变，都脱离不开这种模式，只是房屋两厢的房间数量稍有不同而已。

三　家具陈设及住宅卫生和燃料状况

（一）家具及其他室内陈设

云南民众的室内陈设和家具整体来说相当简单，不管是寝室还是厨房均如此。如寝室的布置大同小异，以简单实用为原则，床普遍是在两条床凳上铺上五块结实的木板。可以说，贫富家庭在寝室的陈设方面相差并不是特别大，可能富裕人家有蚊帐、枕头、棉絮、床单等床上用品，睡觉比较舒适，贫寒人家差一些，在品质和数量上不能和富裕人家相提并论。厨房的陈设也相差无几，"通常有一个灶，一个煮饭的锅，一把菜刀，一块砧板，一个椭圆形的长柄平锅，一把铁锅铲，一对挑水的木桶，一根扁担，加上一把舀水的长柄木勺"。③ 如果说区别，可能是富裕人家会使用高大结实的桌椅，偶尔还会有细瓷碟，普通人家通常使用的是矮桌、草墩、竹筷和土碗。区别稍大的可能要数厅堂的布置，

---

① 云南省政协文史委员会：《云南文史集粹》八，云南人民出版社 2004 年版，第 197 页。

② 杨树群：《老昆明风情录》，云南民族出版社 2006 年版，第 23—24 页。

③ ［美］科尼利尔斯·奥斯古德：《旧中国的农村生活——对云南高峣的社区研究》，何国强译，国际炎黄文化出版社 2007 年版，第 98 页。

富裕人家一般都在厅堂做装饰，并会有考究的摆设，普通民众的房屋一般都无厅堂，即使有，也只是放着一些比较实用的生产工具而已。尽管富裕人家可能会重视厅堂的布置，但从全局来看，家具和其他室内陈设并没有受到重视，而且很少会因为美观等问题更换家具，人们大多勤俭持家，恒念物力维艰，所以家具一旦购置，如不是已经破损得不能再用，通常不会更换，所以日常支出中家具方面的开支普遍都少。

（二）住宅卫生

住宅的卫生状况令人担忧，这种情况并不是云南独有的现象。许多在清末或民初之际来华的外国人对此深有体会：《真正的中国佬》的作者美国人何天爵、《中国乡村生活》的作者美国人明恩溥、《穿蓝色长袍的国度》的作者英国人阿绮波德·立德、《中国人生活的明与暗》的作者英国人麦高温、《变化中的中国人》的作者美国人罗斯等都在他们的作品中反映了此问题。关于云南住宅的卫生状况，《旧中国的农村生活——对云南高峣的社区研究》的作者美国人科尼利尔斯·奥斯古德、《中国风情》的作者英国人莫理循、《云南：联结印度和扬子江的锁链》的作者戴维斯、《晚清纪事——一个法国外交官的手记（1886—1904）》的作者方苏雅等都有详细的描述。在这些外国人的记载中，中国人特别是乡村居民没有卫生观念，以致在中国的很多乡村都能看到"成堆的垃圾，粪堆，污池，泥坑，下陷的屋顶，倒塌的墙壁，腐烂中的草屋以及散乱的碎石"[①]。曾经来中国调查的日本满铁更是评论中国乡村居民"已经忘却了卫生的观念，他们对事物的美丑、清洁和污秽等，完全没有概念"[②]。此评价有过于夸张和有意丑化之嫌，因为不同地域范围内人们的美丑观存在差异，同样，对卫生的理解和体会也会有所出入，西方和日本人在日常生活中喜欢布置居室，一尘不染是他们所追求的标准，但中国乡村民众不同，他们还在为吃饱穿暖而不停劳作，根本无暇顾及卫生，把地扫干净就很不错了，不会每天花很多时间来做全面的大扫除，正如奥斯古德所观察到的："日常的清洁卫生，每天各家各户顶

---

① ［美］罗斯：《变化中的中国人》，公茂虹、张皓译，时事出版社1998年版，第6页。

② 黄敬斌：《民生与家计：清初至民国时期江南居民的消费》，复旦大学出版社2009年版，第164页。

多扫一下地。到了年尾,也就是说,从农历十二月二十七日开始到二十九日,室内要用竹扫帚扫一遍,一般不兴扫天花板和墙壁。"① 外国人看来这已是非常不讲卫生了,中国人却认为这些已经足够。

尽管观念不同,但有一个事实不容否认,中国民众整体来说确实不如西方人和日本人那么讲究环境卫生。城市稍好一些,乡村则表现得相当明显,道路到处尘土飞扬、粪臭味弥漫;屋里几案布满尘埃,终年很少洒扫拂拭;院内鸡犬不圈,四处乱窜,导致污秽遍地。史料中关于这样的记载比比皆是,如《宣威县志稿》中有一段专门说乡村道路上堆满了农家肥,"点种旱庄需用灰粪,积之累月,用之一时,在地面宽阔之处,不碍观瞻,亦自不觉其污秽,奈何大街小巷房后门前任意堆积,秽气薰蒸,交通阻滞",② 十分影响环境卫生。甚至有的地方直接把未葬的棺材放在堂屋里,更是不利卫生,如师宗县"不少民房,在中堂囤一未葬的棺材,房屋既狭小,空气不流畅,而囤此庞大棺材,已觉隙无余地。"③《云南日报》1936 年 11 月 10 日竟然刊登了一篇名为《停柩十载未葬,被卫生科查觉,限五日内发葬》的文章。④

农村的厕所都不管风向和隐蔽性,而是以适合积肥和方便为目的随意搭建,因而几乎每家院落里靠门口部位或大门旁边都设有一间简易的露天茅厕,方便过往行人,也好给自家耕地积肥。奥斯古德就曾经遭遇过乡村的街边厕所,他描述道:"说是厕所,实则是个粪池——方形,面积接近 1.14 平方米,一块 30.48 厘米宽的石板盖住粪坑的大半,剩 1 呎宽的狭长窟窿。我很快看出,那狭长的便槽是供人排泄和冲水之用的,那方坑是积蓄宝贵的人粪尿,并由人将其舀进木桶,送到田间的。"⑤ 如此建厕所,使得整个乡村臭气熏天,苍蝇成群飞舞,蛆虫到处蠕动,严重影响环境卫生,但农民却对此习以为常,因为他们得到了

---

① [美]科尼尔尔斯·奥斯古德:《旧中国的农村生活——对云南高峣的社区研究》,何国强译,国际炎黄文化出版社 2007 年版,第 100 页。
② 王钧国、缪果章:(民国)《宣威县志稿》卷八,1934 年铅印本,第 36 页。
③ 向尚:《西南旅行杂写》,中华书局 1939 年版,第 180 页。
④《停柩十载未葬,被卫生科查觉,限五日内发葬》,《云南日报》1936 年 11 月 10 日第六版。
⑤ [美]科尼尔尔斯·奥斯古德:《旧中国的农村生活——对云南高峣的社区研究》,何国强译,国际炎黄文化出版社 2007 年版,第 60 页。

庄稼需要的农家肥。

　　另外，从房屋建筑的格局也可反映出云南民众住宅卫生状况之不良。房屋建造不注意通风和采风是相当常见的现象，窗户设立的少而小，导致空气不流通，故室内光线不明亮，"多极黑暗，空气恶浊"。[①]另外还有一个很严重的现象即在设计时没有考虑到牲畜栏的设置是否影响到人们生活的问题，有些两层楼设计的格局往往是上面住人，下面养牲畜，于卫生极为不利。如普思沿边住宅"均系编茅为屋，屋凡两层，下为牛栏，而人居其上，粪气之熏蒸，令人难耐，土人习而安之"。[②]那些房屋狭小的家庭则更难以解决人和牲畜之间的矛盾，经常是左边住人，右边关牛马，如果只有一屋的情形，则人畜同屋，臭气难闻，如宜良县"畜厩亦多与住室毗连。其家贫不能建筑瓦房，而立茅屋三椽，则人畜起居与及炊爨皆同在一地，更无卫生之可言矣"。[③]《宣威县志稿》也说："畜所多逼近人居，于社会卫生、人民健康极有关系。"[④]蒙自县也是如此，"耕牛与人有时合住一无间壁与窗之黑屋中，无卫生之可言"。[⑤]如此，人随时生活在臭气和细菌之中，极易感染疾病，一旦抵抗力下降，生病在所难免，如果形成时疫，"往往死亡相继，甚而至于户绝"。[⑥]

　　没有处理好牲畜的关押及牲畜栏的建造问题不是云南农村个别现象，而是带有普遍性的问题，政府都出面进行了干预，云南省档案馆里就保存有民国年间政府发布的一些关于改善人畜同居的文件，在当时没有解决好这一问题而且比较严重的区域就有缅宁、景谷、武定、盐丰、蒙化、宁洱、邱北、元江、镇雄、昭通、绥江、镇南、牟定、弥勒、邓川、河口、耿马、澄江、维西、玉溪、蒙自、中甸、腾冲、寻甸、威信、剑川等52个县。足见这一问题十分普遍，涉及全省，对民生影响

---

①　铁道部财务司调查科：《粤滇线云贵段经济调查总报告书》，1932 年版，第 109 页。

②　云南省立昆华民众教育馆：《云南边地问题研究》下卷，云南财政厅印刷局 1933 年版，第 68 页。

③　《宜良县风俗调查报告书》，1932 年，云南省档案馆馆藏，卷宗号：11 - 8 - 114。

④　王钧国、缪果章：(民国)《宣威县志稿》卷八，1934 年铅印本，第 36 页。

⑤　《改善人畜同居卷》，1943 年，云南省档案馆馆藏，卷宗号：11 - 8 - 120。

⑥　云南省立昆华民众教育馆：《云南边地问题研究》下卷，云南财政厅印刷局 1933 年版，第 68 页。

甚巨，甚至当时的省主席龙云都亲自过问过，他也认为民众疾病丛生的一个很主要的原因就是"居民人畜同住未加隔离所致"①，此种恶习，亟须改善，同时他针对人畜同住不良习惯比较严重的边地地区提出了一些改良的建议。

总之，无论是从居住的周边环境、室内打扫情况，还是从房屋的建筑格局、厕所的修建及牲畜栏的设置来看，都反映出民国年间整个云南的居住卫生状况十分糟糕，令人担忧。

（三）燃料费用

云南民众在燃料方面的消耗，主要包括两个方面：一是炊事、取暖用燃料消耗；二是照明消耗。

1. 炊事、取暖用燃料消耗

云南地处西南边疆，地域比较辽阔，属横断山脉，山岭南北纵列，印度洋季风得以长驱直入，故雨泽充沛，气候和煦，加以地质佳良，土地肥沃，天然森林随处可见。《云南经济》曾对云南绿化和林木状况有一定描述："森林材积之丰，为西南各省冠。盖以省境多山，极宜于林木之生长，故天然林随处皆是。全省土地之四分之一，殆全为森林所笼罩。分布之地域，以东北部、西北部为最密。林木种类，以沙木、柳松、马尾松、柏、杉、樟、杨等为大宗。"② 这些都是提供燃料的最好材料，加之树林、坡地、山地生长着大量灌木和普通杂木都可供砍伐燃烧，因而在燃料方面云南民众是不缺的，绝大多数地区的民众能够靠上山砍柴解决燃料之需。至于那些不靠近山林的地区，当地民众就只能靠田间收获的副产品如麦秆、稻秆和麻秸柴等作为燃料，如果燃料还有缺口，则只能从市场上购买柴火了，但一般很少购买，如昆明县乡民除了烧田地所产之物外，还就地取材，燃松毛和松球即已足够做炊之用。至于城市居民，则主要依靠购买薪柴来生火做饭，如昆明城中有一些固定的柴火店，店主从山区购买粗大的松木劈柴，然后雇人把它锯短，再劈成小块，交易时，往往是按重量称斤买卖，小康之家多半烧这种柴。除此之外，云南煤炭资源也很丰富，特别是滇东一带，因而云南有一部分

---

① 《改善人畜同居卷》，1943年，云南省档案馆馆藏，卷宗号：11 - 8 - 120。

② 张肖梅：《云南经济》，中国国民经济研究所1942年版，第A49页。

家庭采用煤做燃料。

再看取暖用燃料消费，云南地理位置比较优越，低纬度的地理位置造就了寒、热、温三带同时并存的立体气候，西北部近寒带，南部近热带，而中部及东部属温带。因而除西北部的寒带外，云南大部分地区冬季零度以下的严寒日子不多，特别是省会昆明，气候温和，有春城之称，故取暖费用比北方家庭来说花费要少，但有的家庭还是会产生少量取暖烧炭的费用。一般而言，炭的费用远高于柴薪，如"柴薪每百斤需银五角，栗炭每百斤需银一元五角，松炭每百斤需银一元"，[①] 就连不耐烧的松炭都贵于柴薪，同时，炭也比煤贵，如栗炭在 1937 年 6 月每百斤 2.20 元，煤是 2 元，因而，普通人家很少烧炭来取暖。

2. 照明消耗

民国年间，云南居民的照明消费发生了很大变化。在外来煤油没有输入云南以前，人们普遍采用菜籽或豆等植物油照明，灯光比较昏暗。由于灯油需要用钱购买，也是一种家庭费用消耗，因而普通民众为了节省费用，一般一到天黑就睡觉，如果非要点灯，则灯头一定要尽量小，亮光只能用荧荧如豆来形容，乡村中这种情形十分普遍，就是富裕之农家，也少有同时点两盏灯的习惯，因而家庭每月平均一斤至二斤菜油即够用。自从蒙自、腾越等地开关以及滇越铁路开通后，外来物品纷纷进入云南，同时进入的就有西洋机制煤油和煤油灯，用煤油点灯明显胜于旧式灯盏，亮度增加了好几倍，因而很快受到民众的欢迎，省会城市和开埠地区率先争相使用。随着输入量的增多，价格也日益便宜，煤油灯开始逐渐进入乡村，使得煤油灯变得相当普遍。但由于人们长期以来养成了节俭的习惯，因而在煤油的使用上，仍旧相当节省，一般不点灯，万不得已需要时灯头也尽量小，故而在点灯用燃料消费方面仍旧变化不大，各个阶层在这一方面的支出差异也不怎么明显。

---

① 王钧国、缪果章：(民国)《宣威县志稿》卷七，1934 年铅印本，第 13 页。

第二章　云南民众的精神和发展消费

以衣、食、住为主的生存性物质消费最为重要，这是整个人类社会赖以存在和持续的前提和基础，但除此之外，一般家庭还要有一些娱乐、医疗、教育等精神性和发展性消费支出，这些也构成了生活消费的基本内容。

第一节　休闲娱乐消费

快乐是每个人与生俱来的权利，人们在劳动、工作之余，都可以按照个人爱好的方式，或者根据家庭经济状况来选择不同的休闲娱乐方式进行精神调节，这之间产生的消费就属于休闲娱乐消费。这种消费有别于普通意义上的消费，一般生存意义上的如衣、食、住消费是每个人体生存所必需的，而休闲娱乐消费则是一种非必需、不急迫的，是在满足人的基本生存需要之后或在此过程中用于调节情趣、放松身心的消费。

民国年间，尽管云南民众的生活比较艰难，大部分时间还在为衣食奔波，但人们在劳动和工作之余，还是尽量会找一些休闲娱乐消费活动以放松身心、娱乐心情，正如《云南民政概况》所记载的："一般民众，平日多就剧场茶馆消费，岁节则玩灯演戏以为娱乐。"[①] 下文依供给渠道的不同一一介绍：

---

① 丁兆冠：《云南民政概况》，云南省民政厅1936年版，第2页。

一　休闲娱乐消费的内容

(一) 茶馆喝茶

到茶馆喝茶是中国人最常见的休闲消费方式。早在唐代，就出现了用以休闲消遣娱乐的茶馆，宋代更为兴盛，茶肆、茶室、茶园、茶坊、茶楼大量出现，鳞次栉比，尽管名称各异，但内涵大体相似，以后历代不衰。因而，到茶馆品茗休闲成为一种相当普遍的消遣消费方式。

1. 云南茶馆概况

云南人种茶，自然也喝茶，供人喝茶休闲娱乐的茶馆应运而生。早在清朝年间，昆明城内便开设有多家茶馆卖茶供顾客饮用，如乾隆年间开设在正义路的宜春园、文庙横街的四合园即当时有名的茶馆。道光年间任云贵总督的林则徐也经常去南城内外的茶馆听取茶客对时事的议论。同治年间各个景点都出现了卖茶人，饮茶之人络绎不绝。光绪年间开设在玉溪街的陶然亭、威远街的允香馆、卖线街的义合宫、巡津街的罗芝楼等颇有名气，生意十分兴隆，常常是宾客满座。可见，民国之前茶馆就已经成为人们休闲娱乐消费的好去处。

民国年间，云南的茶馆更为兴盛，开设繁多，尤其以省会昆明为甚，从 1916 年 8 月 29 日和 31 日两日昆明《民听报》先后刊出《茗水俱佳》和《茶馆发达之现状》的报道就可见一斑，文中指出："省垣茶社近林立，啜茗者亦甚夥，是以茶馆踊挤异常，此业可称发达。"[1] 发达到什么程度？据茶社业的调查，在 1939 年整个昆明市共有大小茶社 353 个，[2] 可以说每条街道都至少有几个茶馆，有的达到十个以上。一些来昆明的人对此深有感触："昆明人都喜欢吃茶。城里城外，从最繁盛的市中心到最荒僻的小村落，可以说没有一条街上没有茶馆；而文人雅士，机关职员，武装同志，和尚道士，挑夫小工，学生，都会摇身一变，成为道地的茶客。"[3] 每个人都可以成为茶客，走到哪里几乎都可

①　云南省昆明市政协文史资料研究委员会：《昆明文史资料选辑》第三十九辑，昆明市政协机关印刷厂 2003 年版，第 264 页。

②　李文海：《民国时期社会调查丛编·城市（劳工）生活卷上》，福建教育出版社 2005 年版，第 201 页。

③　王稼句：《昆明梦忆》，百花文艺出版社 2003 年版，第 192 页。

以找到供人休息和饮茶的地方，以至于有一次昆明的善堂筹款赈济贫民，就曾请求政府在各茶馆中加收茶捐，这足以说明省会茶馆多，分布密集，才有征收茶捐的意义。

云南的茶馆分布广袤稠密，除了昆明，其他各地城镇、集市或稍大一点的村庄都有茶馆。如宜良城郊温池旁的一个小村落就有"几家小茶馆"，① 滇池边上的高峣村有 3 家茶馆，"白天没有特定的休息时间，晚饭后，男人经常去茶馆"。② 大普吉村茶馆也不少，此村共有农民 123户，茶铺共 10 家。③

茶馆数量多，但规模大小不一，可分两类，即有一定规模和小规模两种。有一定规模的茶馆主要分布在城市的闹市区，这些茶馆环境优雅、宽敞明亮，设施比较完备，如昆明的华丰茶楼、双合园、天然茶楼、陶然茶楼、风月茶社、龙池茶社、花园茶社、映月楼、望海楼、大华茶室、升平茶楼、雅叙园、翠湖茶楼、文庙魁阁茶楼等。这些规模大的茶馆各具特色，如华丰茶楼以排场大、阔气而远近闻名，三层楼巍然耸立，楼上楼下共有几十张油漆八仙桌供人闲坐喝茶。翠湖茶楼以环境优美闻名，1913 年，《振华日报》就宣称此楼"四面环水，又有杨柳、芙蓉映带左右……夜间则电灯辉煌，明如白昼。一切陈设，精美绝伦，大有欧风"。④ 映月楼茶馆则以茶好引人注目，"不惜重金，选购上等春芽，以沙缸洒水煎茶，清香扑鼻"。⑤ 但这样的茶馆毕竟是少数，在云南的广袤天地中更多的是一些规模较小、设备简陋的茶馆。一把大茶壶、几十个大碗或不带盖的茶杯、几张桌子、几根条凳、一个炉灶，就组成了一个茶馆，成为云南民众消费的公共场所。《重返老昆明》就记载了昆明吴井附近的一个小茶馆："半间茅草房中，垒起了七星灶台，几张实木条凳和方桌，看上去很有些年代了，这毕竟是祖上的遗物；土

---

① 向尚：《西南旅行杂写》，中华书局 1939 年版，第 192 页。

② ［美］科尼利尔斯·奥斯古德：《旧中国的农村生活——对云南高峣的社区研究》，何国强译，国际炎黄文化出版社 2007 年版，第 129 页。

③ 李文海：《民国时期社会调查丛编·乡村社会卷》，福建教育出版社 2005 年版，第 432页。

④ 云南省昆明市政协文史资料研究委员会：《昆明文史资料选辑》第三十九辑，昆明市政协机关印刷厂 2003 年版，第 264 页。

⑤ 同上。

陶茶盅虽然已经缺牙半齿，但还能将就着用。吴井水旁的茶馆就这么自然而简单。这里专卖粗茶，没有细茶。"① 茶馆虽简陋，但是井水泡春茶、铜壶煮清泉，也一样解渴消暑。这样的小茶馆还有很多，如昆明报国街口的几家茶馆，铺面低矮，桌凳陈旧，喝的都是粗茶冲泡的盖碗茶，但生意依旧红火。甚至有的根本无固定场所，哪里生意好就直接在哪里露天设座卖茶，特别是各大景点及其周边都能发现卖茶人，正如时人记载："山前，水旁，树下，就一排排摆着红漆桌面黑漆抬脚的小小的长方桌子，上面有三四碟花生瓜子之类，卖茶。"② 至于各地乡镇则几乎全是这样的小茶馆或露天茶铺，同样生意兴隆，高朋满座。

　　2. 喝茶消费

　　茶馆数量多，茶客数量一定也多，喝茶消费是当时很流行的休闲方式，是什么在吸引那些茶客？原因在于茶馆不仅是喝茶休息之处，更是人们议论政事、话叙家常的场所，同时为了维持自身的生存和发展，茶馆还通过增设唱戏、说书、放唱片等活动招揽顾客，让茶客全身心的放松休闲。可见，茶馆是人们生活中集娱乐、集会、社交等多种功能于一体的公共场所。

　　（1）品茶休息之场所

　　喝茶能够提神醒脑、解暑消渴，有益健康。除此之外，喝茶品茗更多地带给人们的是一种无限的遐想。在环境优雅的茶馆里，与三两知己一边品茶一边感悟人生，是一种真正的放松。

　　（2）茶馆是以茶会友、谈心、聊天的好去处

　　在茶馆喝茶不仅能让人放松，还能满足人们社交的需要。茶馆会集了各个阶层的人士，上至达官贵人、下至平民百姓都频频光顾，从而形成了一个个不同的文化群落，在传播业不发达的年代，茶馆成了信息最集中、传播最广泛的地方，同时也是谈心聊天的最好去处。因而，经商务工的人来茶馆了解劳务价格行情、传递生意信息；农民在这里五个一伙、三个一群地聊天，交流乡间信息；老年人来此唠唠家常，感叹世事沧桑，茶馆成为他们的感情归宿，如高峣村的老人，平时干些轻微活

---

① 林泉：《重返老昆明》下，云南美术出版社 2002 年版，第 17 页。
② 王稼句：《昆明梦忆》，百花文艺出版社 2003 年版，第 192 页。

计，如看房子、照顾小孩，一旦闲下来，他们中的一些就会换一身衣服轻松走向茶馆，"找知己谈天说地去了"[1]；知识分子则把喝茶看作谈心交友的重要方式，如三牌坊的大华交益社茶铺有个特点："前往喝茶者多为中专学生、公教人员、失业知识分子，无形中成为顾客以文人占多数的有品位的茶铺。茶客们并不留意唱机唱片，而是注重朋友间的谈心'交益'。"[2]

(3) 茶馆是众多消闲娱乐活动的集中地

茶馆给云南民众带来的还有休闲娱乐活动，茶馆集中了众多的戏剧，另外听唱机、玩弹子、弈棋等都对顾客有极大的诱惑力。

曲艺与茶馆有着某种天然的联系，很多曲艺如滇剧、京剧等纷纷选择茶馆作为自身的生存、发展和传播之地。茶馆为了吸引茶客，也积极引进曲艺供人消遣，搭架简易舞台，出演文武场面，十分热闹，茶客相当喜欢这种形式，纷至沓来。当年东门上街的升平茶楼曾邀请到名角筱黛玉、汪润泉，名票李慕莲等参演，雅叙园则由名角筱兰春、李文明等主持演唱，两处茶馆每场均座无虚席，去得稍迟，就找不到座位。[3] 还有处于光华街的茶馆以清唱滇戏闻名招徕了许多茶客，因而干脆直接改名为光华剧场，"生意兴隆，每天演出两场"，甚至一些知名人物也"光临剧场观看演出"。[4]

有的茶铺以说书吸引茶客前往，如"东南六城的一些茶铺中，为适应茶客需要，都聘请说书艺人逐日开讲"。[5] 文庙魁阁茶楼更是请到了当时很受欢迎的说书人陈玉鑫，《三国演义》《东周列国》《水浒传》等名篇都曾开讲过，每天两场，听众极多，可容纳七八十人的茶室座无虚席，甚至还有一些人站在门外旁听。

安设唱机，欣赏唱片，也是招徕茶客的有效手段之一，茶客喝茶时

---

① ［美］科尼尔尔斯·奥斯古德：《旧中国的农村生活——对云南高峣的社区研究》，何国强译，国际炎黄文化出版社 2007 年版，第 166 页。

② 云南省昆明市政协文史资料研究委员会：《昆明文史资料选辑》第三十九辑，昆明市政协机关印刷厂 2003 年版，第 267—268 页。

③ 同上书，第 266 页。

④ 同上书，第 38 页。

⑤ 同上书，第 267 页。

能听到戏曲和音乐以避免单调乏味。1906 年，华丰茶楼首设唱机，免费放听，因其新颖别致，茶客倍增，生意变得红火。随后一些有条件的茶铺都踵而学之，如大华交益社、逸园茶社等都添设了唱机供客人欣赏。因唱机、唱片售价不菲，一般人没有力量自行购买，进茶铺听唱片就成了一种时尚，备有唱机的茶铺也就顾客盈门，络绎不绝了。

另外一些茶馆还开设弹子房以及提供弈棋，效果也很好，比如荩忠寺坡头西侧的望海楼茶铺底层下象棋、楼上设围棋，每天从卜午到晚间，下棋观棋的茶客络绎而来，这里成为棋艺爱好者的集中地。

当时茶馆的消费主体——茶客更是三教九流，无所不包，不同职业、各个阶层的人都有，既有文质彬彬的文人，也有精明能干的生意人，既有夸夸其谈的政客，也有历尽沧桑的长者，既有辛苦的街头挑夫，也有身背竹箩的乡下人，甚至社会底层的抬轿抬棺材的壮汉也时常光顾。人们在茶馆一待就是半天，甚至一些人天天泡在茶馆里，"往见有某些当老板掌柜者，一吃过早饭，便手拿烟杆烟盒，走往茶铺内，叫碗茶来，便斜坐于凳上，与二三相识者谈天说地，讲鬼道神，直坐到太阳偏西，方走回自己铺上。晚餐后，仍是走往茶社内听说评书，听唱小曲"。① 可见，茶馆在普通老百姓的日常生活中占有一定的地位，是人们最为常见的休闲娱乐消费方式。

上茶馆喝茶同时享受娱乐项目必然要产生费用，在茶馆喝茶的花费多少？是什么决定了茶馆这种休闲娱乐消费模式受到如此欢迎？除了前面提及的茶馆功能强大外，还有很重要的一点就是喝茶的消费相对低廉，这是导致此行业兴盛的重要原因，甚至可以说是最主要的原因。茶馆的消费一般因其本身的规模、茶叶茶水档次和提供的娱乐项目不同而分不同的等级，如《旅滇指南》中就记载了 1923 年前后云南的"茶资大致可分三等，第一等茶资在一角以上，屋宇清新，设备完全；二等茶资稍逊，大约在半角或三仙左右；三等茶资不过一二仙，以此等最多。"② 据陈度在《昆明近世社会变迁志略》中记载 1923 年昆明市场上猪肉每斤三角至四角，菜油每斤三角三分，两相比较，足见上茶馆喝茶

① 罗养儒：《云南掌故》，云南民族出版社 2002 年版，第 91 页。
② 云南省教育会：《旅滇指南·食宿游乐》，1923 年版，第 4 页。

消费低，即使是去环境最好的高档茶馆花费金额也才只是几两猪肉的代价而已，更别提低档次的茶馆了，才达到1/30左右。抗战后，万物腾贵，物价一路上涨，但上茶馆喝茶依旧比较实惠，如1940年普通一碗茶售价一角，当时猪肉每斤为2元，[①] 茶价为每斤猪肉价格的1/20，从比例看，虽比以前有所增加，但仍处于一种比较低廉的态势。

可见，价格的低廉在某种程度上决定了消费者的数量，因此即使是收入不丰之人，在空闲之余只要有兴致，当街一走，也可以随便挑个茶馆大胆放心进入，掏出几个小钱，伙计就会斟上一碗热气腾腾的清茶，大家可以边喝边聊或听戏，对于生活艰难的人看来，这就叫舒服。虽然茶馆的戏曲比较简陋，远没有到正规戏园看戏过瘾，但戏园收费每客由3角（边座）到7元（包厢）不等的价格足以吓退那些生活拮据者，不是那些没有固定收入和低收入者所能经常负担的。而到茶铺喝茶则不然，仅需付出几个小钱，就能在那里消磨几个小时甚至一天，一边喝着廉价的茶水，一面可以全神贯注地盯着前面台上的演出，可能是滇戏或说书，也可能是杂耍，或是江湖艺人演出，花费不多，但同样可以达到愉悦心情的效果。

（二）戏院观赏戏曲

戏曲欣赏同样是云南民众的一大消遣，清朝时期整个云南的戏曲演出，以滇剧为主流，另外个别庙会和堂会，偶见上演黔戏、川戏。但是当时没有固定的演出场所，没有公开售卖、凭票入场的戏园，因此演出多在神庙道观的露天舞台或空场上进行，入口处设人看守，观众给些小钱便可进去看戏。随着观众看戏热情的高涨，露天场地就显得过窄不够容纳，因此，戏曲演出开始转入会馆，露天演戏变为室内演戏，如建于1875年的两粤会馆便是其中之一，设备比较低级、简陋，"舞台是旧式的戏台，观众厅是露天院心，且无座位，观众还须自带板凳，遇上下雨天，观众还需挤在东西厢房内看"，[②] 条件仍旧艰苦，这种形式并不算正规戏园。1910年，云南终于在昆明开设了首家戏园（最初称茶

① 李文海：《民国时期社会调查丛编·城市（劳工）生活卷上》，福建教育出版社2005年版，第201页。

② 昆明市五华区政协：《五华文史资料》第一辑，云南国防印刷厂1988年版，第62页。

园）——云华茶园，随后，多家戏园兴起，如昆明的天乐、丹桂、荣华、大方、同乐及云成公司的滇南大舞台，地方上有蒙自的权益茶园、个旧的文明茶园等，这些戏园的兴建丰富了云南民众的娱乐消费生活。

云南民众看戏的热情一直比较高，在城市，戏曲已经成为人们特别是一批票友和戏迷生活的一部分。民国以前没有正规戏园时，在空地或庙会上看戏十分便宜，"一人不过钱十余文"，遇到唱卖戏，一人仅"收钱五、六文入场"[1]。民国以后出现正规戏园，设备齐全，如云华还在场内供应清茶和热毛巾，服务相当周到，但票价不低，可"观众依旧满座"，[2] 足见人们喜欢戏曲，特别是戏迷和票友更是痴迷于此。除云华外，天乐、荣华、丹桂以及群舞台等生意也是火爆，票价同样不低，如群舞台的座券分六级："晚场包厢7元、特别楼座6角、天井正座5角、普通正座2角、女宾楼座2角、女宾特座5角。"[3] 无论是云华还是群舞台，生意都十分好，当时的报纸就曾报道"二处座客，均极踊跃，可谓平分秋色矣！"按当时的物价，食米每斗（160斤）6元，木炭每百斤1元折算，看一场座价最低的戏，得花大米8斤或木炭30斤的代价，应该说票价不低，但如此的情形也没能影响观众对戏曲的着迷，大家仍旧"不惜金钱浪费，以饱眼福为乐"。[4]

民国时期看戏的票价不低，如有好戏、新戏则价格更为高昂。如1911年3月2日的《滇南公报》就曾报道过云华茶园的好戏影响大，"每演《杀子报》一剧，票即涨价：正座4角、边座2角。看者纷纷，络绎不绝，一时即将票纸卖罄……生意之盛，无以复加……"观众极爱看。新剧同样如此，云华茶园上演《斗牛宫》新戏，票价比平时上涨了不少，晚场包厢涨为7元、楼座为5角、正座为4角、边座为3角。尽管如此，也没有影响卖座，为之疯狂的人不少，《滇南公报》就曾报道过有一位官员为了看这场戏和平民争位殴伤人引起群众公愤的新闻，由此可见此剧的轰动效应。另外此剧开演时还发生了一件事，有人在戏

---

① 陈度：《昆明近世社会变迁志略》卷三，云南省图书馆手抄本。

② 万揆一：《昆明掌故》，云南民族出版社1998年版，第82页。

③ 同上书，第84页。

④ 云南省昆明市政协文史资料研究委员会：《昆明文史资料选辑》第二十七辑，云南人民出版社1996年版，第176页。

园附近拾获当票一张，随即被失主领认，据称："此系朋友托当，以作今夜戏资。"① 这些事件都显示了当时民众对戏曲的热爱，特别是戏迷可以说是达到了痴迷的程度，不论如何困难都要想方设法买票看戏，"即使身无分文，当衣服去看戏也在所不惜"。② 看戏的人多，戏园也不少，竞争在所难免，有些戏园还想方设法出奇招招揽生意，如针对观众喜爱新奇的心理，有的戏园"从上海聘来本地从未有过的女角"。③ 另外 20 世纪 30 年代的金碧游艺园，长期不断从省外邀请名角来献艺，其中朱英麟出演的《石猴出世》在昆明一炮打响，"一连演数月，长盛不衰，掀起昆明京剧热潮"。④ 人们爱看戏，戏园经营有方，使得戏曲这一行在省会昆明兴旺发达，正如《旅滇指南》所观察的那样："京沪各角来滇开演男女角均有可观者，营业甚为发达"，⑤ 上海来的谢彬也认为此行"营业极为发达"。⑥

但是有一点我们要清楚，对于自己出钱进戏院看戏的极高热情仅局限于城市，以上的史料也都是反映城市居民特别是省会昆明的一个观戏状态，至少广大乡村，由于没有戏院的设置使得他们欣赏戏曲的机会很少，偶尔听一次戏也仅限于庙会或岁时节日，演出的水平相对比较低，带有很大的随意性。但对于乡村观众来说，这些似乎并不影响他们听戏的兴趣，因为在这种环境下听戏一般无须花钱或支付很少，而且听戏仅是庙会或岁时节日上众多娱乐项目的一种，人们在乎的是看热闹。

（三）岁时节日休闲娱乐消费

岁时节日休闲娱乐消费是民国时期云南民众精神生活中特定的消费方式，不论贫富，不论经济收入高低，也不管各自的价值和消费标准是否一致，岁时节日一到，全都放下手中的事情投入庆祝活动中，这使得人们的消费需求在岁时节日期间大大超过平时，正如奥斯古德所言：

---

① 万揆一：《昆明掌故》，云南民族出版社 1998 年版，第 82 页。
② 同上。
③ 云南省昆明市政协文史资料研究委员会：《昆明文史资料选辑》第二十七辑，云南人民出版社 1996 年版，第 183 页。
④ 云南省政协文史委员会：《云南文史集粹》八，云南人民出版社 2004 年版，第 175 页。
⑤ 云南省教育会：《旅滇指南·食宿游乐》，1923 年版，第 5 页。
⑥ 谢彬：《云南游记》，中华书局 1924 年版，第 113 页。

"逢年过节，停工休息，吃喝玩乐合乎自然。"[①] 以岁时节日为契机，人们大快朵颐，同时还尽情玩乐，逛街、歌舞、杂技、曲艺、打牌、游艺、放鞭炮、拔河、荡秋千等活动安排得较丰富。

云南的岁时节日极多，以春节、元宵节、清明节、端午节、中秋节尤重，娱乐活动较多，消费内容多种多样。

春节：春节对于云南民众来说是最为重要的节日，因而在过年前后十余天的时间里，一切劳作和社会活动几乎停顿，大家都开始休息并沉溺于吃、喝、娱乐等活动中，正如奥斯古德所言的人们要"尽情玩耍，谁也不干活，甚至没有一个人到园子里除草"。[②] 春节是人们的快乐时光，省会昆明每逢春节各种活动精彩纷呈，吃美食、穿新衣，更春联、易门神、换桃符、请客、拜贺、欣赏各种表演，热闹非凡，纯属为了娱乐。其他地区亦然，如昭通过年时"换桃符，张灯结彩，停业三日，并陈各种杂戏及娱乐事"，[③] 嵩明县"新年数日内，各家老幼多着新衣，青年男女多玩弄秋千，畅乐竟日"，[④] 马关县"新年元旦，庭堂门户换贴新桃符，张灯结彩……初三日起，百戏杂陈，游人拥挤，火树银花，鼓乐前导，此龙灯也，抹粉缠头，忸怩情歌，此花灯也。或则飘扬断送，或则旋转翩翻，此各种秋千也。往事重提，忠奸再演，此高台戏也，灯火连宵，锣鼓喧阗"[⑤]。

元宵节：正月十五元宵节把新年的热烈气氛再次推到顶点，看戏、观灯、荡秋千、猜灯谜、亲朋欢聚等娱乐活动依旧火热。这一天，在省会昆明，各种活动备极一时之盛，看热闹的观众也很多。《续修昆明县志》曾记载："人不得雇车，不得旋矣"，[⑥] 足见元宵节给人们带来的是一片欢乐景象。除昆明外，各地都有属于当地的庆祝方式，如陆良不仅张灯结彩，还出外游玩，"元宵节里张灯以庆丰稳，老幼相携游于会津

---

① ［美］科尼利尔斯·奥斯古德：《旧中国的农村生活——对云南高峣的社区研究》，何国强译，国际炎黄文化出版社 2007 年版，第 305 页。

② 同上。

③ 《昭通旧志汇编》编辑委员会：《昭通旧志汇编》一，云南人民出版社 2006 年版，第 394 页。

④ 李景泰、杨思诚：（民国）《嵩明县志》卷十九，1945 年铅印本，第 261 页。

⑤ 张自明：（民国）《马关县志》卷二，风俗志，云南德生石印馆 1932 年版，第 5 页。

⑥ 倪惟钦、陈荣昌、顾视高：（民国）《续修昆明县志》卷三，1943 年铅印本，第 3 页。

桥，名曰祛百病"。① 还有很多地方表演花灯戏以庆祝元宵，因而又把此节称为花灯节，如高峣"正月十五，过花灯节……花灯节的主要活动是集中表演一幕话剧，剧情既可以反映历史事件，也可以反映日常生活中的琐事"。② 有些人家还把花灯队请到家中演出，参加花灯节演出的男女"每天夜晚到一户人家演一场，每一场要唱三四个曲目，到深夜方收场"。③ 嵩明县也是如此，"村中男子装为灯生灯姑娘，于夜间奏笙箫鼓乐，燃点各种灯笼到各村唱舞庆祝，老幼士女围而观之，亦藉此娱乐也"。④

清明节：清明节也不仅仅是扫墓祭祖，还流行荡秋千、踏青、放风筝等活动，特别是郊野踏青极为盛行，如陆良县"清明折柳插户……是日士女游于西郊，谓之踏青"，⑤ 马关县"清明前后上坟扫墓，丰裕之家有备酒肴以筵宾客者。一般妇女无缘外出，得藉此以散步郊野，是所欢迎，故此风愈行愈盛。寒素人家亦多仿效"。⑥

端午节：端午节的庆祝方式多样，除了"割肉、买鸡、称蚕豆，还要打酒庆祝"⑦，悬艾插蒲，野外游玩也很流行，如昭通县"人家照常悬艾插蒲，饮酒食粽。午后游人如织，游教育馆或元宝山。唯卫泉公园尤为异常热闹，肩摩踵接，至晚始散"。⑧ 马关县"男女成群出游郊野，谓之游百病，采百草，归，煎汤淋浴，谓可治一切疮疥"⑨。还有一些地方以办市的方式来庆祝，丽江在端午节就举办早市，天蒙蒙亮时开市，日出一刻散市。早市出售的都是小手工艺品，品种很多，琳琅满目，其中以香荷包为数最多，来赶街的人，自然也以十多岁的青少年和

---

① 刘润畴、俞赓唐：(民国)《陆良县志稿》卷一，1915 年石印本，第 1 页。

② [美]科尼利尔斯·奥斯古德：《旧中国的农村生活——对云南高峣的社区研究》，何国强译，国际炎黄文化出版社 2007 年版，第 305 页。

③ 同上书，第 304 页。

④ 李景泰、杨思诚：(民国)《嵩明县志》卷十九，1945 年铅印本，第 268 页。

⑤ 刘润畴、俞赓唐：(民国)《陆良县志稿》卷一，1915 年石印本，第 1 页。

⑥ 张自明：(民国)《马关县志》卷二，风俗志，云南德生石印馆 1932 年版，第 6 页。

⑦ [美]科尼利尔斯·奥斯古德：《旧中国的农村生活——对云南高峣的社区研究》，何国强译，国际炎黄文化出版社 2007 年版，第 307 页。

⑧ 《昭通旧志汇编》编辑委员会：《昭通旧志汇编》一，云南人民出版社 2006 年版，第 394 页。

⑨ 张自明：(民国)《马关县志》卷二，风俗志，云南德生石印馆 1932 年版，第 6 页。

少数新婚夫妇为主，因而这个逛端午早市成了青年人的休闲娱乐活动之一。

中秋节：八月十五中秋节，合家团聚，以赏月为主，如马关县"八月十五为中秋节……合家团坐，对月饮啖，盖取团圆之意"。①

除了以上几个主要节日外，还有一些节日也同休闲娱乐消费紧密结合在一起，如立春是农事节日，主要内容为迎春和打春，其中尤以迎春的休闲娱乐性强，人们装扮灶火，扮演杂剧，一片喜气洋洋，还有火把节也是如此。人们沉浸于岁时节日带来的喜庆祥和，尽管岁时节日的花费比以往多得多，但他们似乎并不太在意，因而，他们大肆购买平日舍不得吃的零食和肉类，有时还会花钱请花灯队到家里唱上一段，尽管"接受演出的家庭，每家须付给演员三块钱，作为捐献，补偿他们耗费的表情、消耗的蜡烛和正月十五花灯节所需的物品，除此之外，这户人家还要备上各式茶点、烟酒、款待演员，以表薄意"。② 零零碎碎加起来也是一笔不小的开支，但有些人家还是很乐意，因为一年也只有一次，人们要玩得尽兴，这就使得周而复始的传统岁时节日明显地体现出了休闲娱乐消费这一功能。

（四）逛庙会休闲娱乐消费

逛庙会也是民国时期云南民众娱乐的普遍方式。民国年间庙会有一个很大的特点就是会多，如楚雄县有龙华会、松华会、清醮会、玉皇会、西灵会、天官会、土主会、五皇会、念佛会、老君会、慈婆会、观音会、准提会等几十种，③ 马关县有土地会、清醮会、南斗会、都天会、北斗会、观音会等十多种。可以说，各地都很热衷办庙会，会多，赴会的人更多，如楚雄龙华会"起止七日，观者如堵，远近若狂"，④ 马关县土地会"与会者甚众"，清醮会更是"城乡哄动，万人空巷"，⑤

---

① 张自明：（民国）《马关县志》卷二，风俗志，云南德生石印馆 1932 年版，第 7 页。

② ［美］科尼利尔斯·奥斯古德：《旧中国的农村生活——对云南高峣的社区研究》，何国强译，国际炎黄文化出版社 2007 年版，第 304 页。

③ 杨成彪：《楚雄彝族自治州旧方志全书·楚雄卷上》，云南人民出版社 2005 年版，第 1076—1078 页。

④ 同上书，第 1076 页。

⑤ 张自明：（民国）《马关县志》卷二，风俗志，云南德生石印馆 1932 年版，第 8 页。

迎西灵圣母会也是"动辄数万人，少亦数千，虽远在数百里，亦争相赴会，绿女红男嘈杂拥挤"，① 路南县城隍会"夷民来者尤多，盖此方最盛之会云"，② 镇康县每年二月十九日的观音会"游客辐辏，先后数日，全场拥挤，约计数千余人"，③ 昭通四月中旬的元宝山香会甚旺，"三日夜游踪不绝"，④ 如此种种，不一而足。大多史料都以万人空巷、远近若狂等词来形容参与庙会人数之众。

庙会如此吸引人，不仅在于它可以满足人们精神和信仰上的需求，更重要的是它满足了人们游乐和经济上的消费需求。一般而言，各地庙会都会举办大型的娱乐活动，杂耍、戏法、武术、戏曲、曲艺、杂技纷纷在此亮相，让人们一饱眼福。如滇中昆明的海源寺、玉皇阁庙会，"聚众至一百几十，既跳狮子，又跳杂技，是一起跟一起的跳舞入庙"。⑤ 滇西缅宁县的九皇会"高扎彩台，多至十余架，并有各种杂伎百戏，笙箫鼓乐，旗摆伞盖，火炮轰天，异常闹热"。⑥ 保山正月初八的卧佛会举行舞龙舞狮比赛，各路高手在此竞技表演，四面八方的游客云集，盛况空前。滇南建水上九会有架设布景摆各式各样惟妙惟肖、情景逼真的古剧或故事造型，因而引来四方群众扶老携幼参观，"几里长的一条大街，闹闹嚷嚷，肩摩毂击透不过气来"。⑦ 石屏正月初九的斋会，搭建灯楼，夜晚时灯楼上千百盏油灯齐明，照得整个灯楼如同白昼，极为壮观，"每晚游人如云，络绎不绝"。⑧ 庙会的娱乐功能表现得相当明显，无论是直接参与活动的人还是旁观者，几乎都能在这种狂欢活动中得到愉悦和放松。

庙会不仅有娱乐功能，还有一定的经济功能，庙会可以说是一种全民性的集体活动，因信仰和娱乐活动多样等原因吸引了周围的大量民

---

① 《楚雄县风俗调查》，1932 年，云南省档案馆馆藏，卷宗号：11 - 8 - 123。
② 马标、杨中润：(民国)《路南县志》卷一，云南官印局 1917 年铅印本，第 41 页。
③ 纳汝珍、蒋世芳：(民国)《镇康县志初稿》第四册，1936 年稿本，第 27 页。
④ 《昭通旧志汇编》编辑委员会：《昭通旧志汇编》一，云南人民出版社 2006 年版，第 394 页。
⑤ 罗养儒：《云南掌故》，云南民族出版社 2002 年版，第 95 页。
⑥ 丘廷和：(民国)《缅宁县志稿》卷十七，1945 年稿本，第 16 页。
⑦ 李道生：《云南社会大观》，上海书店出版社 2000 年版，第 235 页。
⑧ 同上书，第 236 页。

众，商人看到了商机，青睐于此，他们在庙会上摆摊设点出售商品，价格低廉，还可议价，因而极大地满足了人们的经济贸易、物质消费方面的需求。如牟定县每年农历三月二十八日的东岳庙庙会，因参与人员增多，四面八方的商贩纷纷聚集在此，此庙会就逐渐演变为一个物资交流大会，相当繁盛，甚至有的年头在会期高峰时达到了两三万人。

庙会上的物资交流和娱乐活动对于商业贸易发达的城市来说不算稀奇，但对于乡村社会来说却意义重大，庙会上出售的大量物美价廉的商品、多样的娱乐活动对长期过着单调的、早出晚归农作生活的乡村民众来说极具吸引力，正因如此，每逢会期，人们欣喜若狂，欣然前往，足见庙会已深深地影响和支配着民众特别是乡村民众的精神生活和物质生活。

（五）游山玩水休闲娱乐消费

游山玩水是一种比较普遍的大众消费活动，踏青春游、饱览河山、秋日登高等也逐渐成为云南大众休闲消费活动的主要内容之一。中国人自古就喜欢到大自然中去放松心情、游弋于山水之间，一些文人墨客更是陶醉于大自然赋予的美景之中，抒写了大量诗文，如甘孟贤用《镇南西郊春游》一诗来描写他出游西郊的所见所闻："参差杨柳短长堤，放眼春郊望欲迷。且喜晴和人意好，东风吹我过桥西。寻春一路绕河行，河水潺潺春鸟鸣。十里青畴平似掌，村农几处事深耕。"[1] 名人杨升庵也曾写过大量的诗来描述云南的美景。到了近代，甚至还出现了各式各样与游山玩水相关的出版物，其中常见的有文人写的游记，还有类似于我们现在的旅游手册，如《旅滇指南》《昆明向导》等都反映了近代云南特别是昆明民众比较热衷于游山玩水。

云南地貌类型比较多样，山、原、盆、谷一应俱全，而且各种地貌类型的地域组合千差万别，原中有谷，山中有坝，自然地域景观相当独特，美景数不胜数，这为人们游山玩水的休闲娱乐提供了条件。如省会昆明景色就十分优美，气候宜人，史称："城枕隔山郭面湖，山川风景堪画图"，著名的昆明八景更是让人陶醉其中，而且"夏不溽暑，冬不

---

[1] 杨成彪：《楚雄彝族自治州旧方志全书·南华卷》，云南人民出版社2005年版，第504页。

祁寒"，正如李印泉先生在《湖上闲吟》一诗中描写的那样："好花月
月开，四季无寒暑。神州之奥区，南中之乐土。"① 滇池更是高原明珠，
许多外省人到云南昆明，感叹"这里山明水秀，的确是个大好风景所
在，天然美丽，远非半由人工修筑的杭州西湖所能媲美。"② 薛绍铭在
《黔滇川旅行记》中也谈道："昆明山水的清秀，天然风景的优美，国
内其他都会很少能比得上。"③ 这样得天独厚的景色和气候自然吸引着
附近民众走向大自然，故享受大自然的赐予成为社会风俗，人们习惯和
家人、朋友一起去郊外踏春、爬山、玩水、游玩。如"铜瓦寺在会城东
十余里，金马山西北麓，范铜为瓦，覆寺三楹，春月游人毕集"。④ 大
观楼景色极佳，登高远眺，湖水澄清，大有秋水共长天一色之概，因而
"游客四时不绝"，⑤ 每当风细月斜之时，更是"游人如织"。⑥ 滇池也
是极受民众的欢迎，大家平常或骑单车或步行到滇池边游玩、游泳。黑
龙潭同样值得民众一游，此处的汉祠、唐梅、宋柏、明坟最为出名，特
别是其中的宋柏两株，枝干扶疏，高出云表，唐梅也很独特，由枯根而
树生新枝，得山灵而花发奇艳，因而来的人很多，1942 年 3 月发行的
《旅行杂志》就曾详细介绍游黑龙潭的各类人群，有西装少年、长头发
先生、花枝招展的少女、优雅的老太太、茶客、看热闹的小孩等。⑦
《西南全貌》作者潘恩霖也描绘了昆明市民游玩的好去处，介绍了翠
湖、金碧公园、西山、滇池、黑龙潭、海源寺、筇竹寺、金殿等名胜古
迹，并在文中大加赞叹。⑧

　　云南省内除昆明景色优美外，其余各地也各具特色，有的碧涛万
顷、水天一色；有的郁郁葱葱、鸟语花香；有的名山古刹、幽胜非常；
有的雪山草地、赏心悦目，等等，不一而足。如嵩明之黄龙山和法界
寺、安宁之温泉和曹溪寺，盐津之大佛筇林和云台山、晋宁之盘龙寺和

---

① 李孝友：《昆明风物志》，云南民族出版社 1983 年版，第 14 页。

② 王稼句：《昆明梦忆》，百花文艺出版社 2003 年版，第 1 页。

③ 同上书，第 28 页。

④ 方国瑜：《云南史料丛刊》卷十一，云南大学出版社 2001 年版，第 375 页。

⑤ 胡嘉：《滇越游记》，商务印书馆 1939 年版，第 9 页。

⑥ 郑子健：《滇游一月记》，中华书局 1937 年版，第 69 页。

⑦ 王稼句：《昆明梦忆》，百花文艺出版社 2003 年版，第 154 页。

⑧ 潘恩霖：《西南全貌》，良友图书印刷公司 1939 年版，第 217—247 页。

忠烈庙、大理之苍山洱海、洱源之潜龙庵、鹤庆之眠龙洞和梓里桥、宾川之鸡足山、中甸之归化寺、丽江之玉龙雪山、腾越之火山温泉、建水之燕子洞、普洱之孔雀坪等都是当地民众的好去处。

　　在阳光明媚，气候转暖，万物欣欣向荣的时光走出家门游山玩水、欣赏美景，心情自然舒畅。而这一切必然要产生一定的休闲消费费用，如果游玩地点在居住地附近，可能产生的额外费用较少，大部分的花销在饮食或小吃上，如游昆明郊外黑龙潭的民众很多都会在小摊边买各色零嘴，"吃糕饼的，吃元宵的，吃面的，喝茶的，买糖的，买烟的"，买的人太多，以致"你要这个，他要那个，嘈杂的声音把卖主的头都弄昏了，并且忙的不亦乐乎"。① 游滇池同样如此，大家一边欣赏碧波万里的景色，一边吃着豌豆粉、凉米线，甚至还有家庭在小饭馆里"品尝刚烹调出来的大鲜鱼，度过愉快的一天"。② 如果游玩地点较远，花费自然就多得多，因其有交通、住宿、吃饭等费用包括在内，如当时的中学生、大学生经常出外游山玩水："远至安宁温泉、呈贡果园、晋宁盘龙寺无处不到，特别是西山，去的次数最多，时常一住三五天。"③ 另外，对于一些特定的景点可能还会产生一些额外的花销，如游滇池必定少不了湖中泛舟这一项目，包船是常有的事，胡嘉就观察到："若逢到星期日，或者晴天，滇池中的游船总是很多。西山附近有一处适于游泳，青年会常有一两只特包的船，载着一辈去游泳的男女来往。"④

　　以上所述涵盖了云南民众主要的休闲娱乐消费项目，事实上除了以上介绍的茶馆喝茶、戏院观戏、岁时节日娱乐、逛庙会、游山玩水外，还有其他的一些休闲消费活动，比如看木偶戏、皮影戏等，另外，逛集市、赶街子同样是云南民众的一种休闲娱乐消费项目。虽然赶集更多地体现经济功能，但休闲娱乐功能也不可否认，在面对琳琅满目的商品当中，在讨价还价当中，在各色小吃和零食当中，人们得到了满足，身心得到了放松，有时集市上出现的杂耍让人兴奋，传播的各样信息特别是熟悉人的八卦是非以及世上的奇闻怪事更能带给人们惊喜和感慨，给

---

① 王稼句：《昆明梦忆》，百花文艺出版社 2003 年版，第 154 页。
② 林泉：《重返老昆明》下，云南美术出版社 2002 年版，第 56 页。
③ 云南省政协文史委员会：《云南文史集粹》八，云南人民出版社 2004 年版，第 17 页。
④ 胡嘉：《滇越游记》，商务印书馆 1939 年版，第 39 页。

他们贫瘠的精神生活平添生机。因而,人们也相当喜欢赶集,在《昆明导游》中就记载了赶街子的场景,"岸上万头蠕动,拥挤不堪。我等上岸后也参加人群中乱挤,几乎挤的喘不过气来"。①《粤滇线云贵段经济调查总报告书》也说:"每届场期,远近小贩,居民纷纷而到,多者盈万,少者亦恒数百人。"②

二　休闲娱乐消费的几个显著特点

(一)　女性的休闲消费活动远少于男性

在休闲娱乐消费方面,男性的活动远远多于女性,男性在闲散时,可以看戏、打牌、串门,更多的是去茶馆喝茶,赖才澄就在《大普吉农村社会实况及其问题》中总结道:"一个男人,若不能得到相当的闲暇,他们认为这是不行的。"③ 相比之下,女性的娱乐消费活动远没有这么丰富,如高峣村"你可以看见男人在茶馆赋闲,却看不见女人进茶馆"。④ 可见,在休闲消费活动方面女性和男性存在差异。

这种差异一是缘于传统观念,正如美国人何天爵曾说:"在中国人的传统观念里,女性根本不应该享受正当的娱乐权利,更不能像绅士们那样做任何剧烈的活动以消遣时光。"⑤ 二是缘于女性特别是农村女性活计比较多,终日不闲,只能整天在家内转来转去或到田里劳作,"一天三餐、推磨烧火、全家衣服的洗与做,就忙得农妇们终日不闲"。⑥ 如果非要总结出她们的休闲娱乐活动,那只能首推聊天,"她们喜欢在夏季三五成群地聚集在树荫下,或者在冬天的阳光下靠在土墙边,交换和谈论关于邻居们的零星的闲言碎语"⑦。另外做针线也是她们的休闲

---

① 王稼句:《昆明梦忆》,百花文艺出版社 2003 年版,第 117 页。
② 铁道部财务司调查科:《粤滇线云贵段经济调查总报告书》,1932 年版,第 62 页。
③ 李文海:《民国时期社会调查丛编·乡村社会卷》,福建教育出版社 2005 年版,第 431 页。
④ [美]科尼尔斯·奥斯古德:《旧中国的农村生活——对云南高峣的社区研究》,何国强译,国际炎黄文化出版社 2007 年版,第 166 页。
⑤ [美]何天爵:《真正的中国佬》,鞠方安译,光明日报出版社 1998 年版,第 79—80 页。
⑥ 李文海:《民国时期社会调查丛编·婚姻家庭卷》,福建教育出版社 2005 年版,第 448 页。
⑦ [美]何天爵:《真正的中国佬》,鞠方安译,光明日报出版社 1998 年版,第 78 页。

方式，休闲寓于劳作中，如当奥斯古德问到高峣村当地的妇女有什么娱乐活动时，村中的男子立马儿不假思索地回答，"做针线"，足见做针线已被妇女作为休闲娱乐项目很重要的组成部分，妇女们往往聚在一起"唠叨个不停，要是完成一天的缝纫工作，这时她们才得到莫大的愉悦"。① 除此之外，赶集和住娘家等也是她们的休闲方式。聊天、做针线、赶集、住娘家等在如今看来很难算是真正的休闲娱乐消费项目，特别是做针线本身明明是一种劳作行为，妇女们聚在一起做针线，嘴在唠叨，手却在不停地上下忙碌着，尽管如此，但至少这不是劳累的体力活，至少还能互相说说俏皮话，还可以会心地大笑几声，这足以让她们满足，给她们带来快乐的体验。如此休闲，让人心酸和无奈，也正是女性休闲娱乐严重缺乏的明证。

乡村妇女休闲娱乐活动匮乏，城市妇女也不多，同样局限于家务事中，但有知识、有职业的省城妇女的娱乐活动相对要好一些，章珠曾对此做过调查并完成了《昆明职业妇女生活》的调查报道，她共调查了17岁以上40岁以下的职业妇女434人。

表2—1 　　　　　　　　 昆明职业妇女休闲生活 　　　　　　单位：人、%

方式	人数（人）	百分比（%）	方式	人数（人）	百分比（%）
阅读书报杂志	79	18.20	游公园	29	6.68
音乐	53	12.21	戏剧	16	3.69
运动	30	6.91	打牌	6	1.38
闲谈	30	6.91	吸烟	4	0.92
访友	35	8.06	旅行	35	8.06
电影	78	17.97	缝纫	39	8.99
总计	305	70.28	总计	129	29.72

资料来源：李文海：《民国时期社会调查丛编·婚姻家庭卷》，福建教育出版社2005年版，第510页。

---

① ［美］科尼利尔斯·奥斯古德：《旧中国的农村生活——对云南高峣的社区研究》，何国强译，国际炎黄文化出版社2007年版，第214页。

从表2—1可以看出:有知识有职业的省城昆明妇女休闲娱乐活动相对而言比较丰富,从统计得来的数字看,妇女在业余时间以阅读书报或杂志为主要消闲方式位居第一,共79人,占18.2%;其次为看电影,有78人,仅比看书报的少1人,再则为听音乐,有53人,这三种休闲活动所占比例最高。随后就是运动、拜访亲友、闲谈及缝纫等休闲方式。这样的状况事实上与她们本身的知识素质密切相关,阅读书报和杂志、看电影、听音乐等都需要有一定的知识基础才能更好地理解。可以说,有知识、有职业的昆明妇女是全省妇女中的楷模,她们有实力、开通、易于接受新鲜事物,因而她们的休闲娱乐消费活动总体来说远较普通妇女特别是乡村妇女丰富,而且还是以具有一定水准和高雅的娱乐休闲为主。但从全省整体范围看,这类妇女少之又少,她们的娱乐消费方式远非普通妇女所能比拟,不能相提并论,仅仅是楷模而已。但尽管如此,她们中以缝纫为消闲的方式仍占一定的比例,达到39人之多,这又从一个侧面反映出女子休闲娱乐消费的实际情况。

(二) 整体上云南民众的休闲娱乐消费活动场所和项目匮乏

云南民众传统的乡村生活及其休闲娱乐活动,整体来说是在一个相对比较狭窄和封闭的环境中进行的,正如田翠琴所研究的那样:"以封闭的村庄为基点,围绕血缘—地缘轴心,向四周圈层传导。"[①] 这个"四周"的范围相当有限,只限在本村或最多超过几里的地域范围内进行,主体的范围自然很小,一般多以族亲、家庭、邻里为轴心进行,同时活动时间也有大致规定,一般在年节或农闲时才会有休闲消费活动以及村社之间的公共性娱乐活动。

民国年间云南民众的休闲娱乐生活不仅在主体范围、时间上十分有限,而且活动的场所也比较缺乏,特别是在乡村很少有规模化、常设性的文化休闲娱乐消费场所,如果说有,也只是摆有几张破旧桌子的小茶馆而已。正因娱乐消费场所少,因而乡村中有限的几个茶馆热闹非凡,如高峣村的中心场所就是茶馆,"白天出苦力的人晚上要去那里休闲,而游手好闲者白天也要去那里消磨大部分光阴。除茶馆以外,

---

① 田翠琴、齐心:《农民闲暇》,社会科学文献出版社2005年版,第15页。

再无更好的去处"。① 广大乡村娱乐场所匮乏的程度可见一斑，而只有在一些商业较为发达的城镇，才会有一些固定性、规模稍大的茶馆、戏院、影院等以满足当地居民及往来客商的享乐、休憩之需，但也相当有限。

云南民众特别是乡村民众的休闲娱乐消费场所比较缺乏，从三十年代各县填报民政厅下发的各县风俗调查表也可反映出，调查表中专门有一项为"当地有无娱乐场所？"马关县上报为："县属各地无固定娱乐场所"，宜良县："向无娱乐场所之设置，民唯一娱乐场所即为茶馆"，② 易门县："平时无娱乐场所"，③ 景东县："县属并无何种公共娱乐"，蒙化县："县属无公共娱乐场所"，④ 剑川县："少正当娱乐之场所机关"，楚雄县："向无正当之娱乐场所，如公共体育场所游戏场之类，从未设置"。⑤ 从各县的回答可看出当地民众和政府还尚未注意和重视此问题，人们的休闲娱乐场所是如此不足，除茶馆外几乎就没有可供固定的放松身心、缓解疲劳的场所。这种状况与人们还在为衣食奔波不得不整日劳作而无暇顾及其他有很大关系，娱乐场所的缺乏致使民众日常生活比较单调，这种单调对于昼出夜归、辛勤耕耘于土地上的普通乡民来说没有什么影响，但对于极小部分乡村富裕户来说比较难耐，以致出现时间太长该如何消遣的问题，正如《云南三村》中记载的一位禄村富裕农民，"我们的房东（甲家的主人）不抽烟，又不下田，整整的白天蹲在哪里去呢？他解决的办法：第一是用睡眠缩短一些时间，早上九时起床，晚上九时上床，足足可以睡十二小时。第二是上街子，做礼拜。第三是串门，蹲在街旁闲谈"。⑥

云南各地不仅休闲娱乐消费场所缺乏，休闲娱乐消费活动也比较

---

① ［美］科尼利尔斯·奥斯古德：《旧中国的农村生活——对云南高峣的社区研究》，何国强译，国际炎黄文化出版社 2007 年版，第 212 页。

② 《马关县风俗调查纲要》《宜良县风俗调查报告书》，1932 年，云南省档案馆馆藏，卷宗号：11 - 8 - 114。

③ 《易门县风俗调查纲要》，1932 年，云南省档案馆馆藏，卷宗号：11 - 8 - 121。

④ 《景东县风俗纲要》《蒙化县风俗调查》，1932 年，云南省档案馆馆藏，卷宗号：11 - 8 - 123。

⑤ 《楚雄县风俗调查》，1932 年，云南省档案馆馆藏，卷宗号：11 - 8 - 123。

⑥ 费孝通、张之毅：《云南三村》，社会科学文献出版社 2006 年版，第 141 页。

单调,就其内容而言,主要是建立在比较匮乏的小农生活及其习俗之上的聊天、串门、喝茶、赶集、逛庙会,以及参与岁时节日的系列活动,特别以岁时节日里的唱戏、玩花灯、舞龙耍狮较为盛行。这一点我们也可从各县上报给民政厅的娱乐活动一项中看出,如易门县“每于新年有龙灯花灯狮子灯及演唱戏剧以为娱乐”,马龙县“只旧历正月组织花灯燃灯,庆祝上元。其他各月均无娱乐情事”,呈贡县“人每至孟春或演戏或玩龙灯花灯狮子,琴瑟击鼓以御田耳,借以报赛田事,过此则终岁勤劳无娱乐之可言”,① 景东县“仅岁首有演唱花灯之举”,邓川县“县属居民业农为生,终岁苦劳,每届新年,附近邻村互相联络,提倡演剧藉资娱乐”,缅宁县“神节集会宴乐多召集伶人唱演旧剧供众娱乐是为最通行之娱乐,其他娱乐之设备尚付缺如”,② 凤仪县“无特别娱乐,惟正月人民则以唱花灯玩龙玩狮为乐,至于酬神演戏虽云乐事,但一年之间不过一二次,每次不过二三日而已”,沾益县“新春有花灯龙灯”、石屏县“春首花灯”。③ 可见,休闲娱乐消费活动相当单调,活动项目比较少,而且大部分是一些寓于岁时节日及迎神赛会的演戏玩花灯活动,还远不能满足人们的需要。更有甚者,可能是各地对娱乐的理解有误,在上报给省的风俗调查表中,娱乐一项写的是“无”,如泸西县“无”,④ 师宗县“无”,陆良县“县属邑小风良,家家妇女非耕织抑且交通未便,商旅不集,娱乐一事自古无有”,⑤ 丘北县“无”,⑥ 无论这个“无”是不是事实,但也从一个侧面反映了娱乐活动的不足和缺乏,使得这一项在当地政府和民众心目中不清晰,比较模糊,似乎休闲娱乐可有可无,就算没有,人们依旧可以日复一

---

① 《易门县风俗调查纲要》《马龙县风俗概要》《呈贡县风俗调查表》,1932 年,云南省档案馆馆藏,卷宗号:11 - 8 - 121。

② 《景东县风俗纲要》《邓川县风俗调查》《缅宁县风俗调查》,1932 年,云南省档案馆馆藏,卷宗号:11 - 8 - 123。

③ 《凤仪县风俗调查》《沾益县风俗调查》《石屏县风俗调查》,1932 年,云南省档案馆馆藏,卷宗号:11 - 8 - 124。

④ 《泸西县风俗调查纲要》,1932 年,云南省档案馆馆藏,卷宗号:11 - 8 - 121。

⑤ 《师宗县风俗调查》《陆良县风俗调查》,1932 年,云南省档案馆馆藏,卷宗号:11 - 8 - 123。

⑥ 《丘北县风俗调查》,1932 年,云南省档案馆馆藏,卷宗号:11 - 8 - 124。

日、年复一年地生活。

（三）一些休闲娱乐消费活动仅寓于大吃大喝中

这一点在岁时节日休闲娱乐消费中表现明显，如正月初一是春节，人们准备丰盛的食物；正月十五是元宵节，必须吃汤圆；四月五日是清明节，民众习惯在此日置办酒肉扫墓祭祀；五月初五端午节，要食粽子和雄黄酒，高峣村民更是"割肉、买鸡、称蚕豆，还要打酒庆祝"；六月二十四火把节，云南民众带着极大的热情庆祝，"当天要备制一顿特殊的晚餐，猪肉、鸡、鱼和其他美味都要上桌，其实这天早晚两餐的饭菜都很丰盛"；[1]八月十五中秋节，人们习惯吃月饼，"中秋之夜，没有人干活，家人聚首一堂，盘子盛满精美的食物，大家一边品尝，一边谈天说地，尽享天伦"；[2]九月九日重阳节，吃重阳糕、饮菊花酒；十二月八日腊八节，必喝腊八粥；十二月三十日是除夕，是一年中最重要的节日，因此对饮食也颇为注重，"中上人家则于前数日宰猪，舂饵块，以备食用。贫寒人家届除夕，均必购肉数斤杀鸡造饭以祀天地神祇祖先，祀时香灯蜡烛一齐点燃，奠酒浇茶，跪拜，祷祝，以祈消灾降祥，祀毕，将青松毛铺于楼板，置饮食物于其上，合家围坐大餐一饱"。[3]从以上的描述可看出传统的岁时节日几乎都与食物联系在一起，节日里准备得都比往日精心，吃的也比往日丰盛。为什么会出现这种状况？事实上我们可以把它理解为人们是借助岁时节日来补偿平日里艰难而单调的农耕生活。民国年间云南由于物资生活条件和社会生产力发展水平的限制，尽管人们早出晚归，年复一年地默默辛勤劳作，但一般民众还是不能经常享用较好的饮食来满足口腹之欲，平常日子里经常只能吃粗粮，节俭度日以维持生活，对于那些精细、价钱贵的美味佳肴他们只有留待岁时年节时和家人聚在一起慢慢享用，充分享受节日带来的喜悦，让身心得以放松，这实际上也是对他们勤俭生活的一种物质和精神补偿。

关于云南民众的休闲娱乐消费生活，以上只是粗浅分析，还有待

---

①　[美]科尼利尔斯·奥斯古德：《旧中国的农村生活——对云南高峣的社区研究》，何国强译，国际炎黄文化出版社2007年版，第307页。

②　同上书，第302页。

③　李景泰、杨思诚：（民国）《嵩明县志》卷十九，1945年铅印本，第261页。

于进一步深层挖掘，娱乐休闲消费活动属于人的精神层面的需求，只有在生存性生活消费资料得到满足的情况下，人们才会开始考虑休闲娱乐。对普通云南民众而言，生活的压力和收入水平偏低使得满足基本生存消费已是一个不小的考验，如昆明县属莲德镇"近因农村经济破产，乡村人民，多受生活压迫，终日忙碌，种田经商，以维持目前生活"，[①]昆明跑马山一带也是生活艰难，如果遇到天灾，更是难以维持生活，人们只好出去帮工度日，昆阳县内甸乡更是"因山多田少，生计尤属困难"。[②]可见，农村经济萧条，满足生存性消费需要已属不易，无暇顾及其他，这也是各地休闲娱乐场所和项目少的最主要原因。即使民众有一些娱乐，也是偏重于对社会性设施和服务依赖性小的休闲消费，极缺乏商业性的花费钱财的娱乐休闲活动，商业性的娱乐活动如去戏院看戏仅限于省会昆明和大理等地的城市居民和一些戏迷、票友，更多的人或乡村民众选择在祈雨、庙会、过年时节的表演活动，只需参与不需花费或花费甚少即可观赏，尽管是临时性的戏台、简陋的道具、蹩脚的演出，但都不能打消他们的欣赏热情。如英国人戴维斯在 19 世纪末来到云南，他在云州地区看到过村民在春节时的欢庆，"我们应邀在村里的庙里看了一场戏。村里的年轻人装扮成大象、狮子、雄鹿、鹳和其他动物，化装并不好，表演的舞蹈也不好看，翻筋斗的技巧也差。可是村民很开心……需提及的是在有的地方没有正式的剧场，庙宇就用于演戏。"[③]村民用这种有限的娱乐消费活动慰藉他们平淡而又艰辛的生活。

民国年间云南民众的这种休闲娱乐消费事实上和西方人把娱乐当作正经事做、好像不花钱就得不到快感似的休闲娱乐消费截然不同。云南民众的休闲消费不一定要花费很多钱财甚至没有任何花销同样也能获得满足和快感，他们大部分人所消耗的只是一些空闲的时间而已，因此，在广大乡村，人们的消遣和休闲以串门、闲聊、节庆、赶集、庙会为

①　昆明市志编纂委员会：《昆明市志长编》卷十一，云南新华印刷厂 1984 年版，第 153 页。

②　同上书，第 152 页。

③　〔英〕戴维斯：《云南：联结印度和扬子江的锁链》，李安泰译，云南教育出版社 2000 年版，第 160 页。

主。"仓廪实而知礼节，衣食足而知荣辱"，在衣食还不能满足，基本生存资料还处于未实现阶级，何谈休闲娱乐，从这个意义上说，当时的方式也许是最适合的，也是最实惠的。

第二节　教育消费

教育消费水平是衡量一个地方民众生活水平高低的重要标志，其对提高整个民众素质，促进经济发展起着巨大的推动作用，因而研究此项消费的发展状况比较必要。

一　教育消费的状况

民国时期，整体来看，云南教育取得了一定的发展，新式教育逐渐取代了延续几千年的传统教育模式，开始传播比较系统的现代知识，并最终构建了高等教育、中等教育、初等教育三阶段的完整教育体系。这是值得肯定的积极方面，另外也要看到很多不足，对于普通民众而言，受教育的机会还是极其有限，绝大部分人仍然处于文盲和半文盲的愚昧状态，教育消费存在弊端。

（一）民众受教育率低，教育消费严重不足

整个云南民众的教育消费严重不足，受教育率比较低，《云南省经济问题》就指出："滇省僻处边陲，文化素称落后，文盲问题很是严重。"[1] 很是严重，谈得比较抽象，到底怎样严重，必须通过具体的数据和比例来反映。"滇省学龄儿童数共为1737568人，其中已入学的有287293人，仅占学龄儿童数16.53%。未入学人数是1450275人，占学龄儿童数的83.47%。13岁到19岁，识字人数有256113，占13岁到19岁人口总数1522143的16.8%，不识字人数有1266030人，占13岁到19岁人口总数的83.2%。19岁到49岁，曾受小学教育的，仅有678329人，受中学教育的60703人，受大学教育的2565人。各级受教育人数仅占全人口数的6.29%。如个别讲来，则曾受小学教育的人数仅占全人口数的5.75%；曾受中学教育的人数仅占全人口数的0.51%，

---

① 郭桓：《云南省经济问题》，正中书局1940年版，第12页。

而曾受大学教育的人数所占的百分数更小，仅为全人口数的 0.03%。就全省各级年龄混合讲来，识字人数仅占全人口数的 11.12%，而不识字人数则占 88.88%。"① 这组数据十分清晰地显示出民国年间云南教育水平低，不仅民众受教育人数少，识字人数才占总人口的 11.12%，而且层次低，大部分为小学水平，其中又以初小程度占绝对多数，受过高等教育的人少之又少，这是从郭恒的《云南省经济问题》中得出的云南教育的总概况。11.12% 这个数据是否准确，尚需佐证。《云南经济》一书曾刊登了主计处的资料："1932 年调查 6 岁至 49 岁之人口数为 8408497 人，其中识字人数为 1028953 人，仅占全数 12%，而不识字人数为 7379544 人，竟占全数 88%。"② 这组数据和《云南省经济问题》中的数据相差极其微小。《昆明市志长编》也记载了昆明县及其附近地区的数据："1920 年左右晋宁县受教育者约只 3%，富民县统计有 32000 人，其中受教育之人，仅 6 千人左右，占 19% 左右，昆明县全县人口有 9 万人左右，已受教育者大约为 1 万 5 千人，约占 16%。呈贡县人口约 7 万，已受教育者约占 10%。"③ 各县的受教育率有高有低，但平均在 12% 左右徘徊。综上所述，可以大概认定整个云南的受教育识字率在 11%—12%，其余 88%—89% 的人属于文盲，足见在云南教育消费严重不足，识字率低。

（二）教育消费分布不平衡

云南不仅识字率低，而且分布相当不平衡。一般而言，识字率的多少反映了当地受教育水平的高低。昆明市识字率最高，如"1932 年整个昆明市共有 105617 人，识字人数有 52011 人，不识字人数有 53606 人"，④ 识字率高达 49%，远高于 12% 的平均水平，这与省会占有得天独厚的教育资源优势有关，学校多，老师多，政府重视，其文化水平自然相对也较高。特别是学龄儿童的入学率极高，据詹念祖编纂的《云南省》记载，20 世纪 30 年代早期全市"就学人数达一万一千余人，占全

---

① 郭恒：《云南省经济问题》，正中书局 1940 年版，第 12—13 页。
② 张肖梅：《云南经济》，中国国民经济研究所 1942 年版，第 E33 页。
③ 昆明市志编纂委员会：《昆明市志长编》卷十三，云南新华印刷厂 1984 年版，第 102—103 页。
④ 张肖梅：《云南经济》，中国国民经济研究所 1942 年版，第 E33 页。

市学龄儿童的总数百分之九十二，未就学和失学的儿童只占百分之七八。"① 90%以上的学龄儿童都在上学，这种现象，是云南其他各地所难看到的，以至于抗战时期，外地来昆的人士对此地教育的第一印象就是："这里中小学的教育极为发达。随便看一个小商店，往往有穿着制服的男女学生在里边招呼生意。小学生尤其可爱，他们先生喜欢带他们到野外去，个个活泼，精神。"② 这些都说明了昆明市的文化水平处于整个云南省的顶端。

相对于昆明，其他各地的识字率明显降低，除一些交通比较方便、经济相对发达的区域能够达到15%—20%外，其他很多地区都不理想，如牟定县"境内人民，读书者甚少，百人中仅有五人"。边远地区更低，如双江县仅有1128人识字，识字率为3%，佛海县识字率为2%，江城县为3%，车里县仅为1%，至于各个设治局识字人数之少更让人忧心，大部分都只有百人，如上帕设治局仅197人识字，知子罗设治局甚至只有126人识字③。上述数据在一定程度上表明了在云南省内各地区的教育发展不平衡，昆明达到了很高的比例，其次是交通发达及区域中心地带，经济落后的边远之地教育水平最低，百人中仅一二人受过教育。

（三）男女教育消费差别大

由于受传统观念的影响，女子受到歧视，人们都视女子为"赔钱货"，迟早是别人家的人，所以绝不肯多花本钱读书，如高峣村的村民就"普遍认为送女孩子上学是不可思议的，因为女儿长大了就要出嫁"。④ 加之沉重家务等一系列原因导致女性几乎被排除于教育之外，男女接受教育机会之不平等表现严重。表2—2即可反映此问题。

---

① 詹念祖：《云南省》，商务印书馆1936年版，第15页。
② 王稼句：《昆明梦忆》，百花文艺出版社2003年版，第38页。
③ 张肖梅：《云南经济》，中国国民经济研究所1942年版，第E33页。
④ ［美］科尼利尔斯·奥斯古德：《旧中国的农村生活——对云南高峣的社区研究》，何国强译，国际炎黄文化出版社2007年版，第79页。

表2—2　　　　　　　　1912 年、1916 年、1921 年云南小学简况

年份	初等小学					
	学校数（所）			在校生数（人）		
	小计	男校	女校	小计	男生	女生
1912	3175	2987	188	148357	136908	11449
1916	4715	4549	166	160099	154219	5880
1921	4676	4542	134	152285	143582	8703
年份	高等小学					
	学校数（所）			在校生数（人）		
	小计	男校	女校	小计	男生	女生
1912	154	148	6	13812	13392	420
1916	347	321	26	23455	22404	1051
1921	366	330	36	23238	22023	1215

资料来源：蔡寿福：《云南教育史》，云南教育出版社 2001 年版，第 442 页。

　　民国时期的云南教育中，虽然也有女子教育，但发展极为有限，我们从表2—2 中的在校男女生数和男女学校的数量可明显看出他们之间的巨大差距，女校才一百多所，仅是男校的零头，读书的女生相应也少，最多的时候也不及男生的 1/10，更别说女生最少的时候。到了民国中期和后期，这种情形仍然没有改变，在各类学校中女生仍是凤毛麟角，如1937 年元江县彝山的女生仅占全部学生数的 8.1%，1938 年路南圭山学校女生仅占 4%。整个民国年间女子教育落后凸显，也不可避免地造成了妇女识字率低，如果以 6 岁至 49 岁为一个阶段来看，受教育程度最高的昆明市，女性识字率才为整个昆明市识字率的 27%，另外除云县为 22%、华坪县为 17%、通海县和宜良县等 7 县在 15% 左右外，其他各地均低于或等于 10%，如呈贡县女性识字率为 9%、镇雄县为 7%，在一些经济不发达、地处边远的地区女性识字人数更是寥寥无几，仅几十人，如师宗县女性识字才 17 人、双江县 52 人、兰坪县 18人、车里县 14 人、佛海县 73 人、六顺县 18 人、江城县 51 人、猛丁设治局 45 人、猛卯设治局 20 人、泸水设治局 9 人、阿墩子设治局 13 人、上帕设治局 2 人、知子罗设治局 5 人，甚至有些地方一个也没有，如菖

蒲设治局、临江设治局、镇越县、五福县则一个也没有。① 这些数据一方面体现了教育消费不平衡，中心地带、交通发达之处接受教育之人稍多于边远之地；另一方面也强烈反映了女性在教育中仅处于从属位置，女子读不读书被认为是无所谓的事，主流价值观甚至认为不读更好，读这么多书做什么，又不能像男子一样走上仕途、光宗耀祖，而且传统认为女子无才便是德，如此种种，最终造成了女性接受教育人数不多，识字率低不可避免，甚至还出现了一些边远之地根本找不到一个会识字的女子，女子受教育人数之少表露无遗。

上述种种充分表明了民国时期云南民众教育消费的整体水平比较低，教育滞后。需要说明的是，这里的教育滞后，是就教育谈教育，用现在的眼光来看，不是针对与民国以前的比较，因为随着社会的逐步发展，相对于民国之前而言，云南的教育还是取得了较大的进步，各类学校从无到有，各级学生由少到多，其发展在民国年间还是显而易见的。

关于教育的滞后，并不只是云南一地存在的状况，著名教育家晏阳初在20世纪二三十年代从事平民教育时就经常感慨：中国四亿人口之中，80%以上在农村，而在农村人口中，又有80%是文盲。他的感叹并非夸张，还低估了文盲的数量。据朱汉国、王印焕的研究成果《华北农村的社会问题（1928 至 1937）》一书显示：1928 年河北省文盲大致为83.6%，河南的情形也不容乐观，识字率仅为12.02%。看来，教育滞后是民国时期中国的普遍现象，如果与国外教育进行横向比较的话，其差距更为明显，滞后性表露无遗。

表2—3　　　　　1930 年中国教育与世界主要各国比较　　　单位：人

名次	每万人口中受初等教育人数		每万人口中受中等教育人数		每万人口中受高等教育人数	
	国家	人数	国家	人数	国家	人数
第一	加拿大	2082	德国	525	美国	73
倒数第三	西班牙	1060	葡萄牙	47	土耳齐	3

① 张肖梅：《云南经济》，中国国民经济研究所 1942 年版，第 E33—E40 页。

续表

名次	每万人口中受初等教育人数		每万人口中受中等教育人数		每万人口中受高等教育人数	
	国家	人数	国家	人数	国家	人数
倒数第二	苏俄	834	中国	11.07	中国	1
倒数第一	中国	236	土耳齐	8	印度	0.3

资料来源：朱汉国、王印焕：《华北农村的社会问题（1928 至 1937）》，北京师范大学出版社 2004 年版，第 117 页。

表 2—3 仅列出了世界教育排名第一和最后三个国家的状况，从排名看，中国的情况不容乐观，一项倒数第一，两项倒数第二，三项综合来看，中国在所有比较的国家中倒数第一。另外从数据来看，中国不仅位置落后，而且在所受教育层次上与其他国家相比也差距悬殊，特别是第一项"每万人口中得受初等教育人数"上中国竟然比倒数第二的苏俄相差 4 倍，与第一名几乎差了将近 100 倍，中国教育无疑相当滞后，路漫漫其修远兮，发展的路还相当漫长。

二　导致教育消费整体水平低的若干因素

教育发展的好坏是一个相当长时间内社会各方面综合作用的结果，民国时期云南民众教育的滞后，积重难返，是由多方面的原因造成的。

（一）政府对教育的投入低

可以说，缺乏恒定的教育经费不但是云南全省教育滞后的原因，也是全国各省的通病。云南省的教育经费，概由财政机关统收统支，不仅整体投入相对较低，而且受时局影响，不能如数征解已成司空见惯之事，这些都导致教育经费短缺，学款支绌等问题十分严重。

投入少，学校设施自然不能完全，校舍也破旧，甚至很多小学校就是由庙宇改造而成，民间有"中华民国大改良，以大庙改学堂"之说法，昆明市也是如此，"市立小学校舍，绝大多数是拨用书院、庙宇以及其他公房修改使用，皆破旧不堪，每到雨季都有倒塌危险"。① 昆明

---

① 昆明市志编纂委员会：《昆明市志长编》卷十三，云南新华印刷厂 1984 年版，第 94 页。

市立小学投入金额之少令人感叹，其他各地更不堪提及。

　　教育经费的短缺和不足，不但影响了学校的创设和运转，也使老师岗位缺乏魅力，优秀人才大量流失。教师工资实在微薄，就连省会城市昆明，教师的工资也不容乐观，"言俸给，则教育最薄，观小学教员之俸给，不如一职业稍高之佣工，中学教员之俸给，不及一省公署之科员，专门校长之俸给，不及一省公署之科长"。① 薪水单薄，教师生活比较艰难，可谓是"清苦异常……尤以乡村小学老师，尤为感受困难。此等教师，每月薪金，最大限不过二十元，以此区区之数，而欲仰事俯蓄，诚属难乎其难矣。"② 薪水不足对教育界来说带来的后果相当严重，薪水不能养家糊口，谁又愿意从事教育呢？"是故国中才智之士，罕肯从事教育。"③ 就是有那么一些比较优秀的教师，也是"恒视为暂时栖身之所，一遇相当机会就顾而之他"，④ "今年河东，明年河西，如果有较好的事，那末马上就要辞职的很多呢，所以，多数教师都是存在暂时栖身的观点"。⑤ 薪俸太低，生活无法保障，欲其尽力于教育、怎么可能？

　　省立、县市立小学尽管政府投入低，但好歹还有一定投入。在广大农村，教育经费往往由地方自行筹措，这使得许多农村小学艰难万分，于夹缝中求生存。高峣村小学就属此种状况，这所小学的收入来源主要是当地船客的上岸费、村里的田赋，还有一点校产，零零碎碎加起来也就 100 多块大洋，因高峣小学从未收过学生的学费，这 100 多块大洋是全部的经费，要负担整个学校的开支，如支付教师年薪、校工年薪、粉笔、煤油等日常开支等，支出明显大于收入，不足部分只能由校长私人垫付，如此的状况自然使得很多人对校长一职避而远之。

　　云南整体教育投入相当低，但就是如此有限的投入有时都不能到

---

　　① 昆明市志编纂委员会：《昆明市志长编》卷十三，云南新华印刷厂 1984 年版，第 148—149 页。

　　② 《小学教师之一夕谈》，《云南教育杂志》1922 年第十一卷第十一号。

　　③ 昆明市志编纂委员会：《昆明市志长编》卷十三，云南新华印刷厂 1984 年版，第 149 页。

　　④ 同上书，第 215 页。

　　⑤ 《教授乡村小学的困难和改良的方法》，《云南教育杂志》1922 年第十一卷第八号。

位。自护国战争以后，由于连年军阀混战，云南的军费支出浩大，军阀政府因财政困难，遂乞灵于滥发纸币，以应急需，除此之外，就是采用缩小教育开支，克扣教师工资等方式来急用，"于是减发八成，著为定案"。① 《云南教育杂志》对此经常提出批判，如第十一卷第一号指出："云南的教育，历来受军事的影响，减班减款，已经到了非常消沉的地步"。② 第十一卷第十一号谈道："军兴以降，征兵事起，各乡堡所有公款，搜罗殆尽，加之土匪勒索，百夺不厌，地方既穷于应付，维有挪移学款，暂救眉急，于是对于学校教师之薪金，多有拖欠至数月之久者，现状如此，而欲望教育之发达，诚戛戛乎其难矣。"③ 《昆明市志长编》也有记载："反动政府把教育事业看成装饰品，一有军事就叫喊停办，教职员组织索薪团到财政厅索取也无济于事"，"学校欠薪经常在三个月以上，多至七八个月，中小学教师无法维持生活，背着铺盖到财政厅坐索欠薪"。④ 不仅中小学如此，连云南大学也逃不出此命运，从筹办之初到正式建成历经几番周折，好几年的时间，最主要的原因就是经费没有着落，建成后，设备也简陋，而且也是经常停课，徐鸿涛就说："主要原因是为经费不充足，单是教授的月薪，没有超过国币百元的，怎么能延聘得到好教授？其他一切设备，更可不必谈了。"⑤ 这样的状况一直到龙云统治时期，鉴于云南财政厅积欠教育经费过多，以致教员领不到薪水，生活都难维持，因而才把属于财政厅的卷烟税完全划出作教育专款，教育经费才得以独立出来，整个教育状况才稍有所好转，但整体上教育投入仍然不理想，有待进一步提高。

（二）教育结构不合理、教学质量低

教育结构不合理：初级小学多，中等学校少，大学少之又少。从云南整个的学校数量来说，小学数量最多，各地相对重视发展小学教育，

---

① 昆明市志编纂委员会：《昆明市志长编》卷十三，云南新华印刷厂1984年版，第149页。

② 郑崇贤：《民国十年教育的通去账》，《云南教育杂志》1922年第十一卷第一号。

③ 《小学教师之一夕谈》，《云南教育杂志》1922年第十一卷第十一号。

④ 昆明市志编纂委员会：《昆明市志长编》卷十三，云南新华印刷厂1984年版，第220、222页。

⑤ 王稼句：《昆明梦忆》，百花文艺出版社2003年版，第12页。

乡镇村庄几乎都有小学，20 世纪 40 年代即已达到 1 万多所，但中学却不足 200 所，相对于小学的数量，中学的数量可谓是零星点缀、悬殊极大。小学多中学少必然造成升学困难，很多学生仅接受了小学教育但未能升入中学继续深造，如 1927 年昆明市"高级小学毕业学生统计年在千人以上，其中志切升学者，几居其半。而省立各项中等学校收容有限，向隅实多，坐令失学"，① 仅仅只有极小一部分渴望入学的幸运儿才能如愿以偿升入中学学习。对于那些边远地区的有志学生来说，因本地无中学，往往只能跋涉劳顿，不远数百里、千里来到县、州、省会等地求学，有的还无法达成心愿，其困难可想而知。

中等学校不仅数量少，而且教学质量差，可谓弊端重重。很多中学生毕了业很难考入大学，时人这样评述："试以云南中等学校的成绩同沿海江相比，恐怕毕了业，还不能等于人家三年级。如此怎么能升学呵！"② 有的学生在中学不仅没有学到太多的知识，反而学了一身的坏毛病，1922 年省立第一中学的学生李中桂在《云南教育杂志》第十一卷第十二号上发表文章陈述了云南中等教育质量的低劣："在学校里这四年，懒惰成性，无力耕作，或许多有些自制力薄弱的同学，在这万恶的社会里面，沾染着吸赌嫖的习气，不惟学问一无心得，而且人格堕落，不可救药。"正因如此，社会上的许多人都不信任中等学校，虽然有子弟，也不敢送来读书，当时社会流行的看法是："现在的中等学校不行了！毕了业的一样事不能做，白白的把光阴和金钱花费，而且还染了许多不好的坏习气；不如做点别样职业的好"，③ "因为耗了光阴，耗了金钱，毕业后既不能谋生，又不能升学，这种学校，进了有什么用？"④ 社会上既不信任中等学校，所以其人数日少一日，比如原来的"省立中学，共有十八班之多；现在呢，不过七班，连从前的零头都没有了，从前每次招生，总有二百以上，五六百以下；今年则只有数十人报考，以致不能成班！这种现象，为中学校从未发现的事情！还有每班

① 昆明市志编纂委员会：《昆明市志长编》卷十三，云南新华印刷厂 1984 年版，第 95 页。

② 同上书，第 201 页。

③ 同上书，第 200 页。

④ 楚图南：《云南职业教育的商榷》，《云南教育杂志》1921 年第十卷第六号。

初入学的时候，总有七八十人，到毕业时，有一半的都算是很好了。"①
中学生的数量本来就少，还有那么多的中途退学者，实在令人痛心。

（三）家长不重视子女上学

教育在普通人家特别是乡村家庭并不受重视，人们没有继续学习和
深造的欲望。这与传统教育思想观念息息相关，虽然在 1906 年正式废
除了沿袭千年之久的封建科举制度，断绝了广大乡村子弟通过读书学习
问津仕途的通道，但是在很多人的心目中并未改变读书就是为了入仕的
传统观念。既然知道入仕为官无望，广大普通乡民便不再让孩子上学，
而是让他们从小就干活，帮助家计，以减轻家庭负担，看来不读书在乡
村是最自然不过的现象，人们并不以此为耻。民国教育学家晏阳初对此
也有精辟的言论："按照中国的传统，中国社会的四个阶层都是不容忽
视的……除了学者以外的人谁应学会读书？农民、手工业者和商人认为
他们阶层的人，不应该读书是理所当然的事，他们认为自己沦为文盲，
并不是一件羞耻或一件不光彩的事，而是生活当中很自然的事。"② 传
统观念的影响使村民轻视教育，对儿童入学不够重视，即便有少数家庭
让子女上学，也是敷衍了事，并不是希望子女上进以此跳出农门，而仅
仅只是为了以后孩子不当睁眼瞎，能认字、算账罢了。因而，他们有的
"连书籍笔墨都不肯买给子弟"，导致在有些学校里的学生，"上了四五
年，还是才在一年级的；有修学期满，已经毕过业的，还是年年来着。
教来教去，都是那几个学生，那几本教科书。"③ 看来农家的这种思想
观念严重影响了他们的子弟接受教育。另外，由于政府对教育的投入有
限，许多乡村小学都是自筹经费，有的还靠乡民捐款维持。既然家长对
教育不重视，很多家庭宁愿让孩子干农活也不愿他们去上学，这就使得
自筹经费变得相当紧张和困难，没有自家小孩上学，人们当然不愿为村
里的学校承担费用，乡村教育因此陷入尴尬境地。如云南高峣村在筹集
教育经费时就遇到了麻烦，高峣小学的校长"呼吁茶客捐款公益事
业"，但是"在场村民均借口贫穷婉言拒绝"，为此，还与诸位饮茶人

---

① 昆明市志编纂委员会编：《昆明市志长编》卷十三，云南新华印刷厂 1984 年版，第
200—201 页。

② 宋恩荣：《晏阳初全集》第一卷，湖南教育出版社 1989 年版，第 146 页。

③ 《教授乡村小学的困难和改良的方法》，《云南教育杂志》1922 年第十一卷第八号。

发生了口角，因而，奥斯古德说："诚如众所周知的，办学经费要是长期由全体村民负担是不明智的。"① 可见，乡村办学困难重重，没有政府经费的支撑，很多乡村学校很难有所发展，能够维持下去都是一件不容易的事情。

（四）家庭经济困难、无力负担子女上学

云南整体的教育消费不足，教育滞后，家庭经济困难、无力负担也是一个很重要的原因。

一般而言，每个家庭的学生数、入学早晚及平均入学年限等多项都与家庭的贫富有着一定的关系，也就是受教育程度一般与家庭经济收入及富裕程度成正比。在乡村，仅有的几个中学及以上学历者几乎全部来自生活富裕者家庭，特别是地主家庭占据了绝大多数，普通民众及其以下家庭如贫民一般最好的教育程度只是小学，只有极个别能够让子女读到中学。这些都说明，真正制约民众特别是乡村民众教育水平的最大因素是家庭经济状况，或者说贫穷才是民众接受教育的最大障碍。

由于贫穷，很多儿童没有条件入学，一些家庭因为衣食温饱问题尚未解决，所以根本没有经济力量供子女上学，尽管当时在乡村上小学并不需要多少花费，基本文化用品的开销也有限，但是许多乡村民众仍然无力提供。乡村儿童就学率低还有一个很重要的因素就是民国年间云南乡村的劳动生产率比较低，家庭中多一个劳动力就意味着多一分收获，因而乡村家庭要尽量和尽早缩小非生产人口比重，孩子在小时候就要参加简单的劳动，喂猪、拾柴、打草、辅助收割谷子等都要干，成为维持家庭生活和生产运转不可或缺的小劳动力，这样的状况也造成了学龄儿童中只有少数孩子在学就读。可见，乡村民众还在为最起码的生活而奋斗，让子女接受教育，尽管只是初等教育也成了一件比较奢侈和不太可能的事情，多数贫寒家庭只能是向隅兴叹。家庭经济比较困难、无力负担教育经费、孩子很小就需干活为家庭收入贡献力量等因素阻碍了乡村学龄儿童接受教育，结果只能是少数富裕家庭的子女具备条件（时间、资金）入学或继续深造。正如《云南三村》中所描述的玉村那样："经

---

① ［美］科尼利尔斯·奥斯古德：《旧中国的农村生活——对云南高峣的社区研究》，何国强译，国际炎黄文化出版社 2007 年版，第 78 页。

过学校而出门，这条路是很长的。由初小、高小到初中毕业，普通情形总要九年时光。这条路的花费也很大，九年学校教育的学费负担，总需两三千元。穷人家子弟到十几岁就要参加劳动，从事谋生。在时间上不能长期待在学校里。而且学费支出太大，也不是穷农家庭经济能力担负得起的。他们没有机会受教育，所以他们出门的路，也不通过学校。村里乙、丙、丁三种村户出门的人没有一个受过中等教育。这条由学校而出门的路，是富家子弟所专有的。如甲种村户十个出门的人中，有七个都是受过中等教育的。"[1]

城市的教育消费高于乡村，人们在教育消费上的花费明显要多。乡村家庭不重视教育、子女入学率低主要受传统观念的影响和家庭贫困需要子女提早从事劳动的现实所迫，城市则不然，城市民众的思想更为开放，他们知道孩子只有接受教育才能有所作为，因而一般情况下能够负担得起的家庭都尽量让子女读书。但在城市中接受教育的花销远大于乡村，虽然民国成立伊始就颁布了"壬子·癸丑学制"来明令推行义务教育，可是军阀连年混战，政局极度不稳，投资教育的经费又比较匮乏，义务教育经费无法保障，所以实施得并不好。学校不得不采取向学生收费的方式谋求生存和发展，收费急剧增多，学费、杂费、书费、校服费、寄宿费、伙食费等居高不下，成为制约城市教育水平提升的瓶颈。从上海来昆明的谢彬观察到："云南现在教育费用，殊较各省皆昂，小学生年须百元，中学则须二百元至三百元，东陆大学则非六百元不可。"[2]《黔滇川旅行记》的作者也发现在云南读书费用高，学校伙食费也不低，"普通学校伙食费用每月需旧币七八十元，与济南、开封等处相较，差不多要高三分之一"。[3] 教育费如此昂贵，家长怨声载道，学生苦不堪言，就连谢彬也认为这样的教育模式已不再是平民教育，而成了贵族教育，这使得"中产以下人家之子女，自难受到完满教育"。[4]

在昆明的几所规模大一点的中学中，有一个特别的现象就是几个人争着轮番担任各中学的校长，他们这么热衷于校长职务的很大一个原因

---

① 费孝通、张之毅:《云南三村》，社会科学文献出版社 2006 年版，第 472 页。

② 谢彬:《云南游记》，中华书局 1924 年版，第 95 页。

③ 薛绍铭:《黔滇川旅行记》，中华书局 1937 年版，第 23 页。

④ 谢彬:《云南游记》，中华书局 1924 年版，第 95 页。

就是在于学校人多钱多，规模大，好赚钱。以有学生一千多人的昆明中学为例，每学期所收的学费、杂费、膳费可谓一笔巨款，"校长只消吃银行的利息已经不算小"。① 其他较小一点的中学也同样因为争当校长而钩心斗角，这从一个侧面反映出学生的就读费用不低。这是公立学校的状况，如果是私立学校，则费用更高，干脆就是赤裸裸的"一切向钱看齐"，学校表现出很强的营业性，学生对学校的态度"就同买客对商店的态度一样，有了钱可以进去，对于程度的限制是很随便的……学校方面，为要赚钱，收生的费用很多，甚至学生犯了规则，罚的也是钱。"② 在这样的私立学校就读非要有一定的财力为支撑才可，普通民众一般很难负担得起。因此，城市民众虽然思想更为开放，生活水平也高于乡村，但由于学费高昂等原因，尽管就学率高于乡村，但仍不理想。

在省城求学费用高昂成为许多有志学生不可跨越的鸿沟，但同时也有一小部分学校是免费的，尽管很少，但也为一心求学之人提供了一丝希望，如联合中学和云南省立第一师范学校，特别是云南省立第一师范学校，在当时首屈一指，"因为是全公费，供食，供住，供穿，连书籍、笔记本都供给，大多数青年升学的希望都寄托在上师范学校"。但招生名额相当有限，"每次报考学生超过千人，仅录取 60 名，即 100 名中只取录三名"。③ 这样的免费学校少之又少，仅是汪洋大海中的一朵浪花，能到此上学的幸运学生又能有几个呢？绝大部分的学生因各种各样的原因特别是家庭经济的原因而被阻隔于学校大门之外。

历史因循不能低估，中国古代的教育一直以来就不是为广大普通民众准备和开设的，读书学习向来只是少数人特别是富裕阶层的权利，是这些官僚富家子弟走上仕途的唯一途径，而对于那些占人口绝大多数的普通民众而言，虽然也可以求学，但是件奢侈的事情，因为他们从来没有接受教育的经济与社会背景，求生的不易使得他们根本无暇顾及教育，同时也无能力接受教育。可以说，云南的教育特别是乡村教育还很

---

① 昆明市志编纂委员会：《昆明市志长编》卷十三，云南新华印刷厂 1984 年版，第 197 页。

② 一石：《目前教育的两大坏倾向》，《云南日报》1936 年 5 月 1 日第五版。

③ 云南省政协文史委员会：《云南文史集粹》八，云南人民出版社 2004 年版，第 2 页。

不理想，民众中能够接受教育者微乎其微。民国年间，尽管政府比较重视，采取了一系列措施来发展教育，提升教育水平，但冰冻三尺非一日之寒，加上军阀连年混战，教育的投入仍然不能达到满意的程度，因此，几十年间的学校教育虽然取得了一些成绩，有所发展，但对于人口众多的云南省来说，仍然处于刚刚起步的阶段。

第三节　医疗卫生消费

医疗卫生消费，可以视为发展性的消费项目，其开支水平的高低往往是判断当地民众生活水平高低的重要指标之一。就是这样一项对民众重要的消费项目，云南省在民国年间却发展得不甚理想，医疗卫生设施不完善，人民群众缺医少药的情况严重，广大群众的身体健康很难得到保障，加上很多家庭经济拮据，导致每每一遇稍微严重一些的疾病，贫苦民众就只能听天由命地忍受各种病痛的折磨，卧床哀吟，在恐惧、痛苦与绝望中等待死神的降临。足见在传统时代的云南，医疗卫生消费相当缺乏。

一　整体医疗卫生状况不理想

1931 年，民政厅内设立卫生处办理全省卫生事宜，并收集全省 1 市 123 县局资料制成云南全省医药调查一览表。

表 2—4　　　　　云南全省医药调查一览（1931 年制）

市县区别	人口约数（人）	西医数（人）	中医数（人）	助产士数（人）	接生婆数（人）	药剂士数（人）	医院数（所）	西药房数（个）	中药铺数（个）	医药团体数（个）
昆明市	149710	20	135	3	33	5	5	17	119	2
宜良县	92814	2	11	无	2	1	1	2	10	无
嵩明县	130500	3	23	无	无	无	无	3	24	无
澄江县	69016	1	19	无	2	无	无	1	19	无
玉溪县	139863	无	66	无	8	无	无	无	46	无
大理县	92445	无	62	无	4	无	无	无	57	1
蒙化县	139604	3	13	无	无	无	无	无	1	无

市县区别	人口约数（人）	西医数（人）	中医数（人）	助产士数（人）	接生婆数（人）	药剂士数（人）	医院数（所）	西药房数（个）	中药铺数（个）	医药团体数（个）
丽江县	100800	无	16	无	3	无	无	无	14	无
腾冲县	164775	2	50	无	8	无	4	无	2	无
保山县	336246	无	11	无	5	无	无	2	14	无
澜沧县	125432	无	无	无	无	无	无	无	无	无
昭通县	158453	6	26	2	11	1	1	4	22	1
会泽县	198880	2	2	无	2	无	无	2	4	无
建水县	127089	无	5	无	2	无	无	无	5	无
蒙自县	140000	1	6	无	4	无	2	2	10	无
个旧县	94052	3	21	无	2	2	1	4	9	无
陆良县	170000	无	48	无	3	无	无	无	31	无
曲靖县	150000	1	11	无	2	无	无	1	14	无
宣威县	313400	无	3	无	2	无	无	无	6	无
……	……	……	……	……	……	……	……	……	……	……
合计1市123县局	9112072	53	1151	5	371	22	16	45	851	12

资料来源：云南省志编纂委员会：《续云南通志长编》中册，云南省科学技术情报研究所印刷厂1985年版，第171—179页。

表2—4没有完全列出所有市县的医药状况，仅仅截取某些有代表性、人数众多、发展得相对较好的区域制成，尽管已经把最好的呈献出来了，但仍能明显地从中看出民国年间云南全省医疗卫生事业的重重弊端。

（一）医疗资源分布不均匀

除省会昆明及各区域经济比较发达的中心县如滇东北的昭通、滇西的腾冲等地医疗资料相对集中，还有滇越铁路沿线如开远、蒙自等地，锡矿中心个旧等条件稍好以外，其他地区的医疗条件相当有限。有限到什么程度？可以说绝大多数的县内只有屈指可数的几个中医和中药铺，没有西医、助产士、药剂士，更别提医院和西药房了，文山县、马关县、邱北县、西畴县、峨山县、江川县、马龙县、盐津县、镇康县、双柏县、剑川县、姚安县、云龙县、洱源县等均如此,县内人口众多却只有几个医生行诊,医疗卫生条件之简陋和不完备可见一斑。甚至还有一些地方没有医药,如师宗县,原表中就没有显示任何医生的数目及药店数,备注里解释:"该县风气晚开,尚无医药",澜沧县每项都填"无",备注解释:"该县夷多汉少,尚无医药",维西县同样是"无"。至于边远的少数民族县局如盏达设治局、陇川设治局、勐卯设治局、芒遮板设治局、泸水设治局、上帕设治局、菖蒲桶设治局、临江设治局、威信设治局、勐丁设治局等所有项目都是无,这些地区偏远,无任何医疗条件可言,当地民众生病,只能听之任之,或依靠巫术祈求神灵保佑。医疗资源分布不平衡在云南省内表现明显。

(二)综合性医院数目较少

表2—4中显示1931年云南的综合性医院仅16所,而且大部分集中在省会昆明,足以说明云南医疗卫生事业之落后。云南的第一所近代医院发轫于1901年,由法国人在昆明创办,从此西医的诊断、治疗方法及技术才得以传入云南。1912年3月,昆明南城附近开设了第一家中国人私人开设的医院——能仁医馆。1914年初,省会警察厅设立了警察医院,不久改名为宏济医院。1919年成立了私人性质的同仁医院。1920年,出现了由英国人办的惠滇医院。1921年,在省会东关狗饭口侧山地建立麻风病院。医院的数量不多,十分有限,而且绝大多数比较简陋,如同仁医院医护人员仅7人,病床8张,没有检验室、手术室,只能诊断治疗小病。抗战爆发后,昆明成为全国的大后方,政府才逐渐加大对医疗卫生的投入,新修了一些医院,如1939年建成的省立昆华医院、1941年成立的昆明市医院、1942年成立的军政部军医学校西南教育班附属医院、1944年成立的云南陆军医院平民住院部等都具有一定的规模。作为省会城市,昆明的医疗卫生事业相对发展得较好,医疗资料比较集中,特别是民国后期兴修的一些医院,在一定程度上改善了昆明市民的医疗卫生状况。而各地州县则远不如昆明,不仅医院少,而且规模小,如河口的天南医院,开远的滇越铁道医院,蒙自普通中医院,车里的美国长老会医院,楚雄的中华国内布道会楚雄诊疗所,宁洱的卫生院等,规模都不大,蒙自普通中医院仅能收容二十余个病人,车里的美国长老会医院平均每月诊治仅三四十人,中华国内布道会楚雄诊

疗所只有门诊。

（三）中医和中药铺为主，西医和西药店数目少

西医相当缺乏，仅只有省城和大一点的县城才有，全省 1 市 123 县局总共才有西医 53 人，平均 2—3 个县局拥有一位西医，中医则相对较多，达到 1151 人，平均每个县局能达到 9—10 位中医行诊，从医生数目来看，中医是西医的 27.1 倍；药铺也以中药铺为主，西药房仅 45 个，中药铺达 851 个，中药铺是西药房的 18.9 倍。以上数据充分说明民国时期云南民众治病是以中医和中药为主。

云南自然资源比较丰富，出产中药材多，这为中药占据主导地位提供了便利。据药材行业中人言，合草木、果实、金石、虫豸各类将近 300 种，其中还有很多属珍贵者，如"蚱蜢连、冬虫草、三七、麝香、牛黄、獭肝、蟾酥、熊胆、鹿茸、鹿胶、虎骨、虎胶、猪砂、天生磺、珍珠、贝母等，更如顺宁特产之鹿衔草膏，是皆能行销于外省者也。"① 药材多，经营这些药材的中药店自然也多，如益兴和、姚济药房、杨衡源记中药店、王运通膏药店、福林堂和杨大安堂药店等都颇为出名。云南民众治病，很大程度上就依赖这些中药材和各个药店制成的中药，比如，消化不良、胃气不舒，就用"糊药"或"平胃散"，风热感冒就服用"银翘散"，脾胃虚弱，则用"参苓白术散"，肝胆不和就服"清疳散"，泻痢则用"香连丸"，上呼吸道感染则用"黄连上清丸"。可见，中药和中医是民国年间云南民众最常见的医疗方式。

中药充当主导作用，西药则起辅助之功效，在昆明和一些交通要道地区活动着极少数的西医。辛亥革命后，有少数的医学留学生归来，他们或当西医生或经营西药店，除此以外，一些外籍人员也会来昆或繁华之地开设西药店，甚至基督教的布道会也会出售一些西药，如《镇南县志》记载："他如基督教布道会，则专售西药。"② 但从总体来说，西医人数和西药铺很少，以至于 1926 年日本东亚同文院旅行队有一个学生在东川得了疟疾，不仅在县城找不到西医，而且连药都买不到。病人到

① 罗养儒：《云南掌故》，云南民族出版社 2002 年版，第 288 页。
② 杨成彪：《楚雄彝族自治州旧方志全书·南华卷》，云南人民出版社 2005 年版，第 630 页。

了昭通以后才得到两名传教士的救助，他们一边传教一边给老百姓施药，旅行队遇到的这些困难显然表明当时云南省内的确存在西医严重不足的情况。① 西医和西药缺乏使得当地民众对此知之甚少，他们普遍认为只要是外国人肯定就会带有西药，也肯定会治病。一次，日本东亚同文书院旅行队在下关逗留，本地患者接踵而来向他们请求治疗各种疾病，因为"对于老百姓来说，几乎所有的外国人都可被看作是医生"②。奥斯古德在高峣村同样遇到了这样的事，被当作医生给当地人治病。外国人在云南的遭遇反映了西医和西药在当地的严重缺乏，人们的医学常识也很缺乏。

尽管中医是云南民众的主导治疗疾病方式，但从表2—4也可看出1市123县局总共才登记了中医1151名，不考虑登漏的，平均计算每县仅9.28人，足见数目很少，有的地方甚至是几千人才拥有一名医生，实在是寥若晨星，中医尚且如此，西医就更不用说了。

（四）专业的助产士、接生婆、药剂士缺乏

另外，专业的助产士、接生婆、药剂士不多，整个全省上报的助产士才5个，可能存在漏报，但足以反映出助产士等专业人士的严重缺乏。上报的专业接生婆仅371人，平均每一县局3人，远远不能满足需要，这从一个侧面反映了云南广大妇女都没有到正规场所分娩，几乎都是在家里生小孩，普遍由经验丰富的已婚妇女和未经过正规培训的接生婆接生，断脐大部分是不消毒或仅用开水烫过的小刀、剪刀和镰刀，因而导致新生儿发破伤风、产妇发产褥热的比例都很高，有时还会造成因分娩而导致难产无法救助而使产妇毙命的现象。

以上所述充分表明民国年间云南的医疗卫生事业处于刚刚起步阶段，医生少、设施不完善，很多偏远地区根本没有医生和药材。我们知道，人吃五谷杂粮，生病在所难免，这样的一个医疗环境会让民众特别是乡村民众一旦生病就陷于难以医治的困境。由于整个云南民国年间医疗卫生状况不理想，设备不完善，民众医疗消费缺乏有力的外部环境和

---

① 薄井由：《清末民初云南商业地理初探——以东亚同文书院大旅行调查报告为中心的研究》，博士学位论文，复旦大学，2003年，第13页。

② 同上书，第9页。

设施依托，必然导致整个医疗消费水平的低下。

二　卫生状况差导致极易感染疾病

整个民国年间无论是婴儿还是少儿、成人，死亡率都高，民众平均寿命低，可以说，医疗设施不完善是其重要原因，但同时卫生状况差导致身体健康根本得不到保障、极易感染疾病也是不可忽略的原因之一。

一般而言，人致病绝大多数是由于不讲卫生。时人剑虹在《论国民之责任》中谈到清末民初时期整个中国人的卫生习惯，"我国人之习惯，一住所也，则空气之流通甚少，一饮用水也，则选择之注意寥寥，身体则不勤洗浴，饮食则无有定时，与夫其他种种不洁之举动，皆卫生上有绝对之相反。"① 民国年间云南随处可见不卫生之情形，从上篇住房环境卫生之描述就可窥之一二。垃圾随处丢弃、厕所没有规划和随处设置、粪肥随意堆置路边等不良卫生习惯使得整个民国年间云南民众的生活居住区一片污秽，导致苍蝇、蚊子肆意飞舞，传染疾病。以宜良县城为例，吃住都极不卫生，1939 年有游人经过此处，投宿当地最大、设施最好的旅舍，仍是"一夜蚊歌喧天，白虱，臭虱，跳蚤，会集聚餐，怎令人轻易入睡呢"？走到街上，嗡嗡乱飞的苍蝇，甚至"遮掩了路旁陈售的物品"，好不容易找到一家还算像样的餐馆，刚一进入，里面的苍蝇却"哄地一声煞似上厕一般"，喝着当地的宝洪茶，肚子却隐隐作痛，再仔细一看，装茶的竹筐内"多少苍蝇停着哪"。② 此情此景让旅行者无奈，面对如此强势的飞行大军，他们感叹："宜良苍蝇假使能吃的话，必可养活几万人。"③ 另外《新云南》第三期也讲到蒙自苍蝇之多，令人吃惊，"有一位朋友在街上笑了一下，一张口便飞进一个去"。④ 奥斯古德也遭遇此问题，他曾在碧鸡关的一个很出名的小饭店吃饭，味道极好，但卫生太糟，满是污物，更可恶的是，"无数的苍蝇

---

① 中国科学院历史研究所第三所：《云南杂志选辑》，科学出版社 1958 年版，第 90 页。
② 王稼句：《昆明梦忆》，百花文艺出版社 2003 年版，第 73 页。
③ 同上书，第 70 页。
④ 同上书，第 308 页。

在我们头顶缭绕"。① 病从口入, 食物大多被特别喜欢脏、臭环境的苍蝇叮过, 人再吃这些食物, 岂能不生病。

1928 年, 国民政府颁布了《传染病预防条例》, 规定了传染病有八种: 霍乱、天花、伤寒、赤痢、白喉、鼠疫、猩红热、流行性脑脊髓膜炎, 因云南省素称瘴区, 故在云南又加入普通疟疾、恶性疟疾(普通疟疾俗称打摆子, 恶性疟疾俗称烟瘴)两种。民国年间, 卫生状况差, 传染疾病源蚊子、苍蝇多, 加之医疗条件落后及民众卫生常识匮乏的影响和极度贫困的助纣为虐, 使得时疫在云南的发生概率相当高, 死亡人数极多。1934 年上报给国民政府的数据明显地反映了这一点: 此年因霍乱而死的人有 2015 人, 天花有 2016 人, 伤寒有 3590 人, 赤痢有 3695 人, 白喉有 541 人, 斑疹伤寒有 2192 人, 猩红热有 805 人, 流行性脑脊髓膜炎有 751 人, 普通疟疾有 1927 人, 恶性疟疾有 2824 人。② 一年之中死于传染病的已达 2 万人, 瘟疫夺去了很多人的生命。更有甚者, 1921 年白喉和猩红热流行, 仅昆明市一地"死亡率就很大, 达数万人", 直到 1922 年还没有恢复, 仍是"死者枕藉, 病卧床榻者, 刻尤不知凡几。"③ 死亡人数之多, 影响之大令人惊诧, 以致在往后的日子里, 人们还会谈白喉和猩红热色变。在云南还有一种让人们惶惶不可终日的时疫——瘴疠(疟疾), 瘴疠之害无物能及, 而云南素为瘴疫之区, 西北部、西部及南部很多地区尤为严重。如 1914 年元谋县就流行过一次瘴疫, 几乎让整个县城灭亡, 东亚同文书院旅行队恰好经过这里, 他们看到: "元谋城墙快要崩溃, 县政府已经转移到附近的马街, 大部分住民也搬到其他地方去, 城内只留下空的房子。当时医疗水平相当落后, 由于传染病的流行, 县级的城市竟会面临要灭亡之状态。"④ 1932 年思茅流行瘴疫, 县长丁宝琛称: "思茅人口, 本约有三万, 而近

---

① [美] 科尼利尔斯·奥斯古德:《旧中国的农村生活——对云南高峣的社区研究》, 何国强译, 国际炎黄文化出版社 2007 年版, 第 62 页。

② 云南省志编纂委员会:《续云南通志长编》中册, 云南省科学技术情报研究所印刷厂 1985 年版, 第 210 页。

③ 昆明市志编纂委员会:《昆明市志长编》卷十三, 云南新华印刷厂 1984 年版, 第 354 页。

④ 薄井由:《清末民初云南商业地理初探——以东亚同文书院大旅行调查报告为中心的研究》, 博士学位论文, 复旦大学, 2003 年, 第 8 页。

年染疫死者，几达二万，今所余者仅达三分之一而已。"[1] 1939 年云县一带瘴疫肆虐，为祸之惨，甚至导致当地陷入瘫痪，徘徊在灭亡的边缘。瘴疫之害不亚于洪水猛兽，甚至有过之无不及，经历一次，往往要用几年、十几年的时间才能恢复元气。

可见，瘟疫或者说传染病不仅是影响个体，更是危害到了群体甚至整个当地社会，只要有一个人染疫，很快全家老少就会感染，随即又扩散到整条街巷，严重的时候就会朝病暮死，出现几乎户户都有死人的现象，如果没有控制住，有可能最终导致整个区域的衰败甚至瘫痪。对于出现的疫情，地方政府由于受精力和财力的限制很是无奈，如果实施干预治疗也仅局限在城镇，最多采取加大宣传和隔离消毒的方式，成效有限，而对于广大乡村则根本无暇顾及，只能听之任之。面对传染病的肆虐，广大乡村民众也别无办法，只能靠土方或迷信鬼神，乞求他们的庇佑，因而有时会在大疫期间搭台演戏谢神、驱魔，这又加速了疫情的扩散。

三 看病花费高使得普通家庭难以负担

民国年间，不仅医疗卫生条件落后，而且看病的花费高，很多家庭都无力负担。一般而言，看病分为诊断费和药费两个方面，医生一般只诊断病情、开好药方，自己并不卖药，病人要拿着开好的药方去药店配药。医生诊断费标准随其名气的大小而有区别，另外，如果请医生上门问诊看病费用更高，不仅要出脉资或出诊费，还要出交通费，如果到吃饭的时间，患者家有时还要请医生吃饭。1922 年出版的《云南教育杂志》第十一卷第一号有一篇叫作《时疫》的文章，列出了一个普通家庭请医生为家中不幸染上传染病的小男孩看病的花销，"请太医，买药啦！还愿啦！就花了 10 多块钱"[2]。具体看一下费用，请来看病的医生是史先生，因在家看病人多钱少，出外看病人少钱多，所以不在家看病，专门到有钱人家看病，不得已，生活拮据的这个家庭请史先生到家里看病，其中脉礼送了一块，轿钱给了三角，男仆给了五角，加上药费

---

① 云南省志编纂委员会：《续云南通志长编》中册，云南新华印刷厂 1985 年版，第 231 页。

② 卢迪身：《时疫》，《云南教育杂志》1922 年第十一卷第一号。

共花费 7 块多，再加上求神还愿共 10 多块钱。而这一家庭中的父亲在警钟街做衣铺，每月只有 6 元钱的工资，母亲做针黹以谋生，每月仅两三块钱的进款，家庭的收入全部拿来吃饭都勉强，禁不起意外之事。可为了给孩子治病，他们还是把一个月的全部收入都拿了出来，于是这个家庭立即陷入困顿。

　　以上是中医看病的状况，西医和西医院的状况又如何？1912 年，能仁医馆开业，这是昆明第一家私人办的医院，我们来看一下它的收费标准："初诊收费 1 元，复诊则只收药费，出诊每次 5 元，医生有暇，主动上门者收 2 元。"① 1921 年，广东医科大学毕业的苏少英女医生来滇开设西医舍，她的收费标准是："上午门诊，诊费 5 角；下午出诊，诊费 1 元；急症随唤随到，轿金、药资另计。晚间 9 点以后，诊金加倍收取。"② 看来西医看病的花费也不低，特别是能仁医馆的收费，远非一般平民所能负担，民国初年，一元约可购中米 50 多市斤，而且这还仅仅只是诊费，还没有列出药费和其他的具体花销。

　　西医也好，中医也罢，都不便宜。但具体而言，还是有所区分，1935 年昆明市政府出版了《昆明市市政统计》，其中就对中医和西医的门诊和出诊费用进行了比较：

表 2—5　　　　　　　　昆明市 1935 年诊费比较　　　　　　　单位：元

项目		中医	西医
门诊	最高	1.0	2.0
	最低	0.2	1.0
	平均	0.4	1.5
出诊	最高	6.0	4.0
	最低	1.0	2.0
	平均	2.0	3.0

　　资料来源：昆明市政府秘书处：《中华民国二十四年度昆明市市政统计》，新新石印馆 1936 年版，第 21 页。

---

① 万揆一：《昆明掌故》，云南民族出版社 1998 年版，第 52 页。
② 同上书，第 55 页。

显然，西医更贵，门诊费西医平均是 1.5 元，中医为 0.4 元，贵了 1.1 元，西医是中医的 3 倍多。从出诊来看，西医平均是 3 元，中医为 2 元，西医是中医的 1.5 倍。诊费西医高过中医，从药价比较西药也是远远超过中药，前文提到的那位得传染病请中医史先生看病的家庭除拜佛请愿外共花费 7 块多，恰巧，此家庭对面邻居小孩同样传染了疾病，采用的是西医的治疗方式，"到外国医院打了一针，花了 30 块钱"。① 一针药水就花了 30 块，还不包括其他花费，西药之贵足以使普通百姓望而却步。另外在西医院住院和接生的费用同样也不是普通百姓所能负担的，如在能仁医院住院"住者每月取房费、看护费 8 元"，② 这里的 8 元已是一个普通家庭整个月的全部收入，人们赖此为生，如果把它全部拿出来做房费和看护费则会使家庭成员陷入饥寒交迫之境，况且这 8 元还没有包括诊费、药费等其他费用，如果加上，对于普通百姓来说又是一个天文数字。医院接生同样只适合富裕家庭，如 1936 年《云南日报》曾刊登过一则《慈群疗养院启事》，告知大家此院设有产科，产妇可在此住院分娩："一、五人病房（五人同住一室），每人新币伍拾元。二、二人（二人同住一室）病房，每人新币壹佰元。三、一人病房，乙种每人新币壹佰肆拾元，甲种每人新币壹佰陆拾元，该病房内特设淋浴室及卫生厕所。以上价目包含六日住院费及手续费。"③ 当时的猪肉一斤 2 元左右，柴每百斤 8 元，即使最低的五人间每人也要花费六七百斤柴或 25 斤猪肉的代价，至于二人病房、一人病房则价格更高昂，只有富裕家庭才能负担，医院不是普通民众所能涉足之地，因而人们普遍在家里接生，不到万不得已，不轻易踏入医院大门。

足见，费用成为阻碍人们看病的最大障碍，不管是中医还是西医花费都不低，这对于富裕人家来说没有太大影响，生病自然要立即就医，只要能医好，花再多的代价都值，因而他们往往请名医，用最好的药，住设施齐全的医院，正如《昆明市家庭生活情形调查》中所记载的那样："有的富户凡家人有病便送往医院诊治，或打针，或用手术，家人

---

① 卢迪身：《时疫》，《云南教育杂志》1922 年第十一卷第一号。
② 万揆一：《昆明掌故》，云南民族出版社 1998 年版，第 52 页。
③ 《慈群疗养院启事》，《云南日报》1936 年 11 月 2 日第五版。

皆一味听从医生的吩咐。"① 对普通民众来说，看病就是一件值得斟酌的事，因为极有可能请一次医生就会严重影响到整个家庭的日常消费生活，至于那些还在为衣食发愁的贫穷民众来说，请医生更是奢侈的事情，他们没有条件看病，只能另寻出路。

四　免费医疗的作用极其有限

民国年间，为了显示自己的好善乐施，无论是中医还是西医都会有一定程度的施药和免费治疗活动。如一些中药店常会发一些便宜药给需要的贫苦民众，一些医院也会挂出针对某时段某些特殊人群免费看病的牌子，苏少英女医生开设的西医舍就是这样："遇到赤贫患者登门，则免费治疗。还特别定出，每星期一、三、五 3 天，中午 12 点到 2 点，为赠医赠药时间。"② 1941 年成立的省立仁民医院更是专以救济贫病市民为宗旨免费就诊，民众极为踊跃，上门看病者每年至少上万人。在民国看病费用高昂的整体氛围之下，表面上似乎免费医疗是一种恩惠，是雪中送炭，挽救处于水火之中的贫苦病患，但真正深入探讨才发现事实上这种免费医疗作用极其有限，实际效果并不好。如甘美医院和惠滇医院有时会实行免费施诊，免费施诊当天凌晨就有很多病人去门前排队，人太多医生根本没有办法认真问诊，直接采用流水作业，把发烧和大便秘结的排成一列，"分别发给退烧药，下药等等，无非是最简单的几颗爱皮西或金鸡纳霜粉，或打上一针爱米汀等"；把患痢疾、阴痢的排成一列；把眼睛有问题的排成一列，"让病人坐在长凳上依次洒上几点眼药水，或涂点眼药膏，弄得病人忍痛合眼，闭目流泪一阵，挥之使起，就算完事"；跌打损伤的排成一列，直接用过猛酸钾清洗，然后涂上碘酒、红药水或药膏，裹上一小节绷带布，就结束了。"所以每天二三百名的病人，很短时间就都被打发了。"③ 这种免费诊治的马虎和粗糙显而易见，效果自然也一般。但是即便如此作用有限的免费医疗也只存在

---

① 李文海：《民国时期社会调查丛编·城市（劳工）生活卷上》，福建教育出版社 2005 年版，第 169 页。

② 万揆一：《昆明掌故》，云南民族出版社 1998 年版，第 55 页。

③ 昆明市志编纂委员会：《昆明市志长编》卷十三，云南新华印刷厂 1984 年版，第 382—383 页。

于昆明或个别商业比较发达、交通方便的地区中心城市，广大乡村属于盲区，仍处于缺医少药的境地。因免费医疗施行的范围相当狭窄、施行主体有限、施行地点和作用有很大的局限性，所以如果将其置于全省民众医疗卫生消费的总体汪洋中，就显得太微弱了。

以上从四个方面描述了民国年间云南民众的医疗卫生状况及民众医疗消费情况：整个医疗卫生事业处于刚刚起步阶段，医生少、设施不完善，很多偏僻之处根本没有医生和药材，同时人们在日常消费生活中不注重卫生，加之天灾人祸，极易感染疾病，一旦生病，只能依赖花费极少的土方或祈祷神灵保佑，小病小灾有时能够硬扛过去，稍严重或慢性病则很难有好运，正因如此，很多患病的贫苦民众产生"有命该生、无命该死"的听天由命思想，因而死亡率较高。

民国年间云南民众医疗状况的不堪，除与外在的医疗卫生设施和环境有关外，其实最根源、最本质还是与其贫穷息息相关，一般民众因为经济困难，一旦生病，无力负担医疗费用，因而无法接受治疗。《曙滇》杂志第一卷第二期曾经对贫穷和疾病的关系作过阐述："贫乏和疾病是相为因果的。穷人因衣、食、住的不适度，常多疾病。所以常病的人，特别多是贫者。因此有人说：'疾病之于贫民，即是增加贫穷的源泉，亦如贫穷，即是增加疾病的原因'。"[1] 事实上，正是贫穷阻碍了普通民众寻求医治的步伐，很多民众特别广大乡村民众能够维持生存性消费即衣食已属不易，他们没有能力支付衣食消费之外的任何开支，因而一年中用于医药的消费相当低微，甚至达到了可以忽略不计的程度，近代医学带来的益处自然与他们无缘，一旦生病只能听天由命。

---

① 嗔妄：《各地方应当要办的特殊学校》，《曙滇》1923—1924 年第一卷第二期。

第三章　云南民众的社会消费

消费不仅是一种经济行为，能满足人生存和发展的需要，更是一种社会行为，涉及家族、邻里、社会的方方面面。因而，对于讲究伦理、人情世故的社会来说，一定的礼仪消费必不可少，特别是处于人生重要关口的婚丧嫁娶更不能马虎，否则会被人诟病，因为这是得到社会认同的消费。同时，在历史演进的过程中，出现了一些影响社会发展的消费内容，如迷信消费、三毒（烟、赌、娼）消费等，其中三毒消费对社会的影响最大，不仅严重危害着人们的生活质量，而且阻碍了社会经济发展的正常步伐，这些都可以归入社会消费中。

第一节　婚丧及其他礼仪消费

衣俊卿先生认为日常生活是"以个人的家庭、天然共同体等直接环境为基本寓所，旨在维持个体生存和再生产的日常消费活动、日常交往活动和日常观念活动的总称。它是一个以重复性思维和重复性实践为基本存在方式，凭借传统、习惯、经济以及血缘和天然情感等文化因素而加以维系的自在的类本质对象化领域"[①]。这说明人的消费不仅是为了维持生存和再生产，而且还要考虑人与人之间的交往，要顾及传统、习惯、血缘、天然情感，这实际上就是日常消费中的礼仪开支。

礼仪开支与人一生中的重大事件如出生、死亡、寿辰、结婚等有着密切联系，礼仪消费不仅是物质消费，而且带有浓重的社会伦理色彩，必须予以重视。特别是其中的婚丧消费无论在现代社会还是传统社会都

---

① 衣俊卿：《现代化与日常生活批判》，人民出版社 2005 年版，第 31 页。

不仅是个人行为，而是更多地体现为社会行为，其消费规模远非一般日常消费所能比拟。费孝通先生对此有十分精辟的阐述："在婚丧礼仪的场合，节俭思想就烟消云散了。人们认为婚丧礼仪中的开支并不是个人的消费，而是履行社会义务"，①"人们就不得不付出这笔开销，否则他就不能通过这些人生的关口"。②婚礼是大喜，丧葬是大悲，一生难遇几回，一旦遇到，必须认真对待，人们一扫平日谨小慎微的节俭花钱方式，不遗余力地操办，足见这大喜大悲背后是以巨大的金钱消耗为支撑。如民国《鹤庆县志》中就谈到鹤庆民众在其他方面都相当节省，"惟婚丧竞以繁华相尚"，③就连贫者亦必勉力从事，人们办婚丧等礼仪消费的基调就是大操大办，非如此不足以表达人们的悲喜心情。

一　婚嫁消费

婚姻是家庭形成的基础和前提，关系到家庭和社会的安定以及人口的延续。正因意义重大，古代先哲和历代封建统治者都无一例外地认为应该规范男女婚嫁，并为此制定了烦琐的程序和法规，成为人们婚嫁时必须遵守的规章制度和道德规范。

（一）民国时期云南民众婚嫁消费的内容

婚嫁遵照六礼进行消费是历代相沿积久的一种稳定的行为方式，同时由于中国人好体面、重感情，喜欢以此来显示权力、财富从而博得荣誉和别人的赞叹，操办婚嫁不遗余力在所难免，财婚、侈婚随之而起，使得许多俗礼都与金钱财物联系在一起。民国年间，人们崇尚六礼的遗风依然，财婚、侈婚不仅没有减退，反而愈演愈烈。

1. 六礼

婚嫁兴六礼源远流长，是人类在婚嫁消费方面的行为规范。婚嫁遵行六礼，具体指什么呢？"六礼，谓纳采、问名、纳吉、纳征、请期及亲迎之礼也，六礼具备，婚姻关系始告成立。"④具体而言：纳采，

---

① 费孝通：《江村经济——中国农民的生活》，商务印书馆 2005 年版，第 112 页。

② 同上书，第 121 页。

③ 大理白族自治州白族文化研究所：《大理丛书·方志篇九》，民族出版社 2007 年版，第 48 页。

④ 陈鹏：《中国婚姻史稿》，中华书局 1990 年版，第 200 页。

即男家向女家提亲，并送去礼物；问名，即女家同意相商，告诉女儿生辰八字；纳吉，即男家将男、女八字请人占卜得吉兆后，通知女方；纳征，即男家以聘礼送给女家；请期，即男方择定婚期并备礼告女家；亲迎，即届期，新郎去女家迎娶新娘。民国时期，云南民众基本上仍依六礼而行。《昆明市志》风俗篇中描述昆明婚嫁消费遵从六礼仍是主流，"婚娶之礼……遣媒往说，有问名之义……男家以金首饰或银首饰为定物，有纳彩遗风。隔数年，名曰'过礼'，全由男家操办……男家有礼束……用抬盒或彩亭鼓吹送至女家……女家是日将陪嫁之妆奁……遣押盒人衣冠送往……次早，男家由母或姑母坐轿往女家迎亲。"① 昭通县也是如此，"昭之婚礼，遵古者尚多，必须六礼皆备，新迎周堂，拜祖、谒父母，及宴客也"。② 陆良县"婚礼遵行六礼"。③ ……历史的继承性和社会的传承性使婚嫁遵行六礼这一古老行为和习俗不断地被翻新。

　　2. 财婚

　　财婚，即以资财为婚姻成立之要件。民国年间云南婚姻论财是普遍的现象，在常规婚姻礼俗中，男方在缔结婚姻的每个过程都要向女方送礼，其中纳征最为重要，纳征即男方给女方的聘金与聘财，同时，女方也要准备嫁赀与妆奁。因纳征是缔约婚姻的实质性确定阶段，故男女两家十分重视，男家聘材之厚薄，女家妆奁之丰俭，均为两家考虑是否缔结婚姻的基础。

　　此风在中原沿海等地行得早，到了明清时则愈演愈烈，"嫁女尚妆资，高者至破产不计，卑者或勒索聘财"。④ 云南虽处边疆，婚嫁论财之风同样盛行，光绪末年，杨琼在《滇中琐记》中说："至后世，古意寝衰。首饰炫金玉，筐筐耀绮罗，物既腆矣，犹复索朱提，必如数而后

---

① 张维翰、童振藻：(民国)《昆明市志》上册，云南昆明市政公所 1924 年铅印本，第 69 页。

② 《昭通旧志汇编》编辑委员会：《昭通旧志汇编》一，云南人民出版社 2006 年版，第 393 页。

③ 刘润畴、俞赓唐：(民国)《陆良县志稿》卷一，1915 年石印本，第 1 页。

④ 陈鹏：《中国婚姻史稿》，中华书局 1990 年版，第 144 页。

餍。婚姻论财，其夷虏之道乎？"[1] 民国时期同样如此，1926 年刊行的《云南风俗改良会汇刊》中有这样的描述："现在社会上还有一种恶俗，女家都要向男家重索聘金"，导致 "男婚于押婚时率多用银元并绸缎等物，行聘首饰多用黄金聘仪，恒百金或六十金"。[2] 再如浪穹县苛求聘币，"民间婚娶，动辄百金，至贫亦需四五十金"。[3] 嫁女者问聘礼之高低，娶妇者亦视妆奁之多寡，故有些地方又常发生验嫁妆的事件。一方面女方向男方索取高额彩礼，男方只好奉送数额巨大的金银首饰和衣物作为聘礼，反过来，男方又要求女方提供大量的嫁妆作为补偿，并在嫁妆抬来时检验是否符合他们的标准。这导致很多女方 "为了女儿的妆奁，不知费尽了多少心机，耗尽了若干金钱，妆奁实是太繁。例如，金玉首饰若干件，丝质棉质衣服若干套，鞋子若干双，化妆品若干种，其他箱笼、桌椅、面盆、座灯、床帐、镜架等日用必需品，几乎无一不备。环境虽有贫富之分，但这些东西却是可少不可无。有些地主资本家，还要陪嫁土地、丫环，穷奢极侈，不一而足。"[4] 平彝地区有一首歌谣也很好地反映了这种现象："姑娘本是赔钱货，一猪一羊把礼过。百多块花钱赔姑娘，白米卖了几大驮。"[5] 婚姻论财，女家备妆奁，男家纳彩礼，使得以延续血脉为目的的婚姻笼罩着厚重的经济色彩，凝聚着浓厚的铜臭气，也给民众增加了沉重的经济负担。

3. 侈婚

侈婚与财婚两者相表里，财婚的盛行必然导致奢婚的大行其道。"盖贵族豪门倚权势，骋资财，竞为奢靡，以相夸耀，有以酿成之也。"[6] 贵族官僚始扇侈婚之风，引来人们羡慕的目光，后逐渐深入民间，尤以东部沿海一带为甚。云南也受其影响，在汉族居住区表现得比较明显，尤其是省会昆明，以至于在康熙壬辰（1712 年），政府发布了

① 方国瑜：《云南史料丛刊》第十一卷，云南大学出版社 2001 年版，第 253 页。
② 黄元直、刘达式：(民国)《元江志稿》卷十一，1922 年铅印本，第 5 页。
③ 大理白族自治州白族文化研究所：《大理丛书·方志篇九》，民族出版社 2007 年版，第 27 页。
④ 李道生：《云南社会大观》，上海书店出版社 2000 年版，第 230 页。
⑤ 刘兆吉：《西南采风录》，商务印书馆 1946 年版，第 183 页。
⑥ 陈鹏：《中国婚姻史稿》，中华书局 1990 年版，第 146 页。

一个告示,指出危害,告诫大家婚礼宜从俭,"滇省风俗,竞尚浮靡,罔顾礼法。婚姻一事,无论贫家富户,务极份华。初定之时,必欲财礼银两若干,猪羊酒席若干,绌疋、茶食、衣物、首饰若干。迎亲之时,必欲采结楼亭、大轿,所用绌缎绫罗,动至四五十疋至百十疋之多,喜酒筵席一二十抬,高堆食品二尺。是一番婚娶,非费七八十金、百余金不可。此等烦费越礼僭分,甚为无益。乃滇省人民,积习相沿,恬不知怪。若不如是,女家即勒指刁难,不准迎娶。以故稍有力之家,或可完娶,而贫乏难支矣。无力之家,不能完娶,因循数岁月,标梅见赋矣。甚至或贫穷之家,借贷完娶,及后逼索盈门,谋生无策,交谪之声,闻于室中矣。"① 婚礼从烦琐、从奢靡表露无遗。曹树翘的《滇南杂志》也指出了这个问题, "其婚丧等事,汉人亦颇得中或反有过厚过奢处"。② 可见,民国之前,婚礼从奢现象就已出现。

民国年间,此风不减,特别是滇路铁路开通后,"洋货纷集,民间争相购用……习染所成,渐趋奢侈……是以冠婚丧葬饮食衣服风尚所趋,穷极奢靡"。③ 如盐丰县"惟宴客动以千计,且多嗜酒",④ 缅宁县"每遇婚事,均须扰攘五六日。富者用费千余金,中下之户亦数百金",⑤ 昭通县"婚嫁费在中等收入的人家,总计男家行聘完娶,嫁置备妆奁各费,亦必须数百金"。⑥ 侈婚已是很普遍的社会消费风气。

(二) 婚嫁的具体花费

中国传统风俗,不论良莠,都是在人们的日常生活中长期形成的,一旦形成就要遵守,事实上这背后积淀着浓厚的封建伦理道德观念,隐藏着人与人之间交往的基本准则。黄宗智在《华北的小农经济与社会变迁》中仔细剖析了这一现象:"自耕农通常会遵循一般的婚姻习俗,付

---

① 张毓碧、谢俨:(清)康熙《云南府志》卷二,康熙三十五年(1696)刻本。

② 曹树翘:《滇南杂志》,华文书局1969年版,第348页。

③ 倪惟钦、陈荣昌、顾视高:(民国)《续修昆明县志》卷三,1943年铅印本,第2—3页。

④ 杨成彪:《楚雄彝族自治州旧方志全书·大姚卷下》,云南人民出版社2005年版,第1659页。

⑤ 丘廷和:(民国)《缅宁县志稿》卷十七,1945年稿本,第14页。

⑥ 《昭通旧志汇编》编辑委员会:《昭通旧志汇编》一,云南人民出版社2006年版,第393页。

出一笔可观的聘金，他们的女儿，也会有一份体面的嫁妆。他们选女婿或媳妇，多挑与自己门当户对的家庭。喜事要办得恰当、体面。有适当的庆祝和贺礼。所有这些，都使新娘子在一个新家庭和新村庄中获得应有的地位。"① 也就是说，如果一个人的消费水准达不到他所属阶层公认的合乎礼仪的标准，那么他肯定会受到群体成员的轻视甚至排斥，被人议论和诟病，进而难以融入这个群体和整个社会。因而，从六礼，崇尚财婚、奢婚、大操大办仍是民国年间云南民众婚嫁的主流，很多人为了操办婚礼，往往不顾经济状况，即使借贷也在所不惜。

民国年间处处都有这方面的明证：一位禄村佃农，要为儿子筹备婚礼，这场婚礼不是按照经济能力来操办，而是非常铺张和奢侈，他不仅要买价格昂贵的茶叶宴请宾客，而且布料也要得多，"桂花呢一丈二，阴丹士林一丈二，阴丹亚布一丈二，此外还要一床有花的红毡"，另外，只要能彰显婚礼热闹和体面的物品他都想要，"他要这个，要那个的神气，真使我们惊异了"②。为什么会让费孝通先生惊异呢？因为这位佃农是全村最勤俭的人，平时相当节省，没有任何嗜好，也不求穿着，袜也不穿，短褐上补上几层。就是这样的一个人，在他儿子的婚事上却没有半点踌躇和犹豫地追求体面。最终这场婚礼在他的精心筹划和安排下圆满地举行了，但代价不低，费用不少，具体如下：

（1938 年）禄村的婚事费用

订婚（订婚小计 55—85 元）

聘金 50—60 元、布一匹 6 元、五金首饰 6 元、戒指 1 元、酒肉 12 元

过礼（过礼小计 58—74 元）

布 18—24 元、衣二套 20—30 元、酒肉 20 元

婚日（婚日小计 227 元）

米 25 元、猪四只 100 元、小菜 30 元、酒 7 元、轿 15 元、杂

---

① ［美］黄宗智：《华北的小农经济与社会变迁》，中华书局 2000 年版，第 266 页。

② 费孝通、张之毅：《云南三村》，社会科学文献出版社 2006 年版，第 135—136 页。

费 50 元①

这户家庭共 5 人，全家一年的生活费用包括衣食住娱乐教育捐税等
费用总共才 166.59 元，但一次婚事就花费了三四百元，是年消费支出
的两倍左右，已远远超过了他们的消费水平，因而不得不靠借债维持，
"拖欠了好几十元国币，而且又卖去了不少谷子。就是这样他一样的笑
嘻嘻，觉得这是平生最愉快的一件事了"。② 借债办婚事，只要体面，
能获得大家的认可就是成功。可见，这种精神性的收获在当事人看来远
远能够弥补还债时的种种痛苦。

我们再来分析张之毅 1939 年在玉溪县玉村做的一个有关婚嫁消费
调查。玉村的婚嫁和禄村的婚嫁的程序相差不大，大同小异，只是程序
的名称有所区别，并且每个程序都涉及礼品和金钱。第一步叫吃小箐，
即合过八字后，男家买礼品送到女家征询意见，女家要回一点礼。第二
步叫吃大箐，即男女双方的再次赠礼。第三步是压定，即男家送礼并附
呈柬帖给女家，女家亦回礼同时写明女家三代家长名号填于柬上回拜男
家。第四步叫过大礼，也是再一次的送回礼。最后才是正式结婚时的嫁
娶的一系列费用，宴迎宾客等活动。因为嫁娶所送礼品项目十分繁杂，
所以张之毅并没有一点一点地罗列礼品的项目，只是按照嫁娶程序列出
了费用。

表 3—1　　　　　　　　　嫁娶男女双方所花费的费用　　　　　　　单位：元

婚嫁程度	男家	女家
Ⅰ 吃小箐	50.00	5.00
Ⅱ 吃大箐	200.00	20.00
Ⅲ 压定	600.00	60.00
Ⅳ 过大礼	1600.00	160.00
Ⅴ 嫁娶	250.00	4250.00
席	3000.00（50 桌）	2400.00（40 桌）

---

① 费孝通、张之毅：《云南三村》，社会科学文献出版社 2006 年版，第 137 页。
② 同上书，第 136 页。

婚嫁程度	男家	女家
总金额	5700.00	6895

资料来源：费孝通、张之毅：《云南三村》，社会科学文献出版社 2006 年版，第 432 页。

　　从表 3—1 可看出，虽然名称不同，但步骤、要求和六礼相差无几，可见婚嫁崇尚六礼在民国年间的许多地方依旧盛行，并且得到严格执行。同时男方在缔结婚姻的过程中都向女方送了礼金，整个婚嫁过程男家共送礼金 2450 元，其中最重要的过大礼（即纳征）环节就占了全部礼金的 65%，非此不足以表达诚意，人们对聘金即彩礼的重视可见一斑。女家重聘礼，男家自然也要求女家给予同样的回报，因而在嫁娶环节，女家出现了一笔大开支，支出了 4250 元，这笔支出绝大多数用来办嫁妆，嫁妆费用远超出收到的礼金，可见，女家对妆奁相当重视。男家纳彩礼、女家陪嫁妆是婚姻成立的必要条件，不如此，难以被社会认可，难以找到合适的婚嫁对象，婚姻论财表现明显，金钱气息处处弥漫。在宴请宾客、操办酒席方面男女双方也是颇费周折，尽心而为，男家开了 50 桌，女家开了 40 桌，办得还算成功，获得了人们的肯定，可体面和盛赞的背后却是数目极大的花销。整体来看，这场婚事男女两家都付出了不小的代价，男家达到 5700 元，女家比男家还多 1195 元，而当时玉村一个 9 口之家的中等农户的年消费仅有 4776 元，一个 5 口之家的贫农的年消费是 2581 元，一个 5 口之家的无田雇农的年消费额是 1611 元，一场婚事的开销远超过普通农户的年消费额。

　　河西县小街普通民众的婚嫁过程同样花费不菲，数据虽没有详细到每一个步骤，但从仅有的数字仍能感受到这种花费对普通民众来说难以承受，整个婚嫁过程规矩烦琐，耗资颇多。首先是订婚，男家要向女家送礼："订亲喜银半开 60 元、8 盘粑粑、8 盘饼子，红糖 20 盒、3 斤的美酒两瓶、猪肉 3 斤一块、粗细布料各 4 件。"到结婚前两个月，压大八字，也即纳征，这一步男家须送"彩礼喜银 120 至 160 元，活猪 1 头、活羊 2 只，粑粑、饼子、红糖、清酒，照压小八字，布料粗细各 8 件"。娶亲日要雇红轿 1 顶，青轿 2 顶，"轿费大约 30 至 40 元，有时

50 至 60 元"。① 宴宾客更是不计花费,大请 3 天,让亲朋好友尽情吃喝。足见人们办喜事从不吝惜,平时人们尽量节俭,可一到这个节骨眼上就要大肆消费,大肆热闹一番,因为一个家庭一辈子也碰不上几次,这是大喜。

从以上详细的婚事费用和具体的操办过程都可看出民众兴办婚事的奢靡,并且这不是个例,这种大操大办、奢华、婚姻论财是社会上的普遍风气,不分阶层,不分地域,各地皆然,附于六礼与礼俗之上的实物及金钱消费,给人们造成了很大的负担,加剧了民众的贫困,许多人是举债维持,但人们还是相当乐意,欢喜之情溢于言表。

二　丧葬消费

生与死是无法抗拒的自然规律,不知死焉有生?人必定会死,这是"天地之理,物之自然"。生死可谓寻常之事,但自古以来中国人都极为重视情感,人与人之间讲求的是互爱与和谐,家庭之间讲求孝道,其中不仅包括晚辈对活着的长辈的赡养、关怀和尊敬,而且包括对死去的前辈及祖宗的崇拜、热爱和纪念。缘于如此浓郁的情感,"生,事之以礼;死,葬之以礼,祭之以礼"成为人们普遍接受的行为准则,养老送终、慎终追远也成为人们的伦常美德和风俗习惯。最能表现这种情感的丧葬仪式也因此在人们的心目中变得越来越重,早在周代就已出现了复杂的丧葬仪式来表达失去亲人的悲痛,儒家后来将其制度化,并制定了一整套礼仪推行于各地,于是为死去的亲人举行丧葬仪礼便构成了家族及至家庭消费的一项重要内容,人们总是竭尽全力去操办以显示孝道。

(一)传统的丧葬仪式处处彰显浓郁的厚葬色彩

孟子极力主张孝道和厚葬,他认为:"君子不以天下俭其亲""养生者不足以当大事,惟送死,可以当大事",提倡葬礼尽可能隆重。由于儒家圣人把"孝""丧葬"的伦理规范提高到一个很重要的位置,厚葬观念随之产生。怎样表现厚葬呢?生者必须为死者的丧事大操大办,请亲戚友人前来吊唁,给死者带去很多的陪葬品,这是为了报答亡者特别是亡父母的养育之恩,同时这也是彰显孝道的最佳时候,人们衡量子

① 李道生:《云南社会大观》,上海书店出版社 2000 年版,第 277 页。

女孝与不孝的方式之一就是看丧葬的厚薄，厚葬即孝顺，薄葬为不孝。此外，迷信认为不厚葬亡亲会得不到亡者的保佑，为了日后的平安、家庭的兴旺发达，生者也会尽力操办，以求得到保佑与庇护。鉴于以上种种，世人"死以奢侈相高，虽无哀戚之心，而厚葬重币者则称以为孝，显名立于世，光荣著于俗，故黎民相慕效"，① 致使厚葬风气长久不衰，普通民众，即使是贫穷之家也都竭尽全力地操办丧葬白事。地处边远的云南同样如此，人们遵循这一准则，并在消费活动中处处体现出来，特别明显地表现在选择棺木、装殓、酬赠、出殡等过程中，处处彰显浓郁的厚葬色彩。

1. 棺木

棺木的选择极为重要，百善孝为先，中国人信奉的是入土为安。因此人们对装殓死者的寿材相当重视，做儿女的在父母还在世的时候就为其准备好了棺木，如《宣威县志稿》就讲道："富有之家多于父母年及花甲时预备完全……其值有重至三四百元者。"② 这是衡量儿孙们孝道的标准，价格再高，也要购买，如昆明人"极讲究棺椁……购置棺木，是真不惜钱，一千八百，直无所谓"。③

棺木的材质有杉木、柏木、杂木、松木等区分，价值由几十元至数千元，甚至上万元不等。最名贵的是杉木，特别是一种被称为"阴沉木"的杉材，因为地层变动，被埋藏于地层深处，经五六千年的演变，越久越坚实，十分名贵。用这种木头做棺材，蚁啮不动，水浸不进，千年不朽，因而成为大官僚、富豪做棺木的首选，云南的很多大户人家均刻意求之。《昆明市志》中记载一些富豪："其棺椁可用阴沉木，价昂者值数百元至千余元不等。"④ 其次就是文山的冷杉，木质优良，色泽鲜明，气味芳香，体质较轻而又坚固，也是制作棺木的上好材料，价格也很昂贵，需要五六百元，这在当时是很大的数目了，所以只有一些有

---

① 桓宽：《盐铁论》，《诸子集成》第 11 册，河北人民出版社 1986 年版，第 34 页。

② 王钧国、缪果章：(民国)《宣威县志稿》卷八，1934 年铅印本，第 10 页。

③ 罗养儒：《云南掌故》，云南民族出版社 2002 年版，第 70 页。

④ 张维翰、童振藻：(民国)《昆明市志》上册，云南昆明市政公所 1924 年铅印本，第 71 页。

钱的大户人家才有可能购用。① 除杉木外，一些家境比较好的人家还会用比较好的柏木为原料制棺木，"一副这样的寿材价格也会高达百元，甚至还要多"。至于下层民众因财力的限制，"只好满足于用村庄附近山上砍伐的柏树打制而成的普通棺材"，② 或用一般的松木，这样的"每口材只须四五十两，即足以购置也"。③ 从上面分析可知即使是最便宜的棺木也要四五十两，这对普通人来说，也不是一个小数目。

棺木必不可少，致使当时开棺材铺成为一种赚钱的营生，"民国初年，昆明的棺材铺是很多的，开棺材铺的老板可阔气了，那时，这个行当是能赚很多钱的"。④ 就连一个小小的高峣村，也"竟有两家棺材店"。⑤ 这些都表明了殡葬业的重要，民众对棺木的重视。

2. 装殓

棺木解决了，接下来的问题就是装殓。装殓的衣衾大致以 7 套为合宜，而且一般都要采用丝绸材质的才行，除此之外，还要佩戴首饰，如昆明"死者所着之衣，大都为七件或九件，所饰之物纯用玉器。女尸身上则珠勒有焉，翡翠戒指、翡翠手镯有焉，即价值千金之物亦在所不惜也"。⑥ 仅这些花费就不少，另外在装殓仪式中，还有许多陋习，如死者若是女性，须得即时奔告外家，外家见到遗体后就会大肆批评家属照顾不周，殓具不丰，家属在恭听指斥后，跪请外家行敲钉仪式（就是请外家先敲封棺的钉子三下表示同意成殓），"于是外家开始讨价（要钱），说是替死者家属'添福'、'添寿'。既有讨价，就有还价。通过往返讨价还价，最终达成协议，数字多寡不一，大致是 60 元、100 元、300 元几个价次。"⑦《邓川州志》也记载了当地的这一陋习："若女丧，

---

①　林泉：《重返老昆明》上，云南美术出版社 2003 年版，第 252 页。

②　［美］科尼尔尔斯·奥斯古德：《旧中国的农村生活——对云南高峣的社区研究》，何国强译，国际炎黄文化出版社 2007 年版，第 267 页。

③　罗养儒：《云南掌故》，云南民族出版社 2002 年版，第 71 页。

④　林泉：《重返老昆明》上，云南美术出版社 2003 年版，第 251 页。

⑤　［美］科尼尔尔斯·奥斯古德：《旧中国的农村生活——对云南高峣的社区研究》，何国强译，国际炎黄文化出版社 2007 年版，第 266 页。

⑥　罗养儒：《云南掌故》，云南民族出版社 2002 年版，第 71 页。

⑦　李道生：《云南社会大观》，上海书店出版社 2000 年版，第 222 页。

则女家倾族往，杂踏喧阗争论孝帛，稍拂意，则使酒嫚骂不休。"①《滇中琐记》也对这种闹丧行为有所记录："于是妇家族人，亡虑千百，必尽往，睚眦相向，丧家杀羊豕，具筵席待之，死主别席上面坐，怒则掀几投箸，甚而挞夫姑，夫不敢面，惟有逃匿而已。喧哗数日，气竭力尽，然后旁人代了事，重论布帛……必至破产而后息。"② 看来，装殓这一程序相当不轻松，既耗财力又费精力。

3. 招待吊唁客人

开吊前后 3 天，需搭建灵堂供人吊唁及招待来宾，"举办丧事之人家，无不是高搭布棚于天井内，并用布绦或绸绺绦扎满素色阑干，安置几凳，以备吊客憩息。届时，必雇一班吹鼓手坐于门前，客至，先击鼓三下，然后奏乐，此为定而不移之仪式"。③ 亲朋好友鱼贯而来，恭列堂前，照例行礼，后即退而坐于布棚下，有递烟递茶者至，知宾者陪，同时要设宴招待，"约够一二桌人，知宾者即让客入席，俗称之曰开流水席。六人一席，席上陈列肉八碗，而亦间有用几味海菜者"。④ 来宾人数的多寡，全由亲朋好友的多少决定，"中等户以上，有几十桌的、几百席的，甚至千余席的，如建水大家庭朱渭清的三伯母出殡，来客就达到千余席"。⑤ 这样的招待费用，自然难以减少，难怪《陆良县志稿》会称："惟酬客靡费实多。"⑥

对于吊客，除设席招待外，很多地方还有酬赠，康熙《云南府志》就称："凡吊客皆宴待，且有酬赠"，一般吊客来灵堂行礼，"家属于幡内还礼，并跪送约 5 市尺长的白布一条，来宾用来包在头上，名为挂孝。"⑦ 有的甚至为了答谢亲朋好友，丧家会"均酌量酬答，大抵友谊

---

① 纽方图、杨柄呈：(清) 咸丰《邓川州志》卷四，1853 年刻本，第 4 页。

② 昆明市志编纂委员会：《昆明市志长编》卷六，云南新华印刷厂 1984 年版，第 427、428 页。

③ 罗养儒：《云南掌故》，云南民族出版社 2002 年版，第 73 页。

④ 同上书，第 74 页。

⑤ 李道生：《云南社会大观》，上海书店出版社 2000 年版，第 224—225 页。

⑥ 刘润畴、俞赓唐：(民国)《陆良县志稿》卷一，1915 年石印本，第 1 页。

⑦ 李道生：《云南社会大观》，上海书店出版社 2000 年版，第 224 页。

用毛巾,亲谊则用布匹"。① 高峣村原来的风俗甚至还会向参加悼念活动的全部客人提供丧服,此村曾经举办过一次丧礼,"准备了 500 件丧服给前来参加的宾客,共花费 75 元"②。可见,这一环节也是"日习奢侈,于吊客必宴待酬赠,且夸多斗靡",③ 必须以数额不少的金钱为后盾和支撑。

4. 选择阴地

选择阴地也是煞费心思,一般选地必须请堪舆,对这个程序无论贫富都很重视,尤其那些达官贵人们为了找到风水宝地,往往长年累月地养着堪舆家们,让他们随时"登山涉水,寻找所谓的真龙真穴"。④ 如果真的找到了他们理想的阴地,则会不计成本、无论如何都要买下来。

5. 出殡

出殡过程极其烦琐,铭旌、遗像亭、诰封亭、神主亭、各式冥具无不备齐,相当铺张。如《云南社会大观》中就记载了一杨姓人士,"仅幢钱一项,每树就花了 50 元的代价。全部纸扎冥具的价值合计起来,浪费实为惊人"。⑤ 此外,还有纸扎高台,台数多少不一,破费更是不小。整个出殡过程的铺张,很多方志都有描述,如《马关县志》记载:"富有之家纸扎轿马仪从冥屋冥器方弼方相,五光十色,充塞街道,更陈百戏,引动乡愚。"⑥《缅宁县志稿》记载:"缅宁之丧礼也,其间最靡费者为纸扎一项,除像亭主亭旌,亭外有方弼方相接引开路,吊钱鹿马狮象俑人金银山竹轿驼马坐马金银库等,名目需数百金。而铭旌竟有高至一丈或八尺。"⑦《罗平县志》记载:"富裕者彩扎纸兵纸马,接引佛、方弼、方相三位,高二丈有奇,及金童玉女,舆轿器仗,俨如生时

---

① 云南省志编纂委员会:《续云南通志长编》下册,云南省科学技术情报研究所印刷厂 1985 年版,第 133 页。

② [美]科尼利尔斯·奥斯古德:《旧中国的农村生活——对云南高峣的社区研究》,何国强译,国际炎黄文化出版社 2007 年版,第 273 页。

③ 黄元直、刘达式:(民国)《元江志稿》卷十一,1922 年铅印本,第 6 页。

④ 李道生:《云南社会大观》,上海书店出版社 2000 年版,第 222 页。

⑤ 同上书,第 226 页。

⑥ 张自明:(民国)《马关县志》卷二《风俗志》,云南德生石印馆 1932 年版,第 13 页。

⑦ 丘廷和:(民国)《缅宁县志稿》卷十七,1945 年稿本,第 4 页。

所需之物。"①《宣威县志稿》中说："送葬之具有踊人金山银山钱狮象鹿马肩舆等名目,皆竹帛纸裱。"② 这样的景象屡屡见于史籍,类似的例子不胜枚举。

可以说,《墨子·节葬下》所说的"棺椁必重、葬埋必厚、衣衾必多、文绣必繁、丘陇必巨"在云南民众的丧葬消费中被充分体现,在丧葬过程中产生的挥霍浪费、大操大办问题不可避免,这种消费无论在阶层、空间还是时间的分布上都是全方位的,不管是通都大邑、繁华之所,还是荒缴山僻、荒凉之地,无论是富贵之家,还是穷苦民众,都深受影响。

(二) 丧葬的具体消费

接下来我们通过一个具体的丧葬消费事例来直观了解民国年间云南民众的丧葬消费状况,费孝通在《云南三村》中记载了云南禄村一位当地小学教员的父亲出丧时请客的状况:"一连请了六天客。第一天每顿二十一桌(每天两顿),第二天每顿三十八桌,第三天每顿四十五桌,第四天每顿七十桌,第五天早上九十八桌、下午一百零五桌,第六天每顿六十桌,一共请了六百七十一桌。"③ 平均每天达 100 桌以上,全村老少和几十位城里来的客人这几天都在他家吃。据说当时很不巧,恰逢县长在城里请客,为他父亲开吊,所以客人不能到齐,如果来齐,不知又要增开多少桌。这场丧礼如此铺张和隆重,连费先生都觉得靡费。可是这位小学教员不以为然,认为只有"这样才对得起死者"。④ 可见,在人们的心目中,耗费赀财无数、大肆操办才能彰显他们的孝心。

以下是这次丧事的具体费用:

丧事 (1938 年) 禄村的丧事费用

殓尸 (小计 45—200 元)

棺木 40—100 元　　招待吊客 5—100 元

---

① 朱纬、罗凤章:(民国)《罗平县志》第一册,1933 年石印本,第 76 页。
② 王钧国、缪果章:(民国)《宣威县志稿》卷八,1934 年铅印本,第 14 页。
③ 费孝通、张之毅:《云南三村》,社会科学文献出版社 2006 年版,第 135 页。
④ 同上。

开吊（共请 671 桌 小计 301 元）

米及猪及菜 75 元　　　孝布 80 元　　　纸扎 40 元

碑 60 元　　　柴 15 元　　　炭 16 元　　　酒 15 元

埋葬：0—100 元①

费先生计算要 346—601 元，已超过了婚嫁的消费，同时超过了此村中任何一家的年日常消费金额，这样的丧事，即使对于最富裕的人家来说，也不是一件轻松的事，何况操办丧事的仅是一位小学教员，只能算作普通户，他家以后的日子之艰难可以预知。

玉溪的玉村也存在一个具体的事例，时间是 1940 年 7 月 3 日，玉村保长的父亲死了。保长花了长达 1 个月左右的时间准备棺木、买进丧葬中所需的各项物品，一直忙到 8 月 4 日才开吊，同时大开筵席，当天开 2 餐一共 60 桌，第二天又开筵席，第三日才筵罢客散。可以说从 7 月 3 日死人，到 8 月 5 日出殡，保长家整整忙了 1 个月。

丧事（1940 年）玉村的丧事费用

棺木 1000 元　　　衣衾 200 元　　　封棺、漆棺、裱金 140 元

灯油燃料 140 元　　勘地 20 元　　　香纸、火炮及纸扎 150 元

布 40 元　　　酒 100 元　　　米 300 元

油盐 65 元　　　肉 230 元　　　菜 300 元

其他烟茶杂项约 300 元　　　总计 2985 元②

事实上这场丧礼的花销远没有禄村小学教员为他父亲办丧礼的花销多，从筵席就可反映出，保长父亲的丧礼如果以每天 60 桌计算，三天共 180 桌，但禄村的丧礼共办了 671 桌。即便如此，这场花费了将近 3000 元的丧礼还是让在村中属于中等家庭的保长家筹措了许久。一般而言，丧事不如婚事可以预知，丧事一般较难预测，大部分物品需要临时购备，往往在经费周转方面比较困难。保长家全家共 9 人，年消费额

---

① 费孝通、张之毅：《云南三村》，社会科学文献出版社 2006 年版，第 137 页。

② 同上书，第 438 页。

在4000多元，3000元的丧礼费并不算太离谱，但也够呛，幸亏家境还算可以，自家有余米和酒，因而靠着出售这些东西在经费筹措方面才未遭受太多的困难，"他一共卖出二石多米，得780元，卖出酒三十多斤，得600元，卖小菜四五挑，得40多元，收债款520元，收礼金270元，总共收进2210元"，① 但还是不够，最后还是欠了棺木店700多元。

和婚礼一样，很多家庭对丧礼大肆操办都是要靠借债的方式才能进行，一桩丧事办毕，赀财花费无数，还背上了大量的债，有的家庭好几年都难以恢复正常生活。

三　其他礼仪消费

除了婚丧嫁娶，云南人们日常生活中还有许多礼仪消费，如生小孩、满月、周岁、冠礼、生日、中第、搬新房等都要请客，特别是做寿、儿女弥月，"社会上之中等以上人家，必发出若干柬帖，肆筵设席，大宴宾客"，② 就是一些普通人家也会尽自己所能宴请宾客以示庆祝。

（一）　小儿弥月

传统中国，人们结成婚姻的主要目的就是保证传宗接代，延续血脉，小孩特别是男孩的诞生非常荣耀，是完成了使命的幸事，值得庆祝，一般家庭会在小儿一个月也就是弥月之时请客，人们尽其所能以显示其喜悦之情。《云南三村》里曾记载了1939年任督学家孩子的满月请客花销：

祝米（小孩满月）（1939年任督学实例）

猪肉七十斤35元　米一斗6元　挂面十一斤3.08元　鸡三只8.10元　蔬菜及油盐10元　纸烟及瓜子1.20元　鸡蛋150个9元　米线十八斤1.80元　木炭及木柴7.50元　烧酒六斤1.80元　白酒七斤2.80元　香油二斤2.00元　赏工人1.10元　赏小孩及零食3.00元　面清面酱2.00元　麦面二斤0.60

---

① 费孝通、张之毅：《云南三村》，社会科学文献出版社2006年版，第439页。
② 罗养儒：《云南掌故》，云南民族出版社2002年版，第93页。

元　杂费 5.00 元　　　　共计 99.98 元。[①]

这将近 100 元的花费对于普通人家来说是非常高的开支，相当于中等人家大半年的全家日常生活消费开支，比下层人家一年全家日常生活消费开支还要多。

（二）做寿

一个人到了 60 岁以上，就有了做寿的资格。做生日，开寿筵，博高年人之一乐，这也是能负担做寿的家庭很普通的花费。通常的寿筵是"用肉八碗以待客，复邀请亲友不多，只算是一个小小聚会"。[②] 但是有一些富户，十分豪奢，设寿堂，挂寿幛，点寿烛，吃寿面、寿糕，子孙和亲友献寿桃和其他寿礼，既而"大张筵席，开台演戏，为父为母做寿"，[③] 这样的操办不亚于婚嫁宴客的排场。

《云南三村》里列举了 1939 年禄村刘老奶 70 岁做寿的例子：刘家在禄村算是比较富裕的人家，而且刘老奶也是出名的霸道老人家，她自己要儿子替她做寿，热闹一下，这一次做寿花费多少金额呢？根据做寿账本显示，共花费了 483.15 元。

做寿（1939 年）（刘老奶七十寿辰实例）

炭四背 10.70 元　　黄豆五斤 10.00 元　　小米四斤 3.40 元　白枣仁一斤五 3.00 元　　葵瓜子五升 5.00 元　　笋子三斤 3.20 元　砂糖三十五盒 7.00 元　　鸡蛋 70 个 5.60 元　　麦面五斤 1.50 元　花生十二斤 8.00 元　　蛋篮十三只 4.00 元　　贝粉一斤 0.45 元　花椒胡椒 0.60 元　　钵头五个 1.00 元　　纸、黄烟 4.00 元　　姜五斤 1.25 元　　白曲三十斤 4.50 元　　草纸 0.30 元　　猪二头 174.21 元　　干菌四斤五 1.40 元　　厨师 3.40 元　　清酱 4.40 元　　盐 4.00 元　　枣 1.50 元　　面酱 1.00 元　　山菜 5.00 元　　租碗 5.00 元　赔碗 1.40 元　　租被 3.45 元　　纸烟 2.00 元　　洋烛 0.70 元　　鸡

① 费孝通、张之毅：《云南三村》，社会科学文献出版社 2006 年版，第 137 页。
② 罗养儒：《云南掌故》，云南民族出版社 2002 年版，第 111 页。
③ 同上。

12.00 元　　柴 15.00 元　　香曲 3.00 元　　面 7.50 元　　麻油 0.50 元　　酒 24.00 元　　醋 2.80 元　　米 120.00 元　　糯米 15.00 元　　藕 7.00 元　　　共计 487.76 元。[①]

这一热闹就用了两头猪，杂七杂八共花费 487.76 元。文中虽然没有说明请客的桌数，但从用猪肉的量可知应该有几十桌，客人太多，所以还请了厨师，可见规模和排场不小，这个家庭的做寿支出赶得上普通人家的婚丧消费支出。足见一些家庭在做寿方面也是不遗余力。

可以说社会礼仪特别是婚丧的费用都属于大宗的支出，很多都可以超过一家一年日常生活费用的总额，甚至达到了几年的总和。普通乡村民众平时相当节俭和朴素，吃穿用度省之又省，以维持基本所需为限，如此生活才勉强储蓄下一些余额，但是出现的这种大宗支出只要一次就足以把他们的储蓄全部用尽，甚至要负债，进而必然要影响到其他方面特别是农田方面的投入资本，这是一个比较棘手和严重的问题，但事实上它真实而又广泛地存在于民国年间云南民众的消费生活中。

四　社会礼仪消费的特点

事实上，婚嫁丧葬满月做寿等社会礼仪消费活动就是十分典型的消费风俗习惯，它是人们在长期的消费活动中相沿而成的受共同的审美心理支配的群体消费行为。可以说，这种消费风俗习惯非常明显地表现出以下三个特点。

一是消费者的自觉性。消费习俗不是人为强制发生的，是人们在长期消费生活中自发形成的，已内化为自己内在的行为准则和活动原则，根本无须外在的引导或约束，它便能自发地产生并加以传递，在历史的发展过程中不断地由上一辈将它作为文化的一部分传给下一辈。人们只有自觉地遵守了这些消费习俗才会感觉到自己的行为是正确的，才能得到心理的慰藉和满足。如同那位禄村为儿子办婚事的佃户，为办婚事，卖了很多谷子，还借了许多债，但"就是这样他一样的笑嘻嘻，觉得这

①　费孝通、张之毅：《云南三村》，社会科学文献出版社 2006 年版，第 138 页。

是平生最愉快的一件事了"。① 可见这是他自觉自愿的消费行为，是一种满足，奢侈的操办对他来说是一种精神的愉悦。

二是消费者范围的普遍性。这种普遍性表明了这些社会礼仪消费或者说消费习俗不是一种个人行为或偶尔为之的行为，而是人们普遍接受的消费行为方式。比如对亲人实行厚葬的丧葬习俗，不仅富者如此，普通收入家庭如此，就连失去丈夫、独自苦苦支撑家庭的寡妇也同样如此，"杨炜妻李氏……而翁亡，竭资治丧"，又如"李昌妻吴氏……翁姑殁，殡葬不遗余力"。②

三是消费持续时间的长期性。消费习俗是人们在长期的生活实践中逐渐形成和发展起来的，是被大家所普遍认可的行为方式，因此一经形成便具有相对稳定性，能够不断地被后世延续。如厚葬习俗，早在明代云南各地就崇尚大办丧事，到清代仍是如此，史料上记载："丧礼旧俗尚奢，凡吊客皆宴待，且有酬赠"。③ 晚清时"昆明人之于其亲死，成以'当大事'三字表之"，"故尔于一切仪式上，是不遗厥力的铺张扬漓"，"无论其贤否，都是从俗而举行一切，以免他人指责，于是一切虚而不实，繁而不当之处，不特常人有之，即贤者亦不能免也"。④ 民国年间，"爱敬死事，哀戚之义，无不注重其居丧也，凡衣衾棺椁表墓封树皆竭力为之"。⑤

社会礼仪与人生中的重大事件息息相关，与此有关的消费习俗一旦形成，人们便会高度重视，并且还会用特殊、超越于日常生活的消费模式释放内心对出生、诞辰、婚事的喜悦和对亲人去世的难过、痛苦，有没有条件，人们都会不遗余力地大肆操办，因为它的背后更多的是社会的赞誉和认同，是道德伦理。而在人们大力称赞举办丧事之家的孝道和婚礼的体面、阔气后面，隐藏的却是很多并不富裕甚至比较贫穷人家为了得到认同和撑面子而背上的沉重负担，造成"表面虽荣，内容实瘁，

① 费孝通、张之毅：《云南三村》，社会科学文献出版社 2006 年版，第 136 页。
② 阮元、王崧：（清）道光《云南通志》卷一百五十八，道光十五年（1835）刻本。
③ 张毓碧、谢俨：（清）康熙《云南府志》卷二，康熙三十五年（1696）刻本。
④ 罗养儒：《云南掌故》，云南民族出版社 2002 年版，第 70、76 页。
⑤ 黄元直、刘达式：（民国）《元江志稿》卷十一，1922 年铅印本，第 6 页。

不免外强中干之虞矣".① 如昆明城市居民中"中人之家多属外强中干",② 穷苦人家日子更是艰难,《云南风俗改良会汇刊》说:"一般的苦人,硬做阔绰,东借西移,但求一时的荣耀,不顾日后的生计,等到事过后悔,却已来不及了。"对于此事,晚清到华的美国人明恩溥也看得透彻,他有深刻的理解:"许多中国人处事行为的特点是来世的享受比今世的需求更为重要。为给父母办丧事,许多家庭卖掉了所有的土地,甚至卖掉了房子。因为若不能为死者办一场像样的葬礼是很没有面子的事。他们心甘情愿和满怀神圣地举办这种非理性的仪式,好像是在向他人表明:'看看我吧! 无论付出多大的代价,我都能把丧事办好!'"③ 用"非理性"一词来概括中国人的厚丧习俗,十分贴切,因为厚葬的代价实在太大,严重打乱了平民的正常生活,害苦了贫穷百姓,他们均是不得已而为之,他们如果不隆重操办,非但心里不得安宁,而且还会落下不孝的骂名。厚葬风气给困窘之家造成了极大的物质压力,以致发展到破家治丧,还有的"卖妻鬻子"或"自卖身价","甚至资用缺,而停丧不举者"④。

消费习俗虽具有普遍性,使很多社会成员参与到这种消费行为中,但是由于多种因素的影响特别是经济条件的局限,一小部分社会成员实在无条件,也只能游离于消费习俗之外。特别是一些贫苦大众,他们也希望得到认同,内心也期待把人生中仅有的几次婚丧嫁娶办得荣耀和体面,但往往是心有余而力不足,实在无钱操办,便只能简单从之。另外,在一些地处偏远、交通不便之地,民风习俗朴实,他们的社会礼仪消费相对比较实际,不太讲究表面的虚荣,如马关县:"丧事奢俭则视家之有无,未有一定之例",⑤ 缅宁县:"本县丧礼无适中之规定,全视贫富以为繁简",⑥ 思茅县办婚礼遵行六礼,但整个仪式"不事奢华"、

---

① 倪惟钦、陈荣昌、顾视高:(民国)《续修昆明县志》卷三,1943 年铅印本,第 3 页。

② 张维翰、童振藻:(民国)《昆明市志》上册,云南昆明市政公所 1924 年铅印本,第 66 页。

③ [美]明恩溥:《中国乡村生活》,陈午晴译,时事出版社 1998 年版,第 192—193 页。

④ 张毓碧、谢俨:(清)康熙《云南府志》卷二,康熙三十五年(1696)刻本。

⑤ 张自明:(民国)《马关县志》卷二《风俗志》,云南德生石印馆 1932 年版,第 12 页。

⑥ 丘廷和:(民国)《缅宁县志稿》卷十七,1945 年稿本,第 2 页。

办丧事"称家之有无……均皆节俭，不事浮华"，① 盐丰县"棺椁含殓与一切礼仪之或丰或俭，各视其家之有无"。② 根据家庭的经济状况来办理，这可以说是大操大办婚丧社会习俗风气中的一缕清风，只可惜这缕清风所到之处十分有限，绝大部分还局限于交通闭塞边远之处，并不能影响整个社会习俗的大势。

第二节　迷信消费

古代社会，科学落后，生产力比较低下，人们征服自然以及认识世界的能力比较弱，因而形成了对日月、天地和鬼神的敬畏、崇拜，每当遇到天灾人祸，在落魄失意、六神无主之时便想得到各种鬼神的保佑，并由此形成了他们的迷信观念。什么是迷信，我们很难给出具体而标准的定义，但整体来说，迷信有一个最根本、最重要的基础就是迷信的人都相信有灵魂、神灵、鬼怪等各种超自然物质的存在，并且，正是这些超自然物质支配着成败祸福、生老病死，甚至支配着所有人的人生乃至整个世界，为了祈求得到它们的庇佑而使自己及家人免于灾祸，从而产生了一系列的迷信活动。

迷信活动的内容繁芜博杂，世界各国在不同时期不同阶段都有过这样或者那样的迷信，但中国格外严重，美国学者何天爵曾说："如果有人想寻找一个地方研究一下迷信给人类带来的种种影响和结果，那么中国也许是地球上其他任何地方都更恰当的选择。中国人整个民族的思维结构和精神心态似乎都浸透着迷信观念。迷信在每一位中国人的日常生活中都占有十分重要的位置。不管做正经事还是休闲玩乐，迷信都影响着一个人的计划。"③ 何天爵惊呼于中国的迷信已经浸入人们的日常生活的每个细节，如同天空中撒满的一张张蜘蛛网，牢不可破，对每个家庭有着潜在的巨大影响。

① 赵国兴:《云南省地志·思茅县》，云南学会征刊1921年版，第16页。
② 杨成彪:《楚雄彝族自治州旧方志全书·牟定卷上》，云南人民出版社2005年版，第1144页。
③ [美]何天爵:《真正的中国佬》，鞠方安译，光明日报出版社1998年版，第106页。

一　迷信消费概况

近代中国各地都是迷信重重，云南也不例外，当地民众祀奉或信仰的神灵相当繁多，大概有财神、家堂神、灶神、桥神、祖先、送子观音、土地菩萨、树神、石菩萨、玉皇大帝、孔圣人、罗汉、六畜大神、五谷大神、神农菩萨、雷神、风伯雨师、坛神、沟神、毛厕姑姑即厕所神、无常大爷、十殿阎君……"可以多至无穷，欲数其尽，想其尽均属不可能之事"。①

云南民众一直以来十分迷信，素有信巫鬼的传统，"一般居民，迷信佛教，朔望恒多赴寺庙忏悔"，在街巷私宅，"亦时有讽诵经典及敲击木鱼之声达于户外"。② 甚至很多史料都有这样的记载："巫术观念笼罩一切。"③ 民国年间各县上报给省民政厅的有关资料也反映出迷信不是个别现象，而是各地皆然。如宜良县"无论男妇老幼对鬼神邪说迷信颇深"，马关县"其迷更甚"，云南临江设治局"夷族最信鬼神"，④ 河西县"向有求财求子求福寿，时有斋醮念经情事"，中甸县"最信"，呈贡县"民间迷信牢不可破"，泸西县"信神"，⑤ 师宗县"迷信甚深"，景东县"迷信极深"，顺宁县"迷信甚深"，楚雄县"人民溺于神教"，缅宁县"乡村愚民迷信殊甚"，陆良县"迷信者卜筮星相祈神祷告，自古人民共信"，⑥ 兰坪县"迷信拥挤不堪"，宣威县"向来人民多迷信鬼神"，沾益县"多信神鬼"，⑦ 保山县"亦多迷信"。⑧ 除了这些

---

① 李文海：《民国时期社会调查丛编·乡村社会卷》，福建教育出版社 2005 年版，第 453 页。

② 张维翰、童振藻：(民国)《昆明市志》上，云南昆明市政公所 1924 年铅印本，第 66 页。

③ 同上书，第 446 页。

④ 《宜良县风俗调查报告书》《马关县风俗调查纲要》《云南临江设治局填报风俗调查纲要》，1932 年，云南省档案馆馆藏，卷宗号：11-8-114。

⑤ 《河西县风俗调查表》《中甸县风俗调查纲要》《呈贡县风俗调查表》《泸西县风俗调查纲要》，1932 年，云南省档案馆馆藏，卷宗号：11-8-121。

⑥ 《师宗县风俗调查》《景东县风俗纲要》《顺宁县风俗调查概要》《楚雄县风俗调查》《缅宁县风俗调查》《陆良县风俗调查》，1932 年，云南省档案馆馆藏，卷宗号：11-8-123。

⑦ 《兰坪县风俗调查》《宣威县风俗调查》《沾益县风俗调查》，1932 年，云南省档案馆馆藏，卷宗号：11-8-124。

⑧ 《保山县风俗调查》，1932 年，云南省档案馆馆藏，卷宗号：11-8-125。

地方以外，大姚县、蒙化县、凤仪县、曲靖县、安宁县、景东县、弥渡县、罗平县、开远县、邓川县、镇沅县、永仁县、禄劝县等地都"有迷信现象"。可见，迷信已深入云南各地，不仅汉族居住区域盛行，少数民族地区同样普遍。为了从事迷信活动，各地大肆兴建庙宇让各路鬼神住得安逸，有些地方甚至把庙宇建得相当壮观，如省城昆明的城隍庙"规模宏大，堂殿楼屋颇多，鬼神塑像愈复不少，诚一伟大之建筑也"。① 鬼神塑像更是十分讲究，除普通的泥塑、木塑外，有的还会镀铜、镀金，甚至还有使用宝石翠玉的，如昆明城隍庙中的"城隍与其娘娘之身体，都是用檀香木雕成各部，然后斗成整个身体，而两俱有内脏。城隍娘娘只不过金心银胆，城隍爷之内脏则宝贵矣，心是一大团桃红珍珠镂成，胆是一团翠玉，两眼珠是两颗等于鸡蛋大之蓝宝石"。② 不惜重金塑像之事把云南昆明民众对城隍的重视表露无遗，表明当时云南民众迷信思想的根深蒂固。

　　人们的思想已深深被迷信占据，因而社会上迷信之事甚多，大量花样繁多、荒诞古怪的迷信已经渗透到普通人家的日常生活中。何天爵在《真正的中国佬》中对此有相当精彩的描写："谁与谁应当确定终身大事以及何时举办婚事要根据迷信而定；迷信的人们还认为某些事情如果处理不好会影响一家之父与孩子们的关系，有时甚至还会影响他的生命，使他阳寿大折。而当一个人死了之后，他的墓地的选择、出殡的时辰、入葬的方式等等都离不开迷信。"③ 应该说，迷信的影子随处可见，事无巨细皆包含有一定的迷信因子。迷信之事太过繁多，我们很难统计完全，只能挑其重要概述如下。

　　一是祈求消灾除害。在广大民众特别是乡村民众供奉的神灵中，绝大部分是关系到一年四季农作物生长和他们的农耕生活的各路神灵，如雷公电母、龙王爷、土地爷、神农、黄帝、五谷大神、六畜大神、伏羲等。这缘于农民与大自然水乳交融的情感，大自然赋予以土地为生的农民一切，但同时又频发自然灾害来损害农民的劳动果实，受到困扰的农

---

① 罗养儒:《云南掌故》，云南民族出版社2002年版，第217页。
② 同上书，第220页。
③ [美]何天爵:《真正的中国佬》，鞠方安译，光明日报出版社1998年版，第106页。

民常常因此束手无策、无可奈何。为应对突然袭来的天灾人祸，为求得风调雨顺以保证粮食的收获，人们只有祈求各位神灵的保佑。这样的情况屡屡见于史籍记载，如《昆明掌故》中说："封建社会中，遇有久晴不雨或久雨不晴，即将形成灾害之际，从官到民，总向有关'神灵'祷求风调雨顺，祈雨祈晴。"① 这种事情相当平常，如易门县"遇有天灾，不事设法消除，以诵经祈祷为事，并以牲帛酒醴祀诸淫祠及请巫禳解以求平安"，② 顺宁县"每遇疾病困难，往往求签问卜，若遇水旱则祈祷禳解"，③ 马龙县"全县人民遇灾患，一般妇女祈祷神保佑，至化险为夷时，致备三牲或悬匾或赴庙敬香念经酬还了愿，愚者或祈巫人禳解。"④ 赖才澄在《大普吉农村社会实况及其问题》中也讲到大普吉村如果遇到干旱或雨季推迟，"一般农人就有乞神拜佛或叫苦连天的种种表示"。⑤

二是婚嫁丧葬中的迷信。婚嫁丧葬中体现了繁多的迷信行为，婚姻中的合八字、选日子，丧葬中的选坟地、入葬日期等无一不是由迷信来主宰。一般而言，男女婚姻，虽两家门户相当，但也必须将男女属相八字等给算命先生推算，算命先生一旦说男女属相不合，即使是淑女才媛也为男家所忌，而不敢与其结缘。在亲迎日，妇女有身孕者，亦被禁止不许与新娘见面，如果在这一天属相与新人有冲犯者，"虽血亲亦不得相见，故有执翁执姑执堂执厨等忌"。婚事中的迷信活动甚多，兹不赘举。丧事同样如此，一般孝子着哀服不得入人家，而且如果选定的入殓时日有犯凶煞者，虽父母之丧，也不能够入殓，"至有臭败生蛆者"。⑥

三是治疗疾病。财力局限、医疗设施不完善导致民众患病时绝大多数都是烧香拜佛，寄希望于鬼神保佑，或者干脆请神汉神婆作法祛病。这种情况十分普遍，如滇中的易门县、呈贡县"凡遇病患医药不信，每

---

① 万揆一：《昆明掌故》，云南民族出版社 1998 年版，第 147 页。
② 《易门县风俗调查纲要》，1932 年，云南省档案馆馆藏，卷宗号：11‒8‒121。
③ 《顺宁县风俗调查概要》，1932 年，云南省档案馆馆藏，卷宗号：11‒8‒123。
④ 《马龙县风俗概要》，1932 年，云南省档案馆馆藏，卷宗号：11‒8‒121。
⑤ 李文海：《民国时期社会调查丛编·乡村社会卷》，福建教育出版社 2005 年版，第 407 页。
⑥ 丘廷和：(民国)《缅宁县志稿》卷十七，1945 年稿本，第 22 页。

信巫觋",① 滇西的邓川县"如人患病不以医药为主,则妄大肆祈祷于鬼神以冀病愈",蒙化县"信巫教者遇有疾病多跳神禳解",② 凤仪县"人民遇有疾病,多请瞎子算命或巫师看香火",丽江县"如遇疾病或逆境时,求神问卜,请喇嘛和尚等念经",兰坪县"信神不信药",③ 滇南的马关县"病久医药无效,则央求亲友数人具名于神鬼前为病人担保,巫师行法",④ 景东县"夷民患病,多半看卦求神"。边远的少数民族地区更是如此,如知子罗设治局"信鬼神,每病宰牲还愿",⑤ 云南临江设治局"夷族最信鬼神,遇有疾病及不顺利之事,辄以鬼为崇,必请巫医"。⑥

四是求财求子求福。祈求神灵保佑让福气进家门,财源广进,人丁兴旺,也是很常见的迷信行为,如河西县"向有求财求子求福寿,时有斋醮念经情事",⑦ 还有一些"处境困难的人,要求改变现状,求财求福;境况宽裕者,则要求锦上添花,发财长旺,多福多寿,死后免入'地狱'受苦。"⑧

五是驱鬼、归魂等。这一类迷信也很盛行,"当人们得了病,或者家庭出现不和,许多人卷入纷争时,他们都会去招魂"。⑨ 有时他们认为是妖鬼作怪,还会出现请人驱鬼的行为。禄丰县禄村就专门有一个女巫从事驱鬼和叫魂,经常有人找她从事此项迷信活动,找她的人太多,还需预约才可轮得到,同时她的营业范围并不局限于禄村,"请教女巫

① 《易门县风俗调查纲要》《呈贡县风俗调查表》,1932 年,云南省档案馆馆藏,卷宗号:11 - 8 - 121。

② 《邓川县风俗调查》《蒙化县风俗调查》,1932 年,云南省档案馆馆藏,卷宗号:11 - 8 - 123。

③ 《凤仪县风俗调查》《丽江县风俗调查》《兰坪县风俗调查》,1932 年,云南省档案馆馆藏,卷宗号:11 - 8 - 124。

④ 张自明:(民国)《马关县志》卷二,风俗志,云南德生石印馆 1932 年版,第 14 页。

⑤ 《景东县风俗调查》《知子罗设治局风俗调查表》,1932 年,云南省档案馆馆藏,卷宗号:11 - 8 - 124。

⑥ 《云南临江设治局填报风俗调查纲要》,1932 年,云南省档案馆馆藏,卷宗号:11 - 8 - 114。

⑦ 《河西县风俗调查表》,1932 年,云南省档案馆馆藏,卷宗号:11 - 8 - 121。

⑧ 万揆一:《昆明掌故》,云南民族出版社 1998 年版,第 152 页。

⑨ [加拿大]宝森:《中国妇女与农村发展——云南禄村六十年的变迁》,胡玉坤译,江苏人民出版社 2005 年版,第 186 页。

的人，有些是远在别县；据说省城里有一位大官，曾经派了汽车来接过她，她没有去"①。

以上仅是众多迷信活动中比较常见的几类，可以说，迷信涉及社会中的各个方面，影响相当大。

二　迷信消费支出

民国年间云南迷信业比较兴盛，迷信弥漫、浸透到社会的各阶层，男女老幼都比较迷信，每家都有求神拜佛之行为，如宜良县"无论男妇老幼对鬼神邪说迷信颇深，求神拜佛固无论矣，且以木石亦有崇拜，凡枯木怪石所在则杀鸡敬酒祈福禳灾者终日不绝"，② 楚雄县"无论贫富，必设有佛堂"。③ 但迷信主体整体来说还是以女性为主，占主导地位，已查阅的档案资料都可反映这一点，如罗平县"妇女最信神佛，尤喜社鬼之说"，④ 马关县"迷信之风，以妇女为多"，⑤ 石屏县"女子多拜偶像信巫师"，景东县"迷信极深而妇女尤甚"，⑥ 保山县"惟妇女为最甚"，⑦ 足见妇女已成为迷信活动的最大群体，而妇女群体中又以中年以上妇女为甚，她们平日多吃素念经，虔诚者甚至有的"终身口不茹荤，终日手不释珠"，⑧ 不以此为苦，反而以"吃斋念佛朝山拜神视为乐事"。⑨ 迷信已成为这些人的精神依靠和寄托。

迷信相当微妙地与民国年间云南民众的精神生活联系在了一起，广大民众特别是妇女为了显示虔诚以获得神灵的福佑和驱除各种灾难，开展了大量的迷信活动，如打醮、拜佛、烧香、化钱纸、捐功德、请神职人员来家祈福祛灾，不一而足。所有的活动都必然要以金钱或物

① 费孝通、张之毅：《云南三村》，社会科学文献出版社 2006 年版，第 49 页。
② 《宜良县风俗调查报告书》，1932 年，云南省档案馆馆藏，卷宗号：11 - 8 - 114。
③ 《楚雄县风俗调查》，1932 年，云南省档案馆馆藏，卷宗号：11 - 8 - 123。
④ 《罗平县风俗调查》，1932 年，云南省档案馆馆藏，卷宗号：11 - 8 - 125。
⑤ 《马关县风俗调查纲要》，1932 年，云南省档案馆馆藏，卷宗号：11 - 8 - 114。
⑥ 《石屏县风俗调查》《景东县风俗调查》，1932 年，云南省档案馆馆藏，卷宗号：11 - 8 - 124。
⑦ 《保山县风俗调查》，1932 年，云南省档案馆馆藏，卷宗号：11 - 8 - 125。
⑧ 《楚雄县风俗调查》，1932 年，云南省档案馆馆藏，卷宗号：11 - 8 - 123。
⑨ 《呈贡县风俗调查表》，1932 年，云南省档案馆馆藏，卷宗号：11 - 8 - 121。

质的消耗为代价，其中以请迷信职业人员端公或师娘作法花费最大。
对于端公和师娘，各地方志都有记载，如《盐津县志》说："端公，
各乡镇皆有，常为人祈神禳解祛疯治魔等。事家供坛神者，每遇家境
拂逆，人口疾病，谓为坛神作祟；或家务兴隆，置产生子，谓蒙坛神
之庥，俱雇端公于家祈祷，并化装跳演。"①《民国昭通县志稿》中言：
"巫教：男曰端公，人家有患疾病者，辄延至家祈禳之，锣鼓喧阗，
名为跳神。"② 端公既可为人祈祷，又可祛病治魔，本领强大，费用自
然要高。以高峣村为例说明，如果请端公上门作法祛病，"索价为二三
块钱，有时为四块钱……还要供奉一只鸡"。这只是常规的费用，在作
法过程中，端公以鬼神的名义随时提出增加钱以及米、布等物品，有
时"它们的价值可能会比仪式的费用高一倍"。③ 如此，请端公看一次
病，费用不仅包括端公的劳务费和名义上给鬼神的费用，还有米、布、
鸡等物品，"连钱带物，费用大约在 3 元到 10 元之间"，这里是用国
币为单位计算，如果换成滇币，数目要大得多，奥斯古德就认为这样
的一次端公祓魔仪式，　"可令高峣一个下等户的家庭经济陷入
困境"④。

　　请师娘的费用同样惊人，禄丰县禄村就有一个师娘，是本村收入
最高的。来找她归魂的民众都必须拿一升谷、两角钱、一碗饭、三炷
香、一个蛋，这是最基本的，除此之外，还有增加项，她经常"借故
死了的魂说报酬不够，请教她的人，又得暗暗地把一两张角票放在她
后面的凳上"。⑤ 她一天接待十个左右的来访者，收入自然很可观。我
们可以通过对当时不同职业收入的比较凸显从事迷信的师娘收入
之高。

---

　　① 《昭通旧志汇编》编辑委员会：《昭通旧志汇编》六，云南人民出版社 2006 年版，第
1794 页。

　　② 《昭通旧志汇编》编辑委员会：《昭通旧志汇编》二，云南人民出版社 2006 年版，第
399 页。

　　③ ［美］科尼尔尔斯·奥斯古德：《旧中国的农村生活——对云南高峣的社区研究》，何
国强译，国际炎黄文化出版社 2007 年版，第 285 页。

　　④ 同上书，第 287 页。

　　⑤ 费孝通、张之毅：《云南三村》，社会科学文献出版社 2006 年版，第 49 页。

表 3—2　　　　　　　　　　禄村 1945 年若干种职业的日收入

任务	每天或每次求问的谷物报酬
妇女背媒	0.71 升
妇女下田干活	0.33 升
男人下田干活	0.50 升
黄师娘的咨询费	每次求问 1.00 升

资料来源：［加拿大］宝森：《中国妇女与农村发展——云南禄村六十年的变迁》，胡玉坤译，江苏人民出版社 2005 年版，第 189 页。

　　如表 3—2 所示，男子辛辛苦苦一天才收入半升谷，但这个师娘接待一个来访者的谷物收入就已是男人下田干活收入的 2 倍，是女子下田干活收入的 3 倍，这还不包括金钱和其他物品。一般而言，她每天可以接待十个来访者，那么，她每天干得好的话就能得到十升粮食、十碗饭、十个蛋，还有不少的金钱收入，这足够她全家生活，而且远远高于一般农民。奥斯古德也曾记载过碧鸡关有一位师娘的生意极好，十分兴隆，忙得不可开交，"这个 40 来岁的女人，在远近一带经营有方，虽然她不会生育，却赚了很多钱，丈夫依靠她过着奢华的生活"。[1]
　　另外，社会上还存在大量的其他个人或群体性的迷信消费活动，同样花费不少。如昆明最大的迷信活动是迎城隍，参与者达到数万之众，各行各业各个阶层的人都有，除游行外，还大办筵席，演 3 天的戏，所费不赀，这些都要平摊到各位参与者头上，史料就记载："动需巨矣，殊属无谓"。[2] 民国时期的建水，另有两种专门针对妇女的迷信活动叫作"升经""踩桥"，升经就是请人念经做功德，谁出的钱多，谁就更有功德，可以福报无穷。踩桥就是在来世投胎时，如果踩着头桥，可以转为男身，踩着二桥，可投生富贵人家，其余踩过桥的都可得到好处。谁的后福多、命好，谁踩头桥，谁踩二桥，概由出钱的多寡而定。那些生活好的妇女还想在来世过好日子，那些今生生活不好的妇女想在来世改变命运，于是大家争相捐功德，出钱踩桥，而且都争着踩头桥，导致

---

① ［美］科尼利尔斯·奥斯古德：《旧中国的农村生活——对云南高峣的社区研究》，何国强译，国际炎黄文化出版社 2007 年版，第 287 页。
② 《通海县风俗调查事项》，1932 年，云南省档案馆馆藏，卷宗号：11 - 8 - 123。

标价越来越高，乃至影响到了一些家庭的经济生活。河西也出现了一种迷信组织——复古坛，他们的活动除了讲圣谕、请神降乩外，还售卖能赎罪买生的鸾票，信众纷纷购买。河西有复古坛，广南县马街乡有万全堂，讲经传道同时大肆搜刮虔诚道徒缴纳的放生钱。所有的这些都属于耗费金钱的迷信消费活动。

除此之外，崇佛信道也与迷信结合在一起，"一般居民，迷信佛教，朔望恒多赴寺庙忏悔"，[①] 因此"每年以大量钱财，花在香蜡纸烛上面"，很多城市贫民如果遇到家中生病或死亡的，都会千方百计借凑金钱，到庙中烧香拜神，"把身边仅有的为数不多的血汗钱，扔到寺中的'功德柜'内"。[②]

迷信无处不在，无论是请端公、师娘等迷信神职人员作法祛病消灾祈福，还是加入各种迷信组织、参加各种迷信活动、崇佛信道等无不与金钱联系在一起，成为家庭消费支出的一个部分。很多家庭消费支出中都可发现这笔开支，如孙蕙君在1939年秋至1940年夏对昆明的各阶层家庭进行了调查，发现贫户中每家都有迷信信仰消费，尽管不多，但都有，年均为9元，普通户平均每家开支13.17元，小康户为82元，富裕户为66元。[③] 迷信信仰消费已经涉及了社会各阶层，波及面极大，从贫户到富户都有开支，而且基本呈上升趋势。因经济条件的局限，贫户最少，然后到普通户，虽然在排列中两者处于底端，但事实上我们分析贫户和普通户的全年各项支出就可看出他们对迷信信仰的重视，这项支出远大于医药和教育支出，贫户无教育费和医药费，普通户的教育费才5元、医药费2元，这种现象明显体现了他们今生生活的不如意，只好修来世，为了造福来生，他们在自己有限的、屈指可数的收入中拿出一部分进行迷信信仰活动。至于小康户和富裕户从花费金额来看，都属上端，是贫户的7—9倍，可见，他们同样重视此项活动，在这上面的花

---

① 张维翰、童振藻：(民国)《昆明市志》上，云南昆明市政公所1924年铅印本，第66页。

② 昆明市盘龙区政协：《盘龙文史资料》第二辑，昆明市政协机关印刷厂1987年版，第24页。

③ 李文海：《民国时期社会调查丛编·城市(劳工)生活卷上》，福建教育出版社2005年版，第130、137、148、158页。

销不少，但富裕户没有小康户高，可能的原因是富裕户更为重视教育，如富裕户的教育费年均 809 元，小康户的教育费才 284.80 元，富裕户是小康户的将近 3 倍，自然所受的教育高，接受的先进知识多，人们会理性对事物做出一个合理的判断，不会盲目跟从，富裕户中的迷信信仰开支绝大多数应该是家庭中的妇女特别是老年妇女消耗掉的。窥一斑而见全豹，全省其他各地情况不会相差太大。

除了从不同家庭在迷信信仰上都有花销来体现人们对此的重视外，我们还可以从进行迷信活动所必需的香烛、纸钱、元宝等物侧面看出云南民众对此事的看重和花费之大，以昆明为例，《云南掌故》详细介绍了光绪十五六年间（1889—1890）民众在此项上的花销，当时昆明城内外共有十四五万丁口，如果以家庭计算，有两万余家从事迷信活动，"平均每年燃烧之香，每户当不下一万五千枝，只以二万户计，每年应燃烧条香三万万枝，若计其值，则达到二万两，亦一笔巨数也。再合上蜡烛、元宝、黄钱之所值，或者有四五万两银，此不能不云其销耗之巨。"①

三　迷信消费的危害

迷信对人们的危害不小，何天爵说得很严重，"它影响和支配着生活中的每件事情甚至人们的一举一动。它歪曲了人们的正常理智和思维，在严密的逻辑之间挑拨离间、颠倒黑白、拨弄是非"②。的确如此，它干涉和阻碍了人们的正常事务，限制了人们身心的健康发育，让人无法摆脱，同时又难以对付。迷信消费更是一种愚昧的消费行为，特别是人们盲目听信卜筮星相巫觋堪舆等迷信专职人员，而迷信各业只以敛财为目的，人们为此破费不少。《云南民政概况》对此有阐述："迷信事件中，最著者莫过于卜筮星相巫觋堪舆各业，大都借名敛财。"③这些人说什么，要什么，都必须满足，以至于一些贫寒之家，"仅存鸡豚，巫曰是祀可以鸡，则无故而害其鸡。曰且宜豚，则无故而害其豚。犹不

---

① 罗养儒：《云南掌故》，云南民族出版社 2002 年版，第 611 页。
② ［美］何天爵：《真正的中国佬》，鞠方安译，光明日报出版社 1998 年版，第 106 页。
③ 丁兆冠：《云南民政概况》，云南省民政厅 1936 年版，第 4 页。

止也。曰可羊则害其羊，可牛则害其牛"。① 甚至某些民众还因此破产，如江城县"人民遇疾病均往祈祷以神问卜以明祸之所由来，设巫谓某神灵降罪或先灵罪咎，须宰牲念经而乞免，虽耗巨金而不惜，尤更破产而不顾"。②

迷信是影响人们消费水平的重要因素之一，但是对于迷信消费我们还是要认真分析。一方面要看到民国年间迷信比较盛行，民众热衷于迷信活动这一现象，但另一方面由于各个家庭经济实力和每一次具体迷信活动消费财物额度不同，对每个家庭经济的影响程度也不同，所以不能一概而论。一般来说，那些深陷迷信并相信通过迷信活动就能避凶趋福、获得福祉的人，在迷信方面的投入相对要多一些，甚至是贫苦大众也要不惜代价从事迷信活动，如史料记载的，"家境困难者，亦皆借贷而为之"，③ 他们是迷信活动的主体。而那些有平常心，仅把迷信和有关的迷信活动当作生活中可有可无的点缀或消遣的人，不管从金钱投入的频度还是从额度来讲，都远不及前者。

第三节　三毒消费

三毒主要指鸦片烟、赌博和娼妓，事实上三毒消费属于典型的社会畸形消费，它们的存在并不是为了追求温饱，而仅仅只是为了满足一种近乎病态的心理需求而产生的不良消费。它们的危害极大，一旦沾染则欲罢不能，严重影响到了人们的生活，同时也制约了社会经济的发展。

一　烟毒消费

在云南，真正大规模的种植，且将罂粟制成鸦片供人吸食，是在鸦片战争前后鸦片通过印度、缅甸传入开始的。光绪年间，浙江钱塘人包家吉入滇，见到了昆明城外已是"罂粟盛开，满野缤纷，目遇成色"，④

---

① 杨成彪：《楚雄彝族自治州旧方志全书·姚安卷上》，云南人民出版社 2005 年版，第805 页。

② 《江城县调查风俗纲要》，1932 年，云南省档案馆馆藏，卷宗号：11 - 8 - 123。

③ 《凤仪县风俗调查》，1932 年，云南省档案馆馆藏，卷宗号：11 - 8 - 124。

④ 方国瑜：《云南史料丛刊》第十二卷，云南大学出版社 2001 年版，第 262 页。

滇西南一带更是"土地肥沃,遍种罂粟,熬烟售卖"。[①] 罂粟种植在云南如雨后春笋般四处蔓延,迅速发展,以致到光绪二十五年前后,全滇每年能有六七千万两之烟土产出。特别在 1920 年以后,罂粟种植就变得更为普及和广泛了,种植区域"首以迤西为多,迤南次之,迤东则未焉者矣"。[②] 据统计,1920 年、1921 年全省的种植面积达到了 36 万余亩,1922 年增至 50 万亩,1923 年为 70 万亩,1924 年、1925 年达到了 100 万亩。[③] 此后,种植面积总体上在 100 万亩间上下浮动。但事实上,这些数据仅仅还只是官方的粗略统计,实际数值远比发布的数据要高,众多资料显示,1925 年一直到 1935 年政府实施禁种时为止每年种植面积实际上至少有 150 万亩,甚至达到 200 万亩。如档案记载当时的禁烟局自己也承认:"但据实地考察,而隐漏者不只一倍。"[④]《云南旅平学会会刊》也分析到,禁烟局统计的 100 多万亩之数不实,含有水分,烟田面积实际上应是 150 万—200 万亩。[⑤] 澳大利亚学者霍尔考察估计 20 世纪 30 年代时云南鸦片的种植面积"应为近 200 万亩,而不可能是 100 万亩"。[⑥] 看来,最高时 200 万亩绝不是空穴来风,增长势头之猛令人瞠目。鸦片流毒遍于各省,引起了全国舆论的反对,在舆论及国民政府的压力下,云南省政府狠下决心禁烟,并取得了一定的成效,鸦片种植面积才明显减少。

(一) 烟毒吸食者数量估算

尽管鸦片的种植由于行政机构的强令禁止及受其他因素的影响在民国后期被强有力地制止,种植面积一度陷入低谷,但整个民国年间云南的鸦片产量很高甚至一度达到历史的顶峰是不容置疑的事实。如此巨大的罂粟种植面积和如此高的产量,必然造就一个庞大的鸦片吸食群体,

---

① 中国第一历史档案馆:《鸦片战争档案史料》第一册,上海人民出版社 1987 年版,第 774 页。

② 《昭通旧志汇编》编辑委员会:《昭通旧志汇编》一,云南人民出版社 2006 年版,第 336 页。

③ 李珪:《云南近代经济史》,云南民族出版社 1995 年版,第 270 页。

④ 《云南全省禁烟局密令》,1928 年,云南省档案馆馆藏,卷宗号:11 – 11 – 56。

⑤ 秦和平:《云南鸦片问题与禁烟运动(1840—1940)》,四川民族出版社 1998 年版,第 44 页。

⑥ 李珪:《云南近代经济史》,云南民族出版社 1995 年版,第 271 页。

"烟毒感染者甚众"，① 以致"无论城乡僻壤，士农工商，均多嗜吸"。②
可以说，从通都大邑至穷乡僻壤，随处可见烟民，上至官僚显贵，下至
村民野夫，甚至边地夷猓土民，都不乏在烟雾缭绕中消磨时光之辈。

另外，吸食鸦片的场所之多，也可体现吸食鸦片之风盛行不衰、人
数之众。几乎处处都有提供吸食的场所，可用"十室之邑，必有烟馆"
来形容。云南的各大城镇，烟馆开设的数量众多，比如在大理的下关，
仅四方街、西大街、正阳街、振兴街、仁民街和鸳浦街一带，"就开有
大小上百家的鸦片烟馆"，安宁"城里开烟馆的有三十多处"，③ 在蒙化
县，"大仓街、盟石、公郎、南涧等街镇都有人开设烟馆"。④ 又如嵩明
县的杨林镇街上总共只有百余家店，但烟馆就有三十家，占据整个店铺
的30%。⑤ 除烟馆外，许多茶馆、妓院、旅店、浴室等处也兼做提供鸦
片吸食的生意，晋宁"茶铺楼上就是烟馆，白日夜间都有人去吹烟"，⑥
昆明市内兴隆街的几家店子，"前堂像是茶铺，后堂却是瘾君子们吸食
鸦片的大房间"。⑦ 通都大邑烟馆林立，乡间小地亦有不少简陋烟馆供
人吸食鸦片，比如隶属于昆明县的农村，"鸦片烟馆随处皆是，一榻横
陈，为农村中普遍现象"，⑧ 又如马关"最小之村落亦有烟馆数家"，⑨
安宁"各乡街子上，甚至多数村寨都有烟馆，茶铺里都设床卖烟"，⑩
禄丰县禄村也有烟馆，"花烟间里总是有人躺着"。⑪ 甚至在一些边远偏
僻地区，还出现了一种家庭式的小型烟馆来满足路人的需要，滇黔两省

---

① 昆明市志编纂委员会：《昆明市志长编》卷十一，云南新华印刷厂1984年版，第43
页。

② 昆明市地方志编纂委员会：《昆明市志》五，人民出版社2003年版，第91页。

③ 昆明市志编纂委员会：《昆明市志长编》卷六，云南新华印刷厂1984年版，第56页。

④ 云南省政协文史委员会：《云南文史集粹》十，云南人民出版社2004年版，第397
页。

⑤ 铁道部财务司调查科：《粤滇线云贵段经济调查总报告书》，1932年版，第86页。

⑥ 昆明市志编纂委员会：《昆明市志长编》卷十一，云南新华印刷厂1984年版，第182
页。

⑦ 云南省昆明市政协文史资料研究委员会：《昆明文史资料选辑》第三十八辑，昆明市
政协机关印刷厂2002年版，第58页。

⑧ 行政院农村复兴社：《云南省农村调查》，商务印书馆1935年版，第75页。

⑨ 《马关县风俗调查纲要》，1932年，云南省档案馆馆藏，卷宗号：11-8-114。

⑩ 昆明市志编纂委员会：《昆明市志长编》卷六，云南新华印刷厂1984年版，第56页。

⑪ 费孝通、张之毅：《云南三村》，社会科学文献出版社2006年版，第49页。

交界处，就有专门为走南闯北的马帮提供鸦片烟的农家，向尚在《西南旅行杂写》中就记载了这样一名农家妇女，"以为我们都是'马哥头'，前来买吸鸦片烟。苏君本有小瘾，既见有烟买，又见少妇殷勤相待，乃不假思索，应声而入，在一榻上躺下，大呼'拿烟来'，少妇即时照办，点灯倒茶，非常亲热"①。可见，当时的鸦片烟馆和茶楼酒肆一样普通。

云南究竟有多少瘾君子？很难统计，官方材料零碎不全、烟毒嗜好者讳莫如深，使得精确统计变得不可能，只能估算了解大概。《昆明市志长编》记载光绪三十三年昆明附近："民间吸食，十居四五"，② 姚安县清末"百人中五六人"，③ 宣统前后，安宁"当时，五十户人家的村庄，至少都有十多户有瘾"，有些村庄更高，如昆明县大菜园村，"全村有四十五户人，就有四十七罩烟灯，只有四户不吸烟。有一户地主家三个人吸，三户中农家都是两弟兄吸。"④ 外国社会学家也曾报告云南清代后期的吸食鸦片状况："云南除妇女、小孩之外，几乎人人都吸食鸦片，吸烟人数约占全省人数的60%左右。"⑤ 众说纷纭，莫衷一是，如何辨析清末云南的吸食人数？外国观察家的60%过于夸大其词，另外，不同的地区种植面积不同，吸食程度也不可能相同，昆明和安宁都是云南的主要产烟区，商品贸易比较发达，风气最为浇漓，因而吸食比例远远高于一些地区，不具代表性，不可取。姚安县位于云南的中部，种植面积中等，有一定代表性，它的5%—6%的比例也恰好与秦和平经过综合对照比较分析后估计出来的数据相吻合⑥。因而，清末云南的瘾民人数以总人数的5%计算最为适当。

民国时期，吸食人数有增无减，1920年以后，"大约每10人就有1

---

① 向尚：《西南旅行杂写》，中华书局1939年版，第172页。
② 昆明市志编纂委员会：《昆明市志长编》卷六，云南新华印刷厂1984年版，第55页。
③ 杨成彪：《楚雄彝族自治州旧方志全书·姚安卷上》，云南人民出版社2005年版，第1133页。
④ 昆明市志编纂委员会：《昆明市志长编》卷六，云南新华印刷厂1984年版，第56页。
⑤ 秦和平：《云南鸦片问题与禁烟运动（1840—1940）》，四川民族出版社1998年版，第101页。
⑥ 同上书，第102页。

人是吸烟的，云南 1700 万人，吸烟的当在 100 万人以上"，[1] 吸烟人数平均占总人口的 10%，省会昆明的比例稍高，为 14%—15%，"昆明之城厢内外逢及 48 堡，老幼丁口约有 50 余万人，百中直有十四五个吸烟"。[2] 这些虽然只是比例估计值，但综合各方面考虑仍是可信的，能够反映民国时期民众吸食的真实情况。20 世纪 30 年代后期，政府为控制吸烟人数，第一次公布了精确统计数据：1935 年含昆明在内的 38 属总共登记吸户 54586 人，1937 年在会泽等 44 属总共登记 30495 人，1938 年本应登记大关等 45 属的吸烟人数，但当地社会申报的瘾民人数寥寥无几，零落参差，无法公布详细数据。这样的数据很让人生疑，上报的瘾民人数不到原来人数的十分之一，尽管此时政府采取一系列政策和行为来阻止民众吸食鸦片，数目有很大的减少，但鸦片一旦上瘾，不容易戒除，此数据也过于低了，因而肯定存在着严重的漏登避登、弄虚作假现象。不管如何，民国时期吸烟人数众多，高峰时期达到了 100 万人以上，烟民遍布城乡的现象是毋庸置疑的。

（二）吸食群体的多维分析

1. 职业结构：瘾民遍及各行各业

云南吸食人数众多，走在街上，随处可见形容枯槁的瘾君子，"他们有男有女，有老有少，有贫苦百姓、富商大贾，还有军官、士兵、警察以及学生，甚至还可以看到骨瘦如柴、满面烟色的乞丐"。[3] 穷富贵贱男女老少都有成为瘾君子的，正如《续云南通志长编》所描述的："遍于各界各类，及于老弱妇女，其范围之广，人数之众，则难以枚举。"[4] 上自军政官商，各级公务员，下至贩夫走卒、工人农夫、无业游民，均多嗜吸，瘾民遍及各行各业。其中军政官商阶层最具代表的当属清末 1910 年继任的云贵总督李经羲和民国年间军阀统治者龙云、陆

---

①　云南省政协文史委员会：《云南文史集粹》十，云南人民出版社 2004 年版，第 355 页。

②　昆明市志编纂委员会：《昆明市志长编》卷六，云南新华印刷厂 1984 年版，第 56 页。

③　文史精华编辑部：《中国近代烟毒写真》上册，河北人民出版社 1997 年版，第 466—467 页。

④　云南省志编纂委员会：《续云南通志长编》中册，云南省科学技术情报研究所印刷厂 1985 年版，第 445 页。

子安等人，上梁不正下梁歪，地方上更是到处烟雾缭绕，就连一些边远地区，土司贵族阶级也"多有吸食鸦片者"。① 各级公务员也是上行下效，习于邪行，大抽鸦片，如晋宁一县长上任之初到各局机关巡视，发现"无一处不散发出鸦片烟味"。② 另外云南很多商人都以经营鸦片起家，同时也是鸦片的吸食者，他们"短榻横卧，烟具毕陈，斗胜出矜奇，俾昼作夜"。③ 中上层社会吸食鸦片之风盛行，下层民众也是烟民充斥，农民自种自吸，劳苦工人、无业游民、贩夫走卒等购烟吸食。可见，各行各业都不乏瘾民。

2. 身份差异：农民构成吸食鸦片的主力军

1935 年，政府公布的昆明在内的 38 属吸户共有 54586 人，其构成情况是："农业人口 31075 人，工业人口（包括各种技工及苦力）11646 人，商业人口 7642 人，无业人口 4223 人。"④ 这个统计印证了瘾民涉及各行各业，另外也说明了农业人口是吸食鸦片的主力军，占云南大多数的农民加入烟民队伍，也意味着烟民队伍的迅速扩充。农民瘾君子的出现跟普遍种植罂粟有关，正如时人所言，力耕之农夫今则业已种之，因而吸之，家家效尤，乡村反多于城市。如昆明附近的农民，"在民国 9 年至 23 年（1920—1934），可说家家都种鸦片烟，约占当时土地面积的三分之一"，"村里的人普遍抽大烟，每个村子都有几家烟馆。杜家营仅三十多户人，就有两家；大村七八十户人，就有三四家；子君乡三百多户人，就有六家。男的几乎都吸上瘾"。⑤

3. 性别结构：男性多于女性

从瘾民的性别结构上来看，男性远多于女性，正如方志中所说："男子吸烟，妇女缠足，为社会极普遍之病态。"⑥ 男性是吸食鸦片的主

---

① 江应梁：《摆彝的生活文化》，中华书局 1950 年版，第 114 页。

② 秦和平：《云南鸦片问题与禁烟运动（1840—1940）》，四川民族出版社 1998 年版，第 104 页。

③ 谢本书：《云南辛亥革命资料》，云南人民出版社 1981 年版，第 257 页。

④ 秦和平：《云南鸦片问题与禁烟运动（1840—1940）》，四川民族出版社 1998 年版，第 292 页。

⑤ 昆明市志编纂委员会：《昆明市志长编》卷十一，云南新华印刷厂 1984 年版，第 177 页。

⑥ 王钧国、缪果章：（民国）《宣威县志稿》卷八，1934 年铅印本，第 37 页。

体，"在成年的男子总有百分之三十五乃到四十"，① 比例极高。与此相
对应女性吸食鸦片的人数比较少， "至于本省所吸食的……妇女较
少"，② 如楚雄地区，吸食比例仅仅是"女子千人中亦有一、二人"，可
见，"男人吃者远超过妇女之数"。③ 女性吸食人数少，但不代表没有，
女性吸食者绝大多数是官僚太太及商家主妇，她们有足够的资金，还有
一部分是寡妇和娼妓等，娼妓中吸食鸦片者大有人在，寡妇因生活之岑
寂，而沉沦各种堕落的慰安——吸烟赌博饮酒等恶嗜好，特别是鸦片，
"十个寡妇，有九个是有的。因为伊们底生活，过于孤凄，非如此不足
以慰安，有了这些恶癖，一方面大费金钱，一方面自戕身体"。④

4. 蔓延趋势：由富贵阶层向下层民众拓展

鸦片种植未广泛时，价格昂贵，最先在上层社会流行，比如说道光
十八年（1838）御史郭柏荫的奏折道："云南……自各衙门官亲幕友跟
役书差，以及各城市文武监生商贾军民人等，吸烟者十居五六，并有明
目张胆开设烟馆、贩卖烟膏者。"⑤ 官吏绅商等上层社会很多都沉迷于
鸦片，不能小觑，足见吸食鸦片在当时的上层已流行开来。中上层社会
吸食鸦片之风盛行，但随着价廉易得的土产鸦片的大量种植，吸食之风
就迅速扩展到广大的下层民众，"走卒贩夫，农作劳动者亦吸之"。⑥ 下
层民众经济拮据，但瘾却不小，"下关关迤有一挑水卖的人，家中一贫
如洗，因吸食鸦片上了瘾，每天卖得几文水钱，先要买几钱糖烟回家吞
服过瘾"。⑦ 可见，下层民众也有很大的烟瘾，以至于坐在下等的小火
车里都可以看见贫苦大众的烟灯，"由昆明到昆阳的小轮船，不过三小
时的航程，也有人要烟灯横陈的过瘾"，⑧ 足见吸食鸦片之风已由富贵

---

① 行政院农村复兴社：《云南省农村调查》，商务印书馆 1935 年版，第 29 页。
② 王稼句：《昆明梦忆》，百花文艺出版社 2003 年版，第 21 页。
③ 杨成彪：《楚雄彝族自治州旧方志全书·姚安卷上》，云南人民出版社 2005 年版，第
1133 页。
④ 建新：《敬节堂还应该存在吗?》，《曙滇》1923—1924 年第一卷第二期。
⑤ 昆明市志编纂委员会：《昆明市志长编》卷六，云南新华印刷厂 1984 年版，第 54 页。
⑥ 陈度：《昆明近世社会变迁志略》卷三，云南图书馆手抄本。
⑦ 云南省政协文史委员会：《云南文史集粹》十，云南人民出版社 2004 年版，第 397
页。
⑧ 行政院农村复兴社：《云南省农村调查》，商务印书馆 1935 年版，第 28 页。

阶层向下层民众蔓延，最终形成了庞大的吸食群体。只是因为经济的因素，富贵阶层和下层民众吸食鸦片的质量有优劣之分，上层官僚吸食的都是鸦片中的精品，而下层民众只能选最低等最廉价的货色消费。

（三）吸食原因初探

1. 交际应酬之必需

鸦片和茶、酒一样，成为人们十分方便且实用的交际应酬之手段，"待客尤非鸦片不为敬"，"酬酢之间，多以鸦片招待为敬"。[1] 各地皆然，如宜良县"无论贫富莫不设有烟灯，于是招待鸦片已成交际惯例"，马关县"普通交际应酬亦皆以鸦片为利器"。[2] 向尚对此深有体会，1937 年他在罗平马街附近的张家村受到了乡长的热情接待，"中间摆好精致的烟具一全套。乡长亲自给我烧了一个大烟泡，据说这是云南人待客最客气的了，我勉强学着咕咕的吃了两口，即此倒床而眠。"[3] 另外，以鸦片烟为交际应酬之必需还表现在各种节日和重大活动中，"结婚、开吊出丧、生儿子作满月，互请春客，有的家庭摆着鸦片烟盘，最少要请客人吸三口"。[4] 大家请客设宴时"亦有烟榻横陈，让瘾者来大过其吞云吐雾的'卧龙'生活"。[5] 同时"找差事、打官司、说人情"，不仅要送钱，也要送鸦片，"送的满意，太太说了情就会有一官半职，输官司也变成赢官司"。[6] 看来，吸食鸦片为应酬品已遍及社会各个层面，正如《续云南通志长编》记载的："近来毒风日炽，以吸烟为应酬交际之要件，以烟具为陈设装点之物品，习俗移人，贤者不免。"

2. 尝试成色而吸食上瘾

生产与消费需求分不开，鸦片是一种消费品，农民种植罂粟，最初

---

① 李景泰、杨思诚：（民国）《嵩明县志》卷十九，1945 年铅印本，第 264、269 页。

② 《宜良县风俗调查报告书》《马关县风俗调查纲要》，1932 年，云南省档案馆馆藏，卷宗号：11 - 8 - 114。

③ 向尚：《西南旅行杂写》，中华书局 1939 年版，第 187 页。

④ 云南省政协文史委员会：《云南文史集粹》十，云南人民出版社 2004 年版，第 447 页。

⑤ 秦和平：《云南鸦片问题与禁烟运动（1840—1940）》，四川民族出版社 1998 年版，第 93 页。

⑥ 云南省政协文史委员会：《云南文史集粹》十，云南人民出版社 2004 年版，第 447 页。

就是为了出售，提供给日益扩大的买方市场，带来收入，换回其他的生活必需品。鸦片作为一种商品作物，进入市场交易，就得按质论价，到底最终的劳动果实的成色、口味、质量如何？劳动者要心中有数，才能有利于同烟贩讨价还价。为此，种植鸦片的农民首先要吸食小量鸦片，以便掌握其情况，作为交易时讨价还价的筹码。鸦片具有成瘾性，虽然每次只是尝试一点点，但长此以往，烟瘾也就生成了，种植面积越大，尝试区域越广，就越难戒除。另外，广大种植农民的嗜好可以用较低的成本来满足，罂粟的广泛种植，供应量充足，导致烟土价低廉，同时既然是自种，往往不计成本，因而吸之，家家效尤，比如禄村"本是个产烟区，出产的烟非常好。自产自用，不消花钱，就是买来抽，当时一年也抽不去十块花洋，比现在的香烟还便宜"。① 由此可见，种植者为了评定自己烟土的质量进行品尝，而且自种自吸，简单方面，经济便捷，如此种种，致使吸食人数特别是乡村吸食鸦片人数急剧地攀升，有时甚至遍及全村所有中年男子，费孝通曾在禄村采访，"随意挑一个中年的男子来问他平生抽过烟没有，没有一个是例外，若是诚实的话，全会承认抽过的"。② 足见吸食鸦片在农村是相当普遍的现象。

3. 示范作用导致人们争相效尤

最初吸食鸦片的都是一些官僚缙绅，他们呼朋引类，为欢取乐，吃烟以消闲，他们不仅把吸食鸦片作为一种悠然的享受，而且还将它作为比富斗阔、显示等第的方式。因此，当时吸食鸦片被认为是有地位、有身份的标志。由于官绅和富人的示范效应，使得吸食鸦片"成为当时社会的一种时髦"，③ 以致"小康人家不设吸烟的床铺和吸烟的器具，就好象不光彩似的"，④ 这更加剧了社会风气的日益颓废恶化。就连下层民众也参与进来，比如乡间"栽插青苗，收割粮食，请人帮工，三餐酒饭之后，晚间还要摆盏灯，有鸦片烟烧，才有人来，居然成为风气"，

---

① 费孝通、张之毅：《云南三村》，社会科学文献出版社2006年版，第140页。

② 同上。

③ 云南省政协文史委员会：《云南文史集粹》十，云南人民出版社2004年版，第405页。

④ 同上书，第355页。

有时"农民进场赶场，也多要进烟馆，烧上两口，认为阔气"。① 吸食鸦片成为时尚，人们争相效尤，实际上这也与人们的精神空虚无聊，毫无正当积极的娱乐活动有关，精神生活枯燥，社会缺少正当娱乐，使得"人民唯一的消遣就是吹烟"，② 社会风气因此恶化。

4. 因病吸食而成瘾

鸦片中含有 7%—14% 的吗啡，能够镇痛、止咳、抑制肠蠕动，在治疗感冒、咳嗽、腹泻、创伤等方面有奇效，对于缺医少药，又广种鸦片的乡土社会来说，鸦片自然成了良药，是最简单、最快捷的治疗方式。云南，偏远蛮荒，地方医疗卫生事业落后，缺医少药，大批患者无法施治，民众只能将治愈疾病的希望寄托于鸦片之上，"凡一生病，都以鸦片烟为医百病之良药，因为多吸鸦片，可使知觉麻醉，如牙痛，湿气，花柳，甚至如脚指病，都以吸鸦片烟疗之"，③ 可以说，"什么病痛，抽一口烟就减少了一半"。④ 因而，不仅男人抽，女人也抽，甚至小孩也抽。另外，滇南一带比较湿热，历来是疟疾多发之地，沿边的很多少数民族"都相信吸鸦片烟可以避瘴毒"，⑤ 这些都导致了吸食人数的上升。

5. 劳动阶级因劳动过度，用鸦片来缓解苦痛

早在清末，云南巡抚颜伯叔在奏折中就说："闻有极贫而吸食之人"，极贫之人，生活艰难，吃饭都难，何以吸食鸦片？美国人罗斯给了一个很好的回答，"因为他们经常处于食不果腹的状态之下，此时，只要能够解除因饥饿或强烈的食欲所带来的痛苦，对他们来说，任何药物都是一种极大的安慰和帮助"。⑥ 鸦片具有提神、解除疲乏的作用，对于劳苦民众来说，吸食鸦片往往被误认为是一种能量的补充，吸后可

① 剑阁文史资料委员会：《剑阁文史资料选辑》第二辑，新艺印刷厂 1983 年版，第 136 页。
② 昆明市志编纂委员会：《昆明市志长编》卷十一，云南新华印刷厂 1984 年版，第 182 页。
③ 行政院农村复兴社：《云南省农村调查》，商务印书馆 1935 年版，第 28 页。
④ 费孝通、张之毅：《云南三村》，社会科学文献出版社 2006 年版，第 140 页。
⑤ 江应梁：《摆彝的生活文化》，中华书局 1950 年版，第 191 页。
⑥ ［美］罗斯：《变化中的中国人》，公茂虹、张皓译，时事出版社 1998 年版，第 148 页。

以支撑繁重的体力劳动。贫苦劳动阶级,终日拼命劳动,但常常是食不果腹,无法养家,这使得他们痛苦异常,为了提神,他们也常常吸一口烟,使精神得以暂时舒畅,因而成瘾者不少。比如为美国人罗斯抬轿搬行李的劳力唯一可以解除痛苦的方法就是"蜷缩在烂席上,依偎在小烟灯旁,一边滚动着黑色的烟团,一边吞吐着浓浓的烟,渐渐地便解除了冰冷、痛苦、劳累的感觉"。① 薛绍铭在《黔滇川旅行记》中也记载:"黔滇两省苦力者,几无人不吸食鸦片。每一个苦力,只要一走路,其随身必携带的东西就是烟枪。走路如觉疲乏时,随地一躺,拿出烟枪点起灯来就可过瘾。"② 吸食数口鸦片,在云烟缭绕的环境之中,谋求精神上的快乐,使吸食者暂时忘记为生计而奔波的烦恼,求得暂时的舒畅。

二　赌毒消费

1936 年 11 月 3 日,《云南日报》第 6 版报道:《向父索资嫖赌不遂,反身上楼用刀戳自杀,血流如注送医院治疗》;1936 年 11 月 4 日,《云南日报》第 7 版报道:昆明在 10 月份抓获赌博 7 件,其中男丁 31 人,女口 5 人,加共计 36 人;1936 年 11 月 10 日,《云南日报》第 6 版报道:《华山街高姓钓台处,破获男女赌犯拾贰人,一并带署分别处罚》……短短几天,同一份报纸都有关于赌博的信息,除此以外,《滇声报》《义声报》《滇南公报》等都对此有所报道,足见民国时期云南的赌博也是比较猖獗和泛滥。

（一）民国年间云南的赌博状况

民国年间,赌风弥漫各地。就省城昆明而言,就开设有若干赌场和赌局,赌场多以致竞争激烈,有些赌场甚至还用周到的服务吸引赌徒,"赌场每夜打起马灯雇人接送赌客,场中招待烟茶点心,安全舒适,因此人多乐于就赌"。③ 同时,赌博地点不只限于赌场和赌局,只要有赌

---

① ［美］罗斯:《变化中的中国人》,公茂虹、张皓译,时事出版社 1998 年版,第 149 页。

② 薛绍铭:《黔滇川旅行记》,中华书局 1937 年版,第 56 页。

③ 云南省政协文史委员会:《云南文史集粹》十,云南人民出版社 2004 年版,第 459 页。

徒、赌具和赌资，随处都可成为赌博场所，公共场所、茶馆、街头巷尾、私人住所均可，如《云南文史集粹》曾记载昆明街头，"常有赌贩持扑克牌三张……邀人下注支钱"。① 云南各地与昆明相差无几，特别是一些规模稍大的县城，赌风极盛，甚至还出现了连片的赌摊，如个旧"赌场从大桥一直到天君阁，最多密集的地段是从新栅子到江川巷"。② 有的地方还出现赌博俱乐部，如河口的"俱乐部赌窟每日上下三层，均有赌客"。③ 甚至还有赌博公司，如蒙自的赌馆公司，由广东人承包，军阀保护，生意十分兴隆。至于乡村，赌风同样兴盛，村前村后，茶馆、空地也随处可见赌摊和赌徒，奥斯古德曾记载了"高峣的赌博之风根深蒂固"，④ 村中的几家茶馆都有人聚赌。乡村经济交流的场所——集市更是赌徒的好去处，如个旧各乡村的主要集市，"如湾子街、花执口、耗子庙、新山、西山等地都有聚众赌博的"。⑤ 赌博之风甚至吹到边远地区，如腾龙沿边，"较大的村寨可以看得到赌场，一间茅棚放着几张桌椅，备有麻将，牌九，骰子等，租给摆彝聚赌，老板是汉人，村寨的头人则按日抽取赌捐。有的地方，可以看到打花会，完全和在上海一带所见者相同"。⑥

（二）赌博消费参与主体分析

云南赌博遍及各地，参与主体也是十分多元化，遍及社会各个阶层，从上流社会到平民百姓都不乏嗜赌之徒，不论是目不识丁，还是满腹经纶，都不影响他们对赌博的热忱，区别的只是他们赌博的花费不同，富者大赌，贫者小赌。

赌博对于有闲有钱阶层，如各级官僚、军阀、大富商等人来说是消遣时光和娱乐的一种手段，同时也是为了追求物质上的刺激。他们拥有

---

① 云南省政协文史委员会：《云南文史集粹》十，云南人民出版社 2004 年版，第 457 页。

② 同上书，第 470 页。

③ 同上书，第 458 页。

④ ［美］科尼利尔斯·奥斯古德：《旧中国的农村生活——对云南高峣的社区研究》，何国强译，国际炎黄文化出版社 2007 年版，第 210 页。

⑤ 云南省政协文史委员会：《云南文史集粹》十，云南人民出版社 2004 年版，第 470 页。

⑥ 江应梁：《摆彝的生活文化》，中华书局 1950 年版，第 207 页。

一定的势力和财力，养尊处优，有的是空闲的时间和精力，如"1912年后，云南境内，省县地方机构，逐渐增设。被委到外县任职的官员们，旅居寂寥，也少娱乐场所，夜间无事，多是相约聚赌来消遣时光"，[①] 以致一些豪华赌场、高等赌窟，"每夜军、政、富商常往聚赌，深夜不绝"，他们一掷千金的豪赌让人触目惊心。如昆明的粤商暗中开设的番摊赌局，"约集富豪集赌，供应甚丰，输赢进出极大"，[②] 用纸币结账已不能满足他们的需要，常常是"开支票来结付赌账"，[③] 简直是挥金如土，如果赌小了，大赌客觉得乏味，都不肯上手。各地也不乏此情形，《滇南散记》中记载了滇南的一个运输大队长和当地的官僚、富人赌钱，"桌子上堆满了白亮亮的现金，拖拉，甚至于金叶子。我临走时听得有人在场面上叫道：'吕大队长，看他的，这算什么，不过是一百两烟土，十多匹牲口呀！'"[④] 除了在赌场豪赌，官绅富商更多的是在家中，特别是宴会后赌博以尽兴，"遇宴会多聚赌。官绅宴会多以打雀牌摆烟具为事，其有嗜赌及有烟癖之地方官，夜以继日，乐此不疲"。[⑤] 地方土司署里同样有赌兴大发的赌徒，他们在"美酒宴席以后，继之以赌博，每一个注子，足够罗猓人民一家十年的衣食了"。[⑥] 下注如此大，导致一些官僚沉迷其中不能自拔，不惜挪用公款，"约在1928年间，肖际熙任龙云军部的军需处长，在某次领获军饷以后，持公款去大赌牌九。输钱以后，加大注子，竟全数输光"。[⑦]

官僚和军官好赌，他们一有空闲，或在家中，或在赌场聚首，总是要大赌一番。由于他们的大肆聚赌，上行下效，其他各色人员也有不少沉迷于赌博之中。尽管政府明确禁止赌博，但上梁不正下梁歪，管理阶层、掌握实权之人都不顾政令，阳奉阴违，怎能叫民众信服，赌风自然

①　云南省政协文史委员会：《云南文史集粹》十，云南人民出版社2004年版，第458页。

②　同上书，第459页。

③　同上书，第460页。

④　马子华：《滇南散记》，云南丛书社1946年版，第31页。

⑤　丘廷和：(民国)《缅宁县志稿》卷十七，1945年稿本，第20页。

⑥　马子华：《滇南散记》，云南丛书社1946年版，第105页。

⑦　云南省政协文史委员会：《云南文史集粹》十，云南人民出版社2004年版，第459页。

难以禁绝。1926 年的《革新》杂志有一篇标题为《介绍唐继尧的训话》的文章就论述了云南赌风兴盛的原因："赌博的盛行，是人民仿效行政者及一般军官之所为。"①

士人阶层也不乏赌博爱好者，他们多以打字牌的形式进行博弈，省会昆明太阳巷内文人李仲湘家就常集一二十人打字牌，"不惟角逐胜负，并也比赛赌术高低"，他们打字牌还加出了许多新名堂，"如鸳鸯配、巧连环、喜相逢等，常可打到三十二开、六十四开"。② 字牌成为赌博的一种新时尚，甚至还有一个叫罗耀春的人士还编印了一本字牌初阶，供人学习参照。

职员、教师、普通商人等经济条件尚可的人员也有许多投身其中，如云南海关和云南邮务管理局、云南盐务稽核所等中央机关中专门设有内部的俱乐部，"每周三、六夜间及星期日，职员聚赌麻将、扑克，任情消遣，警察人员无法干涉"。③ 某些普通商人也喜欢参赌，如滇南新营盘，澜沧江以东地方，有一些行商就"把自己的商货和牲口搬运到场子里'通押'（即抵押成钱），企图孤注一掷，那真是钱同生命在一起，放置在赌场上……据说，有若干行商把他的本钱输完以后，在边地流落下来，加入流氓的一群，甚至于向四川的英雄们递投名状"。④ 另外，许多小工商业者极喜欢打花这种赌博方式，"常将手边余钱写花"，⑤ 就连教师有时也小赌怡情一番，如"早晨四点四十五分，高峣村的小学教师毕春明才回来，他同他的朋友到碧鸡关打麻将"。⑥

由于赌博以钱物作赌注，胜者可轻而易举地获得钱财，这对那些一年到头劳累的广大民众和仍然挣扎在贫困线上的社会底层以及社会闲散人员来说诱惑力极大，他们都寄希望于赌场，幻想经此一博改变自己的

---

① 禾子：《介绍唐继尧的训话》，《革新》1926 年第 8 期。

② 云南省政协文史委员会：《云南文史集粹》十，云南人民出版社 2004 年版，第 460 页。

③ 同上书，第 458 页。

④ 马子华：《滇南散记》，云南丛书社 1946 年版，第 93 页。

⑤ 云南省政协文史委员会：《云南文史集粹》十，云南人民出版社 2004 年版，第 460 页。

⑥ [美] 科尼利尔斯·奥斯古德：《旧中国的农村生活——对云南高峣的社区研究》，何国强译，国际炎黄文化出版社 2007 年版，第 209 页。

命运。持这种想法的民众不少，因而各地参赌的中下层赌徒极多，如昆明县属莲德镇的民众特别是很多青年人日夜嬉游赌场，"稍有职业者，亦罄其所入"。① 晋宁乡村很多地方也是"几乎一年到头，天天都有人打麻将。中年人少年人正事不做，日夜在麻将桌上闹个不休。许多人不管妻室儿女的生活，只晓得赌钱，以至倾家荡产，衣服褴褛"。② 还有个旧锡矿工人的生活艰难，很多工人得了工钱就直奔赌场，"他们一有钱就去赌，输光才安得了心"。③ "有些工人一年到头辛辛苦苦，年底从老板那里算来的几文可怜的工钱，因眼红想多购点衣食，但普遍的在赌场上输掉了钱连家乡也回不去了。"④ 社会下层和乡村民众参与赌博只会使他们的生活更加艰难。

赌博像一阵风把一些人卷了进去，卷入其中的绝大多数是男性，但还有一小部分是女性。民国以后，提倡男女平等，禁区逐步打开，这为各阶层妇女参赌提供了可能性。特别是上层妇女，她们赌博并不很在乎输赢，绝大多数是为了填补心灵的空虚，消磨寂寞难熬的时光，因而她们邀亲朋至友，围聚闺阁，大都在室内以打麻将和玩棋牌类博戏为乐。普通妇女则最喜欢打花会这种赌博方式，这种赌博下注非常灵活，只求注多，不求大小，"你可以随便买一朵或几朵，不论钱多少都可以，每天定时开宝一次，打中者，增加 30 倍的利。所以很能吸引人去玩"。⑤ 其次，对广大妇女来说，此赌博方式还有一个诱人之处就是"不必亲到赌场，派人将钱送交写花的取回字条即可"，⑥ 实际上是一种间接赌博，不用自己抛头露面，也不耽误干活。因而"妇女们都节衣缩食，每日积钱打花"。但打花会真正赢钱的少，大多数是赌输了，很多妇女输掉并不甘心，而是"赌输之后，往往连打几门，增加赌注，希图翻本，结果

① 昆明市志编纂委员会：《昆明市志长编》卷十一，云南新华印刷厂 1984 年版，第 182 页。
② 同上。
③ 马子华：《滇南散记》，云南丛书社 1946 年版，第 6 页。
④ 云南省政协文史委员会：《云南文史集粹》十，云南人民出版社 2004 年版，第 471 页。
⑤ 同上书，第 470 页。
⑥ 同上书，第 468 页。

弄得十分窘迫"。① 可见各行各业不论男女不论富有还是贫穷都有赌徒存在，只是他们赌博的目的、赌注的大小、赌博活动的范围等各不相同，不能一概而论。

（三）赌博消费之风兴盛因素分析

民国时期云南民众的赌博之风兴盛的原因多种多样，不只是因为赌博本身带有逐利性和刺激性，还与社会上层起带头作用、政府禁赌执法不彻底、对赌博打击不力等因素有关。除此之外，还有两点很重要的原因：一是赌博特别是打麻将在当时已成为一种较为时尚的社会应酬和交际方式；二是赌博活动难以禁绝也与社会文化所具有的历史传承性有很大的关系。

以赌博作为社会应酬和交际方式在民国年间相当盛行，这种赌博的目的绝不是获取更多的钱财和刺激，而是想通过赌博表现自己并取得别人的认同，以此融洽人际关系；或者是把赌博作为一种拉关系的手段，通过故意输给对方来博取对方的好感，以此得到关照和提携，事实上这已经成为一种变相和隐性的贿赂。这种拉关系和应酬的手段在民国时期的社会上层中非常普遍，如《云南文史集粹》中记录："许多地方官绅，并以打麻将作为交际应酬的必要韬略。至于银钱输赢在所不计，主要在于彼此结纳，联成一气，商谈如何进行假公济私、贪污舞弊的活动。"② 社会风气使然，打麻将成为交际应酬品，使得"不会打牌的常请人教导，并实地练习，丈夫教妻子，大人教小孩，恬不为怪！交际广阔的人家，每晚和星期日，戚友相知常凑场合，多的达三四起，夜间有延至一二时，始行收场的。"③ 这样就使得普通公务人员不会也得学会，正如《嵩明县志》所描述的："现盛行多为麻雀牌，公务人员亦常为之。"④

民国年间云南民众赌博消费活动难以杜绝也与浓厚的传统赌博习俗文化相关，赌博由来已久，而且历届政府都会在岁令时节放赌以增添喜

---

① 云南省政协文史委员会：《云南文史集粹》十，云南人民出版社 2004 年版，第 460 页。

② 同上书，第 458 页。

③ 同上书，第 459 页。

④ 李景泰、杨思诚：（民国）《嵩明县志》卷十九，1945 年铅印本，第 269 页。

庆氛围,这已成为一种文化,深深地影响了人们,并助长了赌博风气的盛行。人们在平日里辛勤劳作,但到了岁令时节,则会彻底放松享受一回,不仅在物质上要有充足保证,精神上也要得到不同程度的享受。因此每逢时节,人们都会想方设法主动地去寻找娱乐和刺激,赌博便是其中之一。人们平日赌博会有所顾忌,因为政府明令禁止,但"新年、春节期间初五日以内,官厅仍是驰禁放赌",① 这段时间赌博合法,既不会被政府抓赌也不会被人指责和管束,因而成了赌博最疯狂最鼎盛的时期,就连许多平日里门风甚严的书香家庭,有时也会开放几天赌禁允许家人玩玩麻将、骰戏之类的赌博活动,借此博戏取乐,此时日常喜赌之人更是肆无忌惮、尽兴大赌,赌博成为春节期间比较重要的一项活动内容。对于这种状况,各地方志都有记载,《盐津县志》言:"春季,旧历正月元旦……往来待以家制之糖果酒食或聚赌博戏,幼者群击锣鼓以相嬉乐,夕间高张灯烛,如是者数日。"②《马关县志》描写春节时游戏极多,其中就有赌博一项,"初三日起,百戏杂陈,游人拥挤……游赏有余,乃有人马犹以为乐事,未足躬入赌场,喝雉呼卢,财尽神疲"。③ 奥斯古德也有这一方面的描写,高峣村春节时除了大吃大喝外,"有一些人还要搓麻将、打扑克,通宵达旦","不少男人是在赌博中度过的"。④ 1942 年 3 月出版的《旅行杂志》第十六卷第三期更是详细记载了昆明城郊龙头村放赌三天的场景:"据说在平常的时候,龙头村是禁赌的,惟有旧历元旦开放三天,这三天是公开的,可以在大街上聚赌。据我所看见的有麻雀,有纸牌,而最通行最热闹的是赌单双……这个玩意输赢得很快,一夜晚可以输赢数千元。因为仅仅开放三天,所以赌英雄们,拼命的赌,夜以继日的连干三天。"⑤ 男人们几乎都被缚在赌博场上,尽情地大赌一番,以满足已经抑制一年而时想爆发的赌欲。

---

① 云南省政协文史委员会:《云南文史集粹》十,云南人民出版社 2004 年版,第 458 页。

② 《昭通旧志汇编》编辑委员会:《昭通旧志汇编》六,云南人民出版社 2006 年版,第 1794 页。

③ 张自明:(民国)《马关县志》卷二,风俗志,云南德生石印馆 1932 年版,第 5 页。

④ [美]科尼利尔斯·奥斯古德:《旧中国的农村生活——对云南高峣的社区研究》,何国强译,国际炎黄文化出版社 2007 年版,第 305—306 页。

⑤ 王稼句:《昆明梦忆》,百花文艺出版社 2003 年版,第 158 页。

可见，春节期间赌博是十分常见和普遍的现象，此时政府不会禁止，参与赌博也不会受到他人的指责，即使大赌也会被整个社群文化视为合理和正常而得到宽容，这事实上已成为节日消费的一项内容。除了在岁令时节政府开禁允许赌钱外，在某些地方如滇南一地根据习俗在办丧事的过程中也可以赌钱，叫作闹丧，即从出殡前一天晚上开始，来客可以大大地赌两三天钱。在《滇南散记》中就记载了在一个里长的丧礼中出现的赌博现象，"主人抱出了不少的'根子钱'送到每一个场面上去，于是千百客人都把自己准备着的本金拿出来，开始角逐，开始斗争"，[①] 作为一种习俗，这也是被政府和社会所承认和允许的。从这些文献记载可看出，赌博虽是一种陋习，却也是一种传统习惯，也是一种由来已久的文化表现形式，它具有历史的传承性，这就造就了不少初次在这种特殊时期允许赌博的"合法、合理"环境中放开心态去博一博以获得刺激和利益的人们，赢了自然还要赢，输了加大筹码更要赌以求翻本，原本只为尝试，但最终被其俘虏成为一名真正的赌徒，加快了赌风更为兴盛的进程。

三　娼毒消费

（一）娼妓业在云南的历史发展状况

娼妓在云南源远流长，古已有之。早在明朝时期，就有诗词来描绘狎妓行为："醉入红楼歌袖舞，倾壶弄盏拥非烟。银漏滴水银烛偏，青蛾垂手舞化筵。""玉蓬全盐吹口香，桃肌柳黛层波动。秉灯须游春艳场，睡浓犹作温柔乡。温柔香里度春风，月影分花散玉钟。与君相好莫相疑，同体娇怜在此时。"携妓游园、游城的事也时有发生，"归梦应迷杜宇园，携妓且醉昆明城"。[②] 足见娼妓业在云南存在的历史悠久，甚至一些娼妓还与当时的文人墨客有着千丝万缕的联系，从而流传下来一些看似情意绵绵的诗词，但事实上娼妓更多的是作为一种被社会唾弃和不齿的行当出现，人们对她们嗤之以鼻，认为她们丧失了道德伦理，败坏了社会风气。以致到了清朝，干脆直接下令废除娼妓业，但娼妓业

---

① 马子华：《滇南散记》，云南丛书社 1946 年版，第 151 页。

② 李根源：《永昌府文征》一，云南美术出版社 2001 年版，第 373、469、383 页。

消长隐显的因素极多，不是简单一纸禁令就能彻底消亡的。禁娼一直是令历届统治者相当头疼的一大问题，政府虽下禁娼令，但民间自有对策，公娼取消了，私娼却依旧活跃，并且在清末，逐渐泛滥开来，影响到了云南人们的正常生活，甚至出现娼妓冒充女学生拉客的现象，影响恶劣。1909 年 4 月，女子师范学堂忍无可忍，公开发布布告声称：有"下等妇女"假冒该堂女学生，"营业不正"，请社会人士协助，作出检举。这里的"下等妇女"就是娼妓，"营业不正"就是指卖淫行为。1909 年 5 月，云南巡警道在一份呈文中，指出云南社会存在着一些"勾引良家、蓄置养女私自卖淫的恶鸨"，对于此类人等，必须严惩不贷。也就在这一年，发生过候补官员引诱现役军官嫖妓的事件，并被督署查获，云贵总督李经羲大为震怒，命令驱逐娼妓。以上事件充分表明了清末尽管政府禁娼，但效果不显著，私娼仍然存在。

民国年间，特别是滇越铁路通车后，旅客商贾蜂拥入滇，南来北往，所至恣为淫乐，带动了娼妓业的发展。民国初年，官方曾作过一次统计：省城内中、内东、内南、内西、内北（城内 5 区），和商埠一至二区、外西区，已知娼妓共 600（？）。这里的数字 600 到底是指户还是人，不清楚。可以分析一下，上述各区，宣统三年的户口统计为 91978 人，22124 户，数字 600 如果单位是"户"，则娼妓户数占总户数的 2.17%，如果以 5 人为一户计算，则大约有 3000 人，大概男女老少 30 人中有一人，比例过高；如果单位是"人"，则占总人数的 0.65%，[1] 大概是 200 人中有 1 人，似乎比较合理。另外，这个比例与北京、上海等地相差也不大，根据 1917 年英国社会学家甘博耳对世界 8 大城市的公娼人数与总人口比例做的调查，北京为 1：259，上海为 1：137。[2] 上海比北京高，公娼人数占总人数的 0.7%，居于边疆的昆明绝没有可能超过这个比例，这从侧面论证了昆明民国初的娼妓应该为 600 人，不应该是 600 户。事实上还要清楚这 600 人仅仅是政府所掌握、登记在册的人数，社会中应该还存在一些政府无法掌握的私娼，数目应该也不少，时人的游记很好地反映了这一点，《云南游记》中记载："昆明气候温

① 万揆一：《昆明掌故》，云南民族出版社 1998 年版，第 211 页。
② 鲍祖宣：《娼妓问题》，上海女子书店 1935 年版，第 20 页。

暖，四时如春，男女性欲，特别发展，故私娼极多。得意春、平安旅馆、及南关外商务酒店、达时酒店、东亚大餐馆诸旅社，一至黄昏，即有时髦女郎，应征而至，笑语喧闐，撒娇撒媚，以娱旅客。并闻钱局街某巷，尚有台基多处，能使有情人，都成了眷属。"① 公娼也好，私娼也罢，民国年间娼妓业比较兴盛发达是一个毋庸置疑的事实，以至于上海、北平等大城市把妓女这一行当称为"花国"并选举花国总统的歪风也被昆明仿效，规模虽然小，但也煞有介事，还评出了李鸿鸾（集园园花）、王守槐（私娼）、郭宝书（私娼）、陈俊书（私娼）为"昆明四大名花"。② 从中也可窥见昆明和其他城市一样，娼妓繁多，行业兴盛。除昆明外，河口、开远、下关、蒙自、个旧等交通要道、商业繁盛及工矿区也有为数不少的娼妓。其中以个旧锡矿区尤为突出，公开营业的就有法国人开办的广佬妓院，半公开的妓院也有十几家，同时还存在着大量的暗娼野妓徘徊在城区复兴街、永盛街、车站一带。至于广大乡村，由于受社会伦理道德等因素的影响，娼妓十分少见，另外由于地理环境的封闭性使得人们大部分都是聚族而居，彼此相当熟悉，一旦出现从事此业的女子定会被人指责和唾弃，最终无法在族中安身，这样的身体和精神压力是任何一个女人无法承受的，她们宁愿远离家乡而到城市中从事此业，这也是乡村中几乎看不到娼妓的原因之一。

（二）多维的狎妓消费

民国年间，云南城市娼妓业不断发展膨胀，省会昆明尤为明显，其中原因多样，除政府设立公娼使其合法化外，城市的发展、大量农村人口涌入城市和卖淫市场的日益扩展都是不容忽视的因素。我们知道，古代的娼妓一般而言品位较高，比较注重修养和内涵，琴棋书画样样精通，正因如此，狎妓代价较高，需要不少的财力和精力，除有钱人和特权阶层外，一般百姓无力问津，因此，古代的娼妓整体而言其服务对象有一定的限制。但是到了民国年间，一切都发生了变化，随着清政府一起垮台的还有按照旧的封建伦理道德而建立的秩序，人们的思想和行动

---

① 谢彬：《云南游记》，中华书局 1924 年版，第 88 页。

② 文史精华编辑部：《近代中国娼妓史料》下卷，河北人民出版社 1997 年版，第 587 页。

得到解放，加之军阀混战、政权更迭频繁，今日不知明日的事，许多在战争和政权中攫取了大量不义之财的人常常聚集在妓院里找乐子，醉生梦死，花天酒地。与此同时，政府下令不再禁止娼妓，这使得卖淫公开化，人们狎妓不再受到限制，加之城市的发展，更多的外来人口特别是农村劳动人口纷纷涌入城市，他们也有需求，这就使得娼妓业的服务对象向城市社会的各个阶层、群体扩大，最终导致了整个民国时期娼妓业的日益兴盛。

　　民国年间的娼妓可分为三种，有集园（公娼）、窑子（明娼）和暗娼之分。集园是官方开办，其中的妓女为公娼。窑子是鸨母开办，是经过了官方注册登记后才营业的，在此的娼妓属于明娼。暗娼也叫土娼、野妓、游娼、密卖，和前两种不同，由于不纳税，被官方列为取缔之列。民国年间公娼、明娼、暗娼同时存在，明暗杂陈，共同会集于城市特别是省会昆明，促成了狎妓消费的大肆盛行。

　　大量娼妓的存在必然造就了庞大的嫖娼群体，他们忘情地沉迷于娼妓的温柔之乡，一些人甚至终日徘徊其中。但风流快活要以大量的金钱为代价，正如波德里亚所说："在消费的全套装备中，有一种比其他一切都更美丽、更珍贵、更光彩夺目的消费，这便是身体。"[1] 因而狎妓的花费不低，具体情况如何呢？以民国初年入集园寻欢作乐为例说明。一般嫖客入园找公娼，有两种寻欢作乐的方法：一是打茶围，即游客购一张价格为5角的茶围票后即可入园和妓女调情，但最多不能超过两小时，客人就要散去。二是过夜留宿，如果看中哪位妓女有意留宿，那么到了晚8时，还须另购"夜度牌"，"甲等6元，乙等5元，丙等4元"。[2] 除了留宿费以外，过夜还会产生一系列的额外花销，如吃宵夜，"叫上三四样菜，喝上两杯小酒，加上侍候的小账，又是二三元的开支"，还有早上起床以后的洗脸水钱，茶铺起码又是5角，这一进出之

　　① ［法］波德里亚：《消费社会》，刘成富、全志钢译，南京大学出版社2000年版，第139页。
　　② 文史精华编辑部：《近代中国娼妓史料》下卷，河北人民出版社1997年版，第560页。

间，"以一般职工而论，已耗去半月以上的工资"。① 尽管在集园狎妓花费不菲，但是游客仍是蜂拥而至，当时就有报纸称这一现象是"游客猬集，如蚁附膻"，足见集园生意之兴隆。

除此之外，还要介绍一些特殊的狎妓消费，如叫条、打花麻将、开苞等，这随个人而定。叫条即是叫妓女陪酒，这在民国年间成为酒宴上的必备节目，一些有钱人、达官贵人在请客的同时还会"开10张或8张酒条叫上10个或8个妓女入席侑酒"，这些妓女由主人指定或由客人选择，陪酒地点都是当地很出名的馆子或酒店，如昆明大多在设施比较齐全的东亚酒店进行，"房中设有麻将桌，烟床，还有大餐厅、小吃部、酒吧间，定包中西大餐"，除此之外，金碧路正街的粤菜馆、华丰酒楼，也可"叫条"陪酒或打"花麻将"。这种叫条和打花麻将在富人那里是相当普遍的一种消费活动。此外还有一种开苞的狎妓消费，即年满16岁的雏妓特请阔客为她付出重金置备酒席享受初夜权，数目多少以雏妓的姿色如何而定，"一等的约合银元五六十元；二等的三四十元；三等的一二十元"，② 度过初夜之后，如满意还可另议包银，包十天半月一月两月的，这个花费就非叫条和打花麻将可比，价格相当高。

狎妓花费不低，因而狎妓的主体首先是官僚军阀、地主豪绅、有钱的公子哥儿、富商大贾等上层阶级，他们温饱思淫、吃喝玩乐、挥金如土，盛行叫条、打花麻将、开苞，这直接促进了卖淫业的发展。一般来说，这些官僚军阀相中的主要是高档次的娼妓，这类娼妓年轻貌美，谈吐不俗，善于交际，有的还才艺双全，会吟诗作画。她们排场很大，连仆婢都有；穿戴华丽，式样新颖，既漂亮又时髦；房屋华丽讲究，陈设奢侈精美，设有梳妆台、靠背椅、铜床、挂钟等物件。当时在昆明出现了一些名妓就属于这类档次高的娼妓，除了李鸿鸾、王守槐、郭宝书、陈俊书四大名花外，另外如杨赛妃、咏九宵、小玉莲、谭玉珍、大花红、小花红、大理茶花、覃小弟、烟灰公主等都十分出名。还有一种情况的娼妓档次也比较高，即半伶半娼，"民初时际，常是娼优相连，有

① 文史精华编辑部：《近代中国娼妓史料》下卷，河北人民出版社1997年版，第561页。

② 同上书，第599页。

男作伶旦，女当娼的，各从所好。女伶中如李慕莲等，既唱戏，又当娼，但索价较高"。① 可以说，高档次娼妓在行业中要价最高，找一等妓女的人，大部分就是这些有钱有势的社会上层，也只有他们才能够消费得起。很多史料对此都有记载，如王守槐就曾和龙云的内侄李宝清厮混得火热。还有陈维庚任唐继尧时代的卫戍司令官时，公余之暇，常密聚一个姓戴的高等密娼家玩乐。1927 年，当时有名的官僚龙陵九、庚晋侯、张凤春、朱旭等人同时在一个有名的娼家不期而遇，闹了一场笑话。诸如此类，其例甚多，兹不赘举。

狎妓的另一主体就是普通公务员、职员、一般商人和一些轻薄之徒，他们也时常到妓院寻花问柳。一般而言，他们很少有能力去找高档次的娼妓，中等左右的妓女是他们的选择。他们的狎妓行为也受到了当时人们的注意，如《云南风俗改良会汇刊》就刊登过这样的事件，"一般纨绔之子轻薄之徒，每多偕同密卖私娼，奇装异服，或肩搭围巾，腰系青裙，二人并行，交头接耳，举止轻佻，言语粗俗……居然沿街游行"②。另外还有一些普通商人因常年在外，旅馆孤凄，有释放性能量的生理和心理需求，因而他们遨游妓院，纵情取乐，有文章如此记载："行商坐贾，终岁旅居……寻私娼甚至花柳自残。"③ 他们也成了妓院的常客。

下层劳动人们也是狎妓的一支庞大队伍。由于农村经济的萧条和破产，大量身强力壮的农村男子为了生存或养家糊口纷纷涌入城市打工谋生，使得城市中性别比例严重失调。他们也有正常的性欲需要解决，已婚男子因妻子在农村，未婚男子因他们的收入及处境一时难以娶妻，类似的现实情况都让他们难以过上正常的夫妻生活，因此一些人就选择狎妓。对于下层劳动人们而言，由于经济能力的限制，只能选择下等娼妓。此等娼妓，年龄较大，容貌较丑陋，不善应酬，不善取媚于人，大部分都是到马路上挑逗勾引男人。1915 年 8 月的《共和滇报》曾报道：

---

① 文史精华编辑部：《近代中国娼妓史料》下卷，河北人民出版社 1997 年版，第 552 页。

② 童振海：《云南风俗改良会汇刊》第一册，云南开智公司 1926 年版，第 196 页。

③ 文史精华编辑部：《近代中国娼妓史料》下卷，河北人民出版社 1997 年版，第 622 页。

"一般下流娼妓，均麋集于南城外营门口、景星街一带，秘营'稼业'。每于夕阳西下，苦力工人成群结党，前往冶游。警察亦拿不胜'纳'矣！"[1] 可见，光顾下等娼妓的下层民众不少，护国门、南屏街、近日楼、祥云街等处都是她们活动的主要区域，下等娼妓的价格相对便宜，交欢一次，约合银圆 1 元左右，[2] 价格远远低于其他娼妓，因而消费的多是社会下层民众。

四　三毒消费的危害

民国时期的三毒消费在前代的基础上更为兴盛，各式赌馆林立于街巷，喧闹不息，烟馆随处可见，生意兴隆，娼寮聚集于曲巷幽道，驰目可见。沉迷其中的既有掌握权势的富裕一族，也有辛勤劳作的中下层民众，波及面极广。这些畸形消费虽然暂时满足了一些民众近乎病态的生理和心理需求，但一旦沾染则欲罢不能，最终给民众带来了无穷无尽的灾难，同时也给云南社会带来了危害。

（一）摧残身体

鸦片烟中含有鸦片碱、尼古丁，是伤人身体的毒品，"日久必致记忆力及精神力减弱，食欲减退，体重减少，筋肉削瘦，皮肤苍白，营养不良，颜面多出现一种烟灰的符号"。[3] 同时鸦片具有成瘾性，一旦吸上，除极有意志之人，一般无法戒除，"食之者深中其毒，若不得食，则咽管即发痒而不能忍，或大便下血。故吸之成瘾者，难于戒断耳"。[4]

吸食鸦片对人的身体和精神伤害如此大，以致部分劳动群众因吸食鸦片而变得体弱神虚，"许多身强力壮的劳动力在染上烟瘾以后，致使体力减弱，不能从事劳动生产。许多人每天上午 10 点左右才能出工，但干不到两三小时，就感手足无力，难以支持，只好收工回家，久而久

---

① 卢卫东、孙美蓉：《云南历史上的暗娼野妓及解放初期的收容改造工作》，《云南史志》1997 年第 4 期。

② 文史精华编辑部：《近代中国娼妓史料》下卷，河北人民出版社 1997 年版，第 596 页。

③ 童振海：《云南风俗改良会汇刊》第一册，云南开智公司 1926 年版，第 304 页。

④ 李景泰、杨思诚：（民国）《嵩明县志》卷十九，1945 年铅印本，第 269 页。

之，坐吃山空"。① 这样的人，哪里还有心思来搞生产、经营、从事劳动？即使还有劳动之心，却已缺乏劳动之力。对于当官的而言，因吸食鸦片而变得反应迟钝的大有人在，他们根本无力关心民生大众、国情政策，眼中只有鸦片烟，形象不堪入目。这里有一位官僚会见滇南某一县长的情景，哈欠连天，鼻涕流淌的丑态跃然纸上："他站着，手叉在腰杆上，看他满脸又白又绿的颜色，就知道是一位'瘾君子'，而且分量也并不轻。在窄狭的鼻梁上架着一具白金丝的眼镜，鼻孔里流出了两行清鼻涕，他拼命吸呀吸的，吸了进去又流了出来，无奈何，只好用军服的袖子狠狠地一抹，算是暂时解决了一椿小事……'想吸两口大烟，请你替我弄一二两罢。'……委员到了下榻处往床上一躺，显得那么疲倦不堪，鼻涕口痰一起涌上来，他连身上的刀带，头上的帽子都来不及脱掉，便叫人把烟家私摆开。"② 这位官僚瘾君子只有丑态，全然没有一点形象和威严而言。吸食鸦片不但让人消瘦，四肢无力，而且最终会被鸦片榨干精力，不出几年，便苟延旦夕，奄奄待毙，只有一死了之，因此，无论是谁，"此物一沾上有了瘾，最后的结局多是如此，那真是一条不归之路"③。民间歌谣对此也多有描述："吃了洋烟得坏病，死在床上难伸脚"，"鸦片烟来花朵朵，十个吹来九个着；十个吹来九个病，等不到老见阎罗"。④

聚赌也会严重危害身心健康，耗费大量的精力和体力，是对其大透支，一般赌徒都是不分日夜地聚赌，赢之自然兴奋，输之则大为懊恼，有的急火攻心，于身心健康极为不利。

狎妓同样作践身体，萎靡精神，有一首诗《戒色》讲得好，"温柔乡里著精神，粉腻香浓色色春。等到髓枯身瘦日，良医束手病吟呻"。⑤另外狎妓还会导致性病的泛滥，娼妓是性病传染的媒介，因狎妓而染上

① 云南省政协文史委员会：《云南文史集粹》十，云南人民出版社 2004 年版，第 543、424 页。
② 马子华：《滇南散记》，云南丛书社 1946 年版，第 44—47 页。
③ 云南省昆明市政协文史资料研究委员会：《昆明文史资料选辑》第三十九集，昆明市政协机关印刷厂 2003 年版，第 261 页。
④ 刘兆吉：《西南采风录》，商务印书馆 1946 年版，第 184 页。
⑤ 杨成彪：《楚雄彝族自治州旧方志全书·禄丰卷上》，云南人民出版社 2005 年版，第 350 页。

性病葬身花业的事，屡见不鲜，如昆明名中医姚荫轩医师的五儿子姚济，少年精医，救活人甚多，因为嫖娼最终死于花柳病。[1] 还有龙云部下的师长朱晓东，任云南民政厅长，就是患花柳病送命的，龙云部下的旅长龙雨苍，也死于花柳。[2]

（二）耗费大量资财导致破产者屡见不鲜

吸食鸦片上了瘾，大烟鬼们只以满足烟瘾为事，一榻横陈，吞云吐雾，置家于不顾，不惜大肆挥霍，最终荡产破家，祸及子孙。我们知道，在仅仅只能维持基本生计的小农经济中，吸食鸦片所需的大量资金可以说是农家乃至整个云南农村的重大经济损失。由于各方面因素的影响，民国年间的多数家庭特别是乡村家庭能够维持基本的生活已经相当勉强，如果遇上意外之事如自然灾害等难免还会有饥苦之虞，正因生活难以保障，所以很多民众往往采用难以想象的节俭方式生活，以达到尽量减少消耗与开支的目的。生活如此艰难，一旦家庭中出现吸食鸦片烟毒者，往往都会被其拖累至倾家荡产，据史料记载，在云南因吸食鸦片"而荡产破家者，比比皆是"。[3] 歌谣中也有许多这方面的描写："鸦片烟来白浆浆，吹田吹地卖家堂。一切家产吹尽了，无法只得嫁婆娘。鸦片烟来胜毒药，吹上瘾来断不脱。不是爹娘坑害你，自搬石头自打脚。鸦片烟来能败家，奴劝小郎莫吸他。小郎真个吸上瘾，坑害奴家一枝花。"[4]

赌博同样如此，古人云："天下之倾家者，莫速于赌，天下之败德者，莫甚于博。"赌博是人生的陷阱，它以财物为毒饵诱人失足，让其在欲望膨胀中一步步走向深渊，最终玩火自焚，直至倾家荡产。《云南风俗改良会汇刊》中就记载因赌博而"倾家荡产，废时失业者不可胜数"。[5] 足见赌博的危害极大，很有可能在极短的时间内把家业败光，最终消耗殆尽，而且不管曾经的家业是如何之丰，最终结局都一样，正

① 文史精华编辑部：《近代中国娼妓史料》下卷，河北人民出版社 1997 年版，第 589 页。

② 同上书，第 592 页。

③ 铁道部财务司调查科：《粤滇线云贵段经济调查总报告书》，1932 年版，第 10 页。

④ 李景泰、杨思诚：（民国）《嵩明县志》卷十九，1945 年铅印本，第 270—271 页。

⑤ 童振海：《云南风俗改良会汇刊》第一册，云南开智公司 1926 年版，第 139 页。

如《曙滇》中所分析的那样，即使是"公子富豪，因一时之射利心，把家产倾倒而变为贫民的极多"。① 除此之外，因赌博妻离子散者有之，因赌博家破人亡者有之，甚至还有人走向绝路，据《云南边地问题研究》记载：思普一带的摆夷沉迷于赌，"因性直而无训练，每赌必输，输后懊恼，或放火自杀，佛海城子，延烧数百家，据云即为一赌者自焚其屋，以身相殉"。②

嫖娼也是极耗资财的畸形消费行为，特别对于那些底层民众来说，挣的本来就是苦力钱，但狎妓足以把他们辛苦所得耗费殆尽，如东川青年周小富，母亲凑了20块钱，让他贩土货到昆明，赚了7块钱，听说有了公娼，他花钱购置新衣新鞋，进集园寻欢作乐。新闻记者报道他："全家生活费，只恃一夜欢！"③ 个旧沙丁或场工的遭遇更让人痛心："每届旧历年底、矿上'沙丁'解雇，回家过年必经市区，她们（娼妓）把'老厂哥'一年来辛勤劳动所蓄，全部弄光……流落异乡，进退不得。"④ 下层劳动人民生活艰难，衣食尚且难以周全，狎妓使他们更加贫穷。

（三）影响社会治安使得世风日下

烟、赌、嫖不仅是消费问题，更是社会问题。三毒消费是无底洞，很多人为了弄到金钱满足自己的病态欲望，往往丧失了人伦、品行，达到丧心病狂的地步，偷盗、乞讨、抢劫、杀人越货，不一而足，对社会治安造成了严重的威胁。尤其是赌博表现得十分明显，赌博中十赌九输是常见的现象，赌徒一旦赌源枯竭，债台高筑，往往就会走上偷窃、抢劫等道路，因这种情况沦为罪犯者屡见不鲜。如缅宁县"盗贼充斥，哀鸿满地，皆赌博之为害也"，⑤ 思普一地的摆夷一旦赌输，或偷盗或

---

① 嗔妄：《各地方应当要办的特殊学校》，《曙滇》1923—1924年第一卷第二期。
② 云南省立昆华民众教育馆：《云南边地问题研究》下卷，云南财政厅印刷局1933年版，第97页。
③ 万揆一：《昆明掌故》，云南民族出版社1998年版，第219页。
④ 文史精华编辑部：《近代中国娼妓史料》下卷，河北人民出版社1997年版，第577页。
⑤ 丘廷和：(民国)《缅宁县志稿》卷十七，1945年稿本，第21页。

"或抢劫商旅"，以致"世外桃源之沿边，赌禁一开，破坏立见"。① 同时，在赌博过程中，还经常会因赌博方式与输赢等不同看法发生口角、争吵进而引发斗殴甚至残杀的事件，对社会治安危害很大。如 1927 年，个旧汤小斗与白小园在赌场上打架，"结果几乎把整个个旧正街都烧了，使锡矿生产和人民的生命财产遭到了严重的损失"。② 在临安、开广、个蒙等地，"常有携带枪刀进入赌场的，彼此有了争吵，往往挥动刀枪，酿出凶杀事故"。③ 狎妓和吸食鸦片同样对社会风气造成了恶劣的影响，足见三毒的泛滥使得社会丑陋现象层出不穷，风气日益恶化和糜坏。

（四）妨碍了云南经济的正常发展

三毒给民国年间的云南社会和经济带来了很大的负面影响。一方面，一些中下层民众把家庭中有限的资源投入到畸形消费中，这影响了正常的社会生活消费。另一方面，有钱有势的社会上层追求奢华生活，醉生梦死，影响了整个社会风气，同时阻碍了社会经济的正常发展。大量的社会资金被挥霍于三毒中，我们以鸦片为例来说明。大量的资金被消耗于烟民的一床一榻之中，消耗在鸦片的云雾中，这影响了其他领域的发展，破坏了社会生产力。正常的手工业和民族工商业得不到很好的发展，相反，与鸦片相关，特别是制作鸦片吸食器具的手工业却得到畸形发展，烟盘、烟签、烟灯、烟枪、烟灰缸、烟膏盒等工具，随着吸食鸦片的人数直线上升，需求量不断增大，出现了一个需求旺盛、市场广阔、门类齐全、以鸦片为主辅之以烟具器具的行业的大繁荣。在《云南文史集粹》中记载："吸食鸦片，需要种种器具，如烟灯、烟斗、烟枪之类，名目繁多，手工业者为适应社会这一需要，就大量制造。制作有精有粗，所用的原料有贵有贱，形形色色，不一其状，往日昆明市文明新街的夜市，几乎都是出卖烟具的摊贩。"④ 由于这个行业的兴旺，许多手工业者为适应社会对吸食鸦片器具的需要，放弃了自己原来的手

①　云南省立昆华民众教育馆：《云南边地问题研究》下卷，云南财政厅印刷局 1933 年版，第 97 页。

②　云南省政协文史委员会：《云南文史集粹》十，云南人民出版社 2004 年版，第 471 页。

③　同上书，第 457 页。

④　同上书，第 358 页。

艺，转而制造烟具。比如 1894 年，英国人莫里逊参观了云南机器局后写道："我看见两个工人正在很精细地做好一个纯银的鸦片烟盘，是为藩台老爷做的。"① 可见，大量的社会资金被这种非生产性消费和行业所吸引，势必会影响到其他行业的发展，这给云南经济的正常发展制造了障碍。

综上所述，不难发现畸形消费的泛滥对整个的社会经济以及云南民众都产生了很大的影响。更甚的是，烟毒、赌毒、娼毒有时并不是单独存在，在更多的时候表现为烟赌娼三业互相渗透，沆瀣一气，融为一体，这使得畸形消费主体烟、赌、娼占全，既吸食鸦片又狎妓兼带赌博，三者相互交织共同满足其畸形消费的欲望。比如烟馆为招徕顾客，往往也兼带淫业和赌博业，而大小的赌场，都准备有鸦片烟和妓女，供赌徒寻欢作乐，在妓院中，烟赌也很流行，有狎妓参赌者，有横榻吸烟者，可谓烟赌娼云集。烟、赌、娼的结合让原本就已不堪的社会风气更加地下滑。许多开明和不甘于云南社会堕落的有识之士对畸形消费的危害认识得清楚，"吹烟，赌钱，嫖妓，玩雀这些不正当行为……把人的志趣堕落，品性乖张，这是何等危险的事啊！"② "苟不设法补救，则民生前途，不堪设想矣。"③ 三毒消费对民生的危害实在不小，民国政府也已清晰地看到这点，并采取了一系列措施来遏制三毒的发展，可除了鸦片在民国后期成效稍为显著外，其余两毒成效都不大，三毒仍泛滥于整个动荡的民国时代。

① 云南省国防科学技术工业办公室：《云南近代兵工史简编（1856—1949）》，军事工业史办公室 1991 年版，第 11 页。

② 余其勋：《为什么要扩张市立电影院》，《昆明市声》1927 年第一卷第三期。

③ 铁道部财务司调查科：《粤滇线云贵段经济调查总报告书》，1932 年版，第 8 页。

下 篇

第四章　云南民众的消费结构与消费水平

　　人类有史以来赖以生存和发展的最基础、最普遍的日常生活，就是千百万芸芸众生的消费生活。我们探讨民国年间云南民众的消费生活，必然要了解消费的每个组成部分，联系消费的各种实物内容和基本状况来把握，如果没有进行这一步就来探究民众的消费结构和消费水平，就会显得过于空泛，也就无法揭示他们之间的内在规律性和发展趋势。上篇的内容是一个铺垫，既可以让大家了解民国年间云南民众的衣食住娱乐教育等方面的具体内容，又可为分析消费水平和消费结构提供基础性认识和一些数据，本章就是在上篇的基础上来探讨民国年间云南民众的消费水平和消费结构。

第一节　研究对象

一　以家庭为消费的基本单位

　　为了更好地对民国时期云南民众的消费状况作鸟瞰式的巡视，我们以家庭为消费的基本单位。这么做是因为：一是家庭是社会成员消费的基本场所，是构成社会的细胞，在社会消费活动中，家庭消费是最主要最基本的消费活动；二是家庭是一个完整的基本经济单位，在自然经济条件下，生产和消费是以一家一户为单位进行；三是绝大多数民众的个人收入普遍不高，在家庭范围内消费可以相互调剂，个人生活费用相对来说比较经济合算。基于以上的原因，我们以家庭为消费的基本单位透视整个社会的消费生活状况。

　　那么什么是家庭消费？它的具体内容有哪些？家庭消费一般而言指

的是"家庭成员在家庭收入的约束下,进行物质产品、文化产品及劳务的消耗过程,以求实现效用最大化的消费目标"。①看来家庭消费受到家庭资财和收入的巨大影响,必须在其范围内合理分配进行各类消费活动。一般而言,排在首位的是要合理安排好家庭成员的物质消费,这是家庭消费的最基本的内容,必须安排好成员的饮食、穿着、居住等方面的生活才能考虑其他;其次是合理安排好家庭成员的文化教育和休闲娱乐等发展性和享受性方面的消费,这属于高层次的消费活动,在生存性消费得到满足的情况下,家庭每年都要支出一定量的时间和金钱组织家庭成员进行各项文化娱乐活动,以此来调节生活、愉悦身心、消除疲劳、增添情趣。最后是要合理安排好家庭成员的社会礼仪和交往消费,在人生的重要关口如婚嫁丧葬、寿辰等时候必须妥善操办,同时因此被邀请必须送礼,这是人情消费。这种社会礼仪和交往消费过度了,的确会对家庭生活带来一定的负面影响,有时甚至相当严重,但它必不可少,因为此项消费能够赢得他人的尊重、肯定,能满足人的社会需要。以上即是家庭消费的主要内容。

二　选取有代表性的家庭进行微观分析

民国时期云南人口众多,达千万人口,两百多万户,不可能一一罗列,到底选择哪些有代表性的家庭来分析整个云南民众的消费状况比较合理呢?先来关注云南省的职业分类,根据1932年云南民政厅全省户口总调查统计报告书可知,云南的人口约11795486人,除老年及未成年外,其职业分类如下:

表4—1　　　　　　　　　1932年云南省职业分类

职业	人数（人）	所占百分比（%）
农人	2437684	43.74
工人	709397	12.73
商人	169602	3.04

① 文启湘:《消费经济学》,西安交通大学出版社2005年版,第106页。

续表

职业	人数（人）	所占百分比（%）
学界人	43503	0.78
军政界人	56482	1.01
家事人	1628281	29.04
自由业人	26093	0.19
不正当业	40047	0.72
无职业	352537	6.32
废人	134989	2.42
合计	5572882	100

注：家事人即家中妇人。

资料来源：行政院农村复兴社：《云南省农村调查》，商务印书馆 1935 年版，第 13—14 页。

表 4—1 显示：全省成年有职业人数共 5572882 人，其中成年农民有 2437684 人，占 43.74%。尽管农民在所有职业中所占百分比最高，但这个数据还要进一步考证。这个数字未包括农业人口中的未成年人和老年人，而且该统计表中把大部从事家务劳动的农村妇女单独统计为"家事"职业，占 29.04%，还有从事农业家庭手工业者也划为"工"的职业单独统计，使云南从事工业者竟有 70 多万人，占成年有职业人口的 12.73%，显然大部分仍是农村家庭手工业。故将这几项纠正调整之后，云南农业人口总数不会低于全省人口的 90%。[1] 又据张肖梅在《云南经济》中的估计是："农民人数，在全省人口总数中，除昆明市及个旧、建水、河西、石屏等数县，因特殊情形农民人数比例较少外，其余各县，大抵均占 90% 以上；而边区各县局，竟占 99%。全省平均，约占 85%，可见云南全省完全系一农业社会也。"[2] 张肖梅的估计是85%，与上述的 90% 的估计值相差不大。另外，根据 1933 年实业部派员分赴各省调查所得结果可知："云南全部户口 1947021 户，农户占

---

[1]　行政院农村复兴社：《云南省农村调查》，商务印书馆 1935 年版，第 14 页。
[2]　张肖梅：《云南经济》，中国国民经济研究所 1942 年版，第 K3 页。

71.1%，为1363924户。"① 农户占了2/3以上，比例不低。《续云南通志长编》也可佐证农人数目多："全省居民，除城镇多有营工商业者外，其余大都从事农业。"② 类似的史料还有一些，在此不一一赘述。

再来看各地方志和档案所记载的状况：盐丰县"四乡汉、夷人等，勿论男女，皆恃农业为生活"，③ 马龙县"县属居民概以业农为主，工商业异常幼稚"，呈贡县"居民职业农业占其多数"，④ 师宗县"男子专务农业，其他铜铁木石等工业间或有之，均属副业。妇女专以家务为主"，西畴县"所有职业男子多属耕种，女子均系纺织，经营商业者不过少数"，蒙化县"人民以农业为主约占十之八九，营工商业者十之一二"，陆良县"重农轻商，近来家家务农，男女并耕"，⑤ 曲靖县"除城区一带都市生活外，余均系农村社会人民，职业皆务农，或兼营家庭小工业，如织布编席酿酒制粉之类是"，⑥ 马关县"业农者占百分之九十，商业居百分之七八，工业占百分之一二"。⑦ 综观以上的资料，无论是总论全省还是分说各地，毫无例外地都显示出农民所占的比例极高，在70%以上，甚至达到了90%，可见，人民以农为主，农民是云南最主要的人群，因而选取农民的消费生活对于了解整个云南的消费状况最具代表性。

这也符合全国的情况，传统的中华民族就是以农业为基础，农民占大多数。因此有国内学者就提出：农民家庭是"传统社会的基本细胞"，对于农业经济而言，又是"最基础的生产组织，总体寓于个体之中，因此，可以从微观走向宏观，从一定意义上讲，甚至只能从微观走

---

① 张肖梅：《云南经济》，中国国民经济研究所1942年版，第F2页。

② 云南省志编纂委员会：《续云南通志长编》下册，云南省科学技术情报研究所印刷厂1985年版，第244页。

③ 杨成彪：《楚雄彝族自治州旧方志全书·大姚卷下》，云南人民出版社2005年版，第1149页。

④ 《马龙县风俗概要》《呈贡县风俗调查表》，1932年，云南省档案馆馆藏，卷宗号：11-8-121。

⑤ 《师宗县风俗调查》《西畴县风俗调查纲要》《蒙化县风俗调查》《陆良县风俗调查》，1932年，云南省档案馆馆藏，卷宗号：11-8-123。

⑥ 《曲靖县风俗调查》，1932年，云南省档案馆馆藏，卷宗号：11-8-124。

⑦ 《马关县风俗调查纲要》，1932年，云南省档案馆馆藏，卷宗号：11-8-114。

向宏观"。① 看来，以农民的家庭消费为基点逐步扩散至整个云南民众的消费方向比较合理。

民国时期的云南诚系一农业省份，农民占全省人口的多数，但对于农民群体而言，又不能一概而论，其内部也有细分。《云南省农村调查》在该书开卷的第一页凡例上就指出："自己之田完全出租而不耕种者为地主；一部分土地出租一部分自种者，为地主兼自耕农；自种自田而不租种人家土地亦不出租者为自耕农；自种自田又租种人家土地者为半自耕农；完全租种人家土地者为佃农；自己不种田依赖做工为生活者为雇农；既不耕种又不做雇工者为其他村户。"据此，可以把农民分为地主、地主兼自耕农、自耕农、半自耕农、佃农、雇农，我们来分析这几种农民在云南所占的比例。

1934 年行政院农村复兴委员会曾对昆明县（严家村、季管营村、桃源村、下河埂、菊花村、昭宗村）六村村民做过一个分类，表中未见地主，因昆明县离昆明市太近，地主大都居住在城市，所以未列入，分类表十分明显地反映了这六村以半自耕农居多，几乎占了一半（见表4—2）。

表 4—2　　　　　　　　**昆明县六村村民的分类（1934 年）**　　　　单位：户，%

村户类别	户数	占总户数的百分比
地主兼自耕农	4	2.27
自耕农	39	22.16
半自耕农	77	43.75
佃农	52	29.55
雇农	4	2.27
合计	176	100

资料来源：行政院农村复兴社：《云南省农村调查》，商务印书馆 1935 年版，第 76 页。

复兴委员会又对禄丰县六个村子做过调查，结果是：地主兼自耕农

---

① 侯建新：《农民、市场与社会变迁——冀中 11 村透视并与英国乡村比较》，社会科学文献出版社 2002 年版，第 19 页。

7.83%；自耕农 31.93%，半自耕农 44.58%；佃农 12.05%；雇农 3.61%。[1] 这个结果与昆明县六村的结果一致，半自耕农最多。

昆明附近的呈贡县的状况又如何呢？中国著名的社会学家清华大学教授陈达在 1946 年出版的《云南省呈贡县、昆阳县户籍及人事登记初步报告》中指出："地主占农民总数的 1.54%，自耕农占 46.55%，半自耕农占 36.96%，佃农占 10.50%，农业雇工占 2.46%。"[2] 这个结果和禄丰县和昆明县的又有所区别，在呈贡县自耕农数目最多，其次是半自耕农。

《云南省五县农村经济之研究》记载了对昆明、马龙、曲靖、沾益、宣威五县进行的一系列研究，其中有一项就是对农户进行分类，调查结果如下：

表4—3 　　　　　　　　　五县各种农家户数比较　　　　　　单位：户，%

农户分类 县别		昆明	马龙	曲靖	沾益	宣威
地主兼自耕农	户数（户）	14	3	13	9	12
	百分比（%）	2.9	2.74	6.2	3.1	3
自耕农	户数（户）	179	41	98	153	208
	百分比（%）	37.6	37.2	48.7	51	52
半自耕农	户数（户）	203	48	59	87	114
	百分比（%）	42.7	43.6	29.9	29	28.6
佃农	户数（户）	79	18	30	41	65
	百分比（%）	16.6	16.3	15.2	17	16.3
总计	户数（户）	475	110	201	290	399
	百分比（%）	100	100	100	100	100

资料来源：萧铮：《民国二十年代中国大陆土地问题资料》五十二，美国中文资料中心、台湾成文出版社 1977 年版，第 26658 页。

---

[1] 行政院农村复兴社：《云南省农村调查》，商务印书馆 1935 年版，第 131 页。

[2] 聂蒲生：《抗战时期在昆明专家对云南和大凉山的调查研究》，博士学位论文，华中师范大学，2004 年，第 60 页。

表4—3中显示自耕农和半自耕农所占比重最大，其中沾益和曲靖自耕农最多，其次为半自耕农，而昆明和马龙是半自耕农最多，其次为自耕农，总体上自耕农和半自耕农数目相差不大。

《云南经济》从全局把握，对整个云南省的农户分类做了一个概说："云南大地主尚不甚多。以云南全体农民加以分析，自耕农、半自耕农占百分之七十以上，而佃农不及百分之三十。"① 又据1933年实业部的调查：云南全部户口1947021户，农户占71.1%，此71.1%农户中，有26%的半自耕农，45%的自耕农。② 20世纪30年代中叶国民政府行政院农村复兴委员会对云南部分市县所作的调查也显示："1928年和1934年，这两类家庭占农村家庭总数的71%—78%。"③ 另外，当今学者秦和平在《云南鸦片问题与禁烟运动》中也对云南农户作了分类，并得出结论："比较而言，云南农村社会的各阶层之中，以自耕农和半自耕农的数量为最多。"④

以上种种记载和数据毫无疑问、无一例外地把云南农户中占比例最高的类别指向自耕农和半自耕农，因而，我们认识民国年间云南民众的消费状况就选取乡村中半自耕农和自耕农家庭的消费为考察研究对象。

第二节　量化考察民国时期云南民众的消费

选好了研究对象，紧接着要进行的就是分析自耕农和半自耕农的具体消费情况，总体寓于个体之中，从微观走向宏观，为了让大家能直观感受当时普通民众的日常消费，量化分析个体家庭显得尤其重要。越来越多的研究者也相信只有系统地分析与研究个体的日常消费生活，才能更深刻地理解与洞悉整个社会。

费孝通、张之毅等老一辈学者在此方面做出了卓越的贡献，他们从饮食、穿衣、住房等几方面对民国时期特别是20世纪30年代后期云南农民的日常生活进行了详细介绍，这对我们认识民国年间云南民众的消

① 张肖梅：《云南经济》，中国国民经济研究所1942年版，第K22页。
② 同上书，第F2页。
③ 行政院农村复兴社：《云南省农村调查》，商务印书馆1935年版，第72页。
④ 秦和平：《云南鸦片问题与禁烟运动》，四川民族出版社1998年版，第106页。

费状况以及从历史的角度深化探析消费水平和消费结构都极有帮助。

一　禄丰县禄村民众的消费分析

1938 年费孝通在禄丰县禄村详细调查了甲、乙、丙、丁、戊五家：甲家共有 6 口人，其中大儿子上学不在家，可以认为不在家消耗粮食。乙家有 7 口人，但次子和三子长期在外，丙家共有 5 口人，丁家无田地及房屋共有 3 口人，戊家也无田地及房屋共有 2 人。这五户人家可以说是此村中很有代表性的五家，甲乙两户算村中的富有人家，属地主一类。丙家中等，有田但不够还租有一定的土地，属于半自耕农，丁家和戊家属无田无房户，贫困，连佃农都不是，卖工度日，属于雇工。以下所列是这五家一年的消费估计清单（见表4—4）。

表4—4　　　　　　　　　　禄村五家支付估计清单

支付项目	甲		乙		丙		丁		戊	
	数量	金额（元）	数量	金额（元）	数量	金额（元）	数量	金额（元）	数量	金额（元）
食										
米	2 石 8 斗*	(56.00)	4 石*	(80.00)	1 石 6 斗*	(32.00)				
蚕豆	1 斗*	(3.00)	3 斗	(9.00)	2 石 8 斗	56.00	1 石 8 斗	(45.00)	9 斗	(22.50)
苞谷		(0.50)		0.50	3 升*	(9.00)				
麦	1 斗	2.50	5 升 40 升	1.25 6.00	5 升* 24 升*	(0.50) (1.25) 3.60				
肉	180 斤	27.00	80 斤	(12.00)		(6.00)	33 斤	5.00	17 斤	2.50
蔬菜		(6.00)*		(6.00)*				3.00		6.00
盐	60 斤	7.20	60 斤	7.20	50 斤	6.00	15 斤	1.80	5 斤	0.60
酒	24 斤	1.70	20 斤	1.40	40 斤	2.80	6 斤	0.42		
杂用		1.00		1.00		1.00				
现支		39.40		17.35		69.40		55.82		31.60
自给折合		65.50		107.00		(48.75)				
合计		104.90		124.35		118.15		55.82		31.60

续表

支付项目	甲		乙		丙		丁		戊	
	数量	金额（元）	数量	金额（元）	数量	金额（元）	数量	金额（元）	数量	金额（元）
衣										
衫裤	4件（买料自制）	20.00	5件（买料自制）	20.00	4件（买料自制）	14.00	2件旧衣，1件裦衣	1.50	2件旧衣	0.70
鞋	1双买14双（买料自制）	2.50	（买料自制）	3.00	（买料自制）	1.00	70双（草鞋）	0.70	70双（草鞋）	0.70
袜	6双及女用足布	3.00	6双及女用足布	4.00						
帽	男帽买，女帽买料自制	2.00	同甲	5.00	同甲	1.80				
首饰		6.00		2.00						
现支		33.50		34.00		16.80		2.20		1.40
住										
房租								2.50		3.00
修理费		3.00		1.80						
家具		5.00		5.00		2.00		0.45		1.80
现支		8.00		6.80		2.00		2.95		4.80
合计		8.00		6.80		2.00		2.95		4.80
燃料										
炭		15.00		3.00		0.80		0.80		0.80
柴		15.00		12.00		(10.00)*		(10.00)*		(10.00)*
灯油		4.48		4.48		4.48		1.20		0.25
自给						10.00		10.00		10.00
现支		34.48		19.48		5.28		2.00		1.05
合计		34.48		19.48		15.28		12.00		11.05

续表

支付项目	甲		乙		丙		丁		戊	
	数量	金额（元）	数量	金额（元）	数量	金额（元）	数量	金额（元）	数量	金额（元）
娱乐										
玩具		1.00								
零食		5.00		8.00						
茶		1.50		1.00		1.00				
烟		2.00		4.00						
现支		9.50		13.00		1.00				
馈赠										
丧礼		5.00								
婚礼		5.00		15.00		3.00				
平时酬作		3.00								
现支		13.00		15.00		3.00				
其他										
宗教		3.00		6.00		0.20				0.20
医药		5.00		6.00		0.80				
学费		120.00								
捐税现支		8.52		8.52		3.16		2.60		2.60
捐税积谷自给		(1.60)		(1.60)		(6.20)		(5.00)		(5.00)
消费部分总计										
现支		274.40		126.15		101.64		64.77		50.85
自给		67.10		108.60		64.95		15.00		15
总计		341.50		234.75		166.59		79.77		55.85

注：表中加 * 号加括号的即为村民的自给状态。

资料来源：费孝通、张之毅：《云南三村》，社会科学文献出版社2006年版，第114—116页。

以上数据，是费孝通选取了几家比较熟悉，经济情形又不同的人家依他们过去一年所消费各项的数目加以估计，然后再由他们加以修正，数据比较可靠，足以借此了解禄村村民的消费情形：

一是食。整体感觉比较简朴，从主食来看，有米、蚕豆、苞谷、麦子。甲乙两家属村中富裕的人家，甲家一年共消费 3 石左右的粮食，其中米占了九成以上，乙家一年共消费 4—5 石粮食，其中米占了八成以上，丙家一年共消费 4—5 石粮食，其中米占了 3 成多一些。丁戊两家比较特殊一点，都是靠做工度日，有工做的时候不用自己开伙食，请工的人家给他们饭吃，每天平均只需自备一顿，所以他们自家所需米粮较少，但从表4—4 中可以看出他们自备的这一餐几乎没有米的消费，吃的全是杂粮蚕豆。以上数据显示出：在乡村，富裕人家米消费量较大，比例高，他们的日常消费主食以米为主，杂粮仅仅是一种点缀，但是普通中等农户的消费量明显不足，米仅够吃 1/3 的时间，余下的必须靠杂粮来补充才能维持生活，贫困户如果在自家吃则全用杂粮来维持。

再来看副食的消费量，蔬菜都是自家自种，相差不大，区别大的就在肉类的消费量上，甲乙两家消费肉量远超后三家，尤其是甲家，达到 180 斤，人均 36 斤，乙家年消费 80 斤，少于甲家，但也远远多于中等的丙家，丙家年消费 40 斤，人均 8 斤，每人每月还不到 1 斤肉。尽管甲家是丙家的 4.5 倍左右，但人均 36 斤的标准仍不多，每月也只能摊到 3 斤肉，平均一家每天一起吃半斤肉。可见，在云南广大乡村，就是普通富裕人家肉消费量也严重不足。还可以从肉食占全部食项的百分比来看云南民众食肉量的缺乏，甲家肉食占全部食项的 25%，乙家占 14%，丙家只占 3%，肉食比例都不高，这样的一个状况将导致民众脂肪与动物蛋白摄入量较少，远不能达到营养学家所规定的成年职业人员日需热量 3400—4150 卡路里的标准，人们生理所需的热量只能从别处获得。

大米并不是所有人都吃得到，乡村大部分人都吃掺以杂粮的饭，有些贫困人家则直接以杂粮为主，同时肉类消耗严重不足，这样的饮食状况从禄村五家的支付清单中十分鲜明地反映出来，恰与本书第一章的讲述一致。

二是衣。这类支出整体上远低于食物支出，同时不同等级的家庭对此项的支出不同。甲乙两家作为村中富裕户的代表，在衣饰上的支出比中等的丙家多了一倍左右，贫户丁戊两家更是没有可比性。甲乙两家开支都在34元左右，平均每人一年有一套新衫裤，2—3双布鞋或其他质料的鞋，一双袜子，一顶帽子，妇女还有一定量的首饰支出，虽说不是特别丰富，但也足够日常生活所用。中等的丙家则差了甲乙家一大截，共支出16.8元，他家5口人，虽说和甲家做衫裤数量一致都为4件，但价格明显低于甲家，反映出富裕户与普通中等户制作衫裤时所用的布料和裁剪方法绝然不同，甲家所用可能为绸或高级棉布，丙家只可能用土布或机制棉布来完成，这与奥斯古德观察高峣村民服饰的特点一致。另外丙家的自制布鞋数量远少于甲乙两家，有可能他们有一部分时间是打赤脚或穿草鞋，至于袜子他们更没有任何花费，也印证了他们在鞋子上的花费比较少，与之配套的袜子消费则为零。帽子丙家有一定的消费，但也远少于甲家，另外妇女没有首饰的花费。这是乡村中最具典型的普通人家在衣饰上的消费状况。至于丁戊两家，在衣上的花费十分少，由于经济的拮据，他们只能购买旧衣服以遮羞避寒，穿草鞋、打赤脚，根本无法谈及布鞋、袜子、帽子、首饰，就是旧衣服也不能保证每人一套，如丁家三人却只有两件旧衣的花费，由此可知，贫困户褴褛不堪，在衣上的消费明显不足。

三是住房和燃料灯火。因房屋是自己的，甲乙丙三家居住在自己的房子里，因而不产生房租。但事实上，他们的房子有很大区别，甲乙两家三间正房，楼上积谷，建筑整齐高大，在村中属较好的一类。而丙家只有两间两层的房屋，楼上连窗也没有，比甲乙两家的房屋差了一大截。丁戊两家无房，只能租房子，所租房子不仅小而且破旧，所以租房费用不多。从表4—4中还可以反映五家在维修、家具等方面产生的费用都不多，远没有衣、食的差距大，看来乡村家庭在家具方面并没有太大的区别，配置大同小异，在材质方面，不甚讲究，能用就行。富裕户在家具方面多花了几块钱，可能是在厅堂的布置上多了一些红漆桌椅，在卧室放了储藏衣物的木柜以及一些陈设。这也反映出乡村中对住宅的布置关心不够，对住宅的舒适性和美感度关注不够。至于燃料灯火，则存在一定的差异，炭、柴、灯油必不可少，富有人家在取暖用的炭上花费比较大，如甲家达到15元，丙家1元都不到，贫户更是无缘此项消费，寒冷的时候只能硬撑着。一日三餐都必用柴烧火做饭，柴必不可少，五家消耗量出入不大，但所费金额不一样，富有人家直接买好柴来烧，中等人家为节约起见，上山砍柴，贫户由于生活压力更是只能自力更生上山砍柴。夜间照明必点灯油，中等户和富裕户一样花费，贫户则尽量减少这方面的开支。

四是其他。衣食住燃料灯火是必需的消费，特别是食，是重中之重，至于娱乐、馈赠、宗教、医药则属于发展性和享受性消费，在当时乡村民众看来可有可无。关于这一部分的消费主要是根据各家的经济状况来决定。娱乐消费甲乙两家都有一定的开支，丁戊两家直接是无，从这方面可看出，享受性消费只有在生存性消费得到满足的情况下才有可能考虑。但从娱乐消费的具体内容来看，就是注重娱乐性消费的甲乙两家都表现出明显的娱乐贫乏，费孝通在这里是把茶和烟纳入娱乐之中，甲乙两家的娱乐消费中有很大一部分是茶和烟的消费，就是丙家的娱乐也仅仅存于茶一项，由此可见，乡村的大部分娱乐活动应该是串门子、聊天，在串门子、聊天的过程中必然少不了茶和烟的招待，因而产生了一定的茶、烟的消费量。至于参加丧礼、婚礼的礼金、平时酬酢的费用也依贫富不同而定，中等人家的远少于富裕人家，贫户更是没有。宗教和医药的费用合并起来谈论，这其中有一定的关联性，在医药方面，诚如前面医疗卫生篇中所言，民国时期云南民众在医药方面的消费不足，就是乡村富裕户也是如此，甲乙两家一年用于医药的开支才 5—6 元钱，中等人家丙家才 0.8 元钱，丁戊两家更是没有花销，如果一旦生病，只能听天由命。上篇曾介绍过，乡村民众很乐于把钱花在烧香拜佛祭祖祀神上，很多人生病了，不是去请医生看病吃药，而是去寺庙烧香祈求得到佛的保佑让病早好，或请巫师作法驱除邪魔，禄村民众的消费中同样也少不了宗教迷信的支出，而且这部分的支出甚至与医药的支出一样，总体相差不大，如乙家在这方面年支出 6 元和在医药上的支出相等。最后讲到教育问题，也即儿童的学费问题，禄村五家，只有一家产生了120 元的学费，另外几家没有产生学费，是不是其他几家没有学龄儿童呢？非也，乙家有一个 17 岁的儿子、15 岁的女儿和 9 岁的孙女，丙家有两个分别是 17 岁和 10 岁的女儿，丁家有一个 12 岁的女儿，可见，除了戊家外其他家庭都有学龄儿童，但丙丁两家因经济条件的限制需要儿童在家干活，没有能力送其上学尚且可以理解，乙家经济宽裕，但同样没有上学的学生，这反映了在乡村中受教育儿童的缺乏，民众漠视教育，小学尚且如此，何谈读中学、大学？还有一个情况要指出：甲家也有一个13岁的女儿同样待在家中，没有和哥哥享有一样的受教育权利，也反映了男女在受教育权利上的不平等，这些都与上篇所述的教育问题一一印证。

五是捐税。捐税可以说是五家中唯一相差最少的一项，甲乙两家各支出10.12元，丙家9.39元，丁戊各支出7.60元。其中公路徭役每家都是支出5元，门户、积谷、特捐依门户稍有不同，丁戊两家属于无田户，雇工为生，但就是如此都要缴纳积谷，甲家有自营田三十六工、乙家共有二十七工，甲乙与丁戊在田地上相差如此之大，在捐税上面却相差很小，足以反映出捐税制度对贫户的剥削，对富户的维护，这也是导致贫户越来越穷，最终流离失所的原因之一。

农民家庭是传统社会的基本细胞，对于农业经济而言，又是最基础的生产组织。总体寓于个体之中，因此，我们可以从微观走向宏观，从一定意义上讲，甚至只能从微观走向宏观。从禄村的情况出发暂且总结乡村富户、普通户、贫困户消费的大致情况：

一是乡村富户。乡村富户总体来说在吃的方面能够常年有白米吃，蔬菜酒量等充足，有一定的吃肉量，但仍显不足；在穿的方面每年都有新衣鞋袜帽，不用打赤脚，妇女还有首饰支出，很少穿有补丁的长袍和棉袄，整体不褴褛；在住的方面十分宽敞，建筑整齐高大，一般有三间正房，家中家具和布置虽说一般，但也稍高于其他村民；燃料灯火也以满足所需为量，来自购买而非亲自上山砍伐柴薪；在娱乐方面的消费远高于其他村民，但仍不够，而且娱乐的大部分局限于茶、烟的消耗上，聊天、串门子、喝茶等娱乐项目占很大比例；平时重馈赠，但不重医药，医疗花费不多，这也可能与乡村医疗卫生事业不发达，无处找医生买药有关，因而烧香拜佛祈祷的花销和医药开支相差不大；在教育方面，他们有经济条件送子女小学，但仍不够重视。这就是乡村富户的整体消费情况。

二是普通户。占农村中绝大多数的中等普通民众的消费情况远不如富户，禄村丙家刚好是5口之家，而且有自营田7工，同时又租入30

工，共37工，属于半自耕农，这一家很有代表性，尽管只有这一家，显得单薄，但也能窥一斑而见全豹。中等普通乡村民众在吃的方面能够吃饱，正常年景无饮食之忧，但饮食结构堪忧，他们食米月份不多，大多数情况下都是掺以杂粮，蔬菜自种自吃，肉消费量远比富裕户少，平日不吃肉，仅过年过节吃，称为打牙祭；在穿的方面能够御寒避体，但很少有不补缀的，鞋袜缺乏，经常打赤脚、穿草鞋，没有袜子穿，穿布鞋的时候很少，同时妇女的首饰还是在当年婚嫁时置办的，平时没有首饰支出；在住的方面，房屋比较破旧，家具也相当简陋，住处比较拥挤；至于做饭的柴薪，只能自己上山去砍伐，并没有多余的钱购买；娱乐消费相当少，基本没有，但在讲究人情世故的社会中，还是有一定的馈赠酬酢消费；医药支出也是相当少，因居住环境、卫生条件的原因，患病比富裕户为多，但是在医药费的支出上却较少，因为他们没有太多能力在这上面花费；他们也没有能力送学龄儿童上学。这就是乡村中普通人家的消费状况。

三是贫困户。乡村中的贫困户只能说是在生存线上苦苦挣扎，他们把生活标准降至最低限度。日常基本以杂粮为主，以此来弥补口粮的不足，肉的消费量极少，就是盐的消费都比较吃力，有时甚至要吃淡食；在穿的方面更是相当窘迫，如果要买衣服，也只能买便宜的旧衣，平日打赤脚或穿草鞋，袜、帽、首饰更是与之无缘；贫困户如果有房屋，也是一间或两间的破旧土茅房，绝大多数甚至无房只能租房住；柴也由自己上山砍伐，取暖用的炭是奢侈品根本无力购买，家具简陋得不能再简陋，灯油也尽量节约，甚至不点；娱乐、酬酢、医药、学费等方面更是无力支出，没有消费。为了糊口养命，他们维持很低的生活水平，这是乡村中贫困户的消费状况。

二　云南民众的整体消费分析

以上的总结仅凭禄村五家消费清单做出，那么，这里的中等户半自耕农家庭——丙家能不能代表整个云南民众的消费状况呢？我们再以其他的例子佐证。在此之前，必先把禄村的具体消费项目列成一个费用百分比表（见表4—5），这样才有利于和其他例子做比较。

表4—5　　　　　　　　禄丰县禄村五家各项生活费用百分比　　　　　单位:%

消费项目	甲	乙	丙	丁	戊
食	47.4	53.0	70.9	70.0	56.6
衣	15.1	14.5	10.1	2.8	2.5
住、燃料灯火	19.2	11.2	10.4	17.7	27.0
娱乐	4.3	5.5	0.6	—	—
馈赠	5.9	6.4	1.8		
宗教	1.4	2.5	0.1		0.3
医药	1.4	2.6	0.5		
学费	—				
捐税	4.6	4.3	5.6	9.5	13.6

注:原表中甲家一年共消费341.50元,但甲家的教育支出120元实际上是由氏族津贴的,所以严格来说,不应把此项算在家庭开支中,此表把这一项除去。

资料来源:费孝通、张之毅:《云南三村》,社会科学文献出版社2006年版,第121页。

(一) 玉溪玉村民众的消费状况

1939年张之毅在玉溪玉村同样选取了五个有代表性的家庭开展调查。第一家是地主,住着五进三开间的好屋,全家共有10口人,另加两个干活的丫头和两个长工及一个童工。第二家经济条件也不错,全家共15人,长工1人。第三户是保长家,不能脱离劳动但有余,属于半自耕农中比较好的一类,有自己的田却还租进一部分地,全家共9人,另有一个长工和童工。第四户共5人,有自己的田同时也租进一部分;也属于半自耕农,这一家是最具代表性的一家。第五家全家共5人,未经营田地,无田,主要依靠帮工、织布和做木匠挣得工钱(见表4—6)。

表4—6　　　　　　　　玉溪玉村五家生活费用百分比　　　　　单位:%

消费项目	第一家	第二家	第三家	第四家	第五家
食	43.6	49.6	53.4	63.0	68.8
衣	10.5	12.0	8.4	10.2	10.1
住	8.7	11.5	12.5	3.9	3.1

消费项目	第一家	第二家	第三家	第四家	第五家
燃料及灯光	9.3	12.5	12.7	10.4	9.3
杂项	27.9	14.4	13.0	12.5	8.7

　　资料来源：费孝通、张之毅：《云南三村》，社会科学文献出版社 2006 年版，第 426 页。

（二）昆明、马龙等五县民众的消费状况

《云南省五县农村经济之研究》记载有 20 世纪 40 年代昆明、马龙、曲靖、沾益、宣威五县民众的家庭开支情况，见表 4—7。

表 4—7　　　　　　　　五县家庭生活费用百分比　　　　　　单位:%

支出的项目	昆明	马龙	曲靖	沾益	宣威
饮食	66.05	61.69	63.29	65.7	66.51
衣服	5.48	4.41	5.21	4.07	5.12
医药	0.69	0.54	0.67	0.55	0.69
婚丧	10.59	9.95	10.42	10.51	12.53
嗜好	4.49	4.78	4.96	5.12	4.73
教育	0.39	0.10	0.20	0.28	0.38
娱乐	0.32	0.10	0.24	0.28	0.26
送礼	1.25	1.13	0.12	0.53	2.56
建筑	4.36	4.03	4.10	4.07	4.09
赋税	3.86	2.90	4.10	4.47	4.35
其他	2.62	3.90	6.83	5.78	5.50
总计	100	100	100	100	100

　　注：原表是生产消费和生活消费合二为一，我们只分析生活消费，关于赋税因费孝通和张之毅都把之保留在生活费用中，因而这里也保留，只是把肥料、种子、农具、工资、家畜、饲料生产资料去除，这样比例必定发生变化，重新分配的结果见表 4—7。

　　资料来源：萧铮：《民国二十年代中国大陆土地问题资料》五十二，美国中文资料中心、台湾成文出版社 1977 年版，第 26605 页。

我们在比较表 4—5、表 4—6、表 4—7 的基础上分析占绝大多数的自耕农和半自耕农也即普通云南民众的消费状况。禄村五家中最具代表性的是丙家，富裕户和贫困户暂且不考虑，十分明显丙家用于食的开支很高，占据70%左右，衣占10%，住和燃料占10%，其他消费占10%左右，丙家总共有90%左右的支出是为了维持基本的生存性消费。玉溪玉村共选取了五家，第一、二家家境很好，不具代表性，特别是第一家属大地主，第三家和第四家属于半自耕农，具有代表性，但第三家是保长家，属于这一阶层中比较好的，第四家则为普通的乡村家庭，5口之家，以第四家为代表审视玉村普通民众的消费生活最理想，这一家在食方面的开支占63%，衣占10.2%，住和燃料占了14.3%，其他占了12.5%，比禄村的丙家稍好一些，但也相差微小。《云南省五县农村经济之研究》的数据就是说明普通民众的情况，可以直接用于对比，从五县普通家庭数据来看，占绝大多数的乡村民众中，用于食方面的开支都在60%—70%，这个表格如果把并不是每年都需办的婚丧费用去除，则饮食的比例会更高一些。

以上的例子很好地表明禄村丙家的消费情形不是个例，而是带有普遍性，这个数据与其他资料和一些调查结果相差微小，进一步验证了选取此资料数据的可靠性和代表性。而且丙家的衣食住行娱乐教育医疗等消费情况都可和上篇描述消费内容的项目对应。因此我们可以说禄村丙家的消费生活实质上是整个云南大部分地区和家庭的共性所在，如果说有区别，那也只是各地局部细小的变动而已，有的地方交通便利，地理环境好，消费生活可能稍好一些，另一些地方地理环境不理想，地处偏远，则消费生活可能稍差一些，区别不大，整体框架跳不出这样的格局。如果硬要做一个调整，也只能是微调，综合各方面的考虑，我们把食方面的开支定为65%左右，衣住为25%，其他可能是10%左右，此即是整个云南全省民众的消费状况。以下考察普通民众的消费水平和消费结构以此为准。

第三节　消费水平与消费结构评析

一　消费水平

消费水平的测定可以说是一个涉及面很广、复杂的社会经济范畴，要多方面考虑。文启湘在《消费经济学》中对消费水平的考察比较全面，他认为一方面要从现象上考虑消费者主体对消费品客体的关系——主体拥有和支配的消费品及服务的数量和质量，另一方面又要注意更深层次的探求；同时既要考察物质活动的内容与程度，又要考察精神生活的内容和程度，并从消费内容与效益统一的角度考察消费者物质和精神消费的最终结果——自身素质状况和全面发展的情况。[①] 这样看来，消费水平的测定不是用一个简单的指标就能完成的，而要多指标多方面来反映消费水平状况。

（一）实物消费指标

民众消费以实物消费为主，人们的需要是用供生活消费的物质产品来满足和体现的，因此，消费水平可以用每个人平均拥有的物质消费品数量来表现，这是衡量人们消费水平的最重要指标。食物消费是维持人体生存最重要的一项，这类消费要从食物构成和营养构成两个方面来考察。民国年间云南普通民众的食物构成十分简单，民众能够吃上饭已经很不容易，所以根本谈不上品种丰富，他们的"食品以米和咸菜蔬菜为主，豆麦为副"。[②] 再来分析其营养构成，这一考察对象主要分析食物的脂肪和蛋白质含量以及热量，还有人体需要的各种维生素含量等。根据营养学理论，人们的膳食必须要有足够的营养，日需热量3400—4150卡路里，但从民国云南民众的膳食营养结构来看，人体所需的蛋白质、脂肪、碳水化合物的比例极为不适当，可通过表4—8反映：

表4—8 　　　　　　20 世纪 20 年代末全国农民的营养状况 　　　　　单位：钱

项　　目	蛋白质	脂肪	碳水化合物
农民每人每日必需保健食粮的标准量	32	11	124
实际所消费的农民食粮	25.2	4.4	183.7
标准食粮与农民食粮的比例（%）	79	40	148

资料来源：吴觉民：《中国的农民问题》，《东方杂志》1922 年第十九卷第十六号。

这是全国农民的状况，云南也相差不大，从表4—8 可看出蛋白质

---

① 文启湘：《消费经济学》，西安交通大学出版社 2005 年版，第 60 页。
② 昆明实验县教育局：《昆明县小学乡土教材》，1941 年版，第 89 页。

和脂肪的含量远远不够，特别是脂肪严重短缺，这也验证了民众肉食量的缺乏，主食所占比重过大，导致生理所需的热量十之七八来自谷类食物，碳水化合物超标。这样的一种膳食结构，使得摄入的热量仅够当天消耗，难以积累脂肪，因而普通民众很少有肥胖者，大都比较瘦弱。另外我们从食物构成来看，普通民众的食物构成简单，其中主食占了十之八九，副食占的比例极低，如禄村丙家主食共花费102.35元，副食仅花费6元，可见平时人们很少吃肉，人均年食肉量才8斤，月均0.67斤，至于蛋奶、水产品、牛羊肉等的消费量更是极少，甚至没有，食物构成极其简单。

从衣这一角度测定消费水平主要是考察消费者在丝绸、棉布和皮革等衣料方面的人均占有量，丝绸等上等衣料几乎不被普通乡村民众拥有，就是棉布，也只能是普通土布或机织棉布，人均占有量也极低，以年人均基本能有一套新衫裤的布量为普遍，布鞋的消费量远低于衫裤，袜子基本没有。这些指标表明了在衣着方面民国年间云南普通民众存在消费严重不足的状况。

民众日常生活最重要的衣食尚且如此，都不能保证，何况其他？可见人们的物质消费量缺口不小，从实物消费指标来测定民国年间云南普通民众的消费状况这一方面不甚满意。

(二)消费质量指标

消费质量指标可通过以下几个方面衡量：

一是民众的健康状况。一般通过民众的平均寿命及婴儿成活率、成人发病率等指标体现。民众的健康状况与生活质量及消费水平息息相关，这两项越高，民众的健康状况就越好，自然死亡率就越低，人均预期寿命也越长。民国年间云南在医疗卫生方面的发展困难重重、举步维艰，民众特别是农民营养不良的情况严重，使得多数农民体质羸弱，加之整个卫生环境差，导致疾病盛行，人们的发病率高，生了病以后，花钱请医生看病的民众又不多，由于收入有限，广大农民畏惧衣食之外的任何开支，故而每家每年在医药费用上的花费相当低微，甚至达到了可以忽略不计的地步。

生病率高，死亡率随之上升，民国年间一些常见病比如腹泻、消化系统疾病、肠炎都有可能导致死亡，甚至还有一些现代人觉得相当微不足道的咳嗽、发烧、感冒等小病有时也会要人性命，更何况烈性传染病如瘴疠与霍乱等往往会使一个家族、一街一巷的人口全都毙命。成年人难以抵制病毒的入侵，婴儿免疫力低，更难幸免，他们的成活率十分低，如禄村丁戊两家都生过六个孩子，但"丁家死剩了一个，戊家全死了"。① 禄村袁姓妇女生有三个女儿和两个儿子，"其中有两个女儿得病死了，两个儿子一个三岁的死于肺炎，一个九个月的突然死于影响到他嘴巴的一种病，只有第三个女儿幸存下来"，宁姓妇女生过八胎，"但只有五个孩子活下来了"，鲁姓妇女"生过七个孩子，但有四个（两男两女）都在三个月至一岁之间就夭折了"，② 足见婴儿成活率低。可以说，民国年间婴儿成活率能有一半就算高的，这让人十分担忧，远低于当代我国婴儿成活率的98.3%—98.7%的标准。

婴儿成活率低，民众发病率上升，民众的平均寿命自然不会高，清华大学教授陈达曾估算过民国年间云南人的期望寿命，其估算结果为："不论男女，零岁时的期望寿命为36岁，分性别来看，零岁时男子的期望寿命为33.8岁，女子为38.0岁。"③ 还不到40岁，按现在的标准，正是年富力强的阶段，这个估计值会不会太低？资料显示，这个估计符合当时的实际情况，就是在中华人民共和国成立初期人均寿命也才34岁，另外李景汉在调查华北农村时也得出"农民死亡率在35—40之间，平均寿命仅30岁"的结论，④ 可见，36岁的期望估计寿命值切合实际，这与当时云南是贫穷与文盲充斥的地方，医药落后，公共卫生设施极度贫乏，人民生活水平低的大环境息息相关，而当时英美等国的人均寿命已将近60岁，真可谓天壤之别。

二是民众的闲暇状况。一般来讲，闲暇时间较充裕，闲暇时间能够持续稳定地增长，通常表明消费水平较高。但民国年间，社会生产力水平低，技术落后，作为小生产者的农民必须岁岁劳作、日日耕种，才能

---

① 费孝通、张之毅：《云南三村》，社会科学文献出版社2006年版，第124页。

② ［加拿大］宝森：《中国妇女与农村发展——云南禄村六十年的变迁》，胡玉坤译，江苏人民出版社2005年版，第213、237、234页。

③ 聂蒲生：《抗战时期在昆明专家对云南和大凉山的调查研究》，博士学位论文，华中师范大学，2004年，第54页。

④ 李金铮：《近代中国乡村社会经济探微》，人民出版社2004年版，第215页。

完成赋税，勉强维持温饱，很难顾及闲暇。因此，从劳动时间上看，农民阶层没有闲暇挪作其他消费，即使有，也是相当有限。云南省民政厅制作的各县风俗调查表中有一栏就是民众的作息时间，从中能反映出人们每日操劳，如易门县"每日午前六时起床工作，午后五时休息，九时就寝"、大关县"人民多半六点钟起床，十点就寝"、马龙县"皆早眠早起，有定时，上午六七时起，下午八九时睡……终岁不休息，而衣食尚有不济者"、呈贡县"日出而作，日入而息"，①西畴县"民俗勤俭，早眠早起，街市居民晚间亦不到十一点钟即已睡眠。早五六点钟时已完全工作矣"、通海县"早以五点钟为起点，晚至十点钟为休息。"②真可谓是"日出而作，日落而息"，不停忙碌，人们的闲暇极少，就是偶尔休息，休闲内容也极有限，品位和层次较低，大部分是喝茶、串门、聊天、赶庙会等花费金额极少、自给性较强的娱乐活动。孟子曾曰："此惟救死而恐不赡，奚暇治礼义哉。"可以理解为连最起码和基本的生存糊口问题都没有解决好，何言其他？

　　三是民众接受教育的状况。上篇已经详细讲述了云南民众的教育消费状况，民国年间云南的教育虽在缓慢中有所发展，但总体而言，其落后面貌显而易见，不仅接受教育的人数有限，仅占整个人口的一二成，比例之低，令人咂舌，而且受教育的程度低，大多只接受了小学教育，认得一些字而已。多种因素导致了这一状况，但根源在于贫穷，因为日子艰辛，民国年间普通居民对教育的投入并不太热衷，经济艰难的时候更是如此，正如《革新》杂志所言："普通的家庭，都受着经济的压迫，就是想培植子弟也来不及，只好先顾到目前的生活，过得一天算一天，谁还能管到几年后的事呢。"③可以说，由于困难，他们只能维持最低生存，根本没有条件投资于教育来提高他们的文化知识水平，素质因而比较低下。同时素质的低下、文化知识的缺乏反过来又束缚了他们的视野和眼界，剥夺了他们发展壮大的潜能，进而影响到其子孙后代的

---

　　①《易门县风俗调查纲要》《大关县风俗概要》《马龙县风俗概要》《呈贡县风俗调查表》，1932年，云南省档案馆馆藏，卷宗号：11-8-121。

　　②《西畴县风俗调查纲要》《通海县风俗调查事项》，1932年，云南省档案馆馆藏，卷宗号：11-8-123。

　　③《云南旅外学生数额减少问题》，《革新》1925年第4期。

命运，如此循环反复只会加剧和延伸他们的苦难与贫困。

四是消费环境的状况。消费环境包括交通状况、娱乐环境、居住环境、购物环境等，环境直接影响着消费的质量，因而也显示着消费水平的高低。如果从这方面考察，那么民国年间云南民众消费水平的低下表露无遗。民国年间，人们只要有地方住，根本不管是不是宽敞明亮，结构是否合理，同时只要有东西买就行，庙会、赶集、村口杂乱的小卖部都是他们购物的场所，根本不考察环境问题。一般而言，消费水平只有提高到一定的程度后，人们才会关注消费环境，如同城市中的上层一般要住漂亮的高楼，出门必坐轿子或其他舒适的交通工具，吃一定要选择干净、卫生、有名气的大馆子，喝茶必是华丰茶楼、双合园、天然茶楼、陶然茶楼、风月茶社、龙池茶社、益和公、物我春、花园茶社等。可见，消费水平越高，对消费环境的状况就越是在意和重视，但民国年间，消费环境几乎没有引起任何重视，这也反映了消费水平还没有达到一定的高度。

（三）服务消费量指标

这里的服务是指生活消费性服务，包括文娱、医疗、教育以及日常生活中的饮食、交通、沐浴、理发等各种行业提供的服务，它在很大程度上不以实物形式为人们提供使用价值，而是以活劳动形式表现，具有商品属性。一个国家的居民对服务消费量占有的比例也是衡量一个国家消费水平高低的标准之一，同样这也可以衡量一个省份或一个区域的消费水平。民国年间云南民众的服务消费水平总体来说很低，特别是对乡村普通民众来说，根本就没有什么服务消费，不到万不得已，他们一般都不会花费金钱去乘人力车或其他交通工具，步行是最常见的出行方式，生病也很少会请医生买药，更别谈有什么护理，也不会下馆子去大快朵颐，也不会去买小说来丰富精神文化生活，可以说，服务性消费少之又少。

以上所有衡量消费水平的指标全都显示出民国年间云南民众消费水平很低，但到底低到什么程度，处于什么水准呢？不得而知，因此需要对消费水平进行阶段性考察。

讲到水平的阶段性，就要引入恩格尔系数，这是19世纪德国统计学家恩格尔根据统计资料得出的：一个家庭收入越少，家庭收入中或者说总支出中用来购买食物的支出所占的比例就越大，随着家庭收入的增加，家庭收入中或总支出中用来购买食物的支出则会下降。根据此定律推而广之，一个地区越穷，当地民众的平均支出中用于购买食物的支出所占比例就越大，但随着此地区越来越富裕，这个比例将呈逐渐下降趋势，而其他比例将相应上升。因此，消费水平的高低可以用恩格尔系数来判断。消费水平越低，恩格尔系数就越高，表明家庭贫穷，用于食物费用的比例过大，花在其他方面的费用过少，尤其是生活享受方面花费低。反之，消费水平越高，恩格尔系数就越低，表明这个家庭富有，各方面的消费都比较合理。当今一些学者在研究生活水平或消费水平时都采用此系数来强化论证的力度，还有部分学者虽尚未直接使用此概念，但事实上已经提炼了精华，将其内涵运用到研究当中。无论何种情况，都取得了不错的效果，深化了我们对民众消费生活的认识，为此，本书也采用恩格尔系数进行消费水平的分析。

　　人们根据消费演变过程中所呈现的不同状况，提出了区分消费水平的三个阶段的观点：最低消费水平阶段、小康水平阶段、富裕消费水平阶段，[①] 这三个阶段都涉及恩格尔系数。最低消费水平阶段指什么呢？就是从生理上维持消费者作为自然人的最低生存消费，恩格尔系数通常在50%—80%，收入和支出之比接近100%，这一阶段的消费水平属最低层次。小康消费水平阶段是指人们的温饱问题已经解决，恩格尔系数降至40%—50%，饮食、衣着、住房等消费均已不成问题并向追求质量发展，同时人们注重精神和发展的消费，并在这些方面增加了支出。富裕消费水平阶段属最高阶段，可以说是小康消费者向前进一步发展的结果，此时人们的吃、穿等均已进入高层次的消费，追求生活质量和追求精神消费成为一种趋势，娱乐型、享受型和精神消费成为消费的主要内容，在这个阶段中，恩格尔系数在20%—40%。[②] 此即三个阶段的主要内容。从这三个阶段的分类指标可看出，民国年间云南民众的消费水平就是处于最低消费水平阶段，恩格尔系数在65%左右，只能维持作为自然人的最低生存的消费，吃、穿、住都比较简陋，一家的劳动所得

[①]　姜彩芬：《消费经济学》，中国经济出版社2009年版，第93页。

[②]　田晖：《消费经济学》，同济大学出版社2002年版，第49页。

也仅只能糊口，支出基本等于收入，一般都没有什么储蓄，即使有，也很少，大多数都比较贫困。

二　消费结构

在一定的社会经济条件下，人们在消费过程中所消费的各种不同类型的消费资料的比例关系及其构成状态，就是消费结构。①

消费结构，可以从不同的层面来分类，按满足消费需要的层次来分类，可以分成生存资料、享受资料和发展资料的消费结构。生存资料一般是指维持劳动力简单再生产、保持劳动者体力所需的生活资料；享受性资料是满足人们享受需要的生活资料，这种资料对人的身心健康有利，它能让人们感到舒适和快乐；发展资料是发展人们体力和智力所需要的生活资料，发展资料的消费能发展人的智力和体力，增长知识和才干，促进人的全面发展。② 在这三种消费资料中，生存资料最基本，而发展资料和享受资料属于较高层次的消费资料，一般而言，人们只有在满足了最基本的生存需要的基础上才会逐步要求满足享受和发展的需要。如果是探讨合理性，那么人们的消费结构就应该能够较好地满足多层次的需要，不仅要满足生存资料的需要，而且也要较好地满足享受资料和发展资料的需要，以保证人的体力、智力自由而充分地发展，这才是合理的消费结构。

民国年间云南民众的消费如果按生存资料、享受资料和发展资料的消费结构来划分，生存资料消费如衣食住等达到90%，享受和发展资料消费不到10%，整体消费结构相当低且极不合理，不能满足人们多层次的需要。

如果按人们日常生活中消费的具体形式或实际消费支出的不同方面进行分类，可以形成吃、穿、住、娱乐、教育、医疗等形式不同的消费，这种划分比较细微，可以看出有哪些消费是不合理的。民国年间云南民众的消费在每一个部分都存在不合理之处，在吃的方面无法保障人们的基本食物消费需要和营养需要，在穿和住的方面，不能满足人们对

---

① 文启湘：《消费经济学》，西安交通大学出版社2005年版，第72页。
② 田晖：《消费经济学》，同济大学出版社2002年版，第70页。

不同季节的基本穿着需要和居住在宽阔明亮的地方进行其他消费活动的需要，娱乐、教育、医疗等方面更是无法满足。民国年间云南民众的消费结构弊端重重，不合理之处非常明显，穿、住、用、娱乐、教育等我们暂且不论，先来具体看一看吃的方面，因为这一类占了民众60%—70%的消费开支，直接关系到民众的生存。我们前面已分析了膳食结构不合理，营养标准达不到，这些都是客观存在的事实，与民众自身的经济状况息息相关，如果收入不增加，生产力不发展，这种情况某种程度上是无法改变的。但是在食方面，还有一个不合理的情况在民国时期的云南民众消费中显得尤其突出，尽管不是家家尽然，但比较普遍，必须明确指出：很大一部分民众把有限的食物开支投入一部分在烟（这里指烟草，非鸦片）和酒，特别是酒，使得酒和烟草在云南民众的日常消费中占据不小的分量。对此，地方志和档案中都有大量的记载，如姚安县"俗好饮酒，喜吸烟"[①]，丘北县"以烟酒为最"，[②]永平县"以烟酒为盛"，缅宁县"嗜酒者亦多"，江城县"然民性概以烟酒为嗜好物"，[③]凤仪县"嗜酒者亦多"，知子罗设治局"吸草烟嗜酒"，曲靖县"烧酒烟草之类亦多食之"，宣威县"嗜好烟酒"。[④]饮酒吸烟之风在云南十分盛行，赖才澄还在《大普吉农村社会实况及其问题》中详细分析了比例，他假设大普吉村有100家，那么男子：第一，抽大烟兼有香烟抽及酒吃的占10%；第二，抽大烟兼有香烟抽占20%；第三，不抽大烟而有香烟抽及酒的占40%；第四，不抽大烟也不抽香烟吃酒的占15%；第五，无嗜好的占15%。[⑤]此村中男子有烟酒嗜好的总共占了85%，这个比例相当高。可见，酒、烟的开支绝大多数家庭都有，这种消费尽管有解乏，调节人情绪之功能，但对于大米、小麦、蔬菜、肉类来说又是

① 杨成彪：《楚雄彝族自治州旧方志全书·姚安卷上》，云南人民出版社2005年版，第914页。

② 《丘北县风俗调查》，1932年，云南省档案馆馆藏，卷宗号：11-8-124。

③ 《永平县风俗调查》《缅宁县风俗调查》《江城县调查风俗纲要》，1932年，云南省档案馆馆藏，卷宗号：11-8-123。

④ 《凤仪县风俗调查》《知子罗设治局风俗调查表》《曲靖县风俗调查》《宣威县风俗调查》，1932年，云南省档案馆档案：卷宗号：11-8-124。

⑤ 李文海：《民国时期社会调查丛编·乡村社会卷》，福建教育出版社2005年版，第425页。

一种可有可无的东西，于生存无关，民众过着相当俭朴的生活，却还在如此有限的消费开支中拿出一笔作为酒、烟的消耗，实在是无所裨益。

消费结构不合理还突出地体现在婚嫁丧葬等礼仪消费的花费巨大方面。虽然这并不是每年都有的消费项目，但一旦发生，几年都难以恢复元气。日常生活的节约与婚嫁丧葬中的铺张，是农民生活中的一大矛盾之处，在上篇婚丧嫁娶中我们已经详细介绍了婚丧仪式的大操大办是以花费巨额的金钱为代价。那么这项消费资金从何而来？有可能是平时勤俭积累，但相当有限，还有一部分是亲戚朋友的送礼。费孝通曾抄得丙家办婚丧事所受礼的账簿：

表 4—9　　　　　　　　　　　　　婚丧受礼

送礼份数（份）		合收礼金（元）	平均每份礼金（元）
婚事	亲戚　40	31.9	0.79
	朋友　69	38.4（喜对 1，喜帐 1）	0.55
	乡党　19	10.1	0.53
	总数　128	80.4	0.62
	占全部费用　35%		
丧事	亲戚　39	23.2（祭帐 3）	0.59
	朋友　92	36.6（祭帐 2，对 1）	0.39
	乡党　65	18.4（祭帐 1）	0.28
	公共团体　7	5.2（花圈 2，火 2 封）	0.74
	总数　203	83.4	0.41
	占全部费用　21%		

资料来源：费孝通、张之毅：《云南三村》，社会科学文献出版社 2006 年版，第 164 页。

表 4—9 显示所受礼金远远不够，最高不到总费用的 40%，丧事所收礼金才达到 21%，怎么办？其他的就靠典质和举债等方式完成。典质就是需要钱的人把自己的田交给借钱给他的人去耕种，因婚丧操办而典田的人不在少数，不仅有乡村中的下层民众，就是富裕人家也偶尔为之，在玉溪玉村就有这么一户人家，属本村的首富兼乡绅，但他在"一遇人生关节上特殊用度需钱，就只好出典田地。1939 年因为讨

媳妇要钱，为了显示他家地位，需要在婚事上大讲一番排场。因此一次就典出了 20 亩，得国币 3000 元"。[1] 另外还有一位富裕农户，"1934 年因父死出典了田地，1936 年因嫁女儿出典了田地"。[2] 除典田外，举债的方式也很通行，如鹤庆一些家道清贫者在办理人生大事时，除了"不惜变卖典质"外，还要"高利借贷，维持门面"。[3] 可以说，在婚丧大事上举债是乡村民众最为常见的负债理由，这可通过表 4—10 来反映。

表 4—10　　　　昆明县六村各类村户负债的用途（1934 年）

类别	负债户数（户）	经商（元）	婚丧（元）	折租（元）	必要生活（元）	农本（元）	疾病（元）	建屋（元）	合计（元）
地主兼自耕	1				67				67
自耕农	12		366		399		13	212	990
半自耕农	31	670	2086		734	180		27	3697
佃农	23		878	80	214	67		13	1252
雇农	2				73				73
合计	69	670	3330	80	1487	247	13	252	6079

资料来源：行政院农村复兴社：《云南省农村调查》，商务印书馆 1935 年版，第 116 页。

农民借款的目的，不排除为解决必要生活费用或投入农业生产的原因，但以婚丧操办借债最多且最常见，自耕农、半自耕农、佃农都会因此举债。婚丧借贷数目超过生活必需品消费的任何一项，足见人们对婚丧等人生大事的重视，不惜花费大量的金额来操办，这加深了原本就不合理的消费结构程度。

除此以外，社会上还存在一小部分民众深陷三毒（鸦片、赌、娟）而不能自拔，这种消费毫无益处，不仅戕害了身体，还给家庭带来了极大的灾难，在仅维持生计的家庭经济中，三毒所需的巨额开支是重大的经济损失，这也严重影响了消费结构的合理性。

---

[1]　费孝通、张之毅：《云南三村》，社会科学文献出版社 2006 年版，第 378 页。
[2]　同上。
[3]　《鹤庆县风俗调查纲要》，1932 年，云南省档案馆馆藏，卷宗号：11 - 8 - 114。

由上可知，云南普通民众的消费结构中，生存资料占绝大比重，而发展和享受资料占比重很小甚至几乎没有。不仅如此，还有一些民众在有限的消费开支中拿出一部分作为酒、烟的消耗或者三毒的消费，同时婚嫁丧葬中普遍存在着大肆铺张的现象，这些都加剧了原本已不合理的消费结构，使之在不合理的路途上越走越远。

第四节　云南民众的消费状况与其他各地的比较

民国年间云南民众的整体消费状况不理想，不仅消费水平低，而且消费结构也不合理。那么这种状况是否为云南独有，国内其他地方如何？如果将视野扩大至国际范围，同时期其他国家民众的消费又是怎样的一个状况？了解这些，对于加深我们对此问题的认识有一定作用。

一　与省外的比较

对于民国年间各地民众的消费生活，很多学者已经做了诸多有益的探索，现有成果为云南与其他省份对比奠定了基石，对我们的后续研究启发良多。

各区域民众的消费水平和消费结构研究中，以华北最丰，硕果累累。其中以整个华北为观察点进行研究的有李金铮的《近代华北农民生活的贫困及其相关因素——以 20 世纪二三十年代为中心》，在此文中，他谈到了华北各地乡村农民的食物费用高，占总费用的 60%—70% 为多，同时用于其他杂项的费用相当少，"在如此低的费用之下，不难想见农民的娱乐生活是多么的贫乏、家里陈设是多么的简单、身体素质和教育程度是多么的低下"，① 消费水平的低下表露无遗。另外傅建成通过分析实际物质生活享受程度和家庭生活费用分配结构得出华北农村家庭物质生活极度贫困化的结论，其中用于吃饭的费用所占比例过高，衣、住、燃料的费用被抑制在最低限度，医疗、教育、娱乐等方面则几

---

① 李金铮：《近代中国乡村社会经济探微》，人民出版社 2004 年版，第 214 页。

乎处于一种无法顾及的状态。① 袁钰在《华北农民生活消费的历史考察(1895—1936)》一文中通过分析认为虽然华北农民生活消费发生了一些变化,但农民的生活水平并没有明显提高,还是相当贫困。② 除此之外,一些学者选取了一个点进行分析,如侯建新对清苑的农民消费水平进行了评估,计算出此地的恩格尔系数为79%,属于绝对贫困型。③ 李金铮同样对定县的农村经济进行了较全面、系统的研究,估算出当地的恩格尔系数为69.2%。④ 聂晓静利用保定档案馆保存的关于清苑县农村实地调查文献资料,对20世纪30年代清苑县农民物质生活消费状况做了动态考察,她认为:"农民居住条件差、饮食结构单一、衣着简朴、日常生活用品消费很少,是20世纪30年代清苑县农民物质生活状况的主要特征。"⑤ 以上种种研究,不管是从全局来看,还是分论各点,都无一例外地表明民国年间华北民众的消费生活水平不高,食物所占比例过大,恩格尔系数几乎都在60%—70%,甚至更高。

　　针对其他区域的研究也不乏其文,如汪效驷对民国江南民众的消费进行了探讨,她发现当地民众的食物所占比例过高,为整体开支的66.67%,衣和住只有20%,其他还不到15%,最后她总结道:"生活支出项目繁多,结构不合理;负债的面和量都很大,许多家庭债务负担沉重。"⑥ 李金铮对20世纪20—40年代的长江中下游地区农家的生活状况作了分析,认为长江中下游地区"食物费用在农家支出中的比例很大,衣着费、居住费、教育费、医药费、娱乐费等很少,衣食住等各个方面已经到了惨不忍睹的地步"。⑦ 陈业新以皖(安徽)北民众的生活

---

　　① 傅建成:《二十世纪上半期华北农村家庭生活费用分配结构分析》,《中国农史》1994年第3期。

　　② 袁钰:《华北农民生活消费的历史考察(1895—1936)》,《生产力研究》2000年第5期。

　　③ 侯建新:《民国年间冀中农民生活及消费水平研究》,《天津师大学报》(社会科学版)2000年第3期。

　　④ 李金铮:《近代中国乡村社会经济探微》,人民出版社2004年版,第172页。

　　⑤ 聂晓静:《20世纪30年代冀中农民物质生活状况研究——以清苑县4村为例》,硕士学位论文,河北师范大学,2009年,第3页。

　　⑥ 汪效驷:《江南乡村社会的近代转型——基于陈翰笙无锡调查的研究》,安徽师范大学出版社2010年版,第200页。

　　⑦ 李金铮:《近代中国乡村社会经济探微》,人民出版社2004年版,第238页。

为关注点，认为当地农户处于一种压缩性的节俭型畸形消费中，不仅整体消费水平低，而且消费结构也不合理。[①] 黄潇凯对 20 世纪 30 年代广西农民生活水平进行了研究，他认为此阶段广西农民的生活相当困苦，"普通农民仅能勉强维持自己的生存，因而食物必需品占据了大部分的生活费用"[②]。

中国幅员辽阔，区域特征各异，以上学者的研究意义重大，不仅为地方消费生活史开拓了广阔的学术空间，而且在一定程度上增强了此领域的学术张力和理论深度。从他们的研究成果来看，不管是华北，还是江南，各地的情形与云南民众的消费状况相差不大，都表现为消费水平低，消费结构不合理，食物支出占据消费总支出的绝大部分。

以上研究成果是当今学者在对史料的分析和整理的基础上得出，难免有主观臆断等问题，为了让事实更加明晰，必须用历史的眼光考察民国时期全国各地的消费状况。相当难得的是民国年间的学者以其敏锐的洞察力认识到此问题的重要性，大多身体力行亲自开展调查，并分析了民众的恩格尔系数，给我们留下了宝贵的财富。表 4—11 数据来源于民国学者的研究，由南开大学经济研究所关永强汇集。[③]

表 4—11　　　　　　　近代中国农家的恩格尔系数　　　　　　单位:%

调查	阶层别	恩格尔系数	调查	阶层别	恩格尔系数
安徽怀远 1922—1925 年	自耕农	57.7	安徽宿县 1922—1925 年	自耕农	57.4
	半自耕农	59.4		半自耕农	60.1
山西武乡 1922—1925 年	自耕农	49.6	福建连江 1922—1925 年	自耕农	53.6
	半自耕农	52.5		半自耕农	52
江苏江宁淳化镇 1922—1925 年	自耕农	52.4	江苏武进 1922—1925 年	自耕农	65.3
	半自耕农	54.6		半自耕农	61.4

①　陈业新：《民国时期民生状况研究——以皖北地区为对象》，《上海交通大学学报》（哲学社会科学版）2008 年第 1 期。

②　黄潇凯：《20 世纪 30 年代广西农民生活水平研究》，硕士学位论文，广西师范大学，2004 年，第 72 页。

③　关永强：《近代中国农村收入分配与消费差异研究》，《安徽史学》2009 年第 4 期。

续表

调查	阶层别	恩格尔系数	调查	阶层别	恩格尔系数
浙江南溪 1934 年	自耕农	54.81	河北昌黎 1930 年	自耕农	61.2
	半自耕农	60.52		半自耕农	69.2
湖北黄安成庄村 1935 年	自耕农	73	四川成都 1926 年	佃农	71.17
	半自耕农	83		半自耕农	71.93

资料来源：关永强：《近代中国农村收入分配与消费差异研究》，《安徽史学》2009 年第 4 期。

另外我们还截取了民国年间出版的《上海工人生活程度》和《中国农家经济》等书中关于农家一年生活费用支出的具体数据，见表 4—12。

表 4—12　　　　　　　　　　**各地农家生活费支出比例**　　　　　　　单位：%

类别	平均每家一年生活费支出比例				
	食物	房租	衣着	燃料	杂费
20—30 年代中国北部及南部六省农民家庭	58.9	5.3	7.3	12.3	16.2
20—30 年代北平乡民家庭	64.3	4.4	7.7	12.3	16.2
1923 年河北盐山农家	56.71	5.53	4.66	17.16	15.94
1923 年河北平乡农家	66.38	10.43	4.55	13.12	5.52
1923 年河南新郑农家	75.12	3.25	2.35	10.99	8.29
1923 年河南开封农家	76.69	3.71	7.05	5.85	6.61

资料来源：第 1、2 条来源于忻平《从上海发现历史——现代化进程中的上海人及其社会生活（1927—1937）》，上海大学出版社 2009 年版，第 269 页；第 3、4、5 条来源于郑起东《转型期的华北农村社会》，上海书店出版社 2004 年版，第 468 页。

表 4—11、表 4—12 所列项目有所不同，但是结论是共同的，恩格尔系数都不低，在 50% 以上，甚至高达 83%，普通都在 60%—70%。这说明不只云南一省普通民众的消费是如此状态，几乎全国皆然，食物在生活消费支出中占据极大比例，如按恩格尔系数来看，应处于贫困阶段，一个家庭的生活费用主要用于食物开支，已没有太多余力满足其他需要，没有能力提高生活水平。如此看来，"近代中国农民收入微薄，

生活程度极低"① 已是不争的事实，无论是从当今学者的研究还是从民
国年间学者的调查都可反映这一点，从中也可看出我们对云南民众消费
生活状况的估计和分析应该比较客观。

二　与他国的比较

云南民众的消费甚至可以说整个中国普通民众的消费生活都不理
想，那么视野再放大，用全球视角来看中国与同时期其他国家相比又处
于什么样的状况？表4—13是中国与日本、美国、丹麦三国的比较：

表4—13　　　　　　丹日美三国农民家庭费用分配百分比　　　　　　单位:%

国家	食物	房租	衣服	燃料	杂项
丹麦	33.0	10.3		56.7	
日本	42.8	3.1	9.5	5.5	39.1
美国	41.2	12.5	14.7	5.3	26.3

资料来源：王玉茹、李进霞：《20 世纪二三十年代中国农民的消费结构分析》，《中国经济
史研究》2007 年第 3 期。

一目了然，丹麦、日本、美国三国农民家庭的消费水平远高于中
国，美日两国的恩格尔系数都在 40% 左右，与此同时，杂项的支出很
高，这说明农民的温饱问题已经解决，消费结构处于良性变动之中，已
有一些较多层次的消费内容，也即娱乐、教育、医疗等方面的花费较
多，毫无疑问，它们已经进入了小康消费水平阶段。此表中丹麦国家的
数据不完全，没有列出衣服和杂项的开支，有一定疑问，但明确给出了
恩格尔系数，食物支出占总消费支出的 33%，这个数据比美日两国还
低，此国农民的消费水平应该最高。由此可知，从世界范围内来看，中
国远比这些国家的消费水平低，这个事实我们必须面对。

以上就是对民国年间云南民众消费水平和消费结构的分析，整体来
说云南民众的消费水平低，消费结构不合理，衣食住占据消费的九成左
右，其他仅占一成，也就是说娱乐、教育、医疗等享受与发展方面的消

---

①　章有义：《明清及近代农业史论集》，中国农业出版社 1997 年版，第 233 页。

费对他们来说还遥不可及。这个事实极好地验证了马斯洛的需要层次理论，当最低层次的需要没有得到满足时，更高层次上的需要很难得到实现。这样的状况使得对占据人口总数绝大部分的普通民众来说，只能维持基本的生活所需，因而他们似乎很少有机会事实上也没有足够的能力去追求其他，比如人们很少有休闲娱乐的内容，即使有少量的娱乐活动，也大抵同节日、迷信相联系，再有就是串门子、谈天，还有上茶馆这种消费金额极少的活动。另外，他们也没有财力支撑子女的教育，在医疗卫生等方面的消费也是无能为力。这就是民国年间云南民众消费生活的现实，民国学者张俊民在对广西农村调查后感慨："我所看见的，我感觉得一般农民所挣扎的，不过是生存的问题，并不是生活的问题。农民所祈求着的不过是维持他们的生命，绝对梦想不到一丝一毫的生活的旨趣"，① 这同样也是云南普通民众的写照。

---

① 黄潇凯：《20世纪30年代广西农民生活水平研究》，硕士学位论文，广西师范大学，2004年，第72页。

第五章　云南民众的消费差异

人类社会的构成不是单一的，而是一个复合体，具有许多不同的社会群体和社会阶层，因此在社会生活中，也自然形成了许多不同的消费生活层次，其消费方式、消费结构、消费需要等方面各不相同，表现了不同的社会消费生活水平，也折射出各个群体和阶层之间的差异。

第一节　阶层间的消费差异

在民国年间的云南，虽然普通民众占据了总人口的绝大多数，但阶层区分和阶级分化还是客观存在的事实，由于民众经济收入高低不同，社会生活中还是形成了不同的地位群体和消费层次，不同的地位群体一般来说有它自己特殊的消费模式与消费行为，因而，消费也成为社会分化的依据之一，同一社会阶层消费者的消费行为具有较多的相似性，不同社会阶层的消费者的行为则具有较大的差异性。

我们可以粗略地把整个云南民众归入如下的三大阶层：

一是生活富足者阶层。由官僚、军阀、富商、地主、企业主、资本家等组成，他们是社会上层，在社会中始终处于支配地位，起着主导作用。

二是普通民众阶层。由城镇能够维持生活的劳动民众和乡村中的普通农民组成。

三是生活贫困者阶层。他们衣食无法保障，生活十分艰难，属于社会底层或下层，具体由乡村无地少地农民或城镇贫民组成。

以上划分虽不十分精确，但也能够大致反映阶层分化的状况。我们所说的消费差异主要是指这三个阶层之间的差异，关于普通民众阶层的消费状况已着重在第四章解读，这节着重介绍社会上层与底层民众的消费状况，分析这两个阶层的消费情况，因反差较大能够给我们带来强烈冲击感。这两个阶层处于两个极端：一头是高消费模式，表现为消费过量，奢侈挥霍，追求各方面的享受；另一头是消费严重不足，维持最低的消费都很困难，时刻在挣扎着活下去。具体而言，这种不平衡突出地表现在以下几个方面。

一　消费奢侈与消费短缺的差异

达官显贵和富豪等生活富足者阶层凭借雄厚的财力在衣、食、住、用等各方面都表现出了奢侈化倾向，有时甚至达到了触目惊心的程度。而处于社会底层的民众，非常明显地受到家庭支付能力的掣肘，即使采用一种极其压缩性的节俭型消费模式生活，都时时处于难以维持之境，时时处于消费短缺之中。

（一）锦衣对褴褛

社会上层生活富足，高消费活动活跃，在穿着方面，极尽华贵之能事，"以奢华相夸……衣服力求华丽"，[1] 他们追求高贵、舒适和华丽，因而大量采用绸缎、洋料、毛呢等高档材料，如姚安县"人民上等者服绸缎洋料"，[2] 花费不小，"一服也，价数十元，一靴鞋，亦数十元"。[3] 社会上层在服饰上的豪奢还体现在置办衣服的数量上，以喜州富商严子珍家为例，调查资料显示其子严宝民家里，"有一两百口衣料箱子，每年都得请几个人翻晒几天才能晒完"，[4] 令人咂舌。同时，上层妇女普遍佩戴玉镯、金银镯、耳环、戒指等物，追求饰物的华贵，特别崇尚金首饰，以至于昆明的金店由初期的五六家猛增至十二三家，"所以然者，富家妇女已习于奢华，于是打金首饰之生意，日渐加多"。[5] 他们都属

①　童振海：《云南风俗改良会汇刊》第一册，云南开智公司1926年版，第9页。

②　《姚安县风俗调查》，1932年，云南省档案馆馆藏，卷宗号：11-8-123。

③　《昭通旧志汇编》编辑委员会：《昭通旧志汇编》一，云南人民出版社2006年版，第394页。

④　盛美真：《近代云南社会风尚变迁研究》，中国社会科学出版社2011年版，第149页。

⑤　昆明市志编纂委员会：《昆明市志长编》卷十二，云南新华印刷厂1984年版，第297页。

于消费过限的社会上层。

社会底层民众能有衣御寒已属万幸，哪能讲究衣服的款式和质地，因而价格便宜的旧衣受到广大底层民众的欢迎，旧衣铺在昆明街头随处可见，特别是"省城西院，二纛等街，旧衣铺林立，营业异常发达"。[1]旧衣业的兴盛从一个侧面反映出省会昆明存在着为数不少的贫苦底层民众。旧衣虽旧，但好歹还能穿，还具有遮羞避寒的功能，但一些地方特别是滇东北一带贫苦民众的衣物已弱化了这些功能，太过褴褛，简直是不堪入目，以至于《黔滇川旅行记》的作者薛绍铭就说宣威等地的一些底层民众的衣服用鹑衣百结来比喻连一半也形容不出，"因其衣服非百结，乃是千结万结"，[2]一件衣服要穿终身，或数辈传穿。还有一些人穿的是草衣，甚至一些"妙龄少女，布缕缠身，四体毕露，见之令人生怜"。[3]衣衫破烂或无衣可穿已让人心酸，但更苦的是寒冷的夜里一些贫苦底层民众没有被子盖，如宣威、马龙、沾益、曲靖等地的一些人"多是以竹帘或草帘为被，所以夜间是农民难度的关头"。[4]滇南同样如此，如糯扎渡口底层民众"没有垫的盖的，到晚上天气冷呀，便在火塘边睡着，前面烤热了，背脊可又冷得很，翻一个身，背脊暖和了，前面胸膛肚子又冷冰冰的"。[5]这些经济困窘者无钱购置被褥和衣物，只求御寒保暖，但连防止损伤都成为一种奢侈，寒冷的夜里他们只能祈求热天的快些来临。

（二）玉食对糟糠

在膳食方面，社会上层人士竭力追求美味佳肴以满足口腹之欲。鱼肉在他们看来最平常不过，如腾龙沿边的土司"每天午晚夜三餐，均有酒有肴。以芒市土司署言，每餐约开十桌，其中两桌为土司及家属食用，经常吃鱼肉十数味"。[6]山珍海味也是经常食用，比如缅宁县"署

---

① 万湘澄：《云南对外贸易概观》，新云南业书社1946年版，第163页。
② 薛绍铭：《黔滇川旅行记》，中华书局1937年版，第90页。
③ 萧铮：《民国二十年代中国大陆土地问题资料》五十二，美国中文资料中心、台湾成文出版社1977年版，第26600页。
④ 同上。
⑤ 马子华：《滇南散记》，云南丛书社1946年版，第73页。
⑥ 江应樑：《摆彝的生活文化》，中华书局1950年版，第117页。

厅杨国栋每饭必参汤海鲜",① 喜洲商人严子珍"燕窝、银耳、鹿茸、洋参是经常吃的",② 又据丽江大商人李达三本人口述,"他一生中共吃鹿茸三十架,人参数百两"。③ 不仅如此,富有之人为了摆阔,要面子,不仅饮食阔绰,且肆意挥霍,因而普通的官绅宴会,一般都是"大小盘碟数十品,每席需费五六十元"。④ 有一次唐继尧曾邀请谢彬一行人到土主庙街鑫美园吃午饭,吃的是什么呢?"食熊掌、鹿筋、蜜汁火腿、虎掌菌、北风菌诸味,皆云南特产。"⑤ 相当奢靡,费用极高。即使在抗日战争时期,物质相当紧缺,但官绅宴席奢侈之风仍旧不减,龙云有一次设宴招待,同席达百人,"是宴酒菜均特殊,菜中有象鼻一味,为生平未尝食"。⑥ 真可谓是"高楼一席酒,贫汉半年粮"。⑦

　　社会底层民众对饮食无要求,极为简单,只求果腹而已。《滇云邮路记事》是民初一位邮信局脚夫的生动写照,这本书曾谈到迤东南许多民众日常主食就是洋芋,他们十天半月见不到一粒米,尝不到一点油盐,困窘的环境让他们发明了许多吃洋芋的方法。还有许多穷苦家庭连洋芋都吃不上,只能以野菜等充饥,如滇南糯扎渡口人民的生活苦,他们的粮食只够吃半年,当地民众对来此的委员讲述:"下半年呢?我们一家人只好背箩箩,拿着挖刀,到山上去找蔓菁同蓑衣包吃啦","什么蔓菁、蓑衣包?""是在山里自己生出来的东西,像萝卜一样的,有点苦,白颜色的,埋在土里,挖了出来要用水洗,洗了切开用清水漂,漂两三天才煮了吃。委员!我们任何一家人都是吃蔓菁把下半年度过的。"⑧ 还有的无盐下饭,如广南县"最贫之农民,甚有无力购买食盐,一月中有半月以上淡食者"⑨。社会底层民众极度缺乏粮食,经常处于

　　① 丘廷和:(民国)《缅宁县志稿》卷十七,1945 年稿本,第 14 页。
　　② 云南省政协文史资料研究委员会:《云南文史资料选辑》第九辑,云南人民出版社 1989 年版,第 57 页。
　　③ 杨毓才:《云南各民族经济发展史》,云南民族出版社 1989 年版,第 477 页。
　　④ 丘廷和:(民国)《缅宁县志稿》卷十七,1945 年稿本,第 14 页。
　　⑤ 谢彬:《云南游记》,中华书局 1924 年版,第 150 页。
　　⑥ 陈嘉庚:《南侨回忆录》,南洋印刷社 1946 年版,第 201 页。
　　⑦ 丘廷和:(民国)《缅宁县志稿》卷十七,1945 年稿本,第 18 页。
　　⑧ 马子华:《滇南散记》,云南丛书社 1946 年版,第 72—73 页。
　　⑨ 佚名:(民国)《广南县志》第 6 册,1934 年稿本,第 49 页。

吃糠、咽菜、喝稀、吞粗等半饥饿状态了，饥一顿，饱一顿，在饥饿与死亡之间挣扎，真是"朱门酒肉厌，民间食无盐"。[①]

（三）豪宅对寒舍

在住宅方面，社会上层高堂华屋，极为豪阔，并喜欢多建住房，如喜洲商人严子珍原本已有很多住房，但在1910年，他又在喜洲"建盖了一所'三房一照壁'的新住宅"，[②] 财政厅长陆崇仁在昆明翠湖和太和街建有规模不小的公馆，同时又在护国路、金碧路、圆通街盖有房屋。社会上层人士的房屋不仅多，而且装修豪华，如喜州的殷实大户有杨董赵李尹张严诸姓，各家的宅第都美轮美奂，老舍曾形容他们的住宅有"像王宫似的深宅大院，都是雕梁画柱"。[③] 又如呈贡地主华衡文，"新建楼房两院，共三十余间，全系雕梁画栋，门窗户壁完全用金粉涂抹，装饰得金碧辉煌"。[④] 外表美观，内部装饰和家具也极为豪华时尚，如腾龙沿边的土司生活享受的程度很高，"在土司屋里，可以见到收音机、留声机、照相机、钢琴、提琴、胡琴、猎枪、手枪等一切现代文明产物"。[⑤] 严子珍的新房"花了二百万，澡盆、恭桶、发电机，色色俱全"。[⑥] 许多富有人家住宅不仅外表富丽堂皇，内部装饰豪华，而且整体布局相当精致，以唐继尧的唐家花园为最，"极精致……正屋之前，有大丹樨，中建水池，傍砌假山，分路为左右行，皆能通到对面抱厦，抱厦系一长方大厅，装置极为合宜。其左另建洋榭三层，形为八方，壁悉玻璃，登临四望，均能及远。正门出入，则在抱厦右端。正屋后方，逾一丹墀，即为坡坨，依坡建太湖石假山，上植群卉，香艳可人，中砌一洞……地面宽平，茶圃梅园，亭榭花池，错出其间，历历入目，路右亭曰'来爽'，中悬'对时育物'横额，左有孔雀饲养室，中为花池，有桥以达彼岸"。这样的精细格局就连上海来的谢彬也感叹："为余平

①　李根源：《永昌府文征》二，云南美术出版社2001年版，第1827页。

②　云南省政协文史资料研究委员会：《云南文史资料选辑》第九辑，云南人民出版社1989年版，第57页。

③　王稼句：《昆明梦忆》，百花文艺出版社2003年版，第149页。

④　昆明市志编纂委员会：《昆明市志长编》卷十一，云南新华印刷厂1984年版，第129页。

⑤　江应梁：《摆彝的生活文化》，中华书局1950年版，第117页。

⑥　王稼句：《昆明梦忆》，百花文艺出版社2003年版，第176页。

生所仅见。"① 可见，社会上层不仅有多幢房屋，而且讲究设施的完善、布置的豪侈、装修的精美。

而在另一端，无房户、棚户、危房户大量存在。郑子健在《滇游一月记》中记载安宁曹溪寺旁的一户农家，他们的房子可谓千疮百孔，屋顶漏雨严重，"仰视瓦面，始见松树为盖，不蔽风雨"。② 奥斯古德在高峣也见到这样一户人家，住在大约 6 平方米的破烂小屋里，"四周墙壁用拆下来的废旧土坯垒成，山墙上的横梁下面是一根 6 尺（1.827 米）多高的立柱，支撑着两面坡的茅屋顶，墙上空无一物，只挂着几顶旧草帽"，③ 房屋之破旧和简陋可想而知，这就是社会底层民众赖以生存、发展、繁衍的物质空间。但就是如此破坏和污秽的房子还不是所有底层民众都拥有，一些贫民无房，只能租房住，在禄丰禄村，费孝通采访过两户无地的穷户，他们属于无房户，租人家的危房住，经常是屋外下大雨，屋里滴滴答答地漏小雨，"矮矮的楼上潮腻腻的，叫我们看到的人也难受"。④ 还有一家戊家"屋后是人家的菜园，地面较高，下雨时水隔着墙浸进来，满地都是湿的……他们两家都只有一楼一底两间，一切全在里面了。天气冷，衣服少，又买不起炭，背些树枝来烧，满屋全是烟"⑤。居住环境已达到了相当恶劣的程度，但这样的情况不止一家两家，很多贫民大都如此，住草棚、破庙、危房习以为常，甚至还有少数居无定所的人，终年风餐露宿，更为悲惨。

对于社会底层民众而言，即使食用的是最低等和粗劣的食物，也常常面临断顿的威胁；即使衣衫褴褛、捉襟见肘，也不能保证每个人都有；即使他们对低矮黑暗、简陋破旧不甚在意，也未必有足够的房屋遮风蔽雨，土泥房一旦在岁月的侵蚀、雨水的冲刷下倒塌，他们便只能风餐露宿。因而，对社会底层民众来说，威胁最大的可以说不是生活的质量和舒适度，而是生存本身，是衣食住等基本生存资料，娱乐、教育、

---

① 谢彬：《云南游记》，中华书局 1924 年版，第 115—116 页。
② 郑子健：《滇游一月记》，中华书局 1937 年版，第 80 页。
③ ［美］科尼利尔斯·奥斯古德：《旧中国的农村生活——对云南高峣的社区研究》，何国强译，国际炎黄文化出版社 2007 年版，第 96—97 页。
④ 费孝通、张之毅：《云南三村》，社会科学文献出版社 2006 年版，第 123 页。
⑤ 同上书，第 123—124 页。

医疗等与他们毫无关系，连最低标准都没有保证，哪能奢望其他。社会上层和社会底层的强烈反差正如当时流行于昆明大街小巷的歌曲《十二杯酒》里唱的那样，"哪里个个是一样，你不信来仔细看……三杯酒，从穿看，有的穿呢穿花缎，外套马挂又长衫，有的穿得很破烂，令人一见就心寒。四杯酒，从吃看，有的吃肉吃白饭，鱼翅烧烤大洋餐，有的吃菜无油盐，苦荞玉麦几样掺。五杯酒，从在看，有的洋房在的惯，地下还要铺地毯，有的破烂茅草房，好像猪窝与牛栏。六杯酒，从走看，有的坐轿坐滑杆，火车头等好舒展，有的走路无鞋穿，坐车无钱被阻拦……从做看，有的一天闲至晚，吹烟打牌进戏院，有的劳苦到夜半，累得如同牛一般"。[①]　这正是社会上层和社会底层两极消费生活的真实写照。

二　物质性消费与精神性消费的差异

这是根据消费品能够提供的消费形态所做的划分，物质性消费是有形产品的消费，主要是指人们在衣、食、住等方面的消费，而精神性消费则是指为满足人们的精神文化需要，以提高消费者文化知识水平，愉悦情绪，陶冶思想性情为目的，以精神产品为消费对象的消费。[②]　不管是从物质性消费来探讨，还是从精神性消费来分析，两个阶层之间都存在巨大的差异。

（一）*物质性消费方面*

社会上层和社会底层民众存在极大差异，同样是衣、食、住等必要生存物质消费资料，同样是为了满足生活所需，但两者之间在质上截然不同，存在天壤之别。

在吃的方面，虽然在社会上层的消费结构中饮食仍占有很重要的地位，但其饮食消费的形式与内容已发生了质的变化，饱享口福、提高营养以及健康美味是他们所看重的，因而在社会上层的餐桌上，内容多样、品种丰富的饮食会聚一堂，健康卫生程度大幅度上扬，食品消费营养程度和精美程度得到很大的提升。社会上层中有部分富有之家相当重

[①]　昆明市志编纂委员会：《昆明市志长编》卷十，云南新华印刷厂1984年版，第9页。

[②]　张雁南：《唐代消费经济研究》，齐鲁书社2009年版，第102页。

视饮食对健康的影响，因而对其精心的准备与操作，使其符合健康要求，他们通过有规律、适时适量、合比例摄入达到营养平衡以减少疾病和保持身体健康。另外，社会上层人士在饮食方面十分讲究食、味、器、境的美食文化，即美食不仅要原料好与齐备，达到色香味俱全，而且要搭配合适精巧的碗碟等器皿，与此同时还要讲究优美雅致的环境，可以说这样的饮食早已超越了普通民众生存性的消费层次；在衣着方面，社会上层努力追求高档和华贵，服饰注重档次、质地和款式，不仅要求面料好，而且要求做工精细，穿得舒适，最重要的是他们希望从衣着上获得别人的称赞和尊重，体现身份，展示修养和风度；在住的方面，社会上层追求气派、功能全、布置得体，让人居住舒适和惬意的房屋，因而社会上层讲究"在使用功能上不仅满足家庭成员的住所，还在庭院中建花台鱼池、种植花木、饲养鱼鸟，整个庭院，营造了一个优美温馨的环境"[①]。社会上层的这些消费行为让广大底层民众在惊讶同时充满羡慕，因为对他们而言，别说食物品种的丰富和营养，就连用粗粮果腹都相当困难，有的甚至连盐都吃不上，油、肉更吃不起，绝大多数的穷苦人家只能在过年的时候吃上一点肉，如禄丰县禄村一位高姓妇女描述小时候的困苦生活："在大年三十晚上我们上街去买点肉——我们只能买一点，只有半斤肉，看上去那么少。"[②]第一生存需要饮食尚且如此，衣着、住房更是简单，有衣穿、有破屋住已是万幸。衣食住等方面的巨大差别强烈折射出不同阶层的物质性消费存在差异。

（二）精神性消费方面

社会上层生活条件优越，他们不仅有经济能力来追求物质上的享受，同时也有极大的优势来进行享受性与发展性等精神性消费。

社会上层一般在休闲时安排较为丰富的消费活动，他们普遍出入高档茶楼，享用高级茶叶和优质的服务，平时"邀同一二知己，茶楼饮茶谈心，香片龙井，总要花钱四五角，五六角，是很平常的"[③]。听戏、

---

①　云南省昆明市政协文史资料研究委员会：《昆明文史资料选辑》第三十八辑，昆明市政协机关印刷厂 2002 年版，第 220 页。

②　[加拿大]宝森：《中国妇女与农村发展——云南禄村六十年的变迁》，胡玉坤译，江苏人民出版社 2005 年版，第 209 页。

③　童振海：《云南风俗改良会汇刊》第一册，云南开智公司 1926 年版，第 11 页。

听书也属日常活动，甚至有些还在家中举办堂会，请人"说书"，时间长达十天乃至半月。还有请人到家里唱戏的，如云南同庆丰经理王小斋家与另一富商何半城家均有戏台，"不论大小口生日，或娶媳、嫁女，均唱戏请客"，① 极为尽兴。旅游度假也成为生活富足阶层的时尚休闲活动，《云南三村》中就描写了玉溪玉村一个大地主每年都花费一定数量的金钱到昆明游玩，另外还有迤南个旧的锡矿厂主，"一年总要上昆明玩好些趟，拣着自己喜欢的东西买了回来，留声机、鸟枪、照相机……"② 各地富有者到省城昆明玩耍，而昆明的富人则到各地消遣，如"呈贡离省城较近，兼之土地肥沃、物产丰富，所以省城的官僚、地主、资本家希望在呈贡买上几个果园，以便夏秋之季到呈贡游耍"③。可见，生活富裕者阶层的休闲娱乐生活比较丰富多彩。

以上所述仅是通俗化的休闲娱乐活动，在民国时期还存在一些受教育程度高，拥有独特鉴赏力的社会知识上层人士，他们的休闲消费更为广泛，也更有品位，讲究舒适和格调，倾向于追求一些高雅的娱乐，他们或与友人畅谈人生、吟诗作赋，或与他人交流切磋琴棋书画的技艺，或共同相邀郊野名山欣赏美景以开拓心襟，或与志同道合之友研究、交换各类有价值的藏品。以上种种高雅的休闲娱乐方式被社会上层人士所推崇，如丽江县"士人以诗书画及音乐等为娱乐"，④ 昆明的"士大夫阶层中……吟风弄月，陶醉于古文、书画"，⑤ 就连忙于政务的唐继尧也喜欢诗书古玩，唐家花园"后房并有旧籍两架，古玩数事"，⑥《宣威县志稿》也记载过一个喜欢种植收藏名贵鲜花的富裕者与他人共同饮酒赏花，"其家购得牡丹一株，植之庭……十余日竟开名花，清香满座……置酒延客，共相欣赏"。⑦ 这些高雅的休闲娱乐消费远非一般普

① 昆明市志编纂委员会：《昆明市志长编》卷六，云南新华印刷厂1984年版，第440页。
② 马子华：《滇南散记》，云南丛书社1946年版，第4页。
③ 昆明市志编纂委员会编：《昆明市志长编》卷十一，云南新华印刷厂1984年版，第118页。
④ 《丽江县风俗调查》，1932年，云南省档案馆馆藏，卷宗号：11-8-124。
⑤ 云南省政协文史委员会：《云南文史集粹》八，云南人民出版社2004年版，第2页。
⑥ 谢彬：《云南游记》，中华书局1924年版，第116页。
⑦ 王钧国、缪果章：（民国）《宣威县志稿》卷七，1934年铅印本，第8页。

通家庭所能进行，因其不仅需要一定的财力，也需一定的知识素养，尤其收藏珍品、欣赏字画、吟诗诵词、鉴赏古玩这一类更是只能局限在一个极其狭小的社会上层圈子里，对于底层民众来说是奢望，这也凸显了社会阶层间的差别。

教育对于人的发展相当重要，社会上层特别是官僚士绅家庭特别重视子女的教育问题，他们不仅花大量的金钱让孩子就读当地最好的学校，甚至送其出省求学或者远渡重洋，留学深造。省会昆明如此，各地州县也一样，就连边地的官僚士绅同样如此，尽管出省出国有一定困难，但至少要送子女到省城上学。如《滇南散记》里记载了一个边地的官僚，他自己就曾在省城接受过教育，后来"他又花钱送他的子女去接受教育。但他的子女所学的知识，却表现在西装香烟和一般的公子哥的豪华生活上"。[①] 尽管子女不成器，在学校里花天酒地，什么东西也没有学到，但从家庭消费开支上来说，教育消费这一部分还是占有很大比例，重视教育显而易见。而下层民众的子女为了生存早早地承担了家庭的重担，根本无法接受教育，费孝通和张之毅采访了禄村和玉村的几家贫困户，他们的教育消费都是零，无教育消费，可见，下层民众很少在子女的教育上有所花费。

由此可见，从物质消费上看，虽然生存性物质消费在上层家庭中还占据一定的位置，但比较其他消费而言，比重相对较小，他们已摆脱了生存必需型消费的限制，全面进入以精神消费为主的多元消费结构之中。与社会上层以精神性消费为主的消费结构相比，下层人们的消费结构显得十分单一，依旧在为了生存而苦苦挣扎。

三　炫耀性消费与实用性消费的差异

马克斯·韦伯在《经济与社会》一书中阐述了"消费是等级划分的标志"观点，认为不同地位的社会群体有属于自己的特殊消费行为与消费模式，以此来区分其社会地位，实际是赋予了消费以社会分化的特征。社会上层用什么来建构身份？炫耀性消费是最理想、最便捷的方式。

---

① 马子华：《滇南散记》，云南丛书社 1946 年版，第 145 页。

　　相当明显，这种炫耀性消费本身不是为了产品的实用价值而消费，更多的是为了证明自己的经济实力和社会地位，因此得到他人的尊敬或引起他人的羡慕，最终使自己获得一种心理和感官上的满足而进行的消费。为了这个目的，社会上层之间展开了如火如荼的炫耀性消费的竞赛，饮食、住宅、服饰、娱乐等都是竞赛的展示物，而最得社会上层倾心的是排场大、参与人数众多的婚丧寿诞仪式，这是显示财富和地位的最佳场合。民国年间建水有权有势的朱渭清就是炫耀性消费的典型代表，他家做寿场面铺张，不仅事先到昆明和外县聘来大批有名艺人来表演助兴，而且连开一个月的席，以致"用的肉类太多了，发生腐坏，就从靠近偏静处的墙头丢出去，阴沟被油腻阻塞，必须用涨水烫洗，才能流通；菜板下面，事后清理，仅碎火腿一项，就将近百斤"。[①] 场面之大足以显示朱家的经济实力和社会地位。《滇南散记》也曾记载了一个边地上层人士的葬礼，场面铺张更让周边的人惊叹不已，炫耀消费表露无遗："轮到这些爱面子喜欢排场的儿子们来替他的父亲治丧，远在三个月以前便把印得够考究的讣闻分送全省各地"，不仅请的客人多，而且大开酒席，因此必须要"有九个地方不停的煮饭，有三个地方不停的酿酒"才勉强够用，招待菜品相当丰盛，甚至"有连中心城市都已经找不到的海味"，还有非常讲究的杯盘，客人还可以随意吸鸦片烟、打枪……作者最后这样评价这场丧礼："我们所得到的印象是富足，有钱，有盛大的排场，但却一点儿哀戚的影子都没有。"[②]

　　社会上层通过不同的排场显示其不同的消费水平，不管是极具场面、花费极多的做寿也好，还是比较缺乏悲伤成分的丧礼也好，尽管吊唁意义已不太明显，但场面的确很阔绰，吸引了所有人的眼球。可以说，这些消费行为都带有极大的炫耀成分在内，它的背后是以强大的财力为支撑，社会上层从事这些消费活动重视的就是仪式及其背后的象征和意义，他们就是要通过这些豪华奢侈的仪式和炫耀性消费显示其高高在上的社会地位和雄厚的经济力量，这也正是炫耀性消费的目的。

　　社会上层的炫耀性消费对社会底层民众来说是可望不可即的，所以

---

① 李道生：《云南社会大观》，上海书店出版社 2000 年版，第 228 页。
② 马子华：《滇南散记》，云南丛书社 1946 年版，第 145—152 页。

他们在日常生活中追求的不是锦衣玉食，不是奢侈炫耀，而是以御寒饱腹为原则的实用性消费方式。如在饮食方面，他们更多的是拿精细一点的粮食换粗食或拿猪换粮食以求果腹，如禄丰禄村一高姓寡妇养了一头猪，"但过年时捞不到吃，我们拿猪换粮食吃"。[①] 能有最低级的原料食物充饥，已是万幸，此外别无奢求。对于衣着，更不讲究，不在乎什么美不美观，只要能蔽身御寒、方便劳作就行了。婚嫁丧葬虽然具有浓重的社会伦理色彩，更多地体现为一种社会行为，必须尽力大肆操办才能显示对其重视，但由于衣食都成问题，也只能做到量力而行。特别是对于那些极为贫寒人家，因家财不丰女儿都难嫁，更谈不上什么仪式消费了，根本不会也无从一逞豪华，如玉村的一个贫农冯正仁，"打算在1940 年秋娶××村×寡妇，只要交寡妇婆家一百元，送媒人十元、肉三斤、糖果一份就算了。没有钱，一切只好简单一点"。在玉村还有更简单的婚嫁仪式，农户冯毛氏嫁女儿存弟，由于未婚夫出征未归，就由她婆婆来迎娶，"婆婆坐一乘轿子，领一乘轿子，带一只雄鸡，亲至冯毛氏家迎了存弟去"[②]。这桩婚礼，如此省钱，比起有钱人家不知差了多远。

　　由于生产力水平不高，民国年间云南社会的整体财富比较有限，可供老百姓支配的物资并不多，特别是下层民众经济相当困窘，因而在这个阶层中男家无力纳彩礼、女家无法备嫁妆的现象比较突出，他们无法遵循正常的婚姻礼俗。但男女婚姻是家庭中的大事，后代不能不延续，婚姻不能不完成，社会下层民众只能简单从事，以实用性为原则，根据自己的实际情况省略一些仪式和内容，因而出现了以上所描述的玉村两桩极为简单、寒酸的婚事。甚至还有一些无力承担之家，女不能出嫁、男不能娶媳，于是乎，抢亲、入赘、童养媳等超出常规的变通婚姻随之出现，不举行仪式直接抢亲、贫穷男子倒插门入赘别家、贫穷女子在年龄很小时就到婆家当童养媳等方式，表面上看这些都是被当时主流社会指责为陋习劣俗的，好像是这些百姓以身试法，或不能分辨优劣与美

---

①　［加拿大］宝森：《中国妇女与农村发展——云南禄村六十年的变迁》，胡玉坤译，江苏人民出版社 2005 年版，第 209 页。

②　费孝通、张之毅：《云南三村》，社会科学文献出版社 2006 年版，第 434 页。

丑，但事实上多是被生活所迫不得已而进行的行为。这是社会下层民众穷得无法生存的一种实用性方式，也幸好有这些适合社会下层民众的变通方式，他们才得以完成婚嫁等人生大事，也唯有如此，他们才能满足心理与生理的需要，得以生存下来。

通过以上阶层之间的消费对比，可以明显地看出贫富阶层的消费差异，与社会上层炫耀、奢侈、追求精神享受的消费格局形成鲜明对照的是广大社会下层民众窘困、短缺、低下的消费格局，社会上层在服饰、饮食、娱乐、婚丧寿诞等消费领域无不追求豪奢、炫耀门第，其消费结构中，衣、食等物质性消费支出虽然仍很大，但所占比重却不大，发展和享受性消费资料支出所占比重比较高；而社会下层时刻在生存线上挣扎，维持最低的消费都很困难，人们苟延残喘，不得不想尽一切办法缩减生活资料，生存上的窘迫让他们无从考虑其他，即使是人生中最重要的延续血统的婚嫁也因无经济能力只能是勉力为之或采用让当时主流社会不屑的方式解决，这样的状况使得他们根本无任何的享受和发展消费。可见，对社会底层民众来说，生存才是最大的问题。

第二节　阶层间消费差异的因素分析

分析阶层间消费差异的因素，实际最本质是要分析社会底层民众为何如此贫困。他们的生活，连最低标准都没有保证，可谓是困苦万状，朝不保夕，前景极其暗淡。至于占人口总数绝大多数的普通民众，日子也过得比较艰难，虽然比社会底层的佃农和雇农以及靠卖苦力和做雇工的城市贫民好一些，但是他们的消费也只是一种生存性消费，吃、穿、住都比较简陋，与社会上层富裕者的消费差距也很明显。因此，实际上可以将研究视角放宽放大到分析民国年间为什么大部分民众比较贫困这一点上似乎更有价值，这也是我们认识民国年间云南普通民众的消费生活普遍困难的根本所在。

平心而论，民国年间云南民众普遍都较贫困，不是由某个单个的因素所决定的，而是多种因素共同作用的结果。

一　人们的负担不断加重

民国年间人们的负担不断加重,占据人口八九成的农民尤其如此。尽管传统中国有士农工商的等级之说,农民排第二,但事实上其地位很低,不仅在国家政治生活中没有权利,而且还是国家劳役赋税的承担者和各种政治力量压迫剥削的对象。

(一)赋税

1. 正税与附加税

正税也即田赋,云南省的田赋,在民国初年系沿袭前清钱粮旧制,名目繁多,自民国六年开始财政厅设立整理赋税委员会改革将各种名目取消,以粮为本位,统名为田赋,明定各县征收数,一律折征办理。到1931年,全省分区实行清丈,将各县耕地,以亩为本位,依地势土质的高下,重新厘定,分为三等九折制,等级高则田赋重,等级低则田赋低,改征耕地税。清丈把以前隐藏不报的土地清查出来,较昔日所登记之田亩,大为增加。尽管清丈改征耕地税有积极作用,增加了全省的财政收入,但不可否认,政府的清丈田地在客观上加重了民众的经济负担,因为清丈过程弊端重重,存在大量混淆等级、多丈少报的现象,很多清丈人员在丈量时,"将田埂、小水沟等包括在内,且将一些原属下则之田,提作中则;原属中则者,提作上则;有业已报荒之田,仍复其粮石;至若一些初开垦而升科之田,当然一一列入等则。共分三等九级征收田赋",[1]甚至有时把"荒山瘠土、海淤滥田,俱定为上等,而科以高等之赋税",导致民众"入不敷出"。比如1932年清丈昆明县属大村时,就把大村后面的荒山丈量在田地里面,"大约丈了四百多亩地,每年得缴一百多元地税"。[2]另外,在清丈过程中还存在一些官吏与当地劣绅土豪暗中勾结,巧立名目、从中舞弊、中饱私囊的情况,如一些土地,有田无契亦无粮,清出来的此类田地,多由官绅作弊,不仅以贱价卖给地方土豪,"如盘龙山有几亩田,清丈后就归郭玉銮所有",[3]而

---

① 昆明市志编纂委员会:《昆明市志长编》卷十一,云南新华印刷厂1984年版,第171页。

② 同上书,第172页。

③ 同上书,第173页。

且还将这些好田订为中则，以减少赋税。对于这些情况，人们敢怒不敢言，更为严重的是后来几次政府征实、征购、征借都以这次清丈为基准，人们受害无穷。

然而，比正税更重的是正额之外的附加税。这种附加税相当有弹性，因而增加了民众的实际负担问题。附加税征收政出多门，名目庞杂，有中央政府规定的，省政府规定的，有县、乡、村各级摊派的，更滋弊端。如昆明县的附加名目即有：附捐，每石带征 1 元，团费，每石带征 3 角，以及使差费、修路费，每亩征 5 角。附加税一般都超过田赋正税，上则田超过 77.3 %，中则田 96.6 %，下则田 122%；上则地超过 215.3 %，中则地 275.4 %，下则地 363.8 %。① 越是质量差的田地，这些大都是一般小农土地，附加税越沉重。附加税不仅通常超过正税税额，而且它的征收不定，税率各年不同，且几乎年年都有一定程度的增加，可以通过表 5—1 显示：

表 5—1　　　　　　　　　昆明县耕地税各年附加比较

年份	以正税税率为百分之一百	各年附加所占正税的百分比（%）	各年度征税额（元）
1934	100	80	19200
1935	100	125	30480
1936	100	130	31200
1937	100	160	38400
1938	100	200	48000

资料来源：萧铮：《民国二十代中国大陆土地问题资料》五十二，美国中文资料中心、台湾成文出版社 1977 年版，第 26747—26748 页。

这是昆明的状况，一年比一年征收的比例高，另外曲靖的附加税在 1936 年是按正税的 2.6 倍征收，1937 年、1938 年两年都是依据正税的 3 倍征收，比昆明的还高，曲靖周边的一些县附加税征收和曲靖的基本一致，可见，附加费比正税要高得多，正税是固定的，但附加费是不固定的，这加重了人们的负担。

———————

① 行政院农村复兴社：《云南省农村调查》，商务印书馆 1935 年版，第 119 页。

2. 苛捐杂税

除正额与附加税外，全省尚保留有几十种名目繁多的苛捐杂税，征收多寡不一，分为常年负担和临时负担两种。如昆明县有常年负担税9种：烟亩罚金、屠宰税、教育款、自治经费、马税、牛税、猪税、军队草料，[①] 临时摊派比常年负担难以把握，内容、种类不确定，常根据具体情况而定，我们从1941年昆明县苍竹乡第八、九、十保联保公所下发的一份通知书中可窥其大概，这份通知书里详细道明了此地民众要摊派的项目和数量，乡公所办公费用、巡察队薪俸、保长受训费、联保公所各职员薪俸、保卫队灯油茶炭费等10项都属摊派之列，共"国币伍仟贰百捌拾元零叁角伍分⋯⋯每户应摊国币拾元零陆角"。[②] 人们的临时负担繁重不言而喻。

昆明县的苛捐杂税相当繁杂，人们已是不堪其扰，其他僻处荒远的县份更是肆无忌惮，苛捐杂税可由当地的官僚随意摊派，如祥云县"一切门户负担，层出不穷，公路夫役⋯⋯调查户口，招募兵额、筹修桥洞、担购军米并地方一切税捐，种种负担，节节紧迫。计一户之负担，每年约需镍币六七十元"。[③] 而根据当时工价，农民为人当雇工一天，工资仅为三五角，这六七十元的苛捐杂税，农民要付出多少血汗。南京国民政府虽然多次宣布废除杂税数千项，但事实上很少奏效，地方上表面上应付一时，但不久以后又照旧恢复过来，往往还变本加厉。

云南农村的税目繁多，加以征收制度不良，次数和数量无常、额外征收、任意勒索和欺骗、中饱私囊的情形不一而足，特别是税吏向来是对上蒙蔽，对下欺诈，而省府当局一向掩耳盗铃，装作不知，导致各地都有乱征的情形，这些都使农民苦不堪言，但又不得不承受。

(二) 地租

在少地甚至无地的困境下，一些农民只能被迫以苛重的租佃条件去换取一席之地以图养家糊口。佃农、半自耕农就是以全部租种或部分租种地主的土地为生的群体，地租成为悬在他们头上的一把利刃。

---

① 行政院农村复兴社：《云南省农村调查》，商务印书馆1935年版，第121页。
② 李文海：《民国时期社会调查丛编·乡村社会卷》，福建教育出版社2005年版，第437页。
③ 《建设厅对各县的调查》，1932年，云南省档案馆藏，卷宗号：77-9-1197。

云南的地租率极高，如昆明县不论是水田还是旱田，上等还是下等地，都是以正产收获量的50%交纳，马龙县的租额稍轻，任何一个等级的田都为40%，曲靖县的水田为40%，旱田为50%，沾益县水田为45%，旱田为50%，宣威县统一为50%，各县地租率有所不同，但以50%居多。租佃研究专家陈正谟认为，适当的实物地租率应不超过25%，[①] 以此标准衡量，云南的地租率明显超过了这个适当的实物地租率。另外国民政府的土地法规定：地租不得超过耕地正产量收获总额的37.5%，如果照此标准，以上各县无一符合。地租率是剥削程度的直接反映，从以上可以看出云南虽然是一个贫瘠落后的省份，然而它的地租率却很高，高于正常的实物地租率水平，高于政府规定的地租率，如此剥削率，令游历过各省，很有阅历的张肖梅也惊呼："云南租率之高，足以惊人。"[②]

正租的剥削率已经让人心惊，但事实上，这还远不能全部概括农民所受的租佃剥削，因为除了正租外，还有各种劳役、附加租等额外剥削，这些都无法完全用数字表现出来，但它们确确实实是广大佃农的负担。如农民必须无偿地为地主服各种劳役，义务当马夫、轿夫，培植林园，修建房屋，地主家遇有婚丧等事必须前往帮忙等，五花八门，难以尽述。而且每逢节令，佃户还要向地主送礼过节，"比如过年者有鸡，猪之类馈赠。此外收获期前请地主看年成，备酒筵招待。收租者来时，亦须殷勤款待"。[③] 可见，广大佃农的负担很重。

（三）高利贷

借贷在云南农村相当普遍，尽管农民一年到头不停劳作，但仍有相当数量的农民还是入不敷出，于是不得已借贷。但告贷无门，在云南，银行金融信贷业务发展有限，不仅力量薄弱，而且实施范围小，效力低，手续烦琐，因而一般农户只能借高利贷以渡过难关。

在云南，不仅地租率高，借贷率也高，明显居于它省之上。中央农业实验所曾调查全国22省农村借贷情况，其中年利1—2分者，平均占

① 李金铮：《近代中国乡村社会经济探微》，人民出版社2004年版，第226页。
② 张肖梅：《云南经济》，中国国民经济研究所1942年版，第F9页。
③ 同上。

调查区总数的9.4%，年利2—3分者，平均占总数的36.2%，4分者平均占总数的30.3%，4—5分者平均占总数的11.2%，5分以上者平均占总数的12.7%。[①] 显然，全国很多地方都是以年利2分至4分者最为普遍，大约达到了67%，而云南普遍达到5分至6分，如晋宁农村"一百元每年要收五六十元的利息"，[②] 安宁"普通在日息五、六分之间"，[③] 甚至有"六分以上的"，虽然在别省极少听闻，但在"云南则甚普遍"。[④] 高利贷利率远高于全国平均水平。张肖梅再一次惊呼："云南农村借贷利率之高，殊堪惊人。"[⑤]

尽管借贷率高，以后要用更多的财物还贷，但当生存受到严重威胁、遭遇人生重要难关、农田需要资金经营、操办婚丧嫁娶等重要时刻，贫苦农家也顾及不了太多，明知高利贷是饮鸩止渴，但又无可奈何，只有自投罗网。农民在紧急关头普遍向地主借债，这就使得地主与农民特别是佃农形成了双重关系——租佃关系和债务关系，无形中佃农又多了一具枷锁，身份更加低微。地主往往一身二任，使高利贷与封建地租合为一体，对佃农实行双层榨取，使得"富者愈富，贫者愈贫"，[⑥] 这大大加深了农民的贫困程度，造成负债农民之普遍化。《云南省五县农村经济之研究》一书详细列出了昆明、曲靖、宣威、沾益、马龙五县借债农户的状态，如表5—2所示。

表5—2　　　　　　　　五县农家借债统计　　　　　　　单位:%，元

县别	借债农户占总农户的百分比（%）	每户平均借债数额（元）
昆明	50	50

① 侯建新:《农民、市场与社会变迁——冀中11村透视并与英国乡村比较》，社会科学文献出版社2002年版，第251页。

② 昆明市志编纂委员会:《昆明市志长编》卷十一，云南新华印刷厂1984年版，第150页。

③ 张肖梅:《云南经济》，中国国民经济研究所1942年版，第A86页。

④ 昆明市志编纂委员会:《昆明市志长编》卷十一，云南新华印刷厂1984年版，第146页。

⑤ 张肖梅:《云南经济》，中国国民经济研究所1942年版，第A86页。

⑥ 昆明市志编纂委员会:《昆明市志长编》卷十一，云南新华印刷厂1984年版，第150页。

续表

县别	借债农户占总农户的百分比（％）	每户平均借债数额（元）
曲靖	67	55
宣威	71	61
沾益	75	58
马龙	79	53
平均	66.4	55.4

资料来源：萧铮：《民国二十年代中国大陆土地问题资料》五十二，美国中文资料中心、台湾成文出版社 1977 年版，第 26609 页。

从表 5—2 可看出，昆明县负债的农家，占农民总户数的 50％，在这五县中最少，而马龙县高居榜首，达到 79％，五县的平均值为 66％，即将近有 2/3 的人举债。《云南经济》也描述全省"平均欠债者，不下百分之五十，农村经济，凋敝异常"。[①] 两书描述的数据尽管存在差异，但可以肯定全省平均至少有 50％ 的农户存在贷款。这种状况不仅云南独有，欠账、举债、借钱、借粮已成为整个中国农村经济生活中一个十分普遍的现象，纵观全国 22 个省 800 余县农民借贷情况可知：借贷者占农家总数最高达 79％，最低为 41％，平均为 56％；借粮者占农家总数最高为 56％，最低为 33％，平均为 48％。[②] 全国负债和借粮的农户平均达一半左右，足见负债人数之多，范围之广。

如此高的比例使我们不得不正视高利贷问题。我们知道，就借贷这一事本身而言，没有什么坏处，它能为某些民众解决生存之难，把一些处于生存危机线边缘的农民拉回到安全的生活范围内，使生命得以延续，生产得以恢复。但借贷前面加了高利两字，就另当别论，一旦借债，则需付出高昂的代价，但面对紧迫的生存危机，农民也不得不借助于违反正常规则的高利贷渡过难关，后果就是借高利贷者必然陷入沉重

---

① 张肖梅：《云南经济》，中国国民经济研究所 1942 年版，第 K15 页。

② 侯建新：《农民、市场与社会变迁——冀中 11 村透视并与英国乡村比较》，社会科学文献出版社 2002 年版，第 250 页。

的债务之中，"以至负债的本息积累日多，变成连年而不可脱却的羁绊"，① 最终走向破产，很多农民不仅失去了基本的生活和生产资料，而且连最基本的衣食住也没有办法保障，为了生存下去，不得不想尽一切办法缩减生活资料。由此可见，高利贷无异于一剂鸦片，副作用、危害相当大，远远大于其正面效果，但这又是乡村民众无可奈何的选择。

　　传统社会，国家、地主、农民三者之间关系微妙，处于一种三角状态，只有三者维持一种相对平衡，整个社会经济才会发展。但维持这种平稳很难，地主阶级本身就具有贪婪的剥削本性，为了积累更多的财富，他们总是用各种办法转嫁赋税负担，同时兼并小农土地。小农经济本身就相当脆弱，国家赋税的不断加重和地主的重利盘剥使得农民生活很难稳定，一旦出现资金缺乏、债台高筑的现象，最终就只能破产，或投献大户，或背井离乡走上逃荒之路。我们知道，中国传统农民素以安土重迁为生活哲学，不到迫不得已，很少有离乡背井、另寻生路的，正如费孝通在《乡土中国》中就说到中国的乡村人口流动率十分小，是"粘在土地上的"，同时"世代定居是常态，迁移是变态"。② 民国学者李景汉在对北平郊区的乡村家庭进行调查时也谈到过这个问题，他说："中国人的习惯是喜欢在本乡住的，凡携家眷离别本土而移居他处者，一定有很不得已的原因。"③ 确实如其所述，繁重苛杂的赋税、高额的地租和残酷的高利贷剥削三者交织在一起，恶性循环，加速了农民破产的速度，人们无以谋生，只能走出曾属于自己的土地向外寻求谋生之道。这种现象可以说已成为云南农村社会的普遍现象，《云南省五县农村经济之研究》曾列出了五县农民离乡人数：

表5—3　　　　　　　　　**五县农民每年离乡统计**　　　　　　　单位：人

县别	赴个旧充矿工数	赴外县充背夫数	赴昆明市充工役数	其他
昆明	2000—3000	300—500	200—300	30—50

---

①　萧铮：《民国二十年代中国大陆土地问题资料》五十二，美国中文资料中心、台湾成文出版社1977年版，第26608页。
②　费孝通：《乡土中国》，生活·读书·新知三联书店1985年版，第2页。
③　李景汉：《北平郊外之乡村家庭》，商务印书馆1933年版，第12页。

续表

县别	赴个旧充矿工数	赴外县充背夫数	赴昆明市充工役数	其他
马龙	2000—4000	200—400	100—200	50—80
曲靖	3000—5000	400—600	100—300	40—60
沾益	4000—5000	100—200	50—100	30—50
宣威	4000—5000	200—300	50—100	100—200

资料来源：萧铮：《民国二十年代中国大陆土地问题资料》五十二，美国中文资料中心、台湾成文出版社 1977 年版，第 26614 页。

各地离乡的农民都高达几千人，其中宣威、沾益尤甚，离乡之人迫不得已，多数是远离本县，出外做工，或为背夫或为小贩或充当矿工，其中绝大多数到个旧锡矿当矿工。这种情况不在少数，几乎全省都存在这样一批逃亡人员，他们异乡谋生，苟且偷生，十分艰难。广大农民在重重剥削和繁重的负担之下苦苦挣扎，足见民国年间云南农村经济的萧条和民众生活的困苦。

二　民众收入的多寡影响其消费能力

一般而言，收入决定支出，有什么样的收入水平，消费就只能处于相应的水平之上。可见，收入直接导致和影响了生活消费层次的形成与消费生活水平的高低。

（一）社会上层收入高，拥有大量财富

民国年间，政治地位成为收入水平的重要因素，政治地位较高的官僚们拥有大量财富。当时政府官员的收入一般由正项薪金和额外收入两部分组成。先来了解政府各级人员的正项薪金，《续云南通志长编》详细记载了以 1930 年 7 月为分界点的薪金标准以及 1933 年以后的薪金，如表 5—4 所示：

表5—4　　　　　　　　　　**云南省各级文官俸给**　　　　　　单位：旧滇币元

职别	月支薪俸数		
	民国十九年七月以前	民国十九年七月以后	民国二十二年以后
省政府主席	510	750	1275

续表

职别	月支薪俸数		
	民国十九年七月以前	民国十九年七月以后	民国二十二年以后
省务委员	510	510	1275
司、厅长	182	350	595
殖边督办	272	400	680
参事秘书	96	240	425
科长	80	200	340
主任科员	70	175	297.5
一等科员	60	150	255
二等科员	50	125	212.5
三等科员	40	100	170
县长	100	300	600
设治局长	50	150	300

资料来源：云南省志编纂委员会：《续云南通志长编》上册，云南省科学技术情报研究所印刷厂1985年版，第1111页。

以上所列属于文官的薪金状况，武官的情况如表5—5所示。

表5—5　　　　　　陆军官佐薪俸（1911年7月）　　　单位：两，元

官阶	薪俸银数（两）	合银圆数（元）	官阶	薪俸银数（两）	合银圆数（元）
师长	120	166.66	正军需官	50	69.44
旅长	100	138.88	副军需官	35	48.61
联长	80	111.11	正马医官	40	55.55
联副长	60	83.33	副马医官	30	41.66
大队长	50	69.44	军医长	28	38.88

资料来源：云南省志编纂委员会：《续云南通志长编》上册，云南省科学技术情报研究所印刷厂1985年版，第1107页。

政府文武职人员的正项薪金收入比较高，与依靠工资生活的普通劳动者比起来，差距很大，1911年普通工人的每月工资大约5元，而师长的薪金为166元，相差33倍，与最低的军医长相差8倍，1930年前

普通工人的每月工资是 6—8 元，而省政府主席的薪俸却为 510 元，相差 70—80 倍，就是最低等的三级科员也是月薪 40 元，与普通工人至少相差 7 倍，差距显而易见。政府文武职人员与城市工人两者之间在薪水上相差不小，乡村农民的收入更是无法与之比较，差距更大。

　　社会上层的高消费与他们的薪金有很大关系，但强有力支撑社会上层奢侈性消费的经济后盾又不单纯来自正项薪金，最主要的来源在于巨额的法外收入，这种法外收入远远超过正项薪金。在中国传统政治结构下，财富与权力可以说是一对难舍难分的孪生儿，搜刮积聚、贪赃黩货等当属中国官僚体制下的痼疾。民国年间，国家的财政经济体制和政治体制还不够健全，再加上在某些特定情况下统治者有意纵容，因而贪赃腐败之风比前代更为炽盛。1926 年 3 月 1 日出刊的《革新》第七期曾毫不留情地指出："中国的官僚的确是腐败，而云南的小官僚则尤其腐败，他们要钱不要脸。"[①] 贪赃枉法、勒索敲诈、横征暴敛、克扣粮饷等都是这些政府文武官员聚敛财物的惯用方式，如一位叫毛鸿翔的军官"吃旅费，吃截旷，吃空额，无一不吃，甚至敲磕官民士兵"[②]。又如呈贡大地主华衡文家的几个儿子都是官僚，个个腐败至极，长子华封歌，曾任滇军混成旅旅长，甚至采用直接抢劫的方式积累金钱，当他的队伍驻扎西康会理时，"共抢得黄金三驮、白银三十余驮、大烟一百二十余驮、珠宝玉器无数"[③]。次子华封庆，在混成旅当军需官，"一贯克扣粮饷"，三子华封治曾任前敌总指挥，贪污军饷不少，另外他们还偷运鸦片致富，与烟帮勾结，倚仗强有力的武器和兵力为之护航，收取保护费和运输费，牟取暴利，可谓敛财肆无忌惮。以致《云南游记》的作者谢彬都说："军官历年在外，均成暴富。"[④] 文官同样如此，不择手段，敲诈勒索、卖官鬻爵，大发横财，如抗战时期，就有很多县的县长是用

　　① 昆明市志编纂委员会：《昆明市志长编》卷九，云南新华印刷厂 1984 年版，第 342 页。

　　② 同上。

　　③ 昆明市志编纂委员会：《昆明市志长编》卷十一，云南新华印刷厂 1984 年版，第 118 页。

　　④ 谢彬：《云南游记》，中华书局 1924 年版，第 95 页。

金钱贿赂得来，"每个县长的取得至少也要花费万元左右"，① 县长到手后，可以出卖区长，每职要花二三千元，区长还可以出卖乡长，层层贩卖，结果地方行政人员多半是富而不仁之辈。这些富而不仁的下级行政人员为了收回贿赂的成本，不顾一切地勒索农民。地方官员腐败如此，上层又如何？实乃一丘之貉，云南省财政厅厅长陆崇仁在其任内就利用政治权力，假公济私，大发横财。就连最高统治者龙云也有三个不正当的私人进款来源：一个是财政厅，一个是军需处，一个是禁烟委员会。每到年节近的时候，三个机关的主官至少也得送献几十万元，而名之曰"主席应得之款"，于是上有好之者，下有效仿者，"政治上贪污之风，弥漫全省"。② 可以说，在民国时期，云南官员廉洁奉公者凤毛麟角，在多数官僚的履历中，都少不了存在贪污腐败之行为，这已成为当时官僚攫取财富的一种具有普遍性的途径。

除此之外，官僚经商射利也是蔚然成风，投资工商业成为官僚家庭经济收入的又一重要来源。如华封歌在银行、矿山、工厂、电灯公司、商号等二十多家大企业中有大量股本，华封治在十几家企业单位有股本，华封庆直接开设商号做生意。可以说，当时规模大一点的企业几乎都有官僚入股，如东川矿业公司股东计四百余人，就是"由当时军政界（军界少校以上，政界科长以上）及厂地一部分大小矿商入股"。③ 又如民声火柴公司，它的股东中既有商人，也有军政官员。足见官僚阶层进行投资在民国年间相当普遍。

纵观整个民国时期，政府文武官员的经济收入来源显然十分多元，其中既包括正当合法的收益，也有通过非法手段获取资财的情况，通过这些途径，他们原本丰沛的资金更加膨胀，社会财富逐渐聚集到这部分人手中。

另外随着商业的发展，有一些富商、工厂主、民族资本家、铺庄的

　　① 萧铮：《民国二十年代中国大陆土地问题资料》五十二，美国中文资料中心、台湾成文出版社 1977 年版，第 26761 页。

　　② 昆明市志编纂委员会：《昆明市志长编》卷十二，云南新华印刷厂 1984 年版，第 370页。

　　③ 云南省政协文史资料研究委员会：《云南文史资料选辑》第五辑，云南人民印刷厂1964 年版，第 89 页。

股东和主要负责人等凭借本身的资财以及丰厚的工资、红利、佣金、回扣、利润等多方面收入逐渐积累了大量财富，囊丰筐盈，跻身高消费行列。还有一些大地主靠收地租或放高利贷也积聚了大量财富，同样不可忽视。不论是政府文武官员，还是巨商大贾，或是拥有广大土地的大地主，他们都有一个共同的特征，即拥有大量财富，这为其进行奢靡性消费提供了物质基础。同时，巨额收入也刺激了他们的消费欲望，导致他们竞相奢靡，以满足其欲望，显示财富和社会地位。

（二）广大劳苦大众收入低，比较穷困

广大工人、小商贩、小手工艺者、农民等劳苦大众收入低，囊中羞涩，这严重影响了下层劳动者的消费水平与消费意欲，维持基本生存是主要任务，因而节俭成为他们消费的主要方式。

1920 年云南总商会分服饰、饮食、建筑、器具和杂业五类统计了城市各业的基本收入，[①] 各业工资稍有不同，但相差不大，平均男工月收入以 6 元居多，女工明显少于男工，仅 4.8 元，其中从事家仆职业的工资最少，月收入仅 2 元。从中可看出劳动力的廉价，不仅工作时间长，而且工资微薄，比起政府文武人员的正项薪金来说少得多，由于工资低，再加上币值低落，物价上涨，有时竟只够吃饭，如 1919 年前后米卖五六角钱一升（十四斤），每个人“一个月吃二块多钱的伙食费”，[②] 6 元的月收入，仅供 3 人饮食的花销，因此，一个家庭中必须至少要有两个或两个以上的劳动力才能维持生活。至于城市中的苦力群体，收入就更为低廉，苦力群体可以说是“无固定职业与无固定收入而纯恃出卖体力为生的社会底层劳动者群体”。[③] 这一群体纯粹以出卖体力为生，不仅十分劳累，而且收入很少，有时甚至连自己个人的基本生活都难以保证。“他们之中，相当的一部分人生活毫无保障，有一天的活儿，才能过一天，一天干不着，晚上就得挨饿。他们的生活，在有活干的情况下，是这样，吃的，在饭摊上买点馆子里的剩菜饭或烧饼充

①　昆明市志编纂委员会：《昆明市志长编》卷十一，云南新华印刷厂 1984 年版，第 59 页。

②　同上书，第 60 页。

③　忻平：《从上海发现历史——现代化进程中的上海人及其社会生活》，上海人民出版社 1996 年版，第 155 页。

饥，住的，他们中的大多数没有固定的地方，无家可归，只能花上一、两角钱，住'鸡毛店'"。①

乡村民众的收入同样短缺。如果他们仅仅靠种田的收入是不够维持生活、满足生活所需的，特别是那些佃农，地租占了绝大部分，连口粮都挣不到，如官渡附近的农民"每年收得的粮食，好的只足吃十月，有的只足吃七至八月，有的吃半年还不足"。② 可见，传统种植业很难维持广大半自耕农和佃农的基本生活，甚至一些自耕农也常常感到生存之艰难，那么，在这样的社会状态下，云南农村依靠什么能够继续延续下去呢？支持农村的另一支柱就是乡村民众自谋的各种副业，依靠副业和传统种植业的相互叠加，增加收入，才最终稳住和挽救了濒临崩溃的农村社会。所以乡村农家副业可以说是农村经济的另一条腿，相当重要，它同样是影响乡村农民家庭生存状况的重要因素。

除所从事的种植业外，农民在农闲和空闲时间所从事的小商贸活动、家庭养殖业、出卖劳动力、从事服务业等各种营利性活动都可囊括在副业内，它们有效地填补了种植业对家庭生计供给之不足的状态，成为广大民众换取货币以满足日常消费所需的重要手段。为了增加收入，人们在农闲时大力从事副业，住在城郊或离城不远的农民一般"到城里代人零星搬运，有的肩挑背运，小本作水果蔬菜麦饼小买卖"，③ 除此之外，采樵、烧炭也相当普遍，"除供给自己燃料外，并肩挑城市贩卖"，④ 还有的"间有农事余暇，兼做泥木石工"，⑤ 所有的这些只为了谋求蝇头小利，补贴家用。而那些远离城市，身处山区的乡民因无便利条件，大部分只能充当背夫，郑子健曾这样描述他们："以两带系物，负于背上，另一带套于额前，伛偻徒行，往返一二百里，所得滇币一二圆，土人生活，至为贫苦。"⑥ 费孝通也见过不少，他们衣衫百结，面

---

　　① 昆明市志编纂委员会：《昆明市志长编》卷十一，云南新华印刷厂1984年版，第109页。

　　② 同上书，第154页。

　　③ 同上。

　　④ 行政院农村复兴社：《云南省农村调查》，商务印书馆1935年版，第75页。

　　⑤ 昆明实验县教育局：《昆明县小学乡土教材》，1941年版，第89页。

　　⑥ 郑子健：《滇游一月记》，中华书局1937年版，第93页。

有饥色，垂着头，背负着一百多斤像石块般的盐巴，"这些背老盐的，从猴井到禄丰去，一次挣不了两块老滇票"①。不仅男人从事这一副业，妇女同样如此，《滇南散记》中记载了迤南用额头运输货物的女人，人称三道红，为了一家的衣食出外工作，"她们能够用自己的额头负重，背荷一百斤左右的货物，所需求的运费非常低廉，并不及雇一匹牲口昂贵"。② 挣钱少，劳动强度大，但为了生存，人们无法也只能从事这项副业以增加收入补贴家用，充当背夫是贫苦民众为了生活下去的无奈之举。

从上面的分析可知，生活富足者和生活贫困者阶层的收入形成了鲜明对比，我们知道，反映居民收入分配状况的指标是基尼系数，基尼系数越大，说明居民收入分配差距越大；基尼系数越小，说明收入分配越公平。民国年间社会上层和普通民众的收入相当悬殊，正常范围内多的相差几十倍，少的也有几倍，甚尼系数相当大，这还未包括那些无法比较的额外收入，收入分配的不公正和不平等现象十分严重。一般而言，分配关系对消费方式影响很大，不同社会阶层收入水平的差别将直接影响他们的消费方式和消费水平，最终导致消费层次的多元化。低收入阶层只能在有限的收入范围内尽量保持不挨饿受冻，以满足生存性需要为己任，而高收入阶层由于有巨大的财力做支撑，能够过着奢靡、享乐的生活，能够提高消费需求层次，能够在发展和享受性消费资料方面大肆驰骋，这都与收入有直接关系。

三　天灾的摧残及兵匪的袭扰

天灾人祸对人们的生产生活具有一定的突袭性、毁灭性，这也是导致普通民众贫困的重要因素。

（一）天灾的摧残

人类从诞生之日起，便和大自然休戚与共，可以说是大自然赋予了人类一切，但同时它也具有破坏性，水灾、旱灾、霜灾、雹灾、火灾、地震等时刻困扰着靠天吃饭的人们，由于生产力水平低，科学手段落

---

① 费孝通、张之毅：《云南三村》，社会科学文献出版社 2006 年版，第 41 页。
② 马子华：《滇南散记》，云南丛书社 1946 年版，第 33 页。

后,通常一场水旱雹霜虫灾袭来,都可造成农民们血汗白流、颗粒无收,以致生活无着。

民国年间云南遭受天灾极多,从表5—6即可看出:

表5—6　　　　　　云南各地州民国时期自然灾害统计　　　　单位:次

区域	旱	涝	雹	疫	霜	雪	冷	虫	震	其他	合计
昆明	70	100	21	19	27	12	3	9	71	4	336
玉溪	33	55	4	12	1	2		2	45	1	155
昭通	56	102	33	15	18	16	4	4	53	4	305
曲靖	51	78	20	16	36	8	2	11	37	3	262
红河	39	82	16	49	9	9	2	7	67	8	288
文山	53	63	14	10	10	2		19	12	18	203
思茅	34	53	5	39		1	1	17	38	5	193
西双版纳	11	15	4	3	1			4	11	1	50
楚雄	55	91	30	22	8	4		5	41	5	·261
大理	50	71	17	28	2	4	2	8	44	4	230
迪庆	6	22	11	4		8	1	3	11	8	74
丽江	7	23	13	3	1		2	1	14	2	66
怒江	6	13	7	19	2	3	1	1	6	1	59
保山	36	43	6	14		3		4	26	2	134
德宏		12	1	9					8	1	31
临沧	13	27	4	16		1	3	2	25	2	93
合计	520	850	206	278	115	73	23	97	509	69	2740

资料来源:罗群:《民国时期云南自然灾害与乡村社会研究》,硕士学位论文,云南大学,2009年,第8页。

1911—1949年共39年的民国年间,云南共发生2740次灾害,平均每年达70次之多,其中旱涝震灾最多,占了自然灾害总量的一半以上,足见灾害之频繁。不仅如此,很多灾害都来势汹涌,如1939年9月的那场水灾,波及安宁、路南、楚雄、盐兴、昆明等二十四属,灾情之重，相当罕见，有些地方甚至"不论贫富，均已被冲洗罄尽"。[①] 1943年，滇省更是天灾连连，几种灾害接踵而来，"旱魃、潦雨、寒气、冰雹、害虫、恶风相间而作"，[②] 以致很多地方颗粒未收，几年都未恢复元气，真是"一年的天灾，意味着三年的困境，而连续两年的天灾，则意味着一辈子的苦难"。[③] 足见灾害的破坏性极强。

灾害夺去了丰收的希望，人们只能眼睁睁地看着被破坏的田地束手无策。巨大的经济损失已让民众不知所措，但最为严重的还在后面，灾后一系列的连锁反应更是让人防不胜防。粮食歉收必然导致米价大幅上涨，这个涨幅不是一星半点，而是直速飞涨，增至数倍。如1924年，水灾过后，"斗米价值即由十元左右逐渐涨至十五六元"，[④] 后又涨至十八九元，最后涨到二十六七元，涨了好几倍，即便如此，人们也苦无购处，"每遇运米入市，立即抢买一空，甚有持银到市无所得米者"。[⑤] 因无米很多家庭无法举火，为了生存，灾民只能以蕨根、米糠、蓿茛、莗棕、黑麻叶、灰条叶、碗花、豆叶、洋槐树叶、石榴花等度日，导致"食之者骨瘦如柴，气息奄奄"，[⑥] 困苦之状无法形容，甚至还有采食黏土（观音土）者，往往导致胃部凝结，最终"不能蠕动而死"。

灾年荒月里，那些不甘坐以待毙之民众，为生计所迫，被迫离乡背井，逃荒或就食他处成为他们唯一的出路。但等待他们的不一定是光明，有时会落入更惨之境地，一些及笄少女，不索聘费，求为婢妾，亦无人收留，一些幼童，"多由其父母带至城市地面痛哭一场，委之而去，

---

① 云南省志编纂委员会：《续云南通志长编》中册，云南省科学技术情报研究所印刷厂1985年版，第410页。

② 同上书，第412页。

③ ［美］黄宗智：《中国农村的过密化与现代化：规范化认识危机及出路》，上海社会科学院出版社1992年版，第55页。

④ 昆明市志编纂委员会：《昆明市志长编》卷十一，云南新华印刷厂1984年版，第102页。

⑤ 云南省志编纂委员会：《续云南通志长编》中册，云南省科学技术情报研究所印刷厂1985年版，第401页。

⑥ 昆明市志编纂委员会：《昆明市志长编》卷十一，云南新华印刷厂1984年版，第190页。

初尚有人收留，继因委弃日多，至有任其徘徊于街，乞食无获，饿病而死"。① 极端一点的灾民，甚至"服毒自尽，或相率扑河而死者，日有所闻"。② 报刊经常报道这样的事件，并用"惨绝人寰"来概括，所言虽有修饰之嫌，但却为事实。足见人们在天灾面前一筹莫展，根本没有任何有效手段来对付，因此遇灾之后，人们的生活立刻雪上加霜，呈现出来的是一幅幅悲惨的景象。

（二）兵灾匪患

如果上面所述的天灾是人力所不能抗拒的自然性打击，那么，兵灾匪患则是人祸，是在整个社会动荡状态下内部人为性的破坏力。

云南自护国战争之后，即陷于唐继尧军阀统治之下。唐对外穷兵黩武，发动了对四川、广西、贵州的多次军阀混战，对内则与顾品珍混战争夺云南统治权。长期兵连祸结，人民饱受蹂躏，唐继尧自己也不得不承认："滇省连年兴师，民生凋敝。"③ 1927 年云南四镇守使迫使唐继尧下台，但混战还是不断，既有龙云与张汝骥、胡若愚之间长达 3 年之久的争夺云南统治权的战争，也有出兵贵州、广西与其他军阀的交战，直到 1929 年龙云统一了云南才最终结束了这一状态。军阀之间的混战使民众深受其害，特别是战区的房屋和庄稼都被破坏殆尽，加之车辆、耕畜和人力的了无休止的征发都使云南民众饱尝战乱之苦，因之分崩离析、倾家荡产者不知几何。

军阀混战接踵而至，人们不仅无法保全自己的财产，甚至连人身安全都难以保证，时刻处于被抓壮丁的恐慌中，如禄丰禄村一位鲁姓妇女，国民党军队把她丈夫抓去当了兵，三年后才回来。④ 又如孙善余老

---

① 昆明市志编纂委员会：《昆明市志长编》卷十一，云南新华印刷厂 1984 年版，第 191 页。

② 云南省志编纂委员会：《续云南通志长编》中册，云南省科学技术情报研究所印刷厂 1985 年版，第 401 页。

③ 西南军阀史研究会：《西南军阀研究丛刊》第一辑，四川人民出版社 1982 年版，第 93 页。

④ ［加拿大］宝森：《中国妇女与农村发展——云南禄村六十年的变迁》，胡玉坤译，江苏人民出版社 2005 年版，第 234 页。

人就有两次被抓壮丁的经历，如今想起来仍让他感到后怕。① 走到街上，随时都有可能被国民党抓去当兵，以致一些身强力壮的青年男子甚至年纪稍大的男子都不敢随意出门，唯恐被抓走。即便如此，还是有不少男子被强行征走，如丽江县仅有 8.4 万多人口，一次征兵，竟使丽江人口减少 1/8。②

兵灾让人惶恐，匪祸更让人防不胜防。土匪横行霸道，他们是拉帮结伙，与刀枪为伍的不法之徒，或流窜于村落，或啸聚于山林，以拦路夺命、打家劫舍和绑票索财为生，无恶不作。民国时期匪患之严重正如戴玄之所说："民国创立后，没有一片区域没有土匪，没有一年土匪偃旗息鼓。"③ 而云南土匪尤多，这除了与当时衰败萧条的农村社会经济和动荡纷争的政治环境密切相关外，还与其独特的多山林的地理环境有关，山林为土匪提供了相当好的藏身之处，官军围剿困难，障碍重重，剿灭甚难。加之云南绝大多数地方的交通非常不发达，运输货物主要依靠人扛马驮来完成，这样就为以劫财为主要生存手段的土匪提供了下手的机会和不竭的财富来源。以上种种造成了云南匪患严重，形势严峻。

云南到底有多少土匪，多少匪首，具体数目无从统计，但在 20 世纪 20 年代后期的一段时期里，经唐继尧招安的大土匪队伍就有吴学显部、张绍武部、普小阳部、蒋世英部、杨天福部、莫朴部等 10 多支。进入 20 世纪 30 年代后，云南的土匪队伍有了更大的发展，仅滇南地区就有较大的土匪武装 10 多股，土匪的数量应该不少。他们到处杀人放火，打家劫舍，各地深受其害，其中以晋宁城受到的破坏最为惨重，曾遭受三次土匪洗劫，每一次都是烧房逼款杀人抢物，无恶不作，匪首还擅自委派县长，拉夫派款，农民无法安心稼穑。宣威县同样也是匪情严重，据《云南五县农村经济研究》记载：宣威县 1 个月内判决案件 200 余起，其中盗匪案占 90% 以上。足见土匪之猖獗，人们在这样的环境下生命财产难以保障，特别是一些力量比较单薄之农户更是时常处于被

① 昆明市志编纂委员会：《昆明市志长编》卷十一，云南新华印刷厂 1984 年版，第 112 页。

② 西南军阀史研究会：《西南军阀研究丛刊》第一辑，四川人民出版社 1982 年版，第 105 页。

③ ［英］贝思飞：《民国时期的土匪》，徐有威译，上海人民出版社 1992 年版，第 1 页。

土匪打家劫舍和绑票勒赎的惊恐中,可以说遭受一次严重的匪劫,农户便有可能妻离子散,家徒四壁。加拿大学者宝森在她的著作《中国妇女与农村发展——云南禄村六十年的变迁》一书中讲述了多户民国年间深受匪患之害家庭的辛酸史:一位黄姓妇女,老家原本在玉溪,因当地土匪极为猖獗,所以她的父母就离开老家来到禄丰,但这里也是土匪经常出没的地方,"到夜晚土匪就来命令我们交这税那税的",① 不仅如此,还把她父亲抓了去,因无钱交赎金,最终惨死。另有一位宋姓妇女也遭此坎坷经历,对此终生难忘:她父亲也遭绑架,为交赎金,"奶奶将她12 岁的女儿卖给一个当地人家,得了 360 元,她把钱给了那帮强盗,但他们说还不够。强盗们仍没有把我爸爸放回来。于是,我奶奶就把她儿媳妇(我妈妈)卖给了村里的另一个男人"。② 这样的例子还有很多,土匪给人们造成了极大的伤害,对于农村社会而言,即使取得了点滴进步和成果,也极有可能被他们破坏殆尽,满目疮痍,这使得原本就已残破的农村在土匪的不断骚扰下更为举步维艰,难以发展。

兵匪的袭扰、天灾的摧残,仅一项,就足以把社会中下层民众推向水深火热的境地,无以为生,最终流离失所,只能流亡异乡。在昆明的南较场一带,就聚集了大量逃亡的民众,他们中的很大部分就是从曲靖、沾益、东川、昭通、马龙等地因遭受了天灾以及兵灾匪患后无法生活才流入城市寻求生路的,但在城市中寻求生路也极为困难,相当一部分人生活毫无保障,一天有活儿干,才能过一天,一天没活儿,晚上就得露宿街头挨饿。"正是在这样极端贫困的生活条件下,南强街、祥云街一带经常有死尸抛露街头,特别在寒冬腊月,垃圾堆上每天都要拖走几具死尸。"③

综上所述,可以看出,民国年间云南普通民众特别是社会底层民众的生活穷困,有着多方面的原因,其中既有天灾、兵灾、匪盗等社会问题的推波助澜,更有各种税收的侵扰、地租和高利贷的剥削以及收入分

---

① 〔加拿大〕宝森:《中国妇女与农村发展——云南禄村六十年的变迁》,胡玉坤译,江苏人民出版社 2005 年版,第 195 页。

② 同上书,第 258 页。

③ 昆明市志编纂委员会:《昆明市志长编》卷十一,云南新华印刷厂 1984 年版,第 110 页。

配不均的影响，除此以外，其他诸如物价、生产力发展水平等也影响着人们的生活。正是由于上述诸多因素，致使社会上层富足者与普通民众的消费存在着一定的差异，更使双方之间的矛盾越来越尖锐。这其中，最能给我们强烈感觉冲击的是底层民众的日子越来越艰辛，上层民众的日子越过越好，差异性相当显著，似乎在冥冥之中从某一点上滑至各自的极端：一方面是社会底层民众的消费严重不足，还在生死线上苦苦挣扎，而且一旦遭遇天灾人祸，则哀鸿遍地；另一方面是少数官僚、富有者的穷奢极欲，消费过量以及多彩的精神消费享受。巨大的差异有时让人感觉有些压抑和窒息，这样的两个极端影响了后人对民国年间民众生活的整体印象，但事实上这两个极端的消费生活不是全部，民国年间更多的是处于两端间摆动或重心偏向于底层一边的普通民众阶层，这正如萨缪尔森对社会上层、官僚富商做的一个比喻，"金字塔的顶端会比巴黎的铁塔要高得多，而我们大多数人所处的地方离地不过一码"。① 普通民众才是社会的主体，尽管处于动荡不安、民不聊生的年代，天灾和人祸接踵而至，整体相当艰难，比较贫困，但极能吃苦耐劳的人们还是凭借着顽强的毅力，省吃俭用、量入为出，尽其最大可能地将绝大部分开支限制在维持基本生活的必需消费范围内，同时大力发展副业以增收收入，这才稳住濒临崩溃的社会，挽救了生活，广大普通民众特别是乡村民众才能在这种情况下继续延续下去。

---

① ［美］萨缪尔森：《经济学》上册，萧琛译，商务印书馆1981年版，第117页。

第六章　云南民众的消费变迁

　　20 世纪前期是一个急剧变革的时期，刘向在《说苑·杂言》中道："世异则事变，事变而时移，时移则俗易。"民国较之中国历史上任何一个时期都呈现出更明显的动荡和变化，整体上的中国社会发生着或显或隐的嬗蜕，民众生活的各个层面都受到了冲击，从中式饮食到西餐洋酒、从长衫马褂到西装领带、从四合院到公园洋房，变化随处可见。处于西南边陲的云南因各方面的限制所经历的动荡远没有沿海那般剧烈，但内外因素的相互作用仍把云南民众特别是城市居民的生活投入到了明显的变迁之中。

第一节　民国年间云南民众消费变迁的具体表现

　　对于云南的社会变迁，可以从不同角度反观和考察，消费变迁则是透视这个时代激变的理想视窗之一，因为"无论就其敏感程度和准确程度上来说，大众消费方式的变革都是度量社会变革的寒暑表和风向仪"。① 消费领域发生的一系列变化虽然仅存在于民众生活的细节中，但它栩栩如生，极为生动地反映了当时社会变迁的状态和趋势，这些变化虽远没有强大到可以颠覆所有的传统消费行为和消费习惯，但也在平静的消费湖面上掀起了一些波澜。

　　作为云南政治、经济、文化中心的省会城市，昆明自然得天独厚，在消费变迁方面也更胜一筹，无论是强度还是力度来说都远大于省内其他各地，本章即以昆明城市民众的消费变迁为着眼点作为开端，再辐射

---

① 乐正：《近代上海人社会心态（1860—1910）》，上海人民出版社 1991 年版，第 97 页。

全省讲述。

一　消费观念由尚俭向崇奢转变

消费观念一般指的是人们对待其可支配财富的指导思想和态度，是其在消费活动之前或过程之中对消费趋势、消费对象、消费过程、消费方式的价值判断和总体认识。可以说，消费观念直接影响或改变着人们的消费活动。

民国年间昆明城市民众的消费观念与传统相比，有了一个变化，即由"尚俭"为主流的传统消费观念向"崇奢"的消费观念逐渐转变，这种转变尽管不是所有人皆然，但昆明城市上空确实弥漫着一股奢风。

（一）尚俭

滇越铁路开通前，昆明民众的消费观念以"尚俭"为主导。"大都勤俭朴实，坚苦耐劳"，[1] 民风相对"淳朴、不尚浮华"。[2] 节俭可以说是整个封闭的昆明民众消费方式的指导思想，在日常消费生活中，人们"节俭如风，一饮一啜，一穿一戴，概不重奢华，能穿者便穿，能吃者便吃"，[3] 其中"日用饮食，极为简单……若欲豪奢侈靡，不惟不容于里党，且恐见讥于清议，人心之醇厚，习尚之优良"，[4] 人们以节俭为美德，导致有时一些标新立异与奢侈的活动都为众不容，被人诟病，人们判断消费行为合理与否、恰当与否很大程度都是以节俭为准绳。节俭为社会普遍提倡，以致来华的外国人对此有深刻的体会，"这样节俭，这样因循守旧，以致他们穿的衣服正是以前他们祖先们穿过的；这就是说他们除了必不可少的东西外，不论卖给他们的东西多么便宜，他们一概不需要"。[5] 此时，偶尔也有洋货运入这西南边疆之地，"广东商人每年贩洋货来滇者，资本不过数万"，但"终年不能尽售，诚以地方凋敝，日用艰难，非如东南各省水陆辐辏，谋生便易，一切洋货无所用

---

[1] 云南省教育会：《旅滇指南·地理》，1923 年版，第 4 页。
[2] 方国瑜：《云南史料丛刊》第十二卷，云南大学出版社 2001 年版，第 21 页。
[3] 罗养儒：《云南掌故》，云南民族出版社 2002 年版，第 89 页。
[4] 童振海：《云南风俗改良会汇刊》第一册，云南开智公司 1926 年版，第 31—32 页。
[5] 《马克思恩格斯选集》第二卷，人民出版社 1972 年版，第 59 页。

之"①。总之，节俭是人们消费的主题，衣、食、住等各方面无一不反映这个主题。

　　昆明民众以实用及节俭为原则，在穿衣上并不讲究：从数量上看，人们拥有衣服的数量有限，如"男子们针［缝］一件蓝布长衫，要穿够两三年，才用来改汗衣。不然，便要穿到补钉盖满后才肯弃置。妇女们尤为爱惜什物，妆奁上得来的一二十件布衣布裤，直够穿半世"②。从衣料质地上看，多采用土布，"平居多服粗布"，③ 穿纱和绸料的居民十分少，"夏天没见过穿纱，冬天没见过穿裘哩！"④ 因而"他省所穿绫罗绸缎用之者稀，锦绣纂组更不多见。大布之衣，世族皆尔，甚有终身不用一丝一缕者"。⑤ 在特定的情况下也有穿绸的，但是"定规要婚嫁宴贺才穿着的"，⑥ 如"男子娶妇，也穿布衫，加一绸缎马褂"，⑦ 如果违背了这一消费习惯，无故穿丝绸、纱等好衣服，"辄为闾里非笑"。⑧ 通过以上考察，足见当时人们在服饰上的俭朴。正因如此，晚清到昆明的法国外交官方苏雅在街上熙攘而杂乱的人群中发现昆明城市居民多是"穿着宽大的齐膝棉裤，脚蹬草鞋，头戴帽子……有时也会碰上个把穿天蓝色棉布长衫的先生，或者碰上难得一见的着绸穿缎的阔佬"。⑨

　　饮食上同样如此，一般昆明民众"每天吃二餐，家家都作些咸菜、腌肉、豆豉"。一般家庭在平常"只吃小菜，不吃肉"，⑩ "食肉者稀"，⑪ 家事宽裕者，"方有三样炒菜，而且串上点肉；若吃到豆腐圆

　　① 谢本书：《云南近代史》，云南人民出版社1993年版，第140页。

　　② 罗养儒：《云南掌故》，云南民族出版社2002年版，第89页。

　　③ 丁兆冠：《云南民政概况》，云南省民政厅1936年版，第2页。

　　④ 童振海：《云南风俗改良会汇刊》第一册，云南开智公司1926年版，第15页。

　　⑤ 陈度：《昆明近世社会变迁志略》卷三，云南省图书馆手抄本。

　　⑥ 童振海：《云南风俗改良会汇刊》第一册，云南开智公司1926年版，第15页。

　　⑦ 昆明市志编纂委员会：《昆明市志长编》卷六，云南新华印刷厂1984年版，第412页。

　　⑧ 云南省教育会：《旅滇指南·工商业》，1923年版，第13页。

　　⑨ ［法］奥古斯特·弗朗索瓦，《晚清纪事——一个法国外交官的手记（1886—1904）》，罗顺江、胡宗荣译，云南美术出版社2001年版，第282—283页。

　　⑩ 昆明市志编纂委员会：《昆明市志长编》卷六，云南新华印刷厂1984年版，第412—413页。

　　⑪ 陈度：《昆明近世社会变迁志略》卷二，云南省图书馆手抄本。

子，就算是美味了。初二、十六打牙祭，则割几斤肉来"[①] 不管是普通人家，还是宽裕人家，都不奢华，相当节俭，每日以蔬菜为主，摄入肉类的量很少，微乎其微。

住房是一般民众最重要的栖身之所，但也相当简朴，就是在昆明市内也是以平房居多。"清代在滇越路通车以前，一般人民生活比较俭朴。住房一般都是平房"，[②] 大多数"都是些三间四耳及一些四合头的房子，而且是些朴而不实、宽窄适当，洽合于一般平民住在的房屋"[③]。建筑材料和工艺简单，"用筒瓦，以泥嵌之，墙皆用土击"，[④] 就是这样的房子，内部几乎不装饰，"住房内只以棉纸糊下窗格，能嵌窗玻璃者，百中或有一家"。[⑤]

一派古朴敦实的风貌，节俭成为一种社会风气，人们尽量朝着减少消费、克制欲望的方向发展。

（二）崇奢

亚当·斯密阐述了人有两种欲望，其中一种就是"现在享乐的欲望，这种欲望的热烈，有时简直难于抑制"。[⑥] 在云南传统社会中，消费品匮乏，加之森严的封建等级制度及传统观念的束缚，使整个社会消费一直保持在较低的档次上，享乐的欲望深埋心底。民国建立后，滇越铁路通车，外省物品及洋货涌入云南，随之而来的还有外来日趋"崇奢"的消费思想，再加上工业的发展，这一切都促使云南特别是昆明城市民众长期被压抑的享乐消费欲望迸发，传统思维的桎梏和束缚在很大程度上得以解脱，奢侈的消费观念在一些人特别是有条件的群体心目中成为一个指向标，并逐渐弥补了尘封已久的消费激情。

民国时期的期刊和书籍对这一消费观念领域的变动记录俯拾皆是。《云南风俗改良会汇刊》描述："吾滇俭朴之习，向为全国所称道，自

---

① 罗养儒：《云南掌故》，云南民族出版社 2002 年版，第 89 页。
② 昆明市志编纂委员会：《昆明市志长编》卷六，云南新华印刷厂 1984 年版，第 412 页。
③ 罗养儒：《云南掌故》，云南民族出版社 2002 年版，第 89 页。
④ 陈度：《昆明近世社会变迁志略》卷二，云南省图书馆手抄本。
⑤ 罗养儒：《云南掌故》，云南民族出版社 2002 年版，第 90 页。
⑥ ［美］亚当·斯密：《国民财富的性质和原因的研究》上卷，郭大力、王亚南译，商务印书馆 1979 年版，第 314 页。

滇越铁道通后，海风大来，俭朴之习，渐形淘汰，奢靡之俗，日见革新。"①《云南日报》报道："我滇为边远省区，人民风气，素称敦厚简朴。惟近年以来，以交通频繁，流入不少外面都市华侈之习，加以海外书报、书刊及电影等项印刷品之刺激炫惑，于是我省市居民渐趋靡丽，崇尚摩登。"②《续云南通志长编》曰："迨滇越铁路成……而奢靡成风。"③《新纂云南通志》卷144中记载："云南自滇越铁路通车后，奢侈的风气一天天地普遍，消费水准一天天提高。"就连省民政厅在写《云南民政概况》时也说："过去本省风俗敦厚，民气古朴，自逊清末叶，滇越铁道开车后，奢侈品逐渐输入，地方习尚，遂由俭约一变而为奢侈。"④ 外来人士到滇真切地感觉到了这一变化，《云南游记》作者谢彬就说"昆明自滇越通车以后，输入西方物质文明，人们竞尚奢侈，以致生活程度日高一日"，他认为昆明物价高昂，其中一个很大的原因就是"俗尚奢逸，争事消耗"。⑤ 一般说来，凡是社会上的重大转变才会被时人频频关注，细微变动易被忽略，关于云南民国年间风俗奢靡的记载，数不胜数，这有力地说明了当时奢靡之风刮得并不微弱，并已成为城市中突出的社会现象。

奢侈性消费观是一种与节俭消费观完全对立的消费观，在这种消费观的指导下，人们"一举一动，一饮一食，多是奢侈浮靡，踵事增华"，⑥"富而侈者则争奇斗靡，豪奢无艺。地方人尤而效之，遂使斗大山城为此陋习所弥沦，而大变其浑朴淳厚之旧"。⑦ 有识之士大发感叹："早把云南自来固有的古风，全全抛掷在九霄之外。"⑧

衣和食是普通民众最重要的消费内容，事实上也最容易反映时代特征，奢侈的印迹在衣食等多方面都有体现。我们先从衣来看，可以说，

---

　　① 童振海：《云南风俗改良会汇刊》第一册，云南开智公司1926年版，第138页。

　　② 婉如：《集团结婚之利益》，《云南日报》1935年11月14日第六版。

　　③ 云南省志编纂委员会：《续云南通志长编》下册，云南省科学技术情报研究所印刷厂1985年版，第535页。

　　④ 丁兆冠：《云南民政概况》，云南省民政厅1936年版，第1页。

　　⑤ 谢彬：《云南游记》，中华书局1924年版，第88、95页。

　　⑥ 童振海：《云南风俗改良会汇刊》第一册，云南开智公司1926年版，第15页。

　　⑦ 陈度：《昆明近世社会变迁志略》卷三，云南省图书馆手抄本。

　　⑧ 童振海：《云南风俗改良会汇刊》第一册，云南开智公司1926年版，第15页。

服饰无论是从衣料还是从价格以及与之配套的装饰上都可看出和以前的不同：

一从衣料上看。过去只有少数富有人家穿的绸衣华冠，此时已经为一般民众所竞相仿效，于是出现："近则服饰华丽，绸缎纱绢绫罗。"[①] 人们开始追求绸缎的衣服，以至于绸缎铺"每遇时新花式出肆，人争购之，不久即罄"。[②] 在服饰上人们的消费心态也有了一个很大的转变，在以前，人们的衣服上"补缀具见，往昔服者布衣，只重清洁，不尚华丽，尤其不以补缀为耻"，[③] "在昔年时只能衣布褐，苟服丝绸辄为闾里非笑"，[④] 穿丝绸衣料会被人耻笑，而现在，出现一种和以往相反的趋势，如"衣敝袍与衣狐裘者相互耻立，且不仅敝袍者自惭，而衣裘者亦惭与并，恐累彼颜"。[⑤]

二从装饰上看。女人表现得最为突出，"惟妇女，关于服饰，不免为时令转移，有渐趋奢靡之虑"。[⑥] 她们极易染奢侈之风，在衣饰和打扮方面十分讲究，"前些年戴到金的首饰，已经奢华讲究了。目下吗，珍珠宝石、金刚石、白金、翡翠，一头之费，已经耗去中人之产"。[⑦] 而以前十分富裕的家庭，妇女"仅一金耳环、一金簪、一金钗或一戒指，金钗甚少，玉则滇边产玉，故用者稍多，余不过银质，珠钻则绝无矣"。[⑧] 制作这些首饰的金店银楼在清末"仅有五六家"，到民国六年（1917）后，"已增至十二三家。所以然者，富家妇女已习于奢华，于是打金首饰之生意，日渐增多"。[⑨] 因而，民国时期来昆明的沪、汉客认为，"滇中女子奢侈与沿海江城镇无殊，且或过之"。[⑩]

① 云南省教育会：《旅滇指南·工商业》，1923 年版，第 13 页。
② 同上。
③ 陈度：《昆明近世社会变迁志略》卷三，云南省图书馆手抄本。
④ 云南省教育会：《旅滇指南·工商业》，1923 年版，第 13 页。
⑤ 童振海：《云南风俗改良会汇刊》第一册，云南开智公司 1926 年版，第 138 页。
⑥ 杨成彪：《楚雄彝族自治州旧方志全书·牟定卷上》，云南人民出版社 2005 年版，第 1648 页。
⑦ 童振海：《云南风俗改良会汇刊》第一册，云南开智公司 1926 年版，第 15 页。
⑧ 陈度：《昆明近世社会变迁志略》卷三，云南省图书馆手抄本。
⑨ 昆明市志编纂委员会：《昆明市志长编》卷十二，云南新华印刷厂 1984 年版，第 297 页。
⑩ 陈度：《昆明近世社会变迁志略》卷三，云南省图书馆手抄本。

　　三从价格上看。在衣料上人们追求时新绸缎，因而"制作衣服，甚至一袭之费，不惜以数月之收入充之"，[1] 有的"毛织衣料，铁机绸缎，一件衫料仅仅面子的代价，都需四十多元，还有扣子纽扣，不在内哩"[2]。在款式上，人们追求洋服饰，其中男人特别钟爱西装，尤其喜欢手艺精、做工好的广帮及安南人制作，虽然"价较贵"，[3] 但也在所不惜。《昆明近世社会变迁志略》甚至有这样的记载："男则多尚洋装一袭，类至千金，毡冠华履，无不奇昂。"[4] 在装饰上，人们也是倾其全力而为之，如女人"衣之外有饰物，［珍］贵金银，希罕珠宝，一件为中人之产，一粒或万金之价。而脂也、粉也、香水也、牙膏也，无一不用，亦无一不贵"。[5]

　　总体而言，人们的服饰逐渐向高档化、奢侈化的方向发展，绸、绢、缎，甚至毛棉呢、哔叽、毛棉绒不断地出现在人们的日常生活中，旗袍、西装、金银珠宝首饰等呈现出增加的趋势。

　　饮食方面也是崇尚奢侈，一是宴会增多，高档菜肴普及，花色品种更加丰富多彩。在这方面，史料也是多有记载："饮食方面，一改过去的俭朴习惯，喜庆宴客不是鱼翅就是海参，官家富豪宴客都改用盘子，价格昂贵的洋酒销量也很大"，[6] 这样就使得"宴会酒席，山珍海味，成了最寻常的头食"，[7] 以至于"一席之费，可抵贫民一家数十日之粮"。[8] 可见，菜价昂贵已不是什么新闻，而是习以为常之事，

　　二是酒馆大量开设，都可承包宴席或请客吃饭，价值不菲。民国年间，昆明城市饮食场所大量出现，高档消费增多，据《云南省志·商业志》的说法就是："民国以后，云南的饭馆发展较快，中高档消费上

① 童振海：《云南风俗改良会汇刊》第一册，云南开智公司1926年版，第40页。
② 同上书，第15页。
③ 云南省教育会：《旅滇指南·工商业》，1923年版，第46页。
④ 陈度：《昆明近世社会变迁志略》卷三，云南省图书馆手抄本。
⑤ 陈度：《昆明近世社会变迁志略》卷二，云南省图书馆手抄本。
⑥ 云南省档案馆：《清末民初的云南社会》，云南人民出版社2005年版，第73页。
⑦ 童振海：《云南风俗改良会汇刊》第一册，云南开智公司1926年版，第11页。
⑧ 同上书，第40页。

升。"① 当时在昆明比较有名的酒馆就有鸿春园、鸿美居、第一楼、双合园、菊华楼等 24 家。在这些酒楼吃一顿上等鱼翅烧烤席，价格不低，"每席约二十余元，中等亦需十元以上"，② 价格很高，但前来享用的人不少，"而客常满"。③ 除酒馆外，大餐馆也是高档消费场所，分为国人和外国人开设两种，国人设置的是正丰、得意春两处，每座以一元七角起码，外国人设立的有商务酒店、达时酒店、东亚大酒店三处，都在一元七角以上。二十元一桌的鱼翅席，一元七角起码的大酒店已是十分昂贵，但与当时唐继尧省长宴客所摆的酒席相比，不值一提，"闻费一千一百余元"。④ 以上的情景令外地来滇的人士大为惋惜，认为滇俗朴素，今已不复存在。

（三）对奢侈的看法

对于以上的史料和评论给现代人展现的这样一个历史事实不禁让人心生疑惑：民国时期的昆明出现并比较流行一种讲求饮食服饰乃至热衷铺张排场的奢侈性消费风气，这使得"昔俭今奢"成为当时的文人墨客对社会风气最为常见的评论，难道民国时期在昆明城市真的存在很大一部分民众都和社会上层富有者一样有能力奢华享受，锦衣玉食，追求过分享受，以满足自身的消费欲望，如同《史记·货殖列传》中所说的"耳目欲极声色之好，口欲穷刍豢之味，身安逸乐，而心夸矜势能之荣"一样，处于一种高消费水平之上？奢侈这种高消费一般而言与社会经济发展状况息息相关，难道民国时期昆明的社会生产力达到了一个很高的水准？事实并非如此，尽管生产力水平比之以前有所进步，物质产品较之前代有所丰富，但整体看，广大城市普通民众只比乡村民众的生活稍好，还是处于一种基本生存性消费之中，怎能有财力去享受，甚至去浪费奢侈，那为何史料和评论中频频出现奢侈或比奢侈更甚的奢靡之词，看来要分析这种现象，不能仅仅阅读和抄录历史文献的相关议论和记载，重要的是要透过这些议论和记载重建社会现象的实态，了解其特

---

① 云南省地方志编纂委员会：《云南省志·商业志》，云南人民出版社 1993 年版，第 28 页。

② 云南省教育会：《旅滇指南·食宿游乐》，1923 年版，第 2 页。

③ 陈度：《昆明近世社会变迁志略》卷三，云南省图书馆手抄本。

④ 谢彬：《云南游记》，中华书局 1924 年版，第 64 页。

定时代"奢侈"的真正含义。

什么是奢侈？奢侈的英文是 luxury，可以解释为豪华、舒适、昂贵、稀缺等。奢侈消费指人们通过购买豪华、稀缺、昂贵的消费品而追求舒适、快乐的生活享受，并以远远超出社会平均生活水平和平均价格水平的消费形式来表现其消费特征与消费风格。① 这是现代经济学上的说法，从这个界定可以分析出事实上奢侈的进行必须以大量财富为后盾，因为它是一种超过社会平均水平的消费活动，这里面有一个逻辑推理关系，也即只有物质和财力充足了，才有过度消费的意识，才会做奢侈之事，只有在拥有足够的货币的前提下才会去购买奢侈品和享乐消费，否则拿什么奢侈浪费呢？很明显分析民国时期昆明城市民众中出现的奢侈风气不能套用这个现代经济学概念，要回到当时的社会环境和背景下理解，离开历史背景谈论奢侈是没有意义的，我们必须跟随历史并以动态的视角和观点来研究奢侈，这样才能有助于真实地了解当时出现的消费现象。

阅读和参照一些社会学家和古典经济学家的著作和观点有助于打开视线、冲破狭隘，看得长远。关于什么是奢侈？很多学者都有谈到，如凡勃伦在《有闲阶级论》、贝里在《奢侈的概念》、桑巴特在《奢侈与资本主义》等著作中都有谈及，只是具体内容不同，各自的侧重点也有所不同。凡勃伦认为奢侈消费是一种炫耀性的消费行为，对富有、有闲阶层来说很有意义，这是他们博取荣誉的一种手段。② 桑巴特认为不管是在量的方面还是在质的方面，只要出现了任何超过必要开支的花费就可以称为奢侈了。③ 贝里的观点与桑巴特的不同，他认为关键不在数量的多少而在于品质上的精美，所以只能从质量上来把握。④ 除此之外，波德里亚、曼德维尔等著名学者也对此发表过见解。他们的论述对我们如何认识奢侈有一定帮助，但似乎完全套用他们任何一方的观点来认识民国时期昆明民众的奢侈消费还存在一些偏颇，毕竟时代不同、区域不

---

① 汪秀英：《奢侈消费的经济学界定》，《郑州航空工业管理学院学报》2006 年第 4 期。

② ［美］凡勃伦：《有闲阶级论》，蔡受百译，商务印书馆 2004 年版，第 60 页。

③ ［德］维尔纳·桑巴特：《奢侈与资本主义》，王燕平、侯小河译，上海世纪出版集团 2005 年版，第 86 页。

④ ［美］贝里：《奢侈的概念》，江红译，上海人民出版社 2005 年版，第 33 页。

同、观念不同，我们只有立足当时的历史背景和实践，把握动态，才能真正地认识文献史料记载的"昔俭今奢""奢侈""奢靡"的真正含义。对于这一点，钞晓鸿在《明清人的"奢靡"观念及其演变——基于地方志的考察》中做出了卓越的贡献，他回归历史，以明清时期人们的思维为出发点全面考察传统意义上"奢靡"的含义：一是某事项的花费超过该事项的基本需要；二是某些不正当、不应有的消费项目与活动；三是某消费与个人（或部分人）的收入不相称；四是消费者攀比浮夸、或某事项仪式诡异烦琐；五是从事或过多地从事工商业，追求财利；六是违背伦理纲常与等级秩序。① 这个界定同样十分适合民国时期昆明的状况，虽比较复杂，但到位和全面。

第一种情形：某事项的花费超过该事项的基本需要。从上面对衣食的描述就可看出当时昆明的某些人对衣食的消费已超过了最基本的生存性需要，衣料本身用棉布即可达到防寒作用，但用绸缎纱绢绫罗者不在少数，又从《旅滇指南》对绸缎铺的记载来看，经营绸缎的商铺生意还不错，购买者日众，这些购买者绝不仅仅是为了达到防寒的目的。饮食方面同样如此，餐馆的大量开设即可看出这些就餐者的目的绝非吃饱喝好。这些超过基本需要的衣食当然就被某些关注这方面的文人墨客记载为"习俗渐趋奢华"了，有时候甚至只要脱离了裙布荆钗、粗茶淡饭的境地，稍稍提高生活水平，微小提高一下物质水平，超过最基本的生存性需要，也会被时人记载为奢侈。

第二种情形：某些不正当、不应有的消费项目与活动。不应有的消费活动比较多，可以说凡是花了钱但又没有起到必需物品的消费都可以说是不应有的消费，比如去咖啡店喝咖啡，张维翰在《云南风俗改良会演说词》中就认为咖啡店是奢侈场所，应该废除。② 咖啡店在今人看来是消遣、谈心的好去处，在当时的情况下由于不是人们生存所必需，因而自然被时人划入奢侈场所之列。不正当的消费项目如吸鸦片、赌、嫖等，于生活生产无利，更属于奢侈行为无疑。

---

① 钞晓鸿：《明清人的"奢靡"观念及其演变——基于地方志的考察》，《历史研究》2002 年第 4 期。

② 童振海：《云南风俗改良会汇刊》第一册，云南开智公司 1926 年版，第 10 页。

第三种情形：某消费与个人或部分人的收入不相称。这种情况比比皆是，特别是一些贫穷人家收入低，生计艰难，但因羡慕其他阶层的行为，有时候也会做出超过他们收入的消费活动，如一些史料就记载，"贫贱人家宴客服装强为美丽"，偶尔也会"衣时髦，食甘肥"，[1] 这些与他们的收入不相称的行为就被记载为竞尚浮靡或奢侈了。

第四种情形：消费者攀比浮夸，或某事项仪式诡异烦琐。这在婚丧中表现明显，如婚礼中，人们"莫不大肆铺张，争奇斗艳，而互相效尤，成为风气"，同时丧葬表征对死去亲人的哀思之情，是人们孝心的体现，更是马虎不得，仪式比婚嫁更为烦琐，以致"动辄靡费巨金"。[2] 这些都为当时的有识之士所痛心疾首和诟病，成为世风奢靡的一大表现。

第五种情形："从事或过多地从事工商业，追求财利"和第六种情形"违背伦理纲常与等级秩序"原为钞晓鸿基于明清时期重农抑商思想的推崇及封建伦理纲常和等级秩序在当时的重要地位而提出。他认为："是否奢靡与是否从事或过多地从事工商等行业有紧密联系，不奢靡与不（过多）从事工商等存在着一定的对应关系。"[3] 看来，从事工商业过多，就会使得逐末风胜，造成世风日下，这也是奢靡。另外伦理纲常是维护封建统治的最大保证，各个等级必须在其自身的范围之内从事各种消费活动，不能够僭越，否则即奢靡，这是对第五、六种情形的解释，但这两种情况在民国时期发生了很大的变化，可以说不再是人们关注奢侈或奢靡的着眼点。民国社会气象一新，社会日新月异，发生亘古未有之变化，整个政体和风气都发生了改变，重农抑商不再提倡，提高社会生产力、发展工商业反而成为紧扣时代发展脉搏之举，成为社会的大势所趋，此时追求财利、从事工商业已经无可厚非，反而被大力提倡，自然这也不再被时人认为是奢靡的表现，有些地方从商趋利风气相当兴盛，甚至于"以商为尊，以富为贵的思想观念，成为当时进行社会

① 童振海：《云南风俗改良会汇刊》第一册，云南开智公司1926年版，第82页。

② 《云南省民政厅关于查禁民间不良习俗训令、指令各县送办情形》，1944年、1945年，云南省档案馆馆藏，卷宗号：11-8-115。

③ 钞晓鸿：《明清人的"奢靡"观念及其演变——基于地方志的考察》，《历史研究》2002年第4期。

价值评判的主要衡量标准"。① 另外民国时期伦理纲常等级秩序逐渐被打破，追求自由成为新的社会风尚，政府提倡平等、民主，并使这些理念渗透于各个方面，人们完全可以根据自己的想法率性而为，这就使得传统伦理纲常中很多不合时宜的观念和行为被人摒弃，人们在一种更加合乎人的本性和更加开放的理念中消费和生活，那么这些也不能称为奢侈了。

看来，套用国外对奢侈的理解来解读中国的奢侈现象不妥，同样，将明清时期的奢侈观用来批评民国时期昆明城市民众所表现出来的消费行为也是不明智的，任何静止不动的理解奢侈都不合适，都有可能导致误解，只有动态的解读才能得出真正的意思和内涵。从以上的分析可以看出民国时期昆明城市民众所表现出来的奢侈行为有钞晓鸿提出的前四种可能：某事项的花费超过该事项的基本需要，某些不正当、不应有的消费项目与活动，某消费与个人的收入不相称，消费者攀比浮夸，或某事项仪式诡异烦琐。

跳出此框，视野再放大，有没有别的可能呢？肯定有，如迎神赛会、庙会社戏等活动的频繁举行也被当时的文人们看作奢侈的一个表现，尽管迎神赛会、庙会等在上篇中做过分析属于人们的娱乐消费，是广大民众在劳作之余放松身心的一种很重要也是最常见的方式，但文人墨客更多的是看到其具有败坏风俗、蠹耗钱财以及妨害农工等害处，因而也被记录为奢靡。

另外，一些曾经只在社会上层拥有和使用的比较新颖和价格昂贵的消费物品，在经过一段时期的发展以后，数量大为增加，价格大幅度降低，这就使得它们走入了寻常普通百姓家，但是当时的记录者未能准确和敏锐地把握，仍将其认为是奢侈也不是不可能。最后有必要讨论记载奢侈或奢靡风气之文献作者的心态问题，一般而言，文人受到社会的普遍尊敬，并且很大部分都处于整个消费等级的上层，他们内心深处和骨子里有优越感，十分清高，很多都不愿普通民众和他们一样，因此只要人们的生活和传统稍不一样或偏离了传统生活就认为是奢靡或是风俗浇

---

① 周智生：《商人与近代中国西南边疆社会——以滇西北为中心》，中国社会科学出版社2006年版，第166页。

漓和世风日下,不满情绪在写作中时有流露。

不管因何理由,不管是何原因,呈现在今人面前的就是文献记载之大量民国时期昆明城市居民的奢侈消费生活的资料,这需要我们以谨慎和辩证的方式看待,以综合的思维辨析,才能还原事实的本来面目。

综上所述,明显看出昆明城市民众的消费观念有一个演变过程,民国之前,民风淳朴,不尚奢华浪费,人们的消费观念以节俭为主,同时也不可否认社会上还是存在一些官僚权贵或明或暗地推崇和进行奢侈消费,但范围很小,并不能左右整个社会的消费观念,民国之前的昆明城市居民总体上不事奢靡,仍以尚俭为主。但滇越铁路通车后,到了民国,一向以节俭为美德的消费观开始悄然发生改变,奢侈的消费观逐渐风行社会,社会风气渐趋华奢,社会上层出现了炫耀排场、追求奢靡的倾向,普通民众也是心生羡慕,尽管能力有限,但也尽量追随,自觉或不自觉地卷入了这股旋涡。虽然这种奢侈并不是我们今天意义上的奢侈,而且节俭仍旧在很多民众心目中占据重要地位,甚至某些富有的社会上层人士也身体力行地在奉行节俭,以满足生活为度,但整个昆明城市居民的消费从外表看来确实是比以前奢侈或称为奢靡,人们的生活确实比以前丰富,消费水平有所提高是不争的事实。

二 出现崇洋和崇新及崇时髦的消费时尚

消费时尚主要指消费者在社会生活中对生活消费的趋向与嗜好,或者说是消费者在社会生活中所形成的消费习惯、所重视的消费内容、所追求的消费模式,[1] 这种消费时尚并不一定有很具体的标准,与很多其他事物一样,它也是一个动态的变化过程。不同的时期有不同的消费时尚,到了民国年间,追求开放、新奇、时髦、洋气成为新的消费时尚。正如王造时所说:"在风俗习惯日用起居上,更可看见明显的变化。大菜在通商口岸流行,洋装在城市到处可以看见,有钱的人非住洋房不可,有马路当然要有汽车相配,电影、留声机、无线电、跑狗、跑马,都是新的把戏,成了时髦的嗜好。所谓女人的美,如曲线,如烫发,如

---

① 陈伟明:《清代澳门社会生活消费研究（1644—1911）》,广东人民出版社 2009 年版,第 66 页。

画眉，如染指，如长筒丝袜，如高跟底鞋，都不是原来我们的标准。"①
这里"都不是原来我们的标准"指的是这些变化与传统不同，属于新
的消费时尚。

　　昆明城市民众也处于这一消费时尚的潮流之中，尽可能地"洗尽腐
败古董气氛，一切都讲究新式、时髦"。② 这在服饰上表现得尤为明显，
服饰是表现精神状态和个人风格的显性标志，受时代潮流影响明显，昆
明城市民众的衣着款式在不断翻新，男子衣服由长衫马褂逐步改为短
装，并开始流行中山装和西服，女子流行旗袍，学生则流行童子军装和
白蓝上衣黑裙子。而且这种追求时髦和新奇在当时达到了一种非常火热
的程度，这在女性的着装上表现得非常突出，人们不断地翻新和修改旗
袍的款式，让它看起来更新颖和时尚，陈度在《昆明近世社会变迁志
略》中说："初则长仅过膝，又复加长，几于扫地，旗袍一兴裙皆绝
迹。近则长袍深钗，内着褙服，短仅数寸，必露其骻。又炫于西人曲线
美之谈，衣皆贴体，若背、若腰、若乳、若臀，无不毕露。"③ 因此，
"一年之中，风气数变"，衣服的"式样时常变换"，④ 在"春夏称为时
尚，入秋冬不免陈旧。甚至衣未着体而须另制，饰物购归又非新样，弃
而不用者盈箱累箧"，有的衣服样式"多办了，却一时不能用完，因为
不入时的缘故，往往拿他废弃"。⑤ 以致"那爱时新的人，今年制下的
衣服首饰，明年就不用了"，⑥ 许多"太太小姐们每年每季，甚至于每
月每星期定制新衣，去追赶那千变万化的时装"。⑦ 连上海、武汉等大
城镇来的客商都感叹滇中女子在这方面"与沿海城市相比有过之而无不
及"。⑧

　　大凡能表现时髦的物品一般都会成为时尚化商品，成为当时人们争

　　① 王造时：《中国问题的分析》，商务印书馆 1935 年版，第 251 页。
　　② 云南省政协文史资料研究委员会：《云南文史资料选辑》第四十一辑，云南人民出版
社 1991 年版，第 298 页。
　　③ 陈度：《昆明近世社会变迁志略》卷三，云南省图书馆手抄本。
　　④ 童振海：《云南风俗改良会汇刊》第一册，云南开智公司 1926 年版，第 177 页。
　　⑤ 同上。
　　⑥ 同上书，第 71 页。
　　⑦ 王稼句：《昆明梦忆》，百花文艺出版社 2003 年版，第 248 页。
　　⑧ 云南省档案馆：《清末民初的云南社会》，云南人民出版社 2005 年版，第 73 页。

相购买的消费对象，因而不仅在服饰穿着打扮方面是如此，家具木器如果不是时髦的新款，也会备受冷落，正如史料记载的："在民国五年（1916）后，薄有家资者，一般讲究用新式木器，男女婚嫁时需要亦较多"，[①]"所有家用木器，其式样皆日新月异，畅销极易，新开设新式木器店铺者，常屡见不鲜"。[②]

可以说，新奇、时髦之风已经在社会上播扬四散，形成了带有普遍倾向的消费时尚，以致当时的文人就说："现在社会一般人的心理多半趋尚时髦漂亮。"[③] 与此同时，追求洋气也为民众所推崇，在中西文化碰撞和对比的过程中，民众越来越觉得外来洋货比起传统物品来说更灵活、方便，更具美感和品位，让人耳目一新，崇洋消费时尚逐渐盛行开来，追求洋气、喜用洋货受到人们的追捧，"一切用器，几有非舶来品不用者"，有些女士甚至"非丝袜不穿、非美国粉不搽"。[④] 地处边疆的城市——昆明同样如此，1914 年的《滇声报》这样描述当地民众的生活："服则西缎，食则洋食，吸则纸烟，饮则洋酒，上行下效，一日千里，进步之速。"虽然表述稍嫌夸张，但在那些具有新知识、眼界比较开阔的社会上层群体里，这种消费方式相当普遍，"新人物辈出，或游学自海外归来，或服官他处返里，舍其旧有朴实之风，而沐新学文明之化矣。款客时必用洋酒，非此不恭；故一席达数十元，视为恒事"，[⑤]导致当时的宴会时尚是"必以西餐为贵"，[⑥] 官家豪富宴客"竞尚盘餐"，[⑦]《云南游记》作者谢彬从上海到昆明时就受到了这样的礼遇，"张君就洋榭设西筵欵待余等，酒至五种，菜至十二样，丰腆极矣"。[⑧]西餐的日益流行还使敏锐的商人看到商机，他们争办西餐以满足人们的

① 昆明市志编纂委员会：《昆明市志长编》卷十二，云南新华印刷厂 1984 年版，第 297 页。

② 张维翰、童振藻：（民国）《昆明市志》上，云南昆明市政公所 1924 年铅印本，第 142 页。

③ 云南省档案馆：《清末民初的云南社会》，云南人民出版社 2005 年版，第 73 页。

④ 陈度：《昆明近世社会变迁志略》卷二，云南省图书馆手抄本。

⑤ 王稼句：《昆明梦忆》，百花文艺出版社 2003 年版，第 43 页。

⑥ 童振海：《云南风俗改良会汇刊》第一册，云南开智公司 1926 年版，第 47 页。

⑦ 陈度：《昆明近世社会变迁志略》卷三，云南省图书馆手抄本。

⑧ 谢彬：《云南游记》，中华书局 1924 年版，第 79 页。

需要，当时有不少酒楼打出了西餐的广告，如 1913 年 7 月 23 日的《滇南新报》刊出了这样一则广告："本楼开设中西酒筵，精制各种茶点面包……今更不惜重资，再由香港聘来西菜名厨。此后菜品日日翻新，茶点色色具备……各界诸君请尝试之。"[1]

　　除此之外，西方建筑元素也开始引入昆明，名噪一时的云南讲武堂和东陆大学的主体建筑都采用西式建筑，昆明市区的主要街道如三市街、金碧路和南屏街等两旁的铺面房屋也均采用西式建筑，同时供达官贵人居住的西式建筑也相继出现，如翠湖边"有西式建筑一列"，[2] 还有海源寺的龙公馆灵源别墅、大观楼鲁家花园、白渔口庾晋侯别墅等都是西式建筑。西式建筑元素的引进和推崇使整个昆明城市面貌发生了较大变化，《云南民政概况》中就介绍："近来新式建筑，逐渐推广，重要都市，洋楼高耸，就省会市街房屋言，与京杭一带，大体相似。"[3] 又由于昆明深受法国建筑风格的影响，使得整个"街道以及洋式建筑，很带有法国化的色彩"，曾有留法多年的学者这样评价昆明，"真像法国的小城镇"，[4] 特别是巡津街，"这地方宛然是法国风味的租界，幽静而疏朗，有点像海防"。[5] 住房出现的这些不同以往的变化，在一定程度上表明和演绎了昆明城市居民面对外来冲击时比较爽快和积极接受西洋建筑的崇洋消费特点。

三　享受性消费领域的新气象

　　衣食住是基本生存需要，在人们日常生活中必不可少，而休闲娱乐享受更多地属于精神生活层面，是人们于生存之外的精神需求和高级需求，民国年间昆明城市民众在物质生活领域发生一定变化的同时，娱乐享受领域也随之发生了某种程度的变化和改观。

　　一是休闲娱乐意识提高。

　　休闲娱乐能给人带来舒适和快乐，对于这点，一些民众已经充分认

---

[1]　云南省档案馆：《清末民初的云南社会》，云南人民出版社 2005 年版，第 189 页。

[2]　谢彬：《云南游记》，中华书局 1924 年版，第 105 页。

[3]　丁兆冠：《云南民政概况》，云南省民政厅 1936 年版，第 2 页。

[4]　王稼句：《昆明梦忆》，百花文艺出版社 2003 年版，第 9 页。

[5]　同上书，第 36 页。

识到娱乐消费对提高生活质量具有不可取代的地位。民国年间,昆明城市居民就认为娱乐是生活要素之一,"没有娱乐,我们将无法恢复",[1]没有娱乐,生活"必定干燥无味了"。[2] 迎合这种需要,社会上出现了各式各样的娱乐活动,在昆明只要一打开报纸,各种休闲娱乐信息就会扑面而来,如 1939 年 10 月 21 日《中央日报》(昆明版)第一版刊登有各式各样的广告:"康健溜冰场今日正式开幕""大逸乐影院放映'豆蔻香遇'""新生平剧院,夜戏……""新滇大舞台表演京戏'玉堂春'",[3] 相当热闹,吸引着大家跃跃欲试。在当时,比较著名的娱乐场所很多,活动内容也比较丰富,但是虽有这么多消遣的地方,仍有供不应求之势,"你只要从戏院门口走一次,你将因为那黑压压的人群,和那人群中爆发出来的嘈杂而惊叹不止了"。[4] 可见,民国年间城市居民对娱乐远比以前重视。

二是出现了一些新的娱乐方式和娱乐场所。

民国年间昆明城市居民的娱乐休闲方式吐故纳新,走出了传统模式,出现了许多花样迭出、新潮的娱乐活动。电影就是其中之一,1913年蒋范卿在昆明开办了第一家电影院即显现出了欣欣向荣的趋势,随后广益电影场、日日新电影场、新世界电影场、大世界电影场、大乐天电影场等纷纷开业。这些电影院的生意都不错,特别是 1917 年开办的新世界电影场极为热闹,"其屋宇之轩敞、电光之明暸、戏片之新奇,实为特色,故于开幕之晚,未及昏黑,座位已满,而购票者尚络绎不绝云"。[5] 南屏大戏院也是如此,"每易新片,则座客恒满,日放二幕,夜亦二幕,每当固定购票时,门外人多于鲫,拥挤不堪。停演时街中汽车、人力车、行人男女杂还喧闹扰攘,道为之塞"。[6] 观影人数之众的场面跃然纸上,电影出现了空前的热闹景象,仅 1935 年昆明市就放映

① 黄丽生、葛墨盒:《昆明导游》,中国旅行社 1944 年版,第 201 页。
② 余其勋:《为什么要扩张市立电影院》,《昆明市声》1927 年第一卷第三期。
③ 《广告》,《中央日报》(昆明版)1939 年 10 月 21 日第一版。
④ 黄丽生、葛墨盒:《昆明导游》,中国旅行社 1944 年版,第 201 页。
⑤ 云南省昆明市政协文史资料研究委员会:《昆明文史资料选辑》第十九辑,昆明市政协机关印刷厂 1992 年版,第 161 页。
⑥ 陈度:《昆明近世社会变迁志略》卷三,云南省图书馆手抄本。

了 166 部电影，共有 537880 观众，平均每部观影人数达到 3000 人左右，其中最受欢迎的武侠影片更是高达 5000 多人。① 足见电影颇受市民欢迎，并迅速成为当时昆明民众普通的消遣活动。

跳舞也是比较流行的新兴娱乐方式，它是人们张扬个性及寻求自我解放的一个途径，《云南日报》就曾有一则信息称："晚上友人茶舞会之乐……是晚巴黎跳舞场，红绿电灯映下拥抱佳人儿，尽情的狂舞。"② 跳舞让人们得到宣泄和舒解，因而逐渐盛行，昆明日渐增多的舞厅即是明证。据统计，1937—1949 年，仅昆明东区就有 10 家私营舞厅，即和平舞厅、百乐门舞厅、商务酒店花园舞厅、皇后饭店舞厅、咖啡舞厅、华达舞厅、波士登舞厅、乐乡舞厅、金门舞厅和丽都舞厅，这些舞厅中，最大的当属和平舞厅，"可容纳舞客 150 余人，内有歌女演唱和舞女表演'大腿舞'"。③ 跳舞之风相当兴盛，以致一些茶馆为了赢利也兼做舞厅的生意，平日为茶馆，周六改为舞厅，极受学生的欢迎，汪曾祺在《泡茶馆》中还对此做了记载，"有时到了星期六，还开舞会。茶馆的门关了，从里面传出《蓝色多瑙河》和《风流寡妇》舞曲，里面正在'嚓嚓嚓'"，到此跳舞的"除了穿西服和麂皮夹克的比较有钱的男同学外，还有把头发卷成一根一根香肠似的女同学"。④

人像摄影在 1910 年滇越铁路开通后进入昆明，"初时群众很新奇，纷纷争相留影"。⑤ 另外，弹子房也是当时时髦的消费活动场所，"每点钟取费二角"。⑥ 哈哈镜的出现也给昆明城市居民带来了乐趣，华丰茶楼三楼就设有，"看一次收三个铜板，特别是带着小孩来逗乐的人络绎不绝"。⑦ 这些新式的娱乐方式大大丰富了昆明城市民众的娱乐生活。

---

① 昆明市志编纂委员会：《昆明市志长编》卷十三，云南新华印刷厂 1984 年版，第 238 页。

② 《跳舞的轶事》，《云南日报》1936 年 11 月 2 日第四版。

③ 昆明市盘龙区文化局：《昆明市盘龙区文化艺术志》，云南人民出版社 1994 年版，第 194 页。

④ 汪曾祺：《蒲桥集》，作家出版社 1994 年版，第 161 页。

⑤ 云南省昆明市政协文史资料研究委员会：《昆明文史资料选辑》第十三辑，昆明市政协机关印刷厂 1989 年版，第 116 页。

⑥ 云南省教育会：《旅滇指南·食宿游乐》，1923 年版，第 5 页。

⑦ 云南省昆明市政协文史资料研究委员会：《昆明文史资料选辑》第三十八辑，昆明市政协机关印刷厂 2002 年版，第 125 页。

　　三是社会供给性休闲消费增多。

　　这里的社会供给性休闲消费主要指一般消费者利用政府公共部门提供的非营利设施和服务进行活动,最常见的就是逛公园。民国初期,昆明市政府即着手建立了几个公园,但远不能满足人们的需要。1922年市政公所成立后,为了将昆明建成园林都市进行了大量旧公园的整修及新公园的建设工作,还把众多的寺庙古迹变成了公园,向尚就曾说昆明有十大特点,其中一大特点就是"寺庙古迹极多,都一律改为公园",①如太华公园、圆通公园等都是由寺庙改建而成。经此改造,昆明的公园数量大增。

　　无论是兴建还是改造的公园,景色都十分优美,绿树成荫、繁花似锦,如翠湖公园,"园中有池水绿荷,有海心亭阮堤唐堤",②圆通山公园"山麓有唐时古刹圆通寺。山上有很盛的合抱的松,在晨光曦微时,松上可见无数的大尾巴的松鼠,往来穿梭,洵为奇观",大观公园"园内花木山石建筑风雅,登楼又能远览昆明池风景",③古幢公园也是"一个花木繁多、秀丽幽深的名园"。④ 除了景色优美,各大公园的娱乐设施也相当齐全,"凡足以益人神智,悦人心目者,莫不毕具",⑤古幢公园甚至"还建有植物馆和标本馆"。⑥ 这使得逛公园成为人们的一种新的娱乐方式,闲暇之余,人们纷纷到各大公园休憩,不仅可以享受宁静,安抚疲惫的心灵,驱逐精神的劳顿,而且还可以欣赏各种展馆,亲身体验各种娱乐设备。因而当时有这样的记载:翠湖公园"每至夕阳西归,恒可看到青年男女三数成队在那里散步或休憩",大观公园"游客甚多",⑦ 太华公园"游客过此,辄在寺中用膳,所以特别热闹",⑧ 各

---

　　① 向尚:《西南旅行杂写》,中华书局1939年版,第198页。

　　② 王稼句:《昆明梦忆》,百花文艺出版社2003年版,第13页。

　　③ 同上书,第13—14页。

　　④ 李道生:《云南社会大观》,上海书店出版社2000年版,第13页。

　　⑤ 昆明市志编纂委员会:《昆明市志长编》卷十三,云南新华印刷厂1984年版,第270页。

　　⑥ 李道生:《云南社会大观》,上海书店出版社2000年版,第13页。

　　⑦ 王稼句:《昆明梦忆》,百花文艺出版社2003年版,第13—14页。

　　⑧ 胡嘉:《滇越游记》,商务印书馆1939年版,第89页。

大公园 "游人恒络绎不绝"。① 公园已成为民众休闲娱乐的好去处。

四是综合性大型游乐场所出现。

20 世纪 30 年代建立的大型娱乐场所金碧游乐园把享受性消费推向一个高潮，这是 "昆明首次出现的大型综合性文娱游乐场，它为普及京剧、电影、曲艺开创了局面，树立了基础，开阔了市民的眼界，起到了启端发微的效果"。② 金碧游乐场的规模宏大、娱乐品种多样，"设有京戏、电影、苏滩、京韵大鼓、梨花大鼓、三弦拉戏、空中拉戏、双簧、相声"。③ 其中内设的京剧是从 "上海搬来一个行当齐全、技艺高超的班子"，电影 "放映中西影片"，空中拉戏则是 "用特制大型胡琴拉奏京戏中的唱段，仿若真人主唱"，另外 "又搬来一个武术童子团，表演独轮自行车、空中飞人、石墩武技等惊险节目"，与此同时，"还邀来了魔术团，增强了武技、鼓书阵容。弹子房里，举行一枚铜元消遣品（机器测字和卜课）"。④ 这样一个娱乐品种丰富多彩的游乐园对提升昆明城市居民享受性消费水平有很大贡献。当时门票定为 1 元，便能游园、听鼓书、听清唱、打弹子、溜冰、看魔术和武技，但对普通市民来说，1 元的门票价格偏高，"相当于 10 市两猪肉的价格"，⑤ 如果看戏看电影则需另外购票，可以说 "门票、影戏票之高，打破了昆明 19 年来的纪录"，游艺园毕竟是昆明的新东西，所以 "游人还是踊跃的"。⑥

可见，民国年间昆明城市居民休闲娱乐消费意识提高，在享受性消费方面有很大的增长，许多新式娱乐活动如看电影、跳舞、照相以及逛公园等纷纷出现，大大丰富了人们的生活，使人们充分领略和享受到新型休闲娱乐活动的乐趣。

---

① 张维翰、童振藻：(民国)《昆明市志》上，云南昆明市政公所 1924 年铅印本，第266 页。

② 昆明市盘龙区政协：《盘龙文史资料》第二辑，昆明市政协机关印刷厂 1987 年版，第120 页。

③ 昆明市志编纂委员会：《昆明市志长编》卷十三，云南新华印刷厂 1984 年版，第228页。

④ 万揆一：《昆明掌故》，云南民族出版社 1998 年版，第 72—73 页。

⑤ 同上书，第 72 页。

⑥ 同上书，第 73 页。

四　发展性消费资料呈增长趋势

人不仅有物质的追求，同时也有一种精神的追求，民国年间的社会变迁也涉及了这一领域，从社会教育的广泛实行，图书馆的大量兴建，报刊业的兴盛及书籍的畅销来看，作为精神消费内容之一的发展性消费逐渐受到昆明城市居民的重视，且力度有加大之势，这有利于人们开阔眼界，提高文化知识水平和素质，对提升生活质量也具有重大的意义。

(一)　社会教育广泛实行

云南省的社会教育，在清末的时候只有宣讲所，1912 年，教育司增设通俗教育科，专办教育事务，积极兴办社会教育，夜校、民众教育馆、民众学校、宣讲馆等开展得如火如荼，有效地弥补了正规教育的不足。

对于那些家庭极度缺乏劳动力，需要孩子帮助维持生计而不能接受正规全日制教育的家庭来说，最好的补偿方式就是读夜校，"因为这类家庭中成长的孩子，显然难以达到全日制教育的效果"，[1] 因而，政府有关部门在昆明设立了夜校以满足这些贫寒家庭的需要。另外，民众教育馆、宣讲馆的广泛普及也可以说是昆明民众文化消费空间的扩展，1932 年成立的昆华民众教育馆的规模不小，"其组织分设阅览、陈列、教学、生计、出版五部，及推广事业委员会。黉学部分，有民众茶室、民众饭店、说书场、网球场、杂志阅览室、报纸阅览室、普通阅览室、儿童阅览室、美术研究会、国术研究馆等。孔庙部分，有古物陈列室、美术陈列室、书画陈列室、卫生陈列室、科学陈列室、实业出口陈列室、动物园等……现在这里已成为昆明人士业余休息和游览的热闹地方"[2]。内容之丰富，令人叹为观止，不仅扩大了民众的视野，而且成为人们娱乐活动的主要场所。因昆华民众教育馆隶属省教育厅，是一个公立、免费的文教单位，普通民众特别是下层民众很少能有闲钱去购书买报，于是一些喜欢读书看报的人们，便成了这里

---

[1]　[美]科尼利尔斯·奥斯古德：《旧中国的农村生活——对云南高峣的社区研究》，何国强译，国际炎黄文化出版社 2007 年版，第 78 页。

[2]　胡嘉：《滇越游记》，商务印书馆 1939 年版，第 8 页。

的常客，以致人满为患。演讲所早在清末就已开办，效果良好，民国继续发扬，一般这些演讲所都是"借用学校教室，讲演三点钟，每届讲满四月，移设他区，自远而近，期于普及，讲员于现任小学教员中择优派充，听讲之人，每所不下五十人"。[①] 不难看出，演讲所也是办得如火如荼，这些公共教育设施的兴建在提高市民的素质方面发挥了一定的作用。

（二）图书馆的建立丰富了人民的生活

政府积极建立图书馆等教育设施来开拓人们的视野，扩大知识面。1908 年昆明出现了第一座图书馆，收藏有育才、五华、经正三书院的图书，次年定名为云南图书馆，设有阅书、阅报二室。阅览人数增加很快，宣统元年（1909）为 1834 人，宣统二年（1910）便增至 8974 人，宣统三年（1911）又增至 16307 人，在当时只有 10 万人口的昆明，这一数字实在是个不小的比例。1929 年，云南图书馆改馆名为省立国学图书馆，后又改为省立昆华图书馆。此馆在秦光玉当馆长的 20 世纪三四十年代发展极大，不但改变了藏书楼面貌，而且同时设置有"普通阅览室，妇女、儿童阅览室，期刊室，阅报室，参考室等，大量增添新书报，使图书馆成为一个拥有较多的读者园地"。[②] 省立昆华图书馆的存在极大地丰富了人民的生活，历年阅览人数远超宣统年间，20 世纪 30 年代中期曾经一度突破 10 万大关，可通过表 6—1 显示：

表 6—1　　　　　　　　昆华图书馆历年阅览人数统计　　　　　　单位：人

时间	阅览人数	时间	阅览人数
宣统元年	1834	民国十三年	36608
宣统二年	8947	民国十四年	32182
宣统三年	16307	民国十五年	28778

① 昆明市志编纂委员会：《昆明市志长编》卷十三，云南新华印刷厂 1984 年版，第 263 页。

② 云南省政协文史资料研究委员会：《云南文史资料选辑》第七辑，云南人民出版社 1965 年版，第 221 页。

续表

时间	阅览人数	时间	阅览人数
民国元年	18396	民国十六年	17529
民国二年	22806	民国十七年	22627
民国三年	25155	民国十八年	19805
民国四年	32497	民国十九年	25235
民国五年	26229	民国二十年	70726
民国六年	27985	民国二十一年	83051
民国七年	24512	民国二十二年	84008
民国八年	19298	民国二十三年	98736
民国九年	60623	民国二十四年	103447
民国十年	48018	民国二十五年	99825
民国十一年	41563	民国二十六年	101142
民国十二年	47032	民国二十七年	128978

资料来源：云南省志编纂委员会：《续云南通志长编》中册，云南省科学技术情报研究所印刷厂 1985 年版，第 896 页。

昆明除了昆华图书馆，昆明图书馆规模也不小，昆明图书馆的建立是由于抗战期间国内学术机关迁滇者日众，原有的图书馆显然不够容纳日益增多的阅览者，因而于 1942 年 11 月又建成了设备比较完善的省立昆明图书馆，馆藏也相当丰富，不仅有中文书籍和杂志，还"备置西文书刊，供众阅览"。[1] 昆华图书馆、昆明图书馆都属大型图书馆，除此之外，政府还设立了一些规模相对较小的民众书报阅览室，如 1937 年昆明市有"民众书报阅览所六所，即护国门阅览所，大观楼阅览所，劝农亭阅览所，小西门阅览所，莲华阅览所，每所藏书数量，均在三千册以上，其阅览人数，每日约百余人。儿童阅览室一个，每日阅览儿童亦极踊跃"。[2] 足见这些阅览室受到了人们的广泛欢迎。

---

[1] 云南省志编纂委员会：《续云南通志长编》中册，云南省科学技术情报研究所印刷厂 1985 年版，第 897 页。

[2] 昆明市志编纂委员会：《昆明市志长编》卷十三，云南新华印刷厂 1984 年版，第 259 页。

（三）书店、报刊得到大力发展

1. 报刊

昆明的报刊业在民国年间进入高速发展时期，报馆林立，以至于向尚来到昆明，首先映入他眼帘的就是"街上壁报架触目皆是，都是各报馆自己建设的"。[①]《云南游记》作者谢彬也看到 20 世纪 20 年代"云南省城刊物，合日刊、间日刊、半周刊、周刊、旬刊、半月刊、月刊、季刊、校刊、不定期刊并计，不下五十种"。[②] 事实上谢彬说得不够全面，从宣统元年至民国二十年省会昆明总共办过 160 种报刊，虽然有的已停刊，但大部分在刊，这些报刊不乏某些单位办的内部刊物，比如学校的校刊、军政的刊物等，但大多数还是社会上大家喜闻乐见的杂志，这也从一个侧面反映出当时的人们重视学习和关注时事政治，以至于"每一报出，几乎人手一纸，不出户而知世界大势也"。[③] 人们买报纸期刊的兴趣盎然，就连小朋友也不例外，如云南名人艾思奇小时候"不管功课怎么紧，他对课外读物还是爱不释手，积零用钱，订了《儿童世界》和《小朋友》这两份杂志"。[④] 民国时期报纸杂志真"可谓极一时之盛"。[⑤]

2. 书店、书摊

重视知识并花一定的钱购书或租书成为昆明城市居民流行的发展性消费行为。20 世纪 20 年代在昆明经营书业的就有商务印书馆、中华书局、成记书庄、新亚书局等 22 家，[⑥] 30 年代，又有不少省外图书出版商进入云南。当时的书店主要集中在光华街和文明街。光华街的书店大都以经营教科书为主，同时出售进步杂志。许多渴望知识的人都来到光华街逛书店，"购买所需要的图书"，[⑦] 尽管这些书店所售书籍等物品

① 向尚：《西南旅行杂写》，中华书局 1939 年版，第 198 页。

② 谢彬：《云南游记》，中华书局 1924 年版，第 117 页。

③ 云南省地方志编纂委员会：《云南省志·商业志》，云南人民出版社 1993 年版，第 159 页。

④ 云南省政协文史委员会：《云南文史集粹》八，云南人民出版社 2004 年版，第 22 页。

⑤ 谢彬：《云南游记》，中华书局 1924 年版，第 117 页。

⑥ 云南省教育会：《旅滇指南·工商业》，1923 年版，第 21 页。

⑦ 云南省昆明市政协文史资料研究委员会：《昆明文史资料选辑》第三十八辑，昆明市政协机关印刷厂 2002 年版，第 33 页。

"价值甚昂"，但"销行亦广"，[①] 特别是那些进步杂志，"一到就销售一空"。[②] 文明街则以销售各种通俗小说为主，"从章回小说到鸳鸯蝴蝶派的言情说部，不肖生的武侠长篇，福尔摩斯、亚森·洛苹、斐洛凡士探案全集中的单行本，应有尽有"，[③] 因而文明街也很热闹。两街的书店都比较多，竞争自然大，有些书店为此还打起了广告，如云岭书店曾在《云南日报》打广告告知广大民众他们新到的书及价目："世界十杰传，一元；中国名将传，一元；中国历代名将事略，三角；各国战争时食粮统制政策，四角；中国经济论，五角……"[④] 为了吸引顾客上门购买书籍，有的书馆还发行便宜实惠的特价书，如"商务印书馆发行特价书三种"，[⑤] 以此来招揽顾客。

书价不便宜，那些具备一定经济条件的民众踊跃购买，但是对于那些收入不高，只能满足生存性需要的贫穷民众而言，租书和去旧书铺买书不失为解决知识渴求的好方法。如万卷书店就可以租书，只要按期还书就能退押金，这也吸引了许多儿童，他们"用几分钱便可租连环画—小人书"，[⑥] 因而租看小人书，便成为学童们课余的一种爱好。另外买旧书也是一种获取知识的好方法，比如甬道街两旁，就有很多旧书摊出售旧书，种类繁多，"从形式看，平装、精装、铅印、石印、木版刻印；从内容分，学校用书、中外小说、古籍，可以说无书不有"，[⑦] 不仅书籍多，而且价低，如"沪版《红楼梦》每部售价6角"，特别是一些教材，原本要好几块钱，但"如果到甬道街旧书市，只须花几角块把钱，便能买到这部别人用过一次的教材"。[⑧] 因而深受穷学生的欢迎，乃至有时候甬道街旧书摊比文明街新书摊的生意都红火，可见种类繁多的旧

---

① 张维翰、童振藻：（民国）《昆明市志》上，云南昆明市政公所1924年铅印本，第144页。

② 云南省政协文史委员会：《云南文史集粹》八，云南人民出版社2004年版，第4页。

③ 李道生：《云南社会大观》，上海书店出版社2000年版，第16页。

④ 《云岭书店新到各种图书广告》，《云南日报》1936年11月2日第一版。

⑤ 《商务印书馆广告》，《云南日报》1936年11月23日第八版。

⑥ 云南省昆明市政协文史资料研究委员会：《昆明文史资料选辑》第三十八辑，昆明市政协机关印刷厂2002年版，第35页。

⑦ 同上书，第42页。

⑧ 李道生：《云南社会大观》，上海书店出版社2000年版，第16页。

书相当适合经济能力有限的普通民众。

政府和民众已经开始认识到发展性消费的必要性，从社会教育的进一步广泛、图书馆的增多、报刊书店的增加等方面都可看出政府和昆明城市民众对发展性消费资料的看重，发展性消费在前一阶段的基础上得到发展，消费内容扩大，消费比重有所上升，更趋于合理。

五　局部领域节俭及合理消费理念的倡导和实践

那些不大操大办就过不了人生关口的婚丧嫁娶、无处不在的迷信活动、耗费金钱的奢靡行为等在民国年间已引起开明人士和政府的注意和担忧。他们敏锐地看到"婚嫁、丧葬，一切无谓的消耗品，反成为至高无上的礼物"，[①] 这是世道日衰的表现，有识之士对此深恶痛绝，在他们的不断呼吁和践履下，加之政府的努力，不良的消费方式、风气在一定程度上逐渐得到遏制。

这种遏制在普通民众最为重视的婚丧嫁娶中表现较为明显。以财婚、奢婚为主要特征的传统婚嫁习俗以及厚葬的丧葬仪式让人们不堪重负，这对家庭和社会的发展极为不利。尽管婚嫁从六礼，崇尚财婚、奢婚依旧在滇越铁路开通后的昆明城市中占据主要的市场，但传统社会的婚嫁消费观已经在悄然地发生变化，一些开通人士已经认识到："受到旧礼教的束缚太深……有必要改良。"[②] 新的婚嫁形式已开始被他们接受。

一是消费程序由繁趋简、费用亦省。

传统婚嫁的烦琐性在经历了长时期的继承和徘徊之后，步履蹒跚地走到了崇尚自由、开放的民国，在接受新思想人士那里显得是那样的不合时宜和啰唆，必须进行改革，首要的就是消费程序的简化和费用的节省。如宴请宾客是婚嫁消费程序中不可缺少的过程，对于吃，中国人甚为讲究，"结婚人家日午开筵宴客，是当然之事……第二日为正席……三朝，新郎走往友家邀客……第四日，男女两家俱各自具备酒肴……第

---

① 童振海：《云南风俗改良会汇刊》第一册，云南开智公司 1926 年版，第 87 页。

② 昆明市志编纂委员会：《昆明市志长编》卷十三，云南新华印刷厂 1984 年版，第 285 页。

七日……吃圆子饭。"① 一共七天，婚嫁宴请宾客的仪式才算最终完成，可谓耗财费时，弊端丛生，民国时期，出现"酬客较昔日为简，男家可以一日或二日了之，女家亦只二日或三日即可竣事矣"。② 有的则更为简单，"客事男家改为 1 天，女家 1 天，回门后次日一顿早饭收场"。③ 有的甚至干脆取消婚宴酬客，"改为招待茶点，实行以来，初不习惯，久之人人称便"。④ 这些简化婚嫁程序的行为不仅是为了图省事，而且还从经济上省俭节约考虑，真正做到了"褥礼尽除，费用亦省"。⑤

二是婚姻礼仪趋于明快、新式。

滇越铁路开通后，新思想、新式婚礼勃然兴起，崇尚自由恋爱和新式婚姻已成为当时的潮流，正如《昆明导游》中所说："由于社会交往，自由恋爱而结婚者居多，而结婚手续亦多从新式。"⑥ 这种新式主要指的就是文明婚礼和集团婚礼的出现。文明结婚早在 1911 年就已出现，《云南日报》就曾报道过讲武堂教习顾某与张姓女就是行的文明婚礼，到了 1913 年 1 月，社会知名人士李南彬嫁女儿也是举行的文明婚礼，并得到了社会广泛的关注，昆明《振华日报》还专门以"文明结婚"为题对这场婚礼做了报道。⑦ 文明婚礼比传统婚礼有许多好处，相对简单，一般是"多于公共礼堂宣读结婚证书，由男女及主婚人、介绍人、证婚人等以次于证书内盖印，并由男女交换证物，并向主婚、介绍人、来宾行三鞠躬礼或一鞠躬礼，不似旧仪之繁缛矣"。⑧ 虽简单但不失庄严，因而受到开明人士的普遍青睐，除文明婚礼外，在民国年间还出现了集团婚礼，这对于婚嫁消费来说更是一次巨大的

---

① 罗养儒：《云南掌故》，云南民族出版社 2002 年版，第 64、66、67 页。

② 张维翰、童振藻：（民国）《昆明市志》上，云南昆明市政公所 1924 年铅印本，第 70页。

③ 李道生：《云南社会大观》，上海书店出版社 2000 年版，第 277 页。

④ 昆明市志编纂委员会：《昆明市志长编》卷十三，云南新华印刷厂 1984 年版，第 286页。

⑤ 甘汝棠：《昆明向导》，云岭书店 1940 年版，第 5 页。

⑥ 黄丽生、葛墨盒：《昆明导游》，中国旅行社 1944 年版，第 24 页。

⑦ 云南省政协文史委员会：《云南文史集粹》十，云南人民出版社 2004 年版，第 666页。

⑧ 云南省志编纂委员会：《续云南通志长编》下册，云南省科学技术情报研究所印刷厂1985 年版，第 132 页。

改革，集团结婚可以说是文明结婚的发展，但比文明结婚更经济、节约和合理，因为文明结婚还是难免掺杂着一些根深蒂固的旧俗，故有时在文明结婚过程中还是会存在摆筵席、收受贺礼等现象，而集团结婚完全不一样，它是若干对新婚夫妇在同一时间、同一地点、同一证婚人的主持下，统一举行的婚礼，足以避免文明结婚仍存在的弊端。集团婚礼好处多多，因而政府大力提倡，各大都市先后都举办过集团结婚，效果不错，昆明也紧随其后，《云南日报》曾有一篇这样的文章：《集团结婚指导会议决第三届集团结婚于下月六日举行，礼堂决定借用民政厅大礼堂》："昆明市新生活集团结婚指导会，于 11 月 21日开第十六次委员会议决……讨论事项：第三届集团结婚举行日期，前订于 11 月 29 日举行，兹因尚有参加人，申请赶办不及，要求展缓数日，以便筹备……议决，准展期于十二月六日举行。"① 从这个报告中至少我们可以得到以下信息，一是政府和社会相当重视，专门成立了新生活集团结婚指导会。这个新生活集团结婚指导会于 1934 年 10月由当时的市长陆亚夫、公安局长岳树藩分任该项会正副委员长，开办经费由国民党昆明市党部、市府、公安局、公众教育馆四家各出 20元，日常经费，是由省政府发给。经费保证有力，负责人由当政要人承担，足见当时对集团结婚的重视。二是民众十分踊跃，这样的集团结婚"人力财力，两皆节省"，② 因而申请参加之人很多，不得不延期。可见，文明结婚和集团结婚都对传统婚嫁形式造成了一定的冲击。

丧葬礼仪是对已故亲人寄托哀思所采取的形式，人们觉得只有花费巨额的金钱、采用隆重烦琐的仪式才能表达对死去亲人的深切怀念。因而昆明人之于其亲死，"咸以'当大事'三字表之"，故在一切仪式上，"是不遗厥力的铺张扬漓"，③ 凡吊客皆宴待，酬赠必丰，"以致缺乏而有停丧不举者"。④ 这种礼仪因涉及伦理、亲情，因此比任何一种消费

---

　　① 《集团结婚指导会议决第三届集团结婚于下月六日举行，礼堂决定借用民政厅大礼堂》，《云南日报》1936 年 11 月 23 日第六版。

　　② 黄丽生、葛墨盒：《昆明导游》，中国旅行社 1944 年版，第 25 页。

　　③ 罗养儒：《云南掌故》，云南民族出版社 2002 年版，第 70、76 页。

　　④ 戴纲孙：（清）道光《昆明县志》卷二，光绪二十七年（1901）刻本，第 2 页。

行为都更难以改变，但时代在发展，消费变迁的新风也从看似坚不可破的丧葬仪式缝隙中吹出，在有识之士的倡导下，一场力求简化的新的丧葬消费方式正在悄然影响着城市民众。如丧葬礼仪中的很多仪式以前人们是"便藉其事件而示富夸荣，表示其局面之大"，[①] 民国时这种现象有所改变，"近有力矫浮靡之习，将上述繁文概条删除者"，甚至还出现"古礼尽废"的现象。[②] 政府相关部分在这方面也曾大力改革，如民政厅就推行"公墓制度"，以达到"倡导节约，禁止奢侈"的目的。[③] 这些改革措施使人们不再拘泥于传统丧葬习俗，人们完全可以选择既经济又简朴的方式操办，大大减轻了人们的财力和精力的负担，因而很快就在社会上逐步施行开来。1924 年出版的《云南省教育会年鉴》上刊登的关于公务员吴益斋的丧事就是非常典型的例子，没有讣闻只有通告宣言，没有展奠只有追悼会，同时出殡之日的"各种彩亭及灵轿哀门仪仗吹打焚香燃纸放爆竹等项悉行废止之"，[④] 来宾不款待酒席，亦不备茶点。相当简单，没有传统丧礼的浪费和烦琐，但仍能很好地寄托哀思。

迷信消费是一种比较落后的消费行为，不仅禁锢了社会智慧，而且消耗了大量金钱，在一定程度上影响了人们消费水平的提高。幸而部分有识之士已清醒地认识到迷信的危害，他们强烈呼吁革除迷信。同时针对这种陋习，政府也进行了一系列拆毁神像、破除迷信的实际行动，1932 年组织的"拉偶队"强有力地打击了昆明的封建迷信消费活动。在社会各方的共同努力下，迷信活动相应衰微，人们的迷信心理日渐淡薄。如在往年一到干旱时节，人们纷纷抬菩萨求雨，凡大小街道居民铺户，俱分段集会，设坛诵经，"此等俗事，纯属迷信活动，人力物力，浪费不少"，[⑤] 但后来，因于有识之士的提倡和政府的禁止，"其风遂

---

①　罗养儒：《云南掌故》，云南民族出版社 2002 年版，第 76 页。

②　云南省志编纂委员会：《续云南通志长编》下册，云南省科学技术情报研究所印刷厂 1985 年版，第 133 页。

③　同上书，第 166 页。

④　云南省教育会：《云南省教育会年鉴》，1924 年版，第 153—154 页。

⑤　昆明市志编纂委员会：《昆明市志长编》卷十三，云南新华印刷厂 1984 年版，第 283 页。

熄"。[1] 与此同时，与迷信活动相关联的爆竹业也逐渐萧条，"昔日崇拜偶像，爆竹销用极多，营业甚佳，今则打破偶象观念，爆竹销用因之日益减少，营爆竹业者，大都只够开支"。[2] 就连一些寺庙都被改成了学校，正如《云南民政概况》记载的那样，以前"全省寺庙庵观甚多，僧侣亦众"，近来"多改为学校，僧侣亦渐稀少"。[3] 可见，落后的消费行为在时代潮流的推动下也逐渐发生了一些改变，一步步地向科学和理性靠拢，这有利于昆明城市居民形成正确、合理的生活意识和消费观念，进而促进整个社会的进步。

综上所述，处于社会变迁中的昆明民众的消费生活发生了一定的改变，从尚俭向崇奢转变，追求洋气、崇新、崇奇的生活方式，娱乐享受性和发展性消费资料得到一定的增加，与此同时，某些曾经大操大办的婚丧嫁娶等不良消费方式开始逐步向节俭、新式转变，一些旧的不合理的消费行为，如迷信活动也在社会变迁中受到遏制。以上即是消费变迁的主要内容，这些变化尽管不全是正面的，如奢侈的盛行，不仅浪费了社会资源，也造成了世风的浇漓，但总体来说整个消费变迁积极向上的内容居多，特别是民众娱乐享受性消费资料、发展性消费资料的增多充分反映了民众从注重物质消费向追求精神消费的逐步转变，这符合人类社会发展的基本规律。另外，婚嫁丧娶消费不容小觑，虽不属于家庭日常消费，但一旦碰上，则可能是当年家庭开支中最大的一笔，有时甚至足以倾家荡产，简化程序、回归节俭意味着此项花费大幅度减少，有利于更多的资金投入到衣食、娱乐、教育和医疗等方面，有助于促进消费结构的合理化。因此，对于民国年间昆明城市居民的消费变迁，我们要理性看待，既要看到不足，更要看到这种消费变迁事实上引起了民众消费水平的上升和消费结构逐渐向合理迈进。

---

① 陈度：《昆明近世社会变迁志略》卷三，云南省图书馆手抄本。

② 京滇公路周览筹备会云南分会：《云南概览》，京滇公路周览筹备会 1937 年版，第 80 页。

③ 丁兆冠：《云南民政概况》，云南省民政厅 1936 年版，第 2 页。

第二节　消费变迁的规律性及特点

民国时期，革旧布新，整个社会发生了很多变化，新的行为方式和思想观念不断涌现，在消费领域也出现了一些不同以往的内容，并逐渐盛行在经济发展相对较快的省会昆明，那么这种消费领域的变迁是不是仅存在于省会城市昆明，其他地方有没有被触及？这种消费变迁在群体中的流向如何？又是谁起了导向作用？民国年间的消费变迁是连接传统与现代的鲜明转折点，这个时期的消费变迁又具有什么特点？这一切都值得探讨。

一　消费变迁具有从经济发达地区向落后地区传播的规律

民国时期昆明所表现出来的消费变迁具有普遍性，全国各大城市皆然，从全国范围来看，基本是以经济发达的东部沿海地区特别是以上海为发端逐步向内陆及边疆渐次扩散和展开。从时间上看，具有不平衡性，这使得各地民众的消费生活变迁呈现出一定的时间差异。地理位置优越、经济发达的东部沿海地区消费变迁最早，特别是上海，开风气之先，早在 1843 年就正式开埠，最先受到西洋风气的冲击，同时这里又是中西文化融合和交流的中心，人们的思想比较活跃，容易接受新事物，因而上海人的价值观念、社会风气和生活方式转变很快，传统的消费方式也最先发生变化，随后，影响到周边沿海城市。东部沿海地区民众的消费变迁开始一段时间后，才逐步向内地大中城市扩展，只是在程度、范围、幅度上都稍逊一筹，正如何一民所说，"在消费水平上，沿海与内地的大、中城市之间也存在着较大的差别"①。内陆城市发展以后才是经济发展水平相对落后的边疆城市，可见昆明的消费变迁已经走在全国变化潮流的末端，消费变迁传递到云南昆明时，其冲击力已经相对减弱了许多，不仅时间上比沿海等地足足慢了半个世纪，而且规模、档次远不如沿海和其他内地城市，无论在哪方面和"各省比较，又是各

---

① 何一民：《近代中国城市发展与社会变迁 (1840—1949)》，科学出版社 2004 年版，第 494 页。

省的落伍者"。①

从全国范围看，昆明的消费变迁几乎处于末端，但以全省为视角来看，昆明的消费变迁又处于全省的领先位置。昆明是云南省会，相对省内各地来说经济发达，其消费变化、消费观念、消费行为等对各地都有示范作用，整个云南省的消费变迁就是以昆明为中心向其他地区慢慢渗透和散播，表现为省会—地方城市—四周乡镇辐射的模式。这种模式也叫晕轮效应，晕轮效应来源于孙燕京的著作《晚清社会风尚研究》，晕轮即是指日、月周围由于光线经云层中冰晶折射或反射而形成光像的一种自然现象，孙燕京将其用于社会，指"在中心城市周围会产生一种社会风尚的辐射效应"。② 同理，晕轮现象也适用于民国时期云南的消费变迁，也就是当某些新的消费行为和消费观念在省会昆明形成并且成为社会潮流时，往往会在昆明城市的周边和各地城市特别是经济中心城市产生一定的影响，这种影响就像自然现象中的晕轮一样，与省会昆明的消费时尚相对应，并随之转移或变化。

（一）昆明城市民众的消费变迁引领全省潮流

作为全省经济和政治、文化中心，昆明汇集了全省的精华，资源分配首先考虑此地，银行、机关、学校、工厂、医院、商号、市政设施数量居全省之冠，同时显贵、政要、高官和商贾云集，海归派、外省来公干及旅行之人络绎不绝，可谓多方杂处，消费变迁自然也走在全省前端，引领了全省潮流，成为省内各地的模仿对象。如开远原本"习俗素尚勤俭，自滇越路通后……昆明斗靡之习交相传来，于是简朴耐劳之风竟化为奢惰之习"。③ 省会的引导作用不言而喻，其凝聚力、辐射力都凌驾于省内其他城市之上，对云南社会消费变迁的影响超越了任何一地，从总体上拉动着周边乃至全省的消费变迁。

（二）各地城市紧随其后

云南各地城市尽管消费变迁程度不一，强弱不一致，但整体来说是逐渐向昆明看齐和迈进，并在消费生活的各个方面表现出来。

① 昆明市志编纂委员会：《昆明市志长编》卷九，云南新华印刷厂1984年版，第139页。

② 孙燕京：《晚清社会风尚研究》，中国人民大学出版社2002年版，第158页。

③ 陈权、顾琳：《阿迷州志》二，台湾学生书局1968年影印本，第512页。

从消费观念来看，由尚俭向崇奢转变比较明显。在物质生活方面，人们的生活日趋追求奢靡，和以前的节俭形成比较鲜明的对比，如罗平以前"风气古朴，全无奢靡之习"，后来也"逐渐奢华，颇涉浮靡"，①马关县"昔俭今奢"，②楚雄县"自来俭朴……近年城市渐奢"，③建水县以前"民风浑朴、颇为近古"，"今日人民用度……俭素之风远不如古"，④盐丰县"自昔民风朴茂，文化蒸蒸，今乃渐即于浮薄"，⑤元江县"近十年来，渐趋奢侈"，⑥大理县"数十年间……竞尚浮靡"，⑦以前"浑浑噩噩，有太古风"的龙陵在民国年间也是"世风日下，不免踵事增华，渐失浑朴气象"。⑧同时追求时髦和洋气也为各地城市所崇尚，如顺宁（凤庆）县城："自入民国后，装饰随时改变，男女手上戴手表、戒指"，而且人们的服饰多样，"长衫犹多，马褂甚少，女子则旗袍短裤，短裙短袖，外衣线褂等等时装"。⑨另外在享受性消费方面各地也比以前重视，娱乐项目有所增多，电影院、戏院、歌舞厅等在一些经济较发达的城市中兴建起来，如下关的电影院"上映的是 30 年代上海产的古装片，夹杂着美国进口的好莱坞影片"，⑩同时省上的滇剧名角周锦堂、小艳春、小兰春、刘菊笙、周琼仙等都在下关戏院演出长达一两年以上。除此之外，各地还依照昆明的模式设立了一些公园让民众能够在休闲时间游玩，如顺宁县"于教育局后设置中山公园，凡可供人娱乐之器具无不备具"，⑪楚雄盐丰县有公园，"大东关外实业试验

---

①　朱纬、罗凤章：(民国)《罗平县志》第一册，1933 年石印本，第 76 页。

②　张自明：(民国)《马关县志》卷二，风俗志，云南德生石印馆 1932 年版，第 3 页。

③　杨成彪：《楚雄彝族自治州旧方志全书·楚雄卷上》，云南人民出版社 2005 年版，第 1380 页。

④　丁国梁、梁家荣：(民国)《续修建水县志稿》卷二，汉口道新印书馆 1933 年铅印本，第 37、42 页。

⑤　杨成彪：《楚雄彝族自治州旧方志全书·大姚卷下》，云南人民出版社 2005 年版，第 1143 页。

⑥　黄元直、刘达式：(民国)《元江志稿》卷十一，1922 年铅印本，第 5 页。

⑦　张培爵、周宗麟：(民国)《大理县志稿》卷六，1917 年铅印本，第 35 页。

⑧　张鉴安、寸开泰：(民国)《龙陵县志》卷三，1917 年刻本，第 8 页。

⑨　云南省编辑组：《云南方志民族民俗资料琐编》，云南民族出版社 1986 年版，第 160 页。

⑩　李道生：《云南社会大观》，上海书店出版社 2000 年版，第 19 页。

⑪　《顺宁县风俗调查概要》，1932 年，云南省档案馆馆藏，卷宗号：11 - 8 - 123。

场，为公共游观之地，姑称之为公园。内有桑林，有莲花塘。现拟修建夏赏亭"。① 在发展性消费方面，各地也有进步，图书馆、宣讲所等都有兴建。另外一些不合理的消费行为也在当地政府和有识之士的倡导下开始发生了缓慢的变化，如婚嫁仪式中也出现行文明婚礼者，如楚雄县"近来社交公开，已渐有采用文明结婚仪式"，② 昭通县"间有行文明礼者"，③ 就连集团结婚也在各地城市出现，《云南民政概况》中记载："集团结婚运动，且已推行及于边远各县。"④ 由此可见，消费变迁已经从省会昆明向地方城市辐射，各地都在向昆明看齐。

（三）四周乡村发生缓慢变化

在整个变动的社会环境推动下，各地乡村民众的物质消费生活也开始了缓慢的变迁，正如昭通县"乡村旧从朴素"，现在也是"衣服渐趋繁华"了。除此之外，一些实用的洋货也或多或少地进入乡村，一些地方甚至还出现了新消费事物，以电灯的出现最为明显，昆明郊区的大普吉村在 1942 年之前就已安装了电灯，导致原本大量用于点灯的菜籽由于电灯的安设产量骤减，《大普吉农村社会实况及其问题》一文中这样记载菜籽的减产："从前农人们以每年出产之十分之四换油，今大普吉已有电灯，农人中十之六以上的家庭均已安上电灯了。"⑤ 龙头村也是如此，也有不少村民安装电灯，1944 年，为躲避空袭而暂住此地的王了一就自费安装了电灯，相当欣喜，记录道："每一到黄昏，华灯初上，我简单快乐得像一个瞎了十年的人重见天日。"⑥ 可见，乡村也在发生缓慢的变化。

消费变迁整体来说由中心城市昆明向其他地区慢慢渗透和散播，表现为省会—地方城市—四周乡镇辐射的模式。但全省幅员广阔，经济发展水平不一，尽管各地都出现了变化，但由于区域之间的情况不同，经

① 杨成彪：《楚雄彝族自治州旧方志全书·大姚卷下》，云南人民出版社 2005 年版，第 1137 页。
② 《楚雄县风俗调查》，1932 年，云南省档案馆馆藏，卷宗号：11-8-123。
③ 卢金锡：（民国）《昭通县志稿》卷六，昭通新民书局 1937 年铅印本，第 10 页。
④ 丁兆冠：《云南民政概况》，云南省民政厅 1936 年版，第 1 页。
⑤ 李文海：《民国时期社会调查丛编·乡村社会卷》，福建教育出版社 2005 年版，第 444 页。
⑥ 王了一：《龙虫并雕斋琐语》，中国社会科学出版社 1982 年版，第 104 页。

济、文化、交通条件和民俗民风等都有差别，因而消费变迁差异很明显。

各地中心城市传播速度、程度高于普通城市。下关、昭通、楚雄、曲靖、玉溪、楚雄、丽江等都是云南相对比较大的城市，是各个区域的中心，经济条件较好。如下关是滇西交通枢纽，仅次于昆明，商业繁荣，"腾越、鹤庆及本邑之喜洲各大商号皆集于此"。① 因而，此地资源集中，民众的消费变迁也表现明显。滇东北中心城市昭通也是如此，不仅奢侈之风在服饰和房屋等方面盛行，如有"一间之屋，其材料必须数百金始能竣工也"，而且崇洋也流行，"陡街之房屋，一色洋式"，② 甚至还出现了文明婚礼，这是对传统的一种突破。可见，各地中心城市消费变迁幅度不小。

交通沿线城市快于交通偏远城市。交通沿线特别是滇越铁路沿线地带消费变迁比较明显，河口、蒙自、开远、宜良、路南等沿线，交通便利，商业繁荣，经济发展得还不错，自然也带动了消费风气和行为的转变。如开远县，"在昔交通不便，人口货物均居少数"，但"自火车通后，交易货物日趋繁盛，有蒸蒸日上之势焉"，同时因"舶来品输入渐多，绸缎绮罗毛呢及洋布等遂畅于市，而金玉宝石等物妇女亦多以为饰"，所以"奢侈之风日甚一日"。③ 不仅如此，新式娱乐方式也增多，除了电影院、戏院外，《滇越游记》作者胡嘉到此还看到了跳舞场。④ 另外呈贡、河口和宜良等地无论在消费风尚上还是在享受和发展性消费上都出现了新的变化，这都是交通的改善所带来的结果。

距省会昆明近的城市快于距离远的城市。距离地理位置越近，发生的影响越大，消费变迁也就越明显。与昆明商业往来比较频繁的一些邻近县市因人员流动频繁，市场联系较多等原因极易受到影响，特别是崇奢、崇洋、崇新、讲究时髦之风气极易被浸染，使那里的消费风尚随之发生变化，如路南县就深受昆明城市的影响，"比如在昆明市见到的旗袍、高跟鞋，在路南城里随时随处可以遇着。在昆明市流行的新歌曲，

---

① 张培爵、周宗麟：(民国)《大理县志稿》卷三，1917 年铅印本，第 36 页。
② 卢金锡：(民国)《昭通县志稿》卷六，昭通新民书局 1937 年铅印本，第 16 页。
③ 陈权、顾琳：《阿迷州志》二，台湾学生书局 1968 年影印本，第 512、514 页。
④ 胡嘉：《滇越游记》，商务印书馆 1939 年版，第 85 页。

也朝发而夕至的辗转歌吟在路南的一般'摩登'的口中。她们爱口红、爱蔻丹、爱美丽的衣料"。①

各地中心城市、交通沿线城市以及距省会昆明近的城市得天独厚，有其优势所在，经济更易发展，因而他们的消费变迁也表现得比较明显，比起这些城市，其他城镇在消费上的变化就没有那么显著。特别是一些边远城镇，交通不便，地理环境较封闭，因而消费变迁的程度相对来说比较低，如边城缅宁县："迩来风气日开，城乡男女渐趋奢华，然亦仅千百中之一二，古厚之风则犹在焉"，② 滇东北巧家县"起居、饮食、酬酢、往来，虽海上之风由省垣而间接输入，但不过少数人习染，且较之省垣亦相差甚远"，③ 马关县同样如此，如在婚嫁方面，遵循传统婚嫁六礼，对于省城早已开放的文明婚礼不仅不敢实行，甚至连听到都为过错，"风气锢闭，自由文明等结婚名词，妇女犹掩耳不敢闻"。④

至于广大乡村——社会活动场所的另一个地域空间，尽管在整个大社会变化背景下也在发生着异于传统的改变，如奢靡之风仍从罅缝中渗透进来，但整体看，这种变迁相当微弱，并且只有靠近城市周边的乡村才会有所变化。可是靠近城市周边的乡村毕竟非常有限，绝大多数的乡村受经济条件和地理位置等诸多因素的限制，仍处于一种变化很小，甚至根本没有任何变化的状态之中，他们仍维持原本古朴的风貌，呈现出一种近乎静止的状态。这种状况全国皆然，民国时期许多学者都对此表达过相同的看法，如王造时认为中国乡村"的确像一池死水一样，天天总是在平静的状态里面，纵或有时因为狂风暴雨，或被吹皱池面，或被打成水涡，但是浓厚的池水，大体上并不受什么波动，并且风过雨止，全池仍然是平静如初"。⑤ 这种生活当事人没有太多感受，局外人看得透彻，20 世纪初来到中国的美国社会学家罗斯认为中国城市发生了太多变化，但乡村却截然不同，身处农村，如同"处于中世纪的社会之

---

① 王思谷：《转变》，《云南日报》1935 年 12 月 20 日第六版。
② 丘廷和：(民国)《缅宁县志稿》卷十七，1945 年稿本，第 15 页。
③ 陆崇仁、汤祚：(民国)《巧家县志稿》卷八，1942 年铅印本，第 7 页。
④ 张自明：(民国)《马关县志》卷二，风俗志，云南德生石印馆 1932 年版，第 12 页。
⑤ 王造时：《中国问题的分析》，商务印书馆 1935 年版，第 1、2 页。

中，夜间的唯一照明是放在一个盛着菜籽油的铁杯里燃烧着的一捻棉花"。① 明恩溥对此也有强烈的感觉，他认为中国的乡村民众生活没有任何变化，"他们重复做着祖先曾做过的事，不多不少，也无不同。他们以同样的方式耕种着同一块土地（尽管一些庄稼已换成了新品种）；他们以一种不变的次序去赶同样的集市；买、卖和消费着同样的物品；按照同一种模式男娶女嫁"。② 云南乡村同样如此，如开远尽管城市中奢惰成习，"然此风气仅限于城区一部，而各乡村民尚守古风，简朴耐劳"，③ 牟定县尽管城市妇女渐竞奢华，但"衣服四乡尚敦古朴"④，楚雄县"城市者多习于奢侈，妇女则崇尚时装，乡村则仍保持旧习"，⑤ 还有很多史料可以反映乡村变化之小甚至没有变化，在此不一一列举。至于边地乡村，特别是住在山区的少数民族地区，有的直到1949年时还生活在刀耕火种的状态中，如思普沿边（今景洪）边民"皆文化落后，生活原始，挣扎于疾疫死亡之中而不能自拔"，⑥ 滇缅边区"边民生活形态大都停滞于半开化的神权时代中，大概居山的多以狩猎为生，茹毛饮血，完全是野蛮的世界"，⑦ 自然更不会有任何变化。可见，消费变迁极少发生在乡村，即使有少量变化，也相当有限，至于边区少数民族地区，大部分仍处一种比较原始的状态，能够生存下来对他们来说已是不小的考验，他们在消费方面几乎无任何变化可言。

二　消费变迁具有从上至下流动的趋势

消费变迁流向的规律主要有横向和纵向两种。横向属于地域性的，是我们以上所讨论的，由省会城市昆明向四周辐射。纵向属于阶级性

---

① ［美］罗斯：《变化中的中国人》，公茂虹、张皓译，时事出版社1998年版，第251页。

② ［美］明恩溥：《中国乡村生活》，陈午晴译，时事出版社1998年版，第306页。

③ 陈权、顾琳：《阿迷州志》二，台湾学生书局1968年影印本，第521页。

④ 杨成彪：《楚雄彝族自治州旧方志全书·牟定卷上》，云南人民出版社2005年版，第363页。

⑤ 《楚雄县风俗调查》，1932年，云南省档案馆馆藏，卷宗号：11-8-123。

⑥ 江应梁：《思普沿边开发方案》，云南省民政厅边疆行政设计委员会1944年版，第2页。

⑦ 子澄：《推行云南边地民族教育的途径》，《云南日报》1936年3月13日第四版。

的，是在各人群之间的流向，一般是由上层阶级影响到中下层阶级，这个影响正如法国社会学家加布里尔·塔德提出的"下降律"一样，是一种自上而下的越来越广泛的瀑布式传播。① 可以说，横向的地域传播流动很明显是与交通和社会经济等息息相关，越是交通便利、经济发达的城镇，消费变迁也就越明显；而纵向流动除了与家庭收入和个人收入有关外，个人与群体的内在心理因素同样不能忽视。

民国年间，万物更新，传统制度的结束让人们长期受压抑和约束的心态终于有所放松。可以说，消费变迁的出现、消费观念的转变既是普通老百姓长期生活在物质短缺和封建等级时代消费观念下的弹性变化，同时也与民国年间有强大财力做后盾的上层阶级竞相奢靡，崇新、崇洋、崇奇，追求休闲享乐和精神性消费息息相关，是他们引领了消费潮流，由于消费风尚本身具有非常强烈的传染性，民众竞相仿效，各个群体在相互影响中共同推动了民国年间云南消费变迁的转化。这种流向在消费变迁中的追求奢靡和崇新、崇洋方面表现得格外明显。

（一）较高阶层的消费方式对较低阶层的示范效应

关于社会上层生活富足者的消费生活我们已经在上章关于阶层间消费的差异中做了详细描述，他们崇尚奢靡炫耀的享乐主义和及时行乐的生活方式，讲求"食精极、衣精极、房精极、物精极、玩精极"，奢侈性消费是他们的标志，他们同时讲求时尚，追求洋气、崇新、崇奇，注重发展性和享受性消费的支出。社会上层引领着当地民众习尚的趋向，是时尚消费方式的推动者和领潮者。

上层消费历来是消费的导向，中下阶层总是极力模仿、追求上层的消费模式和生活方式，并努力将自己纳入高收入阶层的关系群体中，结果导致"每个阶层的成员总是把他们上一阶层流行的生活方式作为他们礼仪上的典型，并全力争取达到这个理想的标准。他们如果在这方面没有能获得成功，其声名与自尊心就不免受损，因此他们必须力求符合这个理想的标准，至少在外貌上要做到这一点"。② 这也正如孙燕京指出的那样："人类社会还有这样一种生活规律，即人们的价值取向、生活

① 周晓虹：《社会时尚的理论探讨》，《浙江学刊》1995 年第 3 期。
② ［美］凡勃伦：《有闲阶级论》，蔡受百译，商务印书馆 2004 年版，第 64 页。

观念、审美标准总是向社会上层不断趋近。"① 因此在上层群体中流行的消费风尚会不断地影响到中下层百姓。

最先受到影响的是社会中层。社会中层纷纷效仿、努力追求社会上层的消费风范,"富厚者竞相以挥霍为时尚,中产者也学步效颦"。② 对社会下层而言,他们向往同时也希望能达到所参照群体的消费标准,尽管资金有限,不能像社会上层那样终日生活在奢侈之中,偶尔的奢侈行为大概是他们的主要消费形式,过节时"富人是有钱的,遇到有节,便很阔气的去过;贫人虽是没有钱,却要羡慕,见富人过节,心里想着学,便关了门,把买卖的事情和很好的时光都费掉"。③ 这一点在服饰上也表现明显,如《马关县志》记载了一些下层民众看到社会中上层的服饰力求华美,流行铁机缎细毛呢,他们这些"窘乏者亦勉强撑持",④ 追赶时尚。可见,社会下层只要一有条件,他们"必勉强模仿富者举动,衣必时髦,食必甘肥,快意一时"。⑤ 仿效的结果会给社会下层带来愉悦、满足的心理体验。

显而易见,正是世风之标杆的社会上层以流光溢彩的生活熏染了整个社会,潜移默化地影响了其他阶层,让欣羡者日多,效仿他们的生活成为人们的追求,最终酿成奢风,特别是省会昆明"富而侈者则争奇斗靡,豪奢无度。地方人尤而效之,遂使斗大山城为此陋习所弥沦,而大变其浑朴淳厚之旧"。⑥

(二) 从众和爱面子

人们的消费从来都是相互影响的,不同阶层之间有示范效应,同时,同一消费阶层群体之间也有从众性。"群体存在的重要条件之一就是它的一致性,这种一致性表现为群体成员在行为、情绪和态度上的统一,在群体成员彼此相互作用下会发生一种类化过程,即彼此接近和趋

① 孙燕京:《晚清社会风尚研究》,中国人民大学出版社 2002 年版,第 264 页。
② 云南省档案馆:《清末民初的云南社会》,云南人民出版社 2005 年版,第 74 页。
③ 昆明市志编纂委员会:《昆明市志长编》卷九,云南新华印刷厂 1984 年版,第 140 页。
④ 张自明:(民国)《马关县志》卷二,风俗志,云南德生石印馆 1932 年版,第 4 页。
⑤ 童振海:《云南风俗改良会汇刊》第一册,云南开智公司 1926 年版,第 82 页。
⑥ 陈度:《昆明近世社会变迁志略》卷三,云南省图书馆手抄本。

同的过程。"① 这个过程就是从众，消费群体各成员之间有心理上的接触和联系，会在消费行为上产生相互攀比、相互模仿的从众消费特点。这也正如王孟槐所说，"一般的庸众，看见他自身有这样的安逸，或是他所行的事，得社会这样的称贺，自然就会羡慕他起来了……也就自然要心摩力追的仿效他了，由此仿效的渐多，歆动人心的力量愈大"②。从众性刺激和推动了更大范围内的人们做出相同或相似的消费行为。

中国人还有一个最大的消费特点，即"最讲面子，不讲实际。面子问题差不多支配中国人所有的日常行为"③。在讲求人情的中国传统社会，"面子"有时比纯粹的经济利益更为重要，人生重要关头的婚嫁丧娶必须要大操大办，才能引来人们的称赞，挣得面子，为此"便是借债挪钱，典房卖地，也顾不得了。在外的面子，死力的撑着，内里头吗，怎样空虚，怎样艰难，一概不管他了"④。为了挣足面子，许多人家不顾实际情况，大肆挥霍，"表面虽荣，内容实瘁，不免外强中干之虞矣"⑤。甚至于负债也在所不惜。

可见，消费变迁也受到民众内在心理因素的影响，对人们来说，消费不仅仅是满足个人生理需要的事情，还有构建身份和地位、挣足面子的需要，有时即使这种消费行为会对家庭造成伤害，但是有些人为了得到心理的满足，还是想这样做。可以说，世风的奢侈、崇洋、崇时髦等不论人们在内心深处是否真的赞同，但在众多因素的影响下，已经形成了在某种程度上不以人的意志为转移的风尚，特别是在城市范围内声势浩大，深深地感染了各阶层的消费行为。

综上所述，可看出消费变迁具有从上至下，由上层阶级开始逐步向中下层阶级扩散的趋势，但是也不能忽视由于消费主体的收入水平、文化素质和价值取向等存在一定的差异，这也决定了不同家庭、不同阶层

---

① 周晓虹：《现代社会心理学——多维视野中的社会行为研究》，上海人民出版社 1997 年版，第 296 页。

② 董振海：《云南风俗改良会汇刊》第一册，云南开智公司 1926 年版，第 20 页。

③ 王造时：《中国问题的分析》，商务印书馆 1935 年版，第 56 页。

④ 董振海：《云南风俗改良会汇刊》第一册，云南开智公司 1926 年版，第 16、17 页。

⑤ 倪惟钦、陈荣昌、顾视高：(民国)《续修昆明县志》卷三，风俗志，1943 年铅印本，第 3 页。

接受消费变迁的程度的差异。社会上层有经济实力，有知识素养，接受消费变迁的内容自然最多，范围也最广，他们的消费影响很大，往往成为其他阶层的导向和旗帜。经济稍微宽裕的家庭紧跟社会上层的脚步，只是程度、宽度上减弱了许多。广大平民百姓由于经济条件有限，变迁幅度最低，但只要一有条件和机会，他们心中的消费欲望也会迸发出来，虽然只是偶尔为之，但也能够带来满足的体验。

三　消费变迁处于多元发展态势

传统消费本是人们在长期的生活中逐渐养成、历代相沿并不易改变的一种经常性消费倾向和消费行为。云南的芸芸众生都是在传统消费方式下成长起来的，是它的拥护者和支持者。但传统在其传承的过程中，由于社会经济和其他因素的变化，它的内容和形式或多或少地要发生一定的变化，特别是到了近代，西方的物资和消费生活方式源源不断地输入，必然要与传统的消费行为发生碰撞，一些旧的消费行为和消费方式不可避免地发生了变化。

尽管新式消费不断涌现，冲击着传统消费，但并不意味着旧的消费行为就立即消失，很多消费行为仍具有顽强的生命力，可以说，"几千年的文化，哪里这么容易完全取消，旧的东西虽然在动摇、在崩溃，却仍然挣扎。在没有产出一种新文化以前，只有成就现在这种不中不西，又中又西，中西混杂的现象"①。这正是"一种新旧杂陈的局面"，② 这也正是这个时代的特点。

云南同样如此，人们虽然受到外来的冲击，但仍然眷念传统，因而他们将外来的生活方式与本土风俗糅合在一起，制造出许多混杂的生活方式，表现得颇为混乱。如在男子服饰上，中西混杂，穿什么的都有，有穿西装、中山装的，有穿马褂、长衫的，有穿长袍、马甲的，有穿短衣、短裤的，也有的人中西服装混穿，上身是西装，下身则是绑腿裤，应有尽有，颇为滑稽。又如婚礼的举行，十分多元化，因政府无特别规定，于是人们便根据自己的喜好，选择不同的方式，真是五花八门，无

---

① 王造时：《中国问题的分析》，商务印书馆 1935 年版，第 252 页。
② 何一民：《近代中国城市发展与社会变迁》，科学出版社 2004 年版，第 475 页。

所不有，有人采用旧式婚礼，按烦琐的礼仪操办，有人采用新式婚礼，穿白色婚纱，行洋式礼节，还有一些人中西杂糅，依照洋人的礼仪但是却夹杂着闹洞房等一系列旧俗，如："仪式仍多参差，有的实行旧婚礼，有的全凭恋爱，用新婚礼，有的龙祺花轿以完娶，有的汽车兜风以成婚，有的登报公告以省费，可无定格。"① 这就形成新旧结合、中西杂糅的婚嫁方式。民国年间的这种状况，是新旧社会交替过程中必然出现的现象。

　　除此之外，社会上还有许多消费方式呈现出一种传统和现代消费并存发展、中西杂糅的多元态势。在娱乐消费中，这种现象也十分明显，普通家庭在假日里"一般是领孩子耍公园，逛商店，或到附近群众舞台看滇戏"②。看滇戏是旧式娱乐项目，耍公园、逛商店则是新式娱乐活动。值得一提的还有甜食馆，更是中、西食品的完美结合场所，"卖牛奶，或牛奶煮鸡蛋，煮糖饵块，煮麻花、汤元，调糕藕粉等，后来也加上冷饮，如刨冰、冰淇淋、冰红果、汽水、酸梅汤、冰咖啡、冰可可、冰牛奶"。③ 可以看出，在这个时代调色盘中，既有中式的色彩，也有西式的点缀；既有传统的浓墨，也有趋新的花絮；人们的一只脚迈入新式消费的门槛，另一只脚却仍留在原地不动，消费的守旧与趋时同在。诸多因素奇妙地结合在一起，使云南民众的消费变迁显示出多元发展的状态。

第三节　消费变迁的动力因素

　　消费是一个复杂的经济和社会过程，消费变迁不可能凭空产生，也不可能只有一个原因促成，它总是在一定社会环境的合力作用下产生，正如马克思所说："有无数相互交错的力量，有无数个力的平行四边形，由此就产生出一个合力，即历史结果，而这个结果又可以看作一个作为

---

　　① 甘汝棠：《昆明向导》，云岭书店 1940 年版，第 4—5 页。

　　② 云南省昆明市政协文史资料研究委员会：《昆明文史资料选辑》第三十八辑，昆明市政协机关印刷厂 2002 年版，第 199 页。

　　③ 同上书，第 216 页。

整体的、不自觉的和不自主地起着作用的力量的产物。"① 民国时期云南的消费变迁也正是由种种因素综合激荡所形成的合力共同促成的结果。

一　生产力的发展

生产力的发展是消费变迁的根本动力。按照经济学的传统观点，生产决定了消费，有了生产才会有消费，否则，就成为无本之木、无源之水。因而，有什么水平的生产力，就有什么样的消费，生产力发展水平是物质消费生活水平的决定因素，是它的根本动力。

民国年间，云南的生产力水平得到一定的提升，这与政府的重视有关。早在民国初年，政府即采取了振兴工艺、整顿实业及赞助商业的方针来发展经济。1929 年龙云夺得统治权，在内外环境安定的情况下，他下大力气从事经济建设，兴建了很多工厂，《云南概览》中说："近八九年来，政治渐入轨道，地方平靖，金融亦整理有序。各种工厂，渐有增加。"② 抗战时期，云南作为大后方，全国很多工业都搬到昆明等地，导致当地的工业水平猛然向前一大步，无论是电力、机械、化学，还是手工业，都发展较快，于民生极为有利。

电力工业在民国年间得到重视，昆明市耀龙电灯股份有限公司、河口汉光电灯公司、蒙自大光电灯股份公司、云南矿业公司开远水电厂、开远通明电灯公司、昭通民众实业公司电力厂、下关玉龙水力发电厂、腾冲叠水河水力发电厂、昆湖电厂等纷纷兴建，所发之电除供工厂使用外，也供民众日常照明之用。由于电灯所发出的光远非菜油灯和煤油灯可比，一开始就受到了城市中社会上层的欢迎，后逐渐推广开来，成为人们日常消费生活中常见之物。

机械工业也得到发展，当时规模较大的机械工厂有云南模范工艺厂、云南五金器具制造厂、纺纱厂、织布厂、裕滇纺织公司、振昆实业公司、德和机器厂、中大机电制造厂、民生工厂、云南蚕业新村公司、

---

① 《马克思恩格斯选集》第四卷，人民出版社 1995 年版，第 697 页。
② 京滇公路周览筹备云南分会：《云南概览》，京滇公路周览筹备会 1937 年版，第 65 页。

云南蚕丝公司等几十家。这些工厂生产的产品丰富，如云南模范工艺厂生产各种机器、小电器及花布、家具、毛毯等；云南五金器具制造厂生产各种机器如织布机、碾米机、制面机等，以及各种五金用品及各种木器，还有花布、地毯、搪瓷用品等；振昆实业公司则毛巾、棉袜、棉被、棉褥、被单、棉枕、枕胎、蚊帐、衬衫、汗衫、内裤、门帘、台布、帆布旅行袋等都有制造。这些都是与老百姓日常消费生活息息相关的物品，就是织布机、碾米机、制面机也是为了更有效地织布、碾米、制面而生产的，最终也是服务于民众的日常消费生活。这些产品的自制，极大地丰富了民众的消费物质资料，"对于民生需要，社会经济不无小补"。① 另外云南蚕业新村公司、云南蚕丝公司主要生产高级生丝、各种绸绉及其他副产品，物美价廉，极大地刺激着民众的购买欲望，大大地增强了民众的衣着美感，十分有利于提高民众特别是城市居民的衣着档次。民国时期印刷公司也呈发展态势，云南印刷局、鼎新印刷厂、崇文印书局、开智印刷公司、光华实业公司印刷厂的成立对丰富民众的发展性消费发挥了很大的作用，他们大量印刷书籍、杂志、刊物，如崇文印书局年印书籍、杂志、刊物四五万册，军事书籍三四万册，其他杂件两千余件，开智印刷公司每年代印《民国日报》五十四万份，《新商日报》十八万份，《民政月刊》四万两千本及其他杂类等件。② 大量报刊书籍的印刷，极大地满足了人们对发展性消费资料的需求。

　　化学工业发展得也很好，当时比较大型的化学公司与工厂有几十家，这些化学企业生产出来的产品同样有利于丰富民生，有的虽不直接和民众的日常消费生活打交道，但是间接地还是与之相关。有些公司和工厂除了生产化学原料外，还兼营其他，如大成实业公司主要经营电石、各种液体燃料、机油及亚水泥，还生产面粉，在 1941 年生产面粉共 50517 袋……1944 年 79161 袋，③ 产量不低。云南恒通化学工业公司除生产酒精外，还生产白糖。有些化学企业直接生产消费品，如昆明市酒业公会生产白酒，产量颇丰，三益炼油厂炼花生、松子油等，产油年

　　① 张肖梅：《云南经济》，中国国民经济研究所1942年版，第017页。
　　② 云南省志编纂委员会：《续云南通志长编》下册，云南省科学技术情报研究所印刷厂1985年版，第383页。
　　③ 同上书，第393页。

八万余斤，这些都是民众日常生活中必需的消费品。另外还有新华化学制药公司生产各种药品，更是扩大了民众医疗卫生方面的消费资源。

人们的衣食住行，无不与手工业息息相关。民国年间，手工业同样得到很大的发展，极大地丰富了人们的物质消费。《续云南通志长编》就记载了省会昆明的手工业多达上千家，涉及金银器具、帽业、爆竹业、成衣业、染业、碾米业、照相业、裱画业等43行，包罗万象。其他各地的手工业虽不如省城昆明繁荣，但仍可圈可点，有其各自的特点，比如腾冲的手工业行业有几十种，其中以玉器、琥珀器、金银器、象牙器、牛角器较出名，滇东的宣威以火腿罐头出名，各地的手工业极大地满足了人们的生活所需。另外还有一些工厂、公司因生产技术水平不高，资本细微，规模狭小，机械化程度不高，虽名为工厂或公司，实际上仍只属于工场手工业，这点特别明显地表现在火柴业、肥皂业上。尽管规模小，但他们却在满足人们消费需要这一方面发挥了重要作用。比如云南的火柴在民国之前几乎完全是用外货，1912年，昆明成立了云兴火柴公司，因价格低廉，一经开市，便受到了欢迎，之后本土生产厂家逐渐增多，使得"本省产品，可以自给自足，外来产品逐渐减少"，[①] 以至1921年以后，外来火柴渐被土产所代替以至绝迹。肥皂业同样如此，从1921年至1931年前后，共开设了大小十余家，比较著名的有泰丰肥皂厂、德昌肥皂厂、远东公司、均益公司、福华肥皂厂等，使得一切外货均被抵制殆尽，生产、需求和供给达到平衡。手工业在满足人们的消费方面的作用无法替代。

总之，社会生产力的发展提供了物美价廉、日益丰富的产品，为普通民众消费水平和质量的提高奠定了坚固和牢实的物质基础，并创造出越来越多新的消费手段和方式，使人们在消费中拥有了更多选择的便利与自由。同时，原先来自外国或外省的奢侈消费品由于本省生产力的发展已能够在当地制作，因而这些奢侈消费品也相应地较前代有了很大的增长，数量增加，成本下降，价格自然也会下调，这为原来一部分没有奢侈消费能力的群体参与到奢侈队伍之中提供了物质上的可能，这也是

---

① 昆明市志编纂委员会：《昆明市志长编》卷十二，云南新华印刷厂1984年版，第277页。

民国年间整个社会看起来比以前奢靡的原因之一。但是关于社会生产力的发展有一个需要注意的地方，就是生产力的发展是针对城市而言的，整个城市的变化较大，工业得到一定的发展，公厂、公司纷纷在此兴建，物质产品比较丰盛，特别是省会昆明，发展得较好，具有消费变迁所需的外部环境和物质基础，因而变迁首先在这里出现，而且幅度大。至于广大乡村，则相反，社会生产力水平变化不大。在乡村中，既没有现代工业，而且农业也没有太大的发展，仍旧是古老的生产工具如锄、犁、耙、水车等，采用的是传统的生产方法，功效甚低，生产力发展极为缓慢，自给自足的自然经济在整个经济中仍占主要地位，乡村家庭不仅生产自己所需的日常用品，同时还兼带生产手工业品。既然乡村社会生产力水平没有提高，消费肯定不会有大的变化，即使有，也相当微弱，这与我们前面所说的消费变迁传播范围至乡村时变化很小有时甚至没有变动是密切相关的。

二　滇越铁路的开通

滇越铁路开通带来的交通条件的改善是民国时期云南消费变迁的契机，洋货和外来商品大量涌入，极大地丰富了消费市场。

可以说"20世纪初滇越铁路的开通确实在客观上曾为云南社会经济的发展提供了一个历史的转折点"。[1] 云南地处中国西南一隅，从中原或沿海等地来此十分不易，谷深山高、崇山峻岭、沟壑纵横，"行路之难，视蜀道且过之"。[2] 滇越铁路开通前，自外入滇的路线有五条：一由汉口经洞庭湖边的岳州，穿过湖南、贵州，进入云南，约需四十天；二由长江上游的纳溪，溯永宁河到永宁县登岸，水运约十九天，再由永宁县用兽力驮运到云南府，又需二十多天；三由四川的叙州府，经横江边上的老鸦滩关到云南府，约需二十二天；四由北海到云南府，共计五十五天；五由海防到云南府，共计三十一天。[3] 以上几条路线，

---

① 陈征平：《云南早期工业化的进程研究》，北京民族出版社2002年版，第98页。
② 云南省志编纂委员会：《续云南通志长编》中册，云南省科学技术情报研究所印刷厂1985年版，第947页。
③ 万湘澄：《云南对外贸易概观》，新云南业书社1946年版，第17、18页。

"其迁远与困难,不待严喻,而时间、运费、税捐之损失极重",① 因而,外人一般很不愿意来云南,本地人也很难走出去,外国货物运入也较困难,这些都影响了当地经济的发展。

滇越铁路为封闭于崇山峻岭的云南打开了一条直通越南海防港的交通路线,铁路通车后,由昆明乘火车可直达海防港,再由海防港搭轮船至香港,一共只需六七天。由香港乘船,可至海外各国,也可到上海,到上海后转内地各省就十分方便了。可以说,这条路线不但大大地缩短了云南与国内省份的距离,也缩短了与国外的距离,密切了云南与东南亚和欧美的联系,对云南步入世界经济一体化的轨道发挥了重要的作用。外来物品开始通过滇越铁路源源不断地运入云南,"非但两粤、江浙各省之物品,由香港而海防,海防而昆明,数程可达。即欧美之舶来品,无不纷至沓来,炫耀夺目,陈列于市肆矣".② 因而走在昆明街上,从"马市口到德胜桥,见了两旁的商店,塞满宝货,无非是洋纱、洋布、洋油、洋纸、洋匹头、洋酒、洋烟、罐头、洋杂货、洋铜铁器具、玩具等件,应有尽有,无一不备"③。洋货无论是在种类还是在数量上都有很大的增长,为云南民众特别是城市居民消费提供了更多的选择,为民众崇洋、崇新、崇时髦提供了可能。

首先,进口洋货的种类繁多,"这些商品主要是供消费用的,如洋布、呢绒、家庭用具、装饰品、玩具等"。④ 1919 年,云南总商会调查市场上的日货,统计食品类共 52 种,布线丝纱类共 72 种,纸类共 36 种,墨类共 25 种,笔类共 16 种,酒类共 40 种,烟草类共 43 种,脂粉牙粉类共 46 种,石硷类共 41 种,化妆品类共 25 种,靴帽类共 9 种,器用杂货类共 19 种,化妆道具类共 60 种,药类共 44 种。⑤ 这仅仅是日货,法货、英货在市场上也占有一定的份额。单以英国纸烟一项而论,

① 龙云、周钟岳:《新纂云南通志》卷一百四十四,1949 年铅印本,第 7 页。
② 云南省志编纂委员会:《续云南通志长编》下册,云南省科学技术情报研究所印刷厂1985 年版,第 339 页。
③ 万湘澄:《云南对外贸易概观》,新云南业书社 1946 年版,第 164 页。
④ 李埏:《不自小斋文存》,云南人民出版社 2001 年版,第 636 页。
⑤ 昆明市志编纂委员会编:《昆明市志长编》卷九,云南新华印刷厂 1984 年版,第 94页。

1911 年即有 17 种牌号的纸烟进入昆明市场。① 洋货的不断输入，致使新式饮食、衣服、器具等生活用品，无不充斥市面。

其次，输入洋货的数量增多，1912 年，滇省洋货进口值达到 9766518 两，比上一年增加 5118522 两，1913 年更是达到了 11230898 两。② 昆明作为云南省省会，无论是在市场上，还是在家庭的日常使用中，洋货都占有相当的份额。当时，市场上出售的商品以外货（绝大多数为洋货）居多，"外货占十之七八，土货仅十之二三"。人们在日常生活中也大量使用外货，"外货占十之六七，土货仅十之三四"③。昆明城市居民不仅穿的、用的靠外国，就连吃饭也要靠输入，从 1921 年起，由于开放烟禁影响粮食生产，粮食也开始从国外进口，"粮食才由出超一变而入超。以后，就永远不能恢复"。1925 年入超竟达 55.1915 万担，合银 491.1602 万两。④ 这一切都表明洋货输入的数量极大，以致昆明成了外国商品倾销的主要地区之一。

省内各地虽不像昆明那样受洋货冲击，但影响也不小，如滇西的大理"商所售，售洋货；入所市，市洋货"。⑤ 1913 年，英国人詹姆士由腾冲入关赴川边一带，途经丽江时就曾看到："（市面）所陈列之商品，概系欧洲或日本工厂出口，自鸣钟、小刀针之属，百物具备。欲寻一中国之制造物，杳不能得。"⑥ 再如德钦："各商店货品，以及沿街摆摊子卖货者，除滇产茶、糖、布匹、铜铁器及一切杂物外，余多为洋货，如洋钉、纸烟、洋蜡、洋匹头、洋瓷器、洋袜、毛巾、手电筒，肥皂等，无一样不是舶来的物品，而且价格奇昂，劣等纸烟一小盒，售价大洋半元，闻之令人咋舌。"⑦ 滇东如昭通，商店里也大量出售着各种西方商

---

① 昆明市志编纂委员会编：《昆明市志长编》卷七，云南新华印刷厂 1984 年版，第 36 页。

② 云南省志编纂委员会：《续云南通志长编》下册，云南省科学技术情报研究所印刷厂 1985 年版，第 574 页。

③ 童振海：《云南风俗改良会汇刊》第一册，云南开智公司 1926 年版，第 33 页。

④ 《鸦片与鸦片问题之研究》，《云南旅平学会会刊》1933 年第 7 期。

⑤ 张培爵、周宗麟：（民国）《大理县志稿》卷六，1917 年铅印本，第 81 页。

⑥ 周智生：《商人与近代中国西南边疆社会——以滇西北为中心》，中国社会科学出版社 2006 年版，第 68 页。

⑦ 胡安明：《德钦一瞥（续）》，《云南日报》1937 年 4 月 3 日。

品,从各种哈喇呢、哔叽、羽纱、法兰绒到钟表、玻璃等,一应俱全,甚至纽扣也是伯明翰的产品。① 可见,西方商品已经渗入很多地区,而且种类繁多,从日常必需的大米、洋纱等基本生存所需的商品到钟表等享受方面的商品都有。

总而言之,滇越铁路的开通促成了消费客体——物质资料的更新和丰富的实现,中外商品五光十色,各种洋货千姿百态,人们消费的选择余地越来越大,特别是各类时尚和新奇的洋货让人眼界大开,这些都刺激了当时民众的消费欲望,不断滋生出新的消费需求。这对云南民众特别是城市居民的消费变迁起着一定的作用,带动了人们消费观念和消费趋向的变化,从而形成新的消费风尚,即奢侈、崇洋、崇新、追求时髦,使得人们"竞于奢侈,争于铺张,饮食起居日用之物及衣服之质料皆不愿用本省之土产,而竞用外货,至马市口、三牌坊一带之洋货铺,日益扩充。举目一视,几全为洋货所堆积,购买洋货,拥挤异常"。②

三　外来人口和观念的影响

社会心理学认为:"无论是群体还是社会,它的形成都是以人与人之间的互动为前提的","互动是发生在人们相互之间的社会行为"。③ 互动的重要性显而易见,同样,消费变迁的传播也离不开互动,甚至可以说它就是通过社会大众的互动来完成的,因此,对云南来说,外来人口入滇对消费变迁的意义重大。民国时期,云南出现过两次大的外来人口入滇高峰,一是滇越铁路开通后,二是抗战云南成为大后方后。这两次都给云南带来了大量的外来人口,随着人口的四处流动,商业经济的往来,人们之间生活样式的模仿与熏染向周边以及更大区域内四散开来,"于是,我们的嗜好,慢慢变了;我们的风俗习惯也慢慢变了;我们的观念与标准又安得不变?"④

---

① 姚贤镐:《中国近代对外贸易史资料(1840—1895)》,中华书局1962年版,第1106—1107页。

② 童振海:《云南风俗改良会汇刊》第一册,云南开智公司1926年版,第66页。

③ 周晓虹:《现代社会心理学——多维视野中的社会行为研究》,上海人民出版社1997年版,第305页。

④ 王造时:《中国问题的分析》,商务印书馆1935年版,第251页。

（一）滇越铁路开通后外来人口的大量入滇

滇越铁路的开通，非常有利于外来人士进入云南旅游和经商，一时间人们"皆奔走偕来，聚集于此，故人类至为繁赜"。[①] 他们给云南带来全新的生活方式和思想。此时来滇的人中除国内各省人士，还有大量外国人，他们有的是来度假，据时人记载："有滇越铁路可通，自海防至此（昆明）共有八百五十四公里，故西人夏令来此避暑者，络绎不绝。"[②] 有的直接在昆明从事各行各业的劳作与经营，据 1922 年调查，在昆明的洋人有 292 人，男计 168 人，女计 124 人，[③] 他们中的很大部分经销洋货，在销售洋货的同时，也在一定程度上通过自身的消费方式影响当地人的消费趋向。正如王造时所说的那样："其他和西洋的风俗、习惯，以至于日常用的东西，无不与我们发生关系。我们以前的结婚，乃是由于'父母之命，媒妁之言'，现在要看见西洋人谈恋爱，我们也要讲恋爱了。我们以前一般读书人，都是文质彬彬的，现在也纠纠的学西洋人踢起球来了。我们以前没有洋房住，洋餐吃，洋衣穿，汽车坐，电影看，留声机听，雪花膏揩，现在上海、天津、北平、广州、沈阳、汉口那处没有？"[④] 虽然这里不是指昆明，但从中却足以看出西洋人的生活方式对国人的影响之深。受冲击最强的当属一些开放城市，昆明作为云南省省会当然也不例外，外国人尤其是法国人的生活作风对其影响最为深远，很多史料都有记载："该省人民，渐渐习惯适用法国物件及食品，食品则如酒饼等；用品则如胰子及机器等"；[⑤] "法国白兰地酒、香槟酒，在昆明很流行，有的还喜欢喝法国汽水、啤酒、咖啡"；[⑥] "城南车站一带，更是街道宽整，楼屋轩敞，似乎是西风劲吹的现代都市了。新生事物亦很快被民众接受，电灯、电话、电影、西服、西装、洋

---

① 张维翰、童振藻：（民国）《昆明市志》上，云南昆明市政公所 1924 年铅印本，第 66 页。

② 郑子健：《滇游一月记》，中华书局 1937 年版，第 50、51 页。

③ 张维翰、童振藻：（民国）《昆明市志》上，云南昆明市政公所 1924 年铅印本，第 43 页。

④ 王造时：《中国问题的分析》，商务印书馆 1935 年版，第 144 页。

⑤ 曾毓隽：《滇越铁路纪要》，云南大学图书馆馆藏，1919 年版，第 66 页。

⑥ 云南省政协文史资料研究委员会：《云南文史资料选辑》第十六辑，云南人民出版社 1982 年版，第 12 页。

酒等等成为时髦"。① 可见，在西方人生活方式和西式商品的熏染和浸润下，部分昆明城市居民的衣食住首先开始洋化起来，出现吃西餐、穿西服及喝洋酒等崇洋行为，并日益流行，同时讲究西式生活方式，注重娱乐性消费特别是西式娱乐消费，这些都表明洋人的生活方式以及与之同来的洋货对当地民众的消费思想和消费行为产生了一定的影响。

（二）云南成为大后方后外来人口的大量入滇

外来人口入滇的另一高峰发生在 1937 年，由于日本侵华战争全面爆发，导致国内形势剧变，随着华东和华北地区的大片国土沦陷，全国的政治、军事、经济中心不得不向西南转移，重庆成为临时首都，云南也随之成为大后方，"平、津、宁、沪的许多高等学校和沿海各地的工商企业纷纷迁往昆明，几十万沦陷区的同胞逃到云南来"。② 内地人口的大量迁入使云南人口骤然增加，以昆明市人口为例，1932 年为 14.37 万人，1936 年为 14.2656 万人，即抗战前几年的人口基本没有增长，而 1937 年即增为 20.5396 万人，③ 抗战首年就增加了 6.2 万多人，年增长率高达 43%，人们纷纷涌入昆明，以至于到抗战结束时，昆明人口已近 30 万人，比战前增加了 15 万人左右。人口的大量涌入给昆明城市带来了很大的压力，但同时也大大增强了来自不同地域不同阶层人群的交往，外来群体带来的时新的消费方式深深感染并促进了云南当地消费的变迁。如西南联大文法学院设在蒙自，女生的衣着打扮对蒙自当地影响就很大，其中首先是当地的女生，她们看到外来名校女生的时尚打扮，便心生羡慕，纷纷模仿，导致原先"远望女学生一队队，孰为联大学生，孰为蒙自学生，衣装迥异，一望可辨"，但不多久，这种区别和辨别便变得很不容易，"尽是联大学生，更不见蒙自学生。盖衣装尽成一色矣"。④ 当地妇女同样深受影响，当她们看到"联大女同学们的旗袍袖子已短至肩部，几乎没有袖子了"时，也大为赞赏，认为时髦和漂

---

① 王稼句：《昆明梦忆》，百花文艺出版社 2003 年版，第 2 页。

② 西南地区文史资料协作会议：《抗战时期西南的交通》，云南人民出版社 1992 年版，第 384 页。

③ 骆毅：《昆明市历代人口的变迁》，《云南地方志通讯》1986 年第 2 期。

④ 云南省政协文史资料研究委员会：《云南文史资料选辑》第三十四辑，云南人民出版社 1988 年版，第 41 页。

亮，于是她们也把袖子"越改越短，以致胳膊上显出几节深浅分明的肤色"。① 云南本土人群在日常生活中发生的这些变化，使外来人备感惊讶，从一位外来客的遭遇中即可看出："一个刚来到昆明的生客，看到了这些少爷小姐们的服装，听到了这些少爷小姐们口中所唱的'何日君再来'或'小鸟依人'的歌调，真以为是置身于上海或香港，而做梦也不会想到是在这古色古香的半开化的昆明的！"②

　　消费影响不仅仅局限于衣食之类的表面，很多还有着更深层次的内容。因为这些外来人口的文化和受教育水平普遍高于当地人，高素质的迁移人群对加速消费变迁的进程和提升当地消费水平发挥着一定的作用。抗日战争爆发后，从全国各地迁聚云南者，多为观念较新、文化层次较高、接触流行事物较早之人，他们或是国外留学归来者和大学生，或在工商界服务，或是从事研究和教学工作，他们在有意无意之间容易将外界的消费时尚和社会文化传播给云南的民众，特别是昆明民众。此外，在迁徙和入滇的人群中，还有一些帮助中国抗日的华侨和外国人，由于他们接触的事物和所受的教育跟传统中国人截然不同，这也必然给当地的文化、生活、教育等各方面带来别具一格的影响。以飞虎队为例，驻昆的300位左右的地勤人员和飞行员中，年龄在17—30岁，其中的绝大多数都是大学毕业，其籍贯遍及美国48个州中的39个。③ 这些年轻人是走在时尚前沿的，他们身上所体现出来的，是当时世界上最为流行的消费时尚和观念，他们的行为自然会对当地民众产生一定的影响及示范作用。可以说，如果没有这一特殊群体的出现，更深层次的消费变迁就会发展得有些曲折，特别是在教育消费方面，正是由于许多移民的研究或教学努力，提升了云南当地的教育水平。不仅如此，外来人口还对纠正当地落后的消费习惯发挥了一定的作用，加速了云南的消费变迁步伐，如中山大学的师生迁至澄江后，"给澄江人以不少的教益，澄江人一方面学会了早起、卫生、守时、灭蝇、请西医、饮滚水，其他

---

　　① 云南蒙自县文化局、蒙自师专、蒙自南湖诗社：《西南联大在蒙自》，云南民族出版社1994年版，第83页。

　　② 王稼句：《昆明梦忆》，百花文艺出版社2002年版，第339页。

　　③ ［美］杰夫瑞·B. 格林：《飞虎的咆哮》，徐帆译，云南教育出版社2005年版，第6、27页。

方面也学会了使用旗袍，高跟鞋，西装，革履，吃大餐，尝美味"。[1]
人们逐步改变了传统的不良消费方式，形成了一种富有时代气息，比较
时尚、卫生和健康的新消费生活观念。

四　政府和社会团体在消费变迁过程中发挥了一定的作用

消费变迁的实现离不开政府和社会团体的努力，正是由于他们的不
懈倡导和大力支持，使得整个云南的社会风气得到一定的改观，消费变
迁在一定程度上能够冲破阻碍，向前发展。

（一）政府在消费变迁中的作用

第一，支持工商业，奠定物质基础。辛亥革命后，中华民国临时政
府颁布的《临时约法》规定："人民有财产及营业之自由"，这从法律
上对商人的经商行为和私有财产进行了保护。在地方上，云南政府直接
采取了一系列措施来促进工业和商业的发展，如1913年，为了扩大土
货输出，云南军政府发文倡导商家积极参与本地土货与外地贸易，并且
从资金和税收两方面给予支持，"资本薄弱者，可请由本省政府，经查
实后，饬定富滇银行，以最轻利息，照银行贷款办法量以借助；可请本
省政府代请免纳或减征内地厘税若干年"。[2] 同时，还积极组织商家参
与各种商品赛会。所有的这些支持措施不仅实现了物质产品的丰富，还
都有力地鼓励了当地商人走出去与外面进行经济贸易往来，从而促进了
本省工业和商业的发展。

第二，建立了大量公共教育和娱乐设施，以提高民众素质，满足群
众对休闲娱乐性消费的需求。公共设施的建设对于社会和民生的影响重
大，政府已清楚地认识到，并在许多政策上力求体现这一点。首先是大
力发展正规教育，同时还修建了图书馆、民众教育馆、宣讲馆等以满足
不同人群的需要，这些都是政府关注大众教育和人们教育觉悟的一种表
达方式。其次，政府还修建了大量的公共娱乐场所供大家休憩。政府的
一系列作为让一些民众真切地体验到了精神享受的愉快和满足，可见，
政府在提高民众素质、发展精神消费方面发挥了一定的作用。

---

① 余一心：《抗战以来的中山大学》，《教育杂志》1941年第三十一卷第一期。
② 《云南省建设厅档案》，1913年，云南省档案馆馆藏，卷宗号：77-5-194。

第三，明确禁止一些不合理的消费行为，以促进社会的和谐发展。民国初期，云南军政府就根据南京临时政府的法令开始从法律和制度两个层面对不合理的消费习惯进行纠正，并对那些有严重危害性的消费行为进行严令禁止，"厉行禁止吸食鸦片毒物，违者拘留罚款，运者卖者处徒刑。破除封建迷信，首先封闭省会城隍庙，禁止往各寺庙烧香拜佛，把于谦城隍偶像送进博物馆……禁止赌博，违者没收赌具罚款拘禁，重者处以徒刑"，收到良好效果，"社会上出现一些新气象……洗尽腐败古董气氛"①。龙云掌权时期也比较重视对不合理消费行为的清除，并要求各级官员严格执行。可以说，政府的一些禁令还是收到了一定的效果，因为它有的不仅仅停留在宣传这一层面上，有时还从法律层面上进行倡导，如吸食鸦片和赌博，一经发现，则要接受处罚，这对革除一些不良陋习、促进新型消费的传播和发展起到了一定的作用。

第四，推行新生活运动，以改善风气。1934年，国民政府发起了新生活运动，提倡在日常生活中民众要讲求礼、义、廉、耻，并以此作为准绳，希望由此除去不合理的生活方式。云南也响应号召，积极开展新生活运动，并且在1935年1月1日正式改组成立了云南新生活运动会。它的成立对云南民众的日常消费生活有一定影响，因为新生活运动会从各个方面对人们的日常生活进行了规范，它的整体趋势是积极向上的，使得整个云南的社会风气得到一定的改观。

（二）社会团体、有识之士的作用

在促进消费变迁的过程中，政府发挥了重要作用，同时社会团体和有识之士的提倡也不可忽视。云南民国时期的社会团体极多，各行各业都有相应的民间组织，其中社会风俗类的在省会昆明主要是1923年12月成立的云南风俗改良会。风俗改良会创立的目的，十分明显，就是要改良不好的习惯和风俗使之变得合理和良好并能使人们在这些行为中得到益处。张维翰、童振海、吴钧、陈杏圃、钱翰奇、吴琨等知名人士均是此会的成员，他们痛斥不良消费风气，积极呼吁民众形成好的良风美俗，同时广思集议，提出了许多好的建议，他们在改变云南不良消费生

① 云南省政协文史资料研究委员会：《云南文史资料选辑》第四十一辑，云南人民出版社1991年版，第297—298页。

活习惯的过程中功不可没。

云南风俗改良会自 1923 年成立后，各县随后纷纷成立风俗改良分会，如禄劝县"集各界民众组织县属风俗改良会，经拟定简章并于本月二十日就会所开成立大会讨论一切会务组织及会章"①。到 1924 年底，已经有富民、马龙、路南、大姚等 15 县成立了风俗改良分会，到 1936 年的时候，就连一些边远的地区如中甸等县都成立了风俗改良会。风俗改良会由上至下，不仅到达县一级，甚至到达乡、保、村一级，如昌宁县风俗改良会的暂行章则中有这样的规定："县设县风俗改良会……乡设乡风俗改良会……保设保风俗改良会。"② 就连村也设有类似机构，如高峣村设立了"习俗改革协会"，宗旨是："改进社会风气，增强社会道德。"③ 风俗改良会不断地向纵深发展，以至于从上至下、从繁华之省会到偏远之乡村都有组织，不但有力地推动了旧的不良消费风俗的改革，而且加大了对科学合理消费行为的传播。

在云南省风俗改良会和各地风俗改良会成员的不懈努力下，风俗改良行为进行得如火如荼，并取得一定成效，特别是在阻止奢风盛行这一点上表现得尤其明显。很多史料都可反映这一点，如曲靖县"近亦习尚金玉，奢风日渐，现在由风俗改良会设法改良"，④ 开远县"自滇越铁路通车后，舶来品输入渐多，绸缎绮罗毛呢及洋布等遂畅于市，而金玉宝石等物妇女亦多以为饰，奢侈之风日甚一日，最近地方创办风俗改良会，以崇俭习勤为宗旨，而青年妇女亦多剪发，于是金银首饰渐次废除"，⑤ 嵩明县"私人交际曩者多尚奢侈，近因受经济压迫，难于应酬，已由风俗改良会加以取缔，逐件改良，而尚节俭"⑥。同时针对婚丧嫁娶中的大操大办行为，风俗改良会也进行了改良，如河西县小街就对丧事进行了规定，违者还要进行惩处："父母丧事不准开大丧，从死到发

---

①　盛美真：《近代云南社会风尚变迁研究》，中国社会科学出版社 2011 年版，第 208 页。
②　同上。
③　[美] 科尼利尔斯·奥斯古德：《旧中国的农村生活——对云南高峣的社区研究》，何国强译，国际炎黄文化出版社 2007 年版，第 110 页。
④　《曲靖县风俗调查》，1932 年，云南省档案馆馆藏，卷宗号：11-8-124。
⑤　《开远县风俗调查》，1932 年，云南省档案馆馆藏，卷宗号：11-8-125。
⑥　李景泰、杨思诚：(民国)《嵩明县志》卷十九，1945 年铅印本，第 268 页。

葬，灵柩只许停放在堂 3 天，不准择什么日子，3 天成凶，入土为安，一切不忌。儿子儿媳、女儿女婿包白戴孝，孙男孙女，臂缠黑纱，亲戚不许发孝帛，待客 1 天收场，次日伏山，不要外客，如有故意违犯，根据会规查处。"① 总之，民国年间成立的风俗改良会所进行的一系列努力都有利于摒弃甚至消除传统不合理的消费观念和行为。

综上所述，足见云南民众消费变迁的发生是多种因素共同综合作用的结果。其中生产力的发展是消费变迁的根本动力，以滇越铁路的开通为契机带来的洋货大量涌入及商品经济的发展是消费变迁的重要因素，外来人口和观念的影响是消费变迁的助推器，政府和社会团体在摒弃不良风俗及消费行为中的不懈努力是消费变迁的强大支撑。正因如此，才最终有了民国年间云南民众消费变迁的发生。但对于这种消费变迁我们不能将其过度放大，因为总体来说它的影响有限。尽管很多地方或多或少地呈现出消费变迁的内容，但基本是城市表现明显，因为城市的经济条件好，生产力发展快，物质产品丰富，交通便利，易于受外来影响，而且很多有文化、见多识广的官僚、商人等在此居住，因而城市的消费最易发生变化，出现新色彩和新内容；而乡村不同，生产力水平低，经济条件有限，交通不便，与外界交流甚少，消费生活较为稳定，难以变化，乡村民众基本没有发生消费变迁的外部环境和动力因素。因而，不能一说消费变迁就认为民国年间整个云南民众的消费生活变化有多么巨大，事实上从整体看，它的区域范围和群体范围比较狭窄，无论是从深度还是从广度来说非常有限，只能说消费变迁是一种新趋势，新的发展方向而已。

---

① 李道生：《云南社会大观》，上海书店出版社 2000 年版，第 278 页。

结　语

　　人类的消费活动与人类的产生相伴而来，是人类赖以生存和发展的最古老的社会活动和社会行为，研究消费的意义重大不言而喻。本书即是在参阅大量史料和前人研究成果的基础上进行民国年间云南民众消费活动的初步研究。通过分析，我们可以知道民国年间云南民众特别是乡村普通民众的消费构成大体包括饮食、服饰、住房、医药、教育、休闲娱乐等几个方面，因为受自然环境、生产力发展水平、社会经济制度、兵灾匪盗等因素的制约，普通民众的生活比较艰辛，他们辛勤劳作，也只能获取到生存资料，勉强维持自身及家庭成员的最低生存和繁衍，正如很多史料中所说："终岁勤动，不过仰事俯育之资。"人们在这样的状况下，没有很高的物质追求，只以满足温饱、不致挨冻为己任，至于其他的方面有则有，没有也无所谓，这在他们的消费活动中有明显的体现，如食物所占比例在整个消费中最重，发展和享受性消费资料所占比例比较微弱即是明证。但与此同时，由于社会伦理及传统因素的作用，他们又在人生重要的关头如婚嫁丧葬场合大肆操办，以保证不失颜面，唯有如此，此生才足矣！这是人们消费心态的自然流露。如此情景，使得整个民国时期云南民众特别是乡村普通家庭的消费水平不高，消费结构不是很合理，整个消费行为不容乐观，这是整体印象，也是社会上绝大多数民众的消费状况。

　　我们知道，民国是中国历史上一个比较特殊的时期，社会风气大开，自由、平等、民主等观念深入人心，革旧布新成为时代的潮流，新的思想观念和行为方式不断涌现，加之外来因素的影响共同促成了消费领域的大变动，新的消费观念慢慢在此滋生、漫延、渗透，并逐渐改变了一些民众相沿已久的某些消费习惯和消费方式。但任何事物都是复杂的，不存在整齐划一，不平衡性是民国云南社会消费变迁的基本特征，这种不平衡性，表现在区域、各社会阶层等各个方面。从区域范围看，民国年间云南的消费变迁经历了省会—地方城市—四周乡镇辐射的基本模式，以昆明为发端，越往后，程度和规模越小，甚至很多乡村仍处于一种几乎没有变化的状态中。这种区域之间的不平衡性说明了：一是城乡之间存在着极大的不平衡，城镇特别是昆明城市居民的消费水平和生活方式发生了相应的变化，而广大农村，尤其是边地农村，越是偏远，衣食等生活消费与城市的差距就越大；二是乡村经济在整个民国时期都没有起色，它导致了农村消费行为的一成不变，几乎处于静止不动的状态。生活水平的低下与这种静止的状态密切相关，这种状态下，消费变迁几乎不可能发生，新消费风气几乎对其没有影响，即便有时因人口移动等原因而有所变化，也因为在乡村中缺乏新式消费流行的物质基础和环境而无法产生连锁反应。当城市里出现公园、剧院、游戏场等娱乐设施，人们一边听着戏曲或观看电影一边喝着咖啡时，广大乡村民众仍在太阳底下辛勤劳作，城市中的那些东西对于每日靠杂粮或喝粥维持生活的人们来说是不可想象的。在那样的大背景下，他们的消费方式不可能发生变化，由此导致乡村无缘产生新的符合时代特色的新消费方式和消费行为。这种不平衡除了表现在区域之间外，还表现于阶层中。就阶层而言，社会上层是消费变迁的主导，是其他阶层的旗帜和导向，社会中层稍弱，社会下层变化不大，依旧按传统的消费模式生活，阶层差异明显。以上即是消费变迁不平衡性的两大表现，但从整体来看，如果以全省为研究范围的话，可以说不变的地方远远大于变化了的地方，不变的人群远远大于变化了的人群，能够较多享受新消费生活方式的还主要集中于占总人口少数的城市中上层民众，这是在研究消费变迁时一定要注意的问题。应当说，重视研究消费变迁传播的地域以及社会群体差异十分必要，它使我们更接近历史真实。

一般而言，消费活动的整体基调是由占人口绝大多数的民众决定的，民国年间的云南以乡村普通民众居多，占了人口总数的八九成，这也决定和奠定了勤俭节约才是民国年间云南民众的主要消费心态，在可支配收入受到较大约束的社会环境中，人们只能在消费中更多地把注意力放在节省开支上，这也是解决贫困和基本消费品供给不足问题的唯一办法。因而，节俭是民国时代消费生活的主旋律。但在当时的现实消费生活中，仍有一些不同的消费心态存在，主要有以下四个偏向：

第一，令人痛心的摆阔奢侈性消费心态。这在城市中的社会上层中表现明显，除此之外，其他阶层也会有一部分人群有时会脱离自身的现实条件盲目攀比和效仿富人集团的奢侈之风，消费需求表现得过度膨胀，甚至超过了真实的消费支付能力，他们就是要以消费的高档次和奢侈来显示与同阶层人的差别。

第二，令人悲哀的享乐性消费心态。这种心态是以享乐为生活的目的，消费中追求的是物质满足和精神刺激。比如某些人群把大量的时间和金钱都花在了吃喝玩乐上，用于提高自身素质的支出过少，用于消磨时光的支出过多，这从精神消费占全部消费支出的比例就可以看出来。另外，还有一些人对黄、赌、毒趋之若鹜，追求腐朽、堕落、庸俗的生活方式，极大地败坏了社会风气。

第三，令人遗憾的愚昧性消费心态。愚昧性消费就是以迷信和低级趣味慰藉空虚的心灵，由于科学不发达，人们对许多自然现象认识不足，因而易于接受传统观念，崇拜神鬼祖先，并把它们内化为消费生活方式，如婚丧要算命先生看八字和选日子，生病时请巫师作法等屡见不鲜，足见影响民众消费生活甚远。

第四，令人无奈的社会礼仪消费。社会礼仪与人一生中的重大事件密切相关，这方面的消费不仅仅体现的是一种物质消费，更多的是带有浓重的社会伦理色彩，因而与此相关的消费习俗一旦形成，人们便会不遗余力地去表现对它的重视，竭尽全力操办，特别是在婚丧嫁娶仪式中，即使花费大量的钱财操办也在所不惜，不如此，必遭人诟病，因为它体现的更多是社会的认同和赞誉。

以上种种不良的消费心态和消费行为真实地存在于民国年间云南民众的生活中，给民众造成了一定的影响，不仅吞噬着原本就不丰裕甚至还贫乏的社会财富，降低消费质量，破坏消费结构的平衡，而且还毒化了社会消费风气。幸好，它们不占主流，提倡节俭才是整个民国年间云南普通民众的主要消费生活方式与主导消费思想。

参考文献

一 档案及资料汇编类

云南省档案馆档案，卷宗号：11－1－855。

去南省档案馆档案，卷宗号：11－1－856。

云南省档案馆档案，卷宗号：11－8－93。

云南省档案馆档案，卷宗号：11－8－114。

云南省档案馆档案，卷宗号：11－8－115。

云南省档案馆档案，卷宗号：11－8－116。

云南省档案馆档案，卷宗号：11－8－118。

云南省档案馆档案，卷宗号：11－8－119。

云南省档案馆档案，卷宗号：11－8－120。

云南省档案馆档案，卷宗号：11－8－121。

云南省档案馆档案，卷宗号：11－8－122。

云南省档案馆档案，卷宗号：11－8－123。

云南省档案馆档案，卷宗号：11－8－124。

云南省档案馆档案，卷宗号：11－8－125。

云南省档案馆档案，卷宗号：11－8－126。

云南省档案馆档案，卷宗号：11－11－56。

云南省档案馆档案，卷宗号：44－1－203。

云南省档案馆档案，卷宗号：64－5－94。

云南省档案馆档案，卷宗号：77－5－194。

云南省档案馆档案，卷宗号：77－14－3145。

章有义：《中国近代农业史资料》，生活·读书·新知三联书店1957年版。

萧铮：《民国二十年代中国大陆土地问题资料》，美国中文资料中心、台湾成文出版社 1977 年版。

云南省地方志编纂委员会：《云南省志》，云南人民出版社 1993 年版。

昆明市志编纂委员会：《昆明市志长编》，云南新华印刷厂 1984 年版。

云南省志编纂委员会：《续云南通志长编》，云南省科学技术情报研究所印刷厂 1985 年版。

云南省编辑组：《云南方志民族民俗资料琐编》，云南民族出版社 1986 年版。

云南省编辑组：《云南少数民族历史调查资料汇编》，云南人民出版社 1989 年版。

文史精华编辑部：《近代中国娼妓史料》，河北人民出版社 1997 年版。

方国瑜：《云南史料丛刊》，云南大学出版社 2001 年版。

李根源：《永昌府文征》，云南美术出版社 2001 年版。

昆明市地方志编纂委员会：《昆明市志》，人民出版社 2003 年版。

云南省政协文史委员会：《云南文史集粹》，云南人民出版社 2004 年版。

李文海：《民国时期社会调查丛编》，福建教育出版社 2005 年版。

杨成彪：《楚雄彝族自治州旧方志全书》，云南人民出版社 2005 年版。

《昭通旧志汇编》编辑委员会：《昭通旧志汇编》，云南人民出版社 2006 年版。

大理白族自治州白族文化研究所：《大理丛书·方志篇》，民族出版社 2007 年版。

云南省政协文史资料研究委员会：《云南文史资料选辑》。

云南省昆明市政协文史资料研究委员会：《昆明文史资料选辑》。

昆明市盘龙区政协：《盘龙文史资料》。

昆明市五华区政协：《五华文史资料》。

二 历史文献类

阮元、王崧：（清）道光《云南通志》，道光十五年（1835）刻本。

岑毓英、陈灿：（清）光绪《云南通志》，光绪二十年（1894）刻本。

王文韶、唐炯：（清）光绪《续云南通志稿》，光绪二十七年（1901）

四川岳池县刻本。

戴纲孙：（清）道光《昆明县志》，光绪二十七年（1901）刻本。

刘润畴、俞赓唐：（民国）《陆良县志稿》，1915 年石印本。

马标、杨中润：（民国）《路南县志》，云南官印局 1917 年铅印本。

张鉴安、寸开泰：（民国）《龙陵县志》，1917 年刻本。

张培爵、周宗麟：（民国）《大理县志稿》，1917 年铅印本。

李春曦、梁友檍：（民国）《蒙化志稿》，1920 年铅印本。

王槐荣、许宝：（民国）《宜良县志稿》，云南官印局 1921 年铅印本。

黄元直、刘达式：（民国）《元江志稿》，1922 年铅印本。

周汝钊、侯应中：（民国）《景东县志稿》，1922 年石印本。

张维翰、童振藻：（民国）《昆明市志》，云南昆明市政公所 1924 年铅印本。

李景泰、杨思诚：（民国）《嵩明县志》，1945 年铅印本。

周宗麟、石君：（民国）《大理乡土志》，1926 年铅印本。

全奂泽、许宝纂：（民国）《禄劝县志》，1928 年铅印本。

张自明：（民国）《马关县志》，云南德生石印馆 1932 年版。

朱纬、罗凤章：（民国）《罗平县志》，1933 年石印本。

吴永立、王志高、马太元：（民国）《新平县志》，金兰石印馆 1933 年石印本。

丁国梁、梁家荣：（民国）《续修建水县志稿》，汉口道新印书馆 1933 年铅印本。

王钧国、缪果章：（民国）《宣威县志稿》，1934 年铅印本。

佚名：（民国）《广南县志》，1934 年稿本。

卢金锡：（民国）《昭通县志稿》，昭通新民书局 1937 年铅印本。

袁嘉谷：（民国）《石屏县志》，1938 年铅印本。

赵思治：（民国）《镇越县志》，1938 年油印本。

由云龙：（民国）《高峣志》，1939 年铅印本。

陆崇仁、汤祚：（民国）《巧家县志稿》，1942 年铅印本。

倪惟钦、陈荣昌、顾视高：（民国）《续修昆明县志》，1943 年铅印本。

丘廷和：（民国）《缅宁县志稿》，1945 年稿本。

霍士廉、由云龙：（民国）《姚安县志》，1948 年铅印本。

龙云、周钟岳:（民国）《新纂云南通志》，1949 年铅印本。

纳汝珍、蒋世芳:（民国）《镇康县志初稿》，1936 年稿本。

陈权、顾琳:（民国）《阿迷州志》，台湾学生书局 1968 年影印本。

柯绩丞:《普思沿边志略》，普思沿边行政总局 1916 年版。

云南省教育会:《旅滇指南》，1923 年版。

云南省政府秘书处统计室:《云南省行政统计简报》，1924 年版。

云南省教育会:《云南省教育会年鉴》，1924 年版。

童振海:《云南风俗改良会汇刊》第一册，云南开智公司 1926 年版。

谢彬:《云南游记》，中华书局 1924 年版。

铁道部财务司调查科:《粤滇线云贵段经济调查总报告书》，1932 年版。

云南省立昆华民众教育馆:《云南边地问题研究》，云南财政厅印刷局
　1933 年版。

行政院农村复兴社:《云南省农村调查》，商务印书馆 1935 年版。

王造时:《中国问题的分析》，商务印书馆 1935 年版。

詹念祖:《云南省》，商务印书馆 1936 年版。

丁兆冠:《云南民政概况》，云南省民政厅 1936 年版。

昆明市政府秘书处:《中华民国二十四年度昆明市市政统计》，新新石
　印馆 1936 年版。

京滇公路周览筹备会云南分会:《云南概览》，京滇公路周览筹备会
　1937 年版。

薛绍铭:《黔滇川旅行记》，中华书局 1937 年版。

郑子键:《滇游一月记》，中华书局 1937 年版。

潘恩霖:《西南全貌》，良友图书印刷公司 1939 年版。

胡嘉:《滇越游记》，商务印书馆 1939 年版。

甘汝棠:《昆明向导》，云岭书店 1940 年版。

李霖灿:《黔滇道上》，重庆大公报馆 1940 年版。

郭垣:《云南省经济问题》，正中书局 1940 年版。

昆明实验县教育局:《昆明县小学乡土教材》，1941 年版。

张肖梅:《云南经济》，中国国民经济研究所 1942 年版。

张印堂:《滇西经济地理》，国立云南大学西南文化研究室 1943 年版。

方国瑜:《滇西边区考察记》，国立云南大学西南文化研究室 1943

年版。

黄丽生、葛墨盒：《昆明导游》，中国旅行社 1944 年版。

蒋君章：《西地经济地理》，商务印书馆 1945 年版。

马子华：《滇南散记》，云南丛书社 1946 年版。

万湘澄：《云南对外贸易概观》，新云南业书社 1946 年版。

陈钟书、邓昌麟：《麻栗坡地志资料》，1946 年云南大学复抄云南省图
书馆藏传抄本。

刘兆吉：《西南采风录》，商务印书馆 1946 年版。

陈嘉庚：《南侨回忆录》，南洋印刷社 1946 年版。

江应梁：《摆彝的生活文化》，中华书局 1950 年版。

中国科学院历史研究所第三所：《云南杂志选辑》，科学出版社 1958
年版。

陈度：《昆明近世社会变迁志略》，云南省图书馆手抄本。

《云南教育杂志》第十、十一、三十一卷。

《东方杂志》1922 年第十九卷。

《曙滇》1923—1924 年第一卷第二期。

《昆明市声》1927 年第一卷第三期。

《云南旅平学会会刊》1933 年第七期。

《云南日报》1935 年、1936 年、1937 年版。

《中央日报》（昆明版）1939 年版。

三　著作及译著类

《马克思恩格斯文集》，人民出版社 2009 年版。

《马克思恩格斯选集》，人民出版社 2012 年版。

方国瑜：《云南地方史讲义》，云南广播电视大学 1983 年版。

厉以宁：《消费经济学》，人民出版社 1984 年版。

费孝通：《乡土中国》，生活·读书·新知三联书店 1985 年版。

罗正齐、袁培树：《消费经济》，学林出版社 1986 年版。

杨聪：《大理经济发展史稿》，云南民族出版社 1986 年版。

张怀渝：《云南省经济地理》，新华出版社 1988 年版。

乐正：《近代上海人社会心态（1860—1910）》，上海人民出版社 1991

年版。

严昌洪：《西俗东渐记：中国近代社会风俗的演变》，湖南出版社 1991
　年版。

陆复初：《云南文化史》，云南民族出版社 1992 年版。

谢本书：《云南近代史》，云南人民出版社 1993 年版。

衣俊卿：《现代化与日常生活批判》，人民出版社 2005 年版。

李珪：《云南近代经济史》，云南民族出版社 1995 年版。

彭华民：《消费社会学》，南开大学出版社 1996 年版。

忻平：《从上海发展历史——现代化进程中的上海人及其社会生活
　(1927—1937)》，上海人民出版社 1996 年版。

谢本书、李江：《近代昆明城市史》，云南大学出版社 1997 年版。

周晓虹：《现代社会心理学——多维视野中的社会行为研究》，上海人
　民出版社 1997 年版。

秦和平：《云南鸦片问题与禁烟运动（1840—1940）》，四川民族出版社
　1998 年版。

刘泱泱：《近代湖南社会变迁》，湖南人民出版社 1998 年版。

乔志强：《近代华北农村社会变迁》，人民出版社 1998 年版。

万揆一：《昆明掌故》，云南民族出版社 1998 年版。

董福荣：《中国家庭消费结构透视》，经济管理出版社 1999 年版。

于琨奇：《现代生活方式与传统文化》，科学出版社 1999 年版。

李道生：《云南社会大观》，上海书店出版社 2000 年版。

秦永洲：《中国社会风俗史》，山东人民出版社 2000 年版。

李埏：《不自小斋文存》，云南人民出版社 2001 年版。

龙东林：《昆明旧照：我家昆明》，云南人民出版社 2001 年版。

刘志琴：《近代中国社会生活与观念变迁》，中国社会科学出版社 2001
　年版。

李学昌：《20 世纪南汇农村社会变迁》，华东师范大学出版社 2001
　年版。

蔡寿福：《云南教育史》，云南教育出版社 2001 年版。

谢本书：《昆明史话》，云南人民出版社 2001 年版。

张东刚：《消费需求的变动与近代中日经济增长》，人民出版社 2001

年版。

罗养儒：《云南掌故》，云南民族出版社 2002 年版。

田晖：《消费经济学》，同济大学出版社 2002 年版。

侯建新：《农民、市场与社会变迁——冀中 11 村透视并与英国乡村比较》，社会科学文献出版社 2002 年版。

孙燕京：《晚清社会风尚研究》，中国人民大学出版社 2002 年版。

李长莉：《晚清上海社会的变迁：生活与伦理的近代化》，天津人民出版社 2002 年版。

冯尔康、常建华：《清人社会生活》，沈阳出版社 2002 年版。

陈征平：《云南早期工业化进程研究》，北京民族出版社 2002 年版。

王稼句：《昆明梦忆》，百花文艺出版社 2003 年版。

罗纲、王中忱：《消费文化读本》，中国社会科学出版社 2003 年版。

庄华峰：《中国社会生活史》，合肥工业大学出版社 2003 年版。

周伟：《变迁——101 年中国社会生活全印象》，光明日报出版社 2003 年版。

林泉：《重返老昆明》，云南美术出版社 2003 年版。

罗群：《近代云南商人与商人资本》，云南大学出版社 2004 年版。

何一民：《近代中国城市发展与社会变迁（1840—1949）》，科学出版社 2004 年版。

朱汉国、王印焕：《华北农村的社会问题（1928 至 1937）》，北京师范大学出版社 2004 年版。

郑起东：《转型期的华北农村社会》，上海书店出版社 2004 年版。

李金铮：《近代中国乡村社会经济探微》，人民出版社 2004 年版。

云南省档案馆编：《清末民初的云南社会》，云南人民出版社 2005 年版。

陈旭麓：《近代中国社会的新陈代谢》，上海社会科学院出版社 2005 年版。

文启湘：《消费经济学》，西安交通大学出版社 2005 年版。

田翠琴、齐心：《农民闲暇》，社会科学文献出版社 2005 年版。

李明伟：《清末民初中国城市社会阶层研究（1897—1927）》，社会科学文献出版社 2005 年版。

李少兵：《民国百姓生活文化丛书：衣食住行》，中国文史出版社 2005
　　年版。

费孝通：《江村经济——中国农民的生活》，商务印书馆 2005 年版。

费孝通、张之毅：《云南三村》，社会科学文献出版社 2006 年版。

杨树群：《老昆明风情录》，云南民族出版社 2006 年版。

蒋建国：《广州消费文化与社会变迁（1800—1911）》，广东人民出版社
　　2006 年版。

魏华仙：《宋代四类物品的生产和消费研究》，四川科学技术出版社
　　2006 年版。

郑红娥：《社会转型与消费革命——中国城市消费观念的变迁》，北京
　　大学出版社 2006 年版。

周智生：《商人与近代中国西南边疆社会——以滇西北为中心》，中国
　　社会科学出版社 2006 年版。

严昌洪：《20 世纪中国社会生活变迁史》，人民出版社 2007 年版。

巫仁恕：《品味奢华：晚明的消费社会与士大夫》，中华书局 2008
　　年版。

李长莉：《中国人的生活方式：从传统到近代》，四川人民出版社 2008
　　年版。

邵雍：《中国近代社会史》，合肥工业大学出版社 2008 年版。

黄敬斌：《民生与家计：清初至民国时期江南居民的消费》，复旦大学
　　出版社 2009 年版。

姜彩芬：《消费经济学》，中国经济出版社 2009 年版。

赵吉林：《中国消费文化变迁研究》，经济科学出版社 2009 年版。

张雁南：《唐代消费经济研究》，齐鲁书社 2009 年版。

陈伟明：《清代澳门社会生活消费研究（1644—1911）》，广东人民出版
　　社 2009 年版。

王宁：《从苦行者社会到消费者社会》，社会科学文献出版社 2009
　　年版。

何辉：《宋代消费史：消费与一个王朝的盛衰》，中华书局 2010 年版。

宋立中：《闲雅与浮华——明清江南日常生活与消费文化》，中国社会
　　科学出版社 2010 年版。

王广义：《近代中国东北乡村社会研究》，光明日报出版社 2010 年版。

周笑冰：《消费文化及其当代重构》，人民出版社 2010 年版。

陈明远：《1840—1949 百年生活巨变》，文汇出版社 2010 年版。

汪效驷：《江南乡村社会的近代转型——基于陈翰笙无锡调查的研究》，安徽师范大学出版社 2010 年版。

赵萍：《消费经济学理论溯源》，社会科学文献出版社 2011 年版。

盛美真：《近代云南社会风尚变迁研究》，中国社会科学出版社 2011 年版。

［美］亚当·斯密：《国民财富的性质和原因的研究》上卷，郭大力、王亚南译，商务印书馆 1979 年版。

［美］萨缪尔森：《经济学》上册，萧琛译，商务印书馆 1981 年版。

［美］明恩溥：《中国乡村生活》，陈午晴译，时事出版社 1998 年版。

［美］何天爵：《真正的中国佬》，鞠方安译，光明日报出版社 1998 年版。

［美］凯恩斯：《就业、利息和货币通论》，徐毓枬译，商务印书馆 1999 年版。

［美］黄宗智：《华北的小农经济与社会变迁》，中华书局 2000 年版。

［美］彭慕兰：《大分流：欧洲、中国及现代世界经济的发展》，史建云译，江苏人民出版社 2003 年版。

［美］凡勃伦：《有闲阶级论》，蔡受百译，商务印书馆 2004 年版。

［美］贝里：《奢侈的概念》，江红译，上海人民出版社 2005 年版。

［美］科尼利尔斯·奥斯古德：《旧中国的农村生活——对云南高峣的社区研究》，何国强译，国际炎黄文化出版社 2007 年版。

［法］亨利·奥尔良：《云南游记：从东京湾到印度》，龙云译，云南人民出版社 2001 年版。

［法］奥古斯特·弗朗索瓦：《晚清纪事——一个法国外交官的手记（1886—1904）》，罗顺江、胡宗荣译，云南美术出版社 2001 年版。

［法］波德里亚：《消费社会》，刘成富、全志钢译，南京大学出版社 2000 年版。

［法］费尔南·布罗代尔：《15 至 18 世纪的物质文明、经济和资本主义》，顾良、施康强译，生活·读书·新知三联书店 1992 年版。

［英］戴维斯：《云南：联结印度和扬子江的锁链》，李安泰译，云南教育出版社 2000 年版。

［加拿大］宝森：《中国妇女与农村发展——云南禄村六十年的变迁》，胡玉坤译，江苏人民出版社 2005 年版。

［德］维尔纳·桑巴特：《奢侈与资本主义》，王燕平、侯小河译，上海世纪出版集团 2005 年版。

［德］齐美尔：《货币哲学》，朱桂琴译，贵州人民出版社 2009 年版。

四　论文类

庞卓恒：《让马克思主义史学弘扬于国际史坛——访英国著名马克思主义史学家希尔顿》，《史学理论》1987 年第 3 期。

王家范：《明清江南消费风气与消费结构描述——明清江南消费经济探测之一》，《华东师范大学学报》1988 年第 2 期。

王家范：《明清江南消费性质与消费效果解析——明清江南消费经济探测之二》，《上海社会科学院学术季刊》1988 年第 2 期。

张笃勤：《汉口商业发展与社会风尚演化》，《中南财经大学学报》1988 年第 4 期。

刘和惠：《论晚明社会风尚》，《安徽史学》1990 年第 3 期。

胡维革：《对民初社会风尚变化的考察与反思》，《学习与探索》1990 年第 4 期。

朱瑞熙：《宋代社会风尚概述》，《抚州师专学报》1991 年第 1 期。

韩志远：《关于元代社会风尚的几个问题》，《社会学研究》1991 年第 3 期。

胡一雅：《中国封建社会各阶级等级的消费》，《中国史研究》1991 年第 4 期。

王家范：《从难切入，在"变"字上做文章》，《历史研究》1993 年第 2 期。

乔志强、张平：《近代华北农家消费水平和消费结构分析》，《山西大学学报》（哲学社会科学版）1994 年第 2 期。

傅建成：《二十世纪上半期华北农村家庭生活费用分配结构分析》，《中国农史》1994 年第 3 期。

周晓虹：《社会时尚的理论探讨》，《浙江学刊》1995 年第 3 期。

方行：《清代江南农民的消费》，《中国经济史研究》1996 年第 3 期。

罗玲：《民国时期南京的社会风尚》，《民国档案》1997 年第 3 期。

徐浩：《清代华北农民生活消费的考察》，《中国社会经济史研究》1999 年第 1 期。

张敏：《试论晚清上海服饰风尚与社会变迁》，《史林》1999 年第 1 期。

吴晓亮：《略论宋代城市消费》，《思想战线》1999 年第 5 期。

朱英：《近代中国商业发展与消费习俗变迁》，《江苏社会科学》2000 年第 1 期。

侯建新：《民国年间冀中农民生活及消费水平研究》，《天津师大学报》（社会科学版）2000 年第 3 期。

袁钰：《华北农民生活消费的历史考察（1895—1936）》，《生产力研究》2000 年第 5 期。

饶明奇：《论近代华北农村物质生活的变迁》，《中州学刊》2001 年第 1 期。

谯珊：《近代城市消费生活变迁的原因及其特点》，《中华文化论坛》2001 年第 2 期。

周剑云：《论十七世纪法国社会消费及特征——兼论它对早期资本主义经济的作用》，《贵阳师专学报》（社会科学版）2001 年第 3 期。

夏明方：《发展的幻象——近代华北农村农户收入状况与农民生活水平辨析》，《近代史研究》2002 年第 2 期。

钞晓鸿：《明清人的"奢靡"观念及其演变——基于地方志的考察》，《历史研究》2002 年第 4 期。

黄宗智：《发展还是内卷？十八世纪英国与中国——评彭慕兰〈大分岔：欧洲、中国及现代世界经济的发展〉》，《历史研究》2002 年第 4 期。

谯珊：《抗日战争时期成都市民消费生活水平研究》，《社会科学研究》2003 年第 3 期。

彭慕兰：《世界经济史中的近世江南：比较与综合观察——回应黄宗智先生》，《历史研究》2003 年第 4 期。

郑军：《西风东渐与晚清城市社会生活方式的西俗化——以近代中国人

的衣食住行变化为个案研究》，《北方论丛》2003 年第 5 期。

马学强：《清代江南物价与居民生活：对上海地区的考察》，《社会科学》2003 年第 11 期。

赵先明、冯静、陆铭宁、邱梅：《试述民国四川社会风尚变化的特点》，《西昌学院学报》（人文社会科学版）2005 年第 2 期。

吴晓亮：《从城市生活变化看唐宋社会的消费变迁》，《中国经济史研究》2005 年第 4 期。

张研：《18 世纪前后清代农家生活消费的研究》，《古今农业》2005 年第 4 期。

杨天宇：《西方社会学消费理论的经济学评析》，《消费经济》2006 年第 1 期。

汪辉秀：《抗战初期川东南农家生活消费述评》，《达县师范高等专科学校学报》（社会科学版）2006 年第 1 期。

温乐平：《秦汉时期生活消费的特点及其影响》，《中国经济史研究》2006 年第 2 期。

张剑光、张洁：《唐代城市消费的方式、水平和结构研究》，《吉林大学社会科学学报》2006 年第 4 期。

胡大泽：《论辛亥革命前后社会风尚的急剧变化》，《重庆教育学院学报》2006 年第 5 期。

王奎、张驰：《20 世纪初我国农民生活贫困之原因探讨》，《广西社会科学》2006 年第 9 期。

车辚：《清末民初昆明的城市消费变迁》，《云南民族大学学报》（哲学社会科学版）2007 年第 1 期。

王玉茹、李进霞：《20 世纪二三十年代中国农民的消费结构分析》，《中国经济史研究》2007 年第 3 期。

李小尉：《1912—1937 年北京居民的工资收入与生活状况》，《史学月刊》2007 年第 4 期。

王克霞、郭谦：《民国年间山东农民物质消费水平初探》，《山东经济》2007 年第 4 期。

何斯民：《试论抗日战争对昆明地区社会文化的影响》，《云南师范大学学报》2007 年第 4 期。

廖建夏：《旧桂系时期广西社会结构和社会生活的变迁》，《江汉大学学报》（人文科学版）2007 年第 6 期。

李丽华：《抗战时期的物价与教授生活——以昆明为例》，《作家杂志》2007 年第 12 期。

王玉茹、李进霞：《近代中国农民生活水平分析》，《南开经济研究》2008 年第 1 期。

陈业新：《民国时期民生状况研究——以皖北地区为对象》，《上海交通大学学报》（哲学社会科学版）2008 年第 1 期。

邓娟：《试论民国时期社会风尚的变化及其特点》，《今日南国》（理论创新版）2008 年第 9 期。

谢溶：《清末民初昆明的社会生活》，《河南机电高等专科学校学报》2009 年第 1 期。

关永强：《近代中国农村收入分配与消费差异研究》，《安徽史学》2009 年第 4 期。

潘桂仙：《20 世纪二三十年代中国农民生活状况的探讨——以收入、支出、债务为例》，《湖北社会科学》2009 年第 5 期。

潘桂仙：《二十世纪二三十年代农民生活贫困的原因探析》，《社科纵横》2009 年第 6 期。

谷婧雯：《消费理论研究》，《现代商贸工业》2010 年第 19 期。

朱高林、郭学勤：《1949—1956 年中国城乡居民消费水平总体考察》，《当代中国史研究》2011 年第 1 期。

王晓曼：《从清末民初着装风格透视当时社会风尚》，《艺术科技》2012 年第 4 期。

后 记

本书是在我博士学位论文的基础上历经四年时间修改而成。

岁月如梭，转瞬即逝，博士毕业已经四年多，回顾过去的点滴，倍感充实，辛劳和奋斗已经成为丝丝记忆，对我人生影响极大的恩师和同窗已永远留驻我心深处，满溢心中的是无尽感激。

首先，要郑重感谢我的导师吴晓亮教授。我的论文从选题到结构的布局、内容的充实、语言的修饰等，无不倾注了导师大量的精力。导师严谨的治学态度、谦和的学者风范、观察事物的独特方法，不仅使我在治学方面受益匪浅，而且也让我在立身处世方面受益终身。山高水长，师恩不忘，这也将是我今后工作和学习的动力。

我还要感谢经济史所的诸位老师，如吴松教授、武建国教授、林文勋教授、顾士敏教授、王文成教授、廖国强教授等，正是他们的精彩授课，让我体会到了经济史这门学科的博大精深，他们真诚的为人、渊博的学识，也让我受益终身。

几年之中，我有幸得到了众多师兄、师姐、师弟、师妹的帮助，在此一并感谢。同时我还要特别感谢我的家人，他们不辞辛劳，无怨无悔，每当我遇到困难和挫折时，总是他们在陪伴我、鼓励我。

另外，感谢中国社会科学出版社的李炳青编辑为本书的出版付出的努力。

学史者未敢忘记过去，对那些曾为自己成长洒过汗水的师长与学友应当铭记，对一直以来默默支持我的家人应当感恩，对本书的出版付出辛勤劳动的朋友应当感激。谨识于此，永志不忘！

蒋枝偶

2017 年 8 月